Haftungsverschonung im Anstellungsvertrag des Vorstands

Europäische Hochschulschriften Recht

European University Studies in Law

Publications Universitaires Européennes de Droit

Band/Volume 6098

Maren Abraham

Haftungsverschonung im Anstellungsvertrag des Vorstands

Möglichkeit selbstbeschränkender Bindungen des Aufsichtsrats mit Bezug zu Entscheidungen im Zusammenhang mit der Durchsetzung der Vorstandshaftung

PETER LANG

Bibliografische Information der Deutschen Nationalbibliothek
Die Deutsche Nationalbibliothek verzeichnet diese Publikation in der Deutschen Nationalbibliografie; detaillierte bibliografische Daten sind im Internet über http://dnb.d-nb.de abrufbar.

Zugl.: Düsseldorf, Univ., Diss., 2019

Dissertation der Juristischen Fakultät der Heinrich-Heine-Universität Düsseldorf
Erstgutachter: Prof. Dr. Gerd Krieger
Zweitgutachter: Prof. Dr. Ulrich Noack
Jahr der mündlichen Prüfung: 2018

D 61
ISSN 0531-7312
ISBN 978-3-631-79428-9 (Print)
E-ISBN 978-3-631-79595-8 (E-PDF)
E-ISBN 978-3-631-79596-5 (EPUB)
E-ISBN 978-3-631-79597-2 (MOBI)
DOI 10.3726/b15890

Diese Publikation wurde begutachtet.

www.peterlang.com

Meiner Familie

Vorwort und Danksagung

Die vorliegende Arbeit wurde im Juni 2017 von der Juristischen Fakultät der Heinrich-Heine-Universität Düsseldorf als Dissertation angenommen. Rechtsprechung und Literatur wurden bis Juni 2017 berücksichtigt. Die Disputation fand am 11. Dezember 2018 statt.

Ein ganz besonderer Dank gebührt an erster Stelle meinem verehrten Doktorvater Herrn Professor Dr. Gerd Krieger, der die Dissertation zu einem außerordentlich spannenden Thema des Gesellschaftsrechts ermöglicht, mit großem Interesse begleitet und schließlich durch seine vertrauensvolle Anteilnahme gefördert hat.

Für die ausgesprochen zügige Erstellung des Zweitgutachtens sowie seinen freundlichen Zuspruch danke ich Herrn Professor Dr. Ulrich Noack.

Von Herzen danken möchte ich meiner Familie für ihren unbedingten Rückhalt sowie ihre uneingeschränkte und großzügige Förderung und liebevolle Unterstützung weit über den Rahmen der reinen Ausbildung hinaus. Meiner Familie ist die Arbeit in Liebe und Dankbarkeit gewidmet.

Düsseldorf, im April 2019

Maren Abraham

Inhaltsverzeichnis

Abkürzungsverzeichnis

AG	Aktiengesellschaft
AktG	Aktiengesetz
Anm.	Anmerkung
AO	Abgabenordnung
ArbG	Arbeitsgericht
Art.	Artikel
BAG	Bundesarbeitsgericht
BAGE	Entscheidungen des Bundesarbeitsgerichts
BauGB	Baugesetzbuch
BB	Betriebs-Berater
BB-Special	Betriebs-Berater-Special
Bd.	Band
Beschl.	Beschluss
BGB	Bürgerliches Gesetzbuch
BGH	Bundesgerichtshof
BGHSt	Entscheidungen des Bundesgerichtshofs in Strafsachen
BGHZ	Entscheidungen des Bundesgerichtshofs in Zivilsachen
BVerfG	Bundesverfassungsgericht
BVerfGE	Entscheidungen des Bundesverfassungsgerichts
BVerwG	Bundesverwaltungsgericht
BVerwGE	Entscheidungen des Bundesverwaltungsgerichts
bzw.	beziehungsweise
CCZ	Corporate Compliance Zeitschrift
CFL	Corporate Finance Law
DAV	Deutscher Anwaltverein
DB	Der Betrieb
ders.	derselbe
dies.	dieselbe/dieselben
DJT	Deutscher Juristentag
DZWiR	Deutsche Zeitschrift für Wirtschafts- und Insolvenzrecht
D&O	Directors and Officers
EuGH	Europäischer Gerichtshof
EWiR	Entscheidungen zum Wirtschaftsrecht
f.	folgende
ff.	folgende

Fn.	Fußnote
Form.	Formular
FS	Festschrift
GG	Grundgesetz
GmbH	Gesellschaft mit beschränkter Haftung
GmbHG	Gesetz betreffend die Gesellschaften mit beschränkter Haftung
GmbHR	GmbH-Rundschau
GmS-OGB	Gemeinsamer Senat der Obersten Gerichtshöfe des Bundes
GWB	Gesetz gegen Wettbewerbsbeschränkungen
GWR	Gesellschafts- und Wirtschaftsrecht (Zeitschrift)
InsO	Insolvenzordnung
JZ	Juristenzeitschrift
KSzW	Kölner Schrift zum Wirtschaftsrecht
LAG	Landesarbeitsgericht
LG	Landgericht
LS	Leitsatz
M&A	Mergers and Acquisitions
MDR	Monatsschrift für Deutsches Recht
NJW	Neue Juristische Wochenschrift
NJW-RR	Neue Juristische Wochenschrift – Rechtsprechungs-Report
NVwZ	Neue Zeitschrift für Verwaltungsrecht
NZA	Neue Zeitschrift für Arbeitsrecht
NZA-RR	Neue Zeitschrift für Arbeitsrecht – Rechtsprechungs-Report
NZG	Neue Zeitschrift für Gesellschaftsrecht
NZKart	Neue Zeitschrift für Kartellrecht
OLG	Oberlandesgericht
RG	Reichsgericht
RGZ	Entscheidungen des Reichsgerichts
Rn.	Randnummer
RNotZ	Rheinische Notar-Zeitschrift
S.	Seite
Teilurt.	Teilurteil
u.a.	unter anderem
Urt.	Urteil
VersG	Versammlungsgesetz
VersR	Versicherungsrecht (Zeitschrift)
vgl.	vergleiche
VO	Verordnung

Vorb.	Vorbemerkung
Vorlagebeschl.	Vorlagebeschluss
VwGO	Verwaltungsgerichtsordnung
VwVfG	Verwaltungsverfahrensgesetz
WM	Wertpapier-Mitteilungen
WpHG	Gesetz über den Wertpapierhandel, Wertpapierhandelsgesetz
WpÜG	Wertpapiererwerbs- und Übernahmegesetz
WuW	Wirtschaft und Wettbewerb (Zeitschrift)
ZGR	Zeitschrift für Unternehmens- und Gesellschaftsrecht
ZHR	Zeitschrift für das gesamte Handels- und Wirtschaftsrecht
ZIP	ZIP, Zeitschrift für Wirtschaftsrecht
ZPO	Zivilprozessordnung
ZWeR	Zeitschrift für Wettbewerbsrecht

Erstes Kapitel: Einleitung

Die Vorstandsinnenhaftung gemäß § 93 Abs. 2 S. 1 AktG wird zunehmend kritisch betrachtet. Die Kritik entzündet sich sowohl am materiellen Haftungstatbestand als auch an der Haftungsdurchsetzung, die maßgebend durch das ARAG-Urteil aus dem Jahr 1997, das die Möglichkeit des Aufsichtsrats zum Absehen von Anspruchsverfolgung restringiert, bestimmt wird. Da legislative Reformen auf dem Gebiet der Vorstandshaftung nicht zu erwarten stehen[1], untersucht die gesellschaftsrechtliche Literatur vielfach die Zulässigkeit von Konstruktionen, welche die Vorstandshaftung auf Grundlage des geltenden Rechts entschärfen sollen[2]. Neben statutarischen und vertraglichen Haftungsbegrenzungen in Gestalt von Reduzierungen des Sorgfaltsmaßstabs und Haftungshöchstsummen ist vor allem der Ansatz einer Regressreduzierung auf Basis einer Fürsorgepflicht der Gesellschaft gegenüber dem Vorstandsmitglied zu benennen.

In der Dissertation soll die Möglichkeit, bereits vor dem Eintritt des Haftungsfalls – beispielsweise im Anstellungsvertrag zwischen Vorstandsmitglied und Aktiengesellschaft – privatautonom eine Eingrenzung der Haftungsfolgen bzw. eine Verbesserung der Haftungssituation des Vorstandsmitglieds zu erreichen, untersucht werden. Ziel ist es nicht, im Anstellungsvertrag eine Abmilderung des Sorgfaltsmaßstabs oder eine Haftungshöchstsumme zu etablieren. Ebenso wenig soll die Vereinbarung eines adäquaten D&O-Versicherungsschutzes untersucht werden.[3] Vielmehr ist zu erörtern, ob und inwieweit bereits vor dem Eintritt des Haftungsfalls – etwa im Anstellungsvertrag – auf Entscheidungen des Aufsichtsrats, der für die Verfolgung von Schadensersatzansprüchen der Gesellschaft gegen das Vorstandsmitglied zuständig ist und der die Verhandlungen über einen Haftungsvergleich zwischen Vorstandsmitglied und Gesellschaft führt und einen solchen namens der Gesellschaft abschließt, eingewirkt werden kann mit der Folge, dass zu Gunsten des Vorstandsmitglieds eine Besserstellung

1 *Brommer*, Beschränkung der Vorstandsinnenhaftung, 2015, S. 186; *Gaul*, AG 2015, 109, 115.

2 Zu in Betracht kommenden Ansätzen zur Begrenzung der Vorstandsinnenhaftung bzw. ihrer Rechtsfolgen vgl. umfassend *Brommer*, Beschränkung der Vorstandsinnenhaftung, 2015, S. 158 ff.; *Wilsing*, in: FS Haarmann, 2015, S. 257, 263 ff.

3 Zum D&O-Versicherungsschutz vgl. ausführlich *Seyfarth*, VorstandsR, § 15; *Sieg*, in: Krieger/U.H. Schneider, Hdb. Managerhaftung, § 15.

im Hinblick auf seine Position im Haftungsfall, wenigstens aber Rechtssicherheit in Bezug auf seine Haftungssituation, erreicht wird.

Konzeptionell soll dieses Ziel im Wege selbstbeschränkender Vereinbarungen des Aufsichtsrats umgesetzt werden. Es ist in den Blick zu nehmen, ob und inwieweit die Präjudizierung bzw. Antizipation der vom Aufsichtsrat im Zusammenhang mit der Vorstandsinnenhaftung zu treffenden Entscheidungen, jedenfalls die Einflussnahme auf diese Entscheidungen, bereits zu einem Zeitpunkt, in dem der Haftungsfall noch nicht eingetreten ist und Organhaftungsansprüche noch nicht feststehen, zulässig ist und ob der Aufsichtsrat künftige Entscheidungs- und Handlungsspielräume in bevorstehenden Entscheidungssituationen durch im Vorfeld selbst eingegangene Bindungen beschränken kann.

In Bezug auf den Vorstand erfährt diese Problematik unter der Bezeichnung „*Vorwegbindungsverbot*" eine umfangreiche Diskussion, die vor allem im Zusammenhang mit Investorenvereinbarungen und Business Combination Agreements zu Tage tritt und relevant wird. Die Zulässigkeit von selbstbeschränkenden Bindungen bzw. Vorwegbindungen des Aufsichtsrats soll mit einem Blick, nicht jedoch unter unbesehenem Rekurs auf den Meinungsstand bezüglich Vorwegbindungen des Vorstands analysiert werden. Sollen Zulässigkeit und Reichweite selbstbeschränkender Vereinbarungen des Aufsichtsrats bestimmt werden, so hat die Untersuchung vorrangig bei der aktiengesetzlichen Konzeption des Aufsichtsrats und der ihn treffenden Rechte und Pflichten anzusetzen.

Ansatzpunkt für eine vor Eintritt des Haftungsfalls erfolgende Vereinbarung, die auf die Haftungssituation des Vorstandsmitglieds einzuwirken sucht, kann zum einen die Entscheidung des Aufsichtsrats über die Verfolgung oder Nichtverfolgung von Schadensersatzansprüchen der Gesellschaft gegen das Vorstandsmitglied sein und zum anderen die Entscheidung des Aufsichtsrats über den Abschluss eines Haftungsvergleichs zwischen Gesellschaft und Vorstandsmitglied über Organhaftungsansprüche. Sowohl bei der Verfolgung von Organhaftungsansprüchen der Gesellschaft gegen das Vorstandsmitglied als auch bei den Verhandlungen und beim Abschluss eines Haftungsvergleichs über Organhaftungsansprüche gegen das Vorstandsmitglied vertritt der Aufsichtsrat die Gesellschaft.

In Frage steht insbesondere, ob und inwieweit die Verfolgungsentscheidung präjudiziert und eine Bindung dergestalt installiert werden kann, dass unter bestimmten tatbestandlichen Voraussetzungen ganz oder teilweise von einer Anspruchsverfolgung gegenüber dem Vorstandsmitglied abgesehen wird. Weiter ist fraglich, inwieweit bereits vor dem Eintritt des Haftungsfalls Dispositionen getroffen werden können, die dazu führen, dass im Haftungsfall ein Haftungsvergleich – eventuell sogar bestimmten Inhalts – geschlossen wird. Ganz allgemein gilt die Untersuchung der Frage, ob und inwieweit bereits vor dem Eintritt des Haftungsfalls Dispositionen im Hinblick auf Entscheidungen des Aufsichtsrats mit Bezug zum Haftungsfall getroffen werden können.

In Bezug auf den Vergleich stellt sich zusätzlich die spezifische Problematik, dass § 93 Abs. 4 S. 3 AktG für Verzichte auf und Vergleiche über aktiengesetzliche Organhaftungsansprüche formale Voraussetzungen normiert und die Möglichkeit vergleichsbezogener Vereinbarungen vor Ablauf von drei Jahren restringiert. Die Reichweite der Dreijahresfrist und die Frage, welche Vereinbarungen vor ihrem Ablauf zulässigerweise getroffen werden dürfen, ist wesentlich zur Beantwortung, welche haftungsbezogenen Vereinbarungen vor dem Eintritt des Haftungsfalls getroffen werden können.

Bevor die Untersuchung der Zulässigkeit von selbstbeschränkenden Dispositionen des Aufsichtsrats im Hinblick auf Entscheidungen, die er im Fall einer künftigen Haftung des Vorstandsmitglieds zu treffen hat, einsetzen kann, sind zunächst im zweiten Kapitel die Grundlagen der Vorstandsinnenhaftung aufzuzeigen. Unter Zugrundelegung des materiellen Haftungstatbestands gemäß § 93 Abs. 2 S. 1 AktG ist darzulegen, unter welchen tatbestandlichen Voraussetzungen der Vorstand haftet und woraus sich die vielfach angemerkte Strenge der Vorstandsinnenhaftung ergibt. Sodann ist die Haftungsdurchsetzung unter Bezugnahme auf das ARAG-Urteil, das die Entscheidungsfreiheit des Aufsichtsrats beim Absehen von Anspruchsverfolgung restringiert, darzulegen. Schließlich ist auf den in der Literatur vielfach beachteten und befürworteten Ansatz einer fürsorgepflichtbasierten Regressreduzierung einzugehen, nach dem Schadensersatzansprüche der Gesellschaft aufgrund einer Fürsorgepflicht der Gesellschaft gegenüber dem Vorstandsmitglied nicht in voller Höhe durchzusetzen sein sollen.

Die Untersuchung des ARAG-Urteils und des fürsorgepflichtbasierten Regressreduzierungsansatzes werden zeigen, dass die Spielräume zur Abmilderung der Vorstandsinnenhaftung auf Grundlage des geltenden Rechts sehr gering sind, wenigstens aber eine erhebliche Rechtsunsicherheit bezüglich der Spielräume, die eine Entschärfung der Vorstandsinnenhaftung ermöglichen, besteht. Angesichts dessen zeigt sich ein Bedürfnis für Rechtssicherheit vermittelnde, privatautonome Vereinbarungen mit Bezug zur Haftung von Vorstandsmitgliedern in der Praxis. Die Zulässigkeit von privatautonomen Vereinbarungen, die im Wege selbstbeschränkender Bindungen des Aufsichtsrats eine Abmilderung der Vorstandsinnenhaftung bzw. ihrer Folgen zu erreichen suchen, soll den Hauptteil der Arbeit im dritten Kapitel, das die Verfolgungsentscheidung des Aufsichtsrats betrifft, und im vierten Kapitel, das sich der Entscheidung des Aufsichtsrats über einen Haftungsvergleich widmet, bilden.

Am Ende der Dissertation sind im fünften Kapitel die gewonnenen Erkenntnisse zusammenzufassen und es ist ein realistisches Resümee zu ziehen, welche Vereinbarungen mit Bezug zur Vorstandsinnenhaftung, die im Wege der Selbstbindung des Aufsichtsrats in Bezug auf die im Haftungsfall zu treffenden Entscheidungen über Anspruchsverfolgung und Haftungsvergleich eine Abmilderung der Haftungsfolgen erreichen sollen, rechtssicher vorab getroffen und in den Anstellungsvertrag aufgenommen werden können.

Zweites Kapitel: Die aktiengesetzliche Vorstandsinnenhaftung

Die Haftung des Vorstandsmitglieds gegenüber der Aktiengesellschaft für schuldhafte Pflichtverletzungen wird durch den materiellen Haftungstatbestand in § 93 Abs. 2 S. 1 AktG sowie durch das ARAG-Urteil, das die Pflichten des Aufsichtsrats bei der Anspruchsverfolgung konturiert, flankiert. Da, wie sich zeigen wird, die materielle Haftung des Vorstands sehr streng ausgestaltet ist und das ARAG-Urteil an ein Absehen von Verfolgung strenge Voraussetzungen stellt, soll es nach vielfacher Ansicht einer mit einer Fürsorgepflicht der Gesellschaft gegenüber dem Vorstandsmitglied zu begründenden Regressreduzierung bedürfen.

A. Die gesetzliche Haftungsanordnung in § 93 Abs. 2 S. 1 AktG

Mittelpunkt der aktiengesetzlichen Haftungsverfassung ist die Haftungsanordnung in § 93 Abs. 2 S. 1 AktG, die durch weitere aktiengesetzliche Normen, namentlich etwa § 93 Abs. 4 S. 3 AktG, § 142 ff. AktG, § 147 AktG und § 148 AktG, flankiert wird.

I. Materielle Haftungsvoraussetzungen gemäß § 93 Abs. 2 S. 1 AktG

Gemäß § 93 Abs. 2 S. 1 AktG sind Vorstandsmitglieder, die ihre Pflichten verletzen, der Gesellschaft zum Ersatz des daraus entstehenden Schadens als Gesamtschuldner verpflichtet. § 93 Abs. 2 S. 1 AktG ordnet eine gesetzliche Organhaftung an[4], die bei einer Verletzung von organschaftlichen Pflichten des Vorstandsmitglieds im Innenverhältnis eingreift[5].

---

4 *Hopt/M. Roth*, in: Großkomm. AktG, § 93 Rn. 45 f. Zum Verhältnis zwischen Organhaftungsanspruch und anstellungsvertraglichem Schadensersatzanspruch aus § 280 Abs. 1 AktG vgl. *J. Koch*, in: Hüffer/J. Koch, AktG, § 93 Rn. 36; *Spindler*, in: MüKo AktG, § 93 Rn. 11.

5 *Fleischer*, in: Spindler/Stilz, AktG, § 93 Rn. 1; *J. Koch*, in: Hüffer/J. Koch, AktG, § 93 Rn. 4; *Spindler*, in: MüKo AktG, § 93 Rn. 145.

1. Pflichtverletzung des Vorstandsmitglieds

Das Vorstandsmitglied muss seine internen, organschaftlichen Pflichten gegenüber der Gesellschaft verletzt haben.

a) Pflichten des Vorstandsmitglieds

Das Aktiengesetz entbehrt eines letztverbindlichen Katalogs an Pflichten des Vorstandsmitglieds und normiert stattdessen eher punktuell explizite Pflichten, wie die Pflicht zur Vorbereitung von Hauptversammlungsbeschlüssen und bestimmten Verträgen (§ 83 Abs. 1 AktG), zur Berichterstattung gegenüber dem Aufsichtsrat (§ 90 AktG), zum Führen von Handelsbüchern (§ 91 Abs. 1 AktG), zur Installation eines Überwachungssystems (§ 91 Abs. 2 AktG) oder zur Einberufung der Hauptversammlung unter den Voraussetzungen von § 92 Abs. 1 AktG.[6] § 93 Abs. 1 S. 3 AktG verpflichtet die Vorstandsmitglieder zudem zur Verschwiegenheit über vertrauliche Angaben und Geheimnisse der Gesellschaft.[7] Auch außerhalb des Aktiengesetzes werden dem Vorstand Pflichten auferlegt. Zu nennen sind etwa kapitalmarktrechtliche Pflichten nach dem WpHG oder WpÜG.[8] Eine besondere Beachtung widmet die gesellschaftsrechtliche Literatur der Legalitätspflicht des Vorstands.[9] Im Grundsatz ist anerkannt, dass die Wahrung der Rechtsordnung im Außenverhältnis bei der Amtswahrnehmung durch das Vorstandsmitglied zugleich im Innenverhältnis verpflichtend ist.[10] Die generelle Gleichsetzung eines Verstoßes gegen die Rechtsordnung im Außenverhältnis mit einer Pflichtverletzung im Innenverhältnis bleibt jedoch nicht ohne Kritik.[11] Ein über einen Verstoß gegen Rechtsnormen vermittelter gewinnbringender Nutzen für die Gesellschaft – illustrativ ist etwa das Beispiel kartellrechtsrelevanter Verstöße – vermag jedenfalls den Charakter als Pflichtverletzung nicht

---

6 Zu diesen und weiteren Beispielen vgl. *Harnos*, Geschäftsleiterhaftung bei unklarer Rechtslage, 2013, S. 72 f.; *Spindler*, in: MüKo AktG, § 93 Rn. 21.

7 Zur Verschwiegenheitspflicht vgl. weitergehend *Mertens/Cahn*, in: KöKo AktG, § 93 Rn. 113 ff.

8 Zu weiteren Pflichten des Vorstands außerhalb des Aktiengesetzes vgl. *Harnos*, Geschäftsleiterhaftung bei unklarer Rechtslage, 2013, S. 73 ff.

9 Zur Legalitätspflicht vgl. umfassend *Fleischer*, in: Spindler/Stilz, AktG, § 93 Rn. 14 ff.; *Thole*, ZHR 173 (2009), 504 ff.

10 LG München I, Urt. v. 10.12.2013 – 5 HK O 1387/10, Rn. 89, NZG 2014, 345, 346 ff. – Neubürger; *J. Koch*, in: Hüffer/J. Koch, AktG, § 93 Rn. 6; *Krieger/Sailer-Coceani*, in: K. Schmidt/Lutter, AktG, § 93 Rn. 7; *Spindler*, in: MüKo AktG, § 93 Rn. 73 f.

11 Kritisch etwa *Harnos*, Geschäftsleiterhaftung bei unklarer Rechtslage, 2013, S. 72 ff.; *Seibt*, NZG 2015, 1097, 1100 f. (Thesen 10–13).

aufzuheben[12], obgleich die Berücksichtigung von Vorteilen für die Gesellschaft, die mit der Pflichtverletzung verbunden sind, im Rahmen des schadensrechtlichen Vorteilsausgleichs möglich bleibt[13].

Ist eine Pflicht nicht explizit normiert, fungiert § 93 Abs. 1 S. 1 AktG, wonach Vorstandsmitglieder bei ihrer Geschäftsführung die Sorgfalt eines ordentlichen und gewissenhaften Geschäftsleiters anzuwenden haben, als Generalklausel für objektive Verhaltens- und Sorgfaltspflichten.[14] § 93 Abs. 1 S. 1 AktG kommt eine Doppelstellung insofern zu, als er neben der Bezeichnung objektiver Verhaltensanforderungen den Maßstab des Verschuldens bildet.[15] Will man die den Vorstand treffenden Verhaltensanforderungen konturieren, so ist ein objektiver und dynamischer Maßstab anzulegen.[16] Maßgebend ist, wie ein pflichtbewusster, selbständiger Geschäftsleiter, der fremde Vermögensinteressen treuhänderisch wahrnimmt und der ein nach Art und Umfang vergleichbares Unternehmen führt, gehandelt hätte.[17] Bei der Bestimmung der den Vorstand im Einzelnen treffenden Sorgfaltspflichten kann auf eine breite, nicht abschließende Kasuistik rekurriert werden.[18] Schließlich obliegen dem Vorstandsmitglied neben Sorgfaltspflichten auch Treuepflichten gegenüber der Gesellschaft.[19]

---

12 Zur Nichtanerkennung nützlicher Pflichtverletzungen vgl. umfassend *Fleischer*, in: Spindler/Stilz, AktG, § 93 Rn. 36 ff.; *ders.*, ZIP 2005, 141 ff.; *Thole*, ZHR 173 (2009), 504, 512 ff.

13 *Fleischer*, DB 2014, 345, 350. Zur Vorteilsausgleichung bei nützlichen Pflichtverstößen vgl. *ders.*, in: Spindler/Stilz, AktG, § 93 Rn. 38 ff.

14 *Hopt/M. Roth*, in: Großkomm. AktG, § 93 Rn. 58; *J. Koch*, in: Hüffer/J. Koch, AktG, § 93 Rn. 5; *Mertens/Cahn*, in: KöKo AktG, § 93 Rn. 11.

15 *J. Koch*, in: Hüffer/J. Koch, AktG, § 93 Rn. 5; *Krieger/Sailer-Coceani*, in: K. Schmidt/Lutter, AktG, § 93 Rn. 6; *Mertens/Cahn*, in: KöKo AktG, § 93 Rn. 11; *Semler*, AG 2005, 321, 324.

16 So oder ähnlich *Hopt/M. Roth*, in: Großkomm. AktG, § 93 Rn. 59; *Kaulich*, Haftung für Rechtsanwendungsfehler, 2012, S. 87; *Mertens/Cahn*, in: KöKo AktG, § 93 Rn. 136.

17 So oder ähnlich OLG Düsseldorf, Urt. v. 28.11.1996 – 6 U 11/95, AG 1997, 231, 235; *Fleischer*, in: Spindler/Stilz, AktG, § 93 Rn. 41; *J. Koch*, in: Hüffer/J. Koch, AktG, § 93 Rn. 6; *Krieger/Sailer-Coceani*, in: K. Schmidt/Lutter, AktG, § 93 Rn. 6; *Spindler*, in: MüKo AktG, § 93 Rn. 25.

18 Vgl. hierzu den Katalog von *Fleischer*, in: Spindler/Stilz, AktG, § 93 Rn. 79 ff.

19 Zur Treuepflicht vgl. *Krieger/Sailer-Coceani*, in: K. Schmidt/Lutter, AktG, § 93 Rn. 21; *Mertens/Cahn*, in: KöKo AktG, § 93 Rn. 95 ff.; *Spindler*, in: MüKo AktG, § 93 Rn. 108 ff.

b) Ausschluss einer Pflichtverletzung gemäß der Business Judgment Rule

Gemäß § 93 Abs. 1 S. 2 AktG liegt eine Pflichtverletzung nicht vor, wenn das Vorstandsmitglied bei einer unternehmerischen Entscheidung vernünftigerweise annehmen durfte, auf der Grundlage angemessener Information zum Wohle der Gesellschaft zu handeln. In Anlehnung an das amerikanische Recht bezeichnet man diese Regelung als Business Judgment Rule. Ob es sich bei § 93 Abs. 1 S. 2 AktG um Tatbestandsausschluss[20], unwiderlegliche Vermutung[21] oder Konkretisierung der objektiven Vorstandspflichten[22] handelt, ist umstritten. Die Business Judgment Rule, die nur für unternehmerische Entscheidungen gilt, ist den Besonderheiten dieser Entscheidungsart zu begegnen bestimmt. Unternehmerische Entscheidungen zeichnen sich dadurch aus, dass – in Abgrenzung zu rechtlich gebundenen Entscheidungen – eine bewusste Wahl zwischen Handlungsalternativen zu treffen ist.[23] Unternehmerische Zweckmäßigkeitserwägungen bilden den Maßstab.[24] Weiter sind unternehmerische Entscheidungen dadurch geprägt, dass unter Unsicherheit über den Situationsausgang zu entscheiden ist.[25] Die Normierung in § 93 Abs. 1 S. 2 AktG soll dazu beitragen, unternehmerisch wünschenswertes Verhalten des Vorstands zu fördern und eine dem wirtschaftlichen Erfolg der Gesellschaft abträgliche Risikoaversion zu vermeiden.[26] Der Gefahr, dass dem Vorstandsmitglied eine Pflichtverletzung vorgeworfen wird, sollte sich die Entscheidung im Nachhinein als unternehmerischer Misserfolg erweisen („*hindsight bias*"), soll durch eine Beschränkung der gerichtlichen Kontrolle begegnet werden.[27] Sind bei einer unternehmerischen Entscheidung die Voraussetzungen von § 93 Abs. 1 S. 2 AktG verwirklicht, so

---

20 *Dauner-Lieb*, in: Henssler/Strohn, GesR, § 93 Rn. 19.

21 *J. Koch*, in: Hüffer/J. Koch, AktG, § 93 Rn. 12 ff.; *ders.*, ZGR 2006, 769, 784. Dagegen *Spindler*, in: MüKo AktG, § 93 Rn. 40.

22 *Horn*, in: FS H.P. Westermann, 2008, S. 1053; *Kaulich*, Haftung für Rechtsanwendungsfehler, 2012, S. 88; *Spindler*, in: MüKo AktG, § 93 Rn. 39.

23 *Dauner-Lieb*, in: Henssler/Strohn, GesR, § 93 Rn. 20; *Fleischer*, in: Spindler/Stilz, AktG, § 93 Rn. 67; *ders.*, in: FS Wiedemann, 2002, S. 827, 830 f.; *Krieger/Sailer-Coceani*, in: K. Schmidt/Lutter, AktG, § 93 Rn. 15.

24 *Krieger/Sailer-Coceani*, in: K. Schmidt/Lutter, AktG, § 93 Rn. 15.

25 *Dauner-Lieb*, in: Henssler/Strohn, GesR, § 93 Rn. 20; *J. Koch*, in: Hüffer/J. Koch, AktG, § 93 Rn. 18; *Schäfer*, ZIP 2005, 1253, 1256. Einschränkend *Spindler*, NZG 2005, 865, 871.

26 Zum Sinn und Zweck der Business Judgment Rule vgl. ausführlich *v. Falkenhausen*, NZG 2012, 644, 645 f.; *Fleischer*, in: FS Wiedemann, 2002, S. 827, 829 ff.; *J. Koch*, in: Hüffer/J. Koch, AktG, § 93 Rn. 9; *Spindler*, in: MüKo AktG, § 93 Rn. 36.

27 Vgl. die Nachweise in Fn. 26.

trifft das Vorstandsmitglied keine Haftung.[28] Die Nichtverwirklichung der Voraussetzungen von § 93 Abs. 1 S. 2 AktG führt hingegen nicht dazu, dass eine Pflichtverletzung des Vorstandsmitglieds feststünde.[29]

2. *Verschulden*

Zudem muss dem Vorstandsmitglied – es unterliegt insofern keiner allgemeinen Erfolgshaftung[30] – Verschulden vorzuwerfen sein. § 93 Abs. 2 S. 1 AktG differenziert nicht nach dem Grad des Verschuldens, sondern das Vorstandsmitglied haftet bei jeder Form von Verschulden (*omnis culpa*).[31] Es haftet grundsätzlich nur für eigenes Verschulden, während eine Zurechnung fremden Verschuldens ausscheidet.[32]

3. *Kausaler Schaden*

Das Vorstandsmitglied ist der Gesellschaft zum Ersatz des aus der Pflichtverletzung entstehenden Schadens verpflichtet. Für die Berechnung des Schadens ist auf die allgemeinen schadensrechtlichen Normen §§ 249 ff. BGB zu rekurrieren.[33] Das Vorstandsmitglied haftet unbegrenzt in voller Höhe des entstandenen Schadens. Es gilt das Prinzip der Totalkompensation. Von der Verpflichtung zum vollumfänglichen Schadensersatz sind auch nicht bestimmte Schadensposten – beispielsweise aufgrund etwaiger normativer Wertungen, wie sie für den Schadensposten Unternehmens-Kartellbußgeld diskutiert werden[34] – von vornherein ausgenommen.[35] Schließlich

---

28 *J. Koch*, in: Hüffer/J. Koch, AktG, § 93 Rn. 14.

29 *Kaulich*, Haftung für Rechtsanwendungsfehler, 2012, S. 88; *Lutter*, in: FS Canaris, 2007, S. 245, 247; *Spindler*, in: MüKo AktG, § 93 Rn. 40.

30 *Bachmann*, in: FS Stilz, 2014, S. 25, 28; *Kaulich*, Haftung für Rechtsanwendungsfehler, 2012, S. 89; *Oltmanns*, Geschäftsleiterhaftung und unternehmerisches Ermessen, 2001, S. 213; *Spindler*, in: MüKo AktG, § 93 Rn. 5.

31 *Fleischer*, in: Spindler/Stilz, AktG, § 93 Rn. 206; *Semler*, AG 2005, 321, 324, 327.

32 BGH, Urt. v. 20.09.2011 – II ZR 234/09, Rn. 17, NZG 2011, 1271, 1273; *Fleischer*, in: Spindler/Stilz, AktG, § 93 Rn. 207; *Hopt/M. Roth*, in: Großkomm. AktG, § 93 Rn. 384 ff.; *Krieger/Sailer-Coceani*, in: K. Schmidt/Lutter, AktG, § 93 Rn. 35.

33 *Fleischer*, in: Spindler/Stilz, AktG, § 93 Rn. 211 ff.; *J. Koch*, in: Hüffer/J. Koch, AktG, § 93 Rn. 47; *Spindler*, in: MüKo AktG, § 93 Rn. 171.

34 Vgl. etwa *Dreher*, in: FS Konzen, 2006, S. 85, 103 ff.; *ders.*, VersR 2015, 781, 787; *Horn*, ZIP 1997, 1129, 1136: Nichteröffnung des Schutzbereichs bzw. fehlender Zurechnungszusammenhang.

35 Für uneingeschränkte Ersatzfähigkeit von Bußgeldern etwa *Krieger/Sailer-Coceani*, in: K. Schmidt/Lutter, AktG, § 93 Rn. 37.

finden allgemeine schadensrechtliche Prinzipien wie die Vorteilsausgleichung Anwendung.[36]

4. *Beweislast*

Ist streitig, ob die Sorgfalt eines ordentlichen und gewissenhaften Geschäftsleiters angewandt worden ist, so trifft das Vorstandsmitglied gemäß § 93 Abs. 2 S. 2 AktG die Beweislast. Diese Regelung stellt eine – mit der größeren Nähe des Vorstandsmitglieds zur Schadensherbeiführung begründete[37] – Divergenz von der allgemeinen zivilprozessualen Beweislastverteilung dar.[38] Macht die Gesellschaft Schadensersatzansprüche gemäß § 93 Abs. 2 S. 1 AktG geltend, so hat sie schädigendes Verhalten, Schadenseintritt und Schadenshöhe sowie Kausalität zwischen Verhalten und Schaden zu beweisen, während das Vorstandsmitglied fehlende Pflichtverletzung und fehlendes Verschulden beweisen muss.[39]

5. *Verjährung*

Schadensersatzansprüche aus § 93 Abs. 2 S. 1 AktG verjähren gemäß § 93 Abs. 6 AktG bei Gesellschaften, die im Zeitpunkt der Pflichtverletzung börsennotiert waren, in zehn Jahren und bei anderen Gesellschaften in fünf Jahren.[40]

II. Sinn und Zweck der Haftung

Der Schutzzweck von § 93 Abs. 2 S. 1 AktG besteht sowohl in Kompensation als auch Prävention.[41] Die der Gesellschaft infolge des pflichtwidrigen

---

36 Für die Vorteilsausgleichung etwa *Hopt/M. Roth*, in: Großkomm. AktG, § 93 Rn. 410 ff.; *Spindler*, in: MüKo AktG, § 93 Rn. 171. Zu den Voraussetzungen der Vorteilsausgleichung vgl. BGH, Urt. v. 13.06.1983 – II ZR 212/81, WM 1983, 957; *Oetker*, in: MüKo BGB, § 249 Rn. 233 ff.

37 BGH, Urt. v. 04.11.2002 – II ZR 224/00, Rn. 6, BGHZ 152, 280, 283 = NJW 2003, 358; *Fleischer*, in: Spindler/Stilz, AktG, § 93 Rn. 220.

38 *Haarmann/Weiß*, BB 2014, 2115, 2118; *J. Koch*, in: Hüffer/J. Koch, AktG, § 93 Rn. 53.

39 BGH, Urt. v. 04.11.2002 – II ZR 224/00, LS, BGHZ 152, 280, 284 = NJW 2003, 358; *J. Koch*, in: Hüffer/J. Koch, AktG, § 93 Rn. 53; *Spindler*, in: MüKo AktG, § 93 Rn. 185.

40 Zur Verjährung von Organhaftungsansprüchen vgl. ausführlich *Fleischer*, AG 2014, 457 ff.

41 *Bürgers*, in: Bürgers/Körber, AktG, § 93 Rn. 1; *Eckert/Grechenig/Stremitzer*, in: Kalss, Vorstandshaftung in 15 europäischen Ländern, 2005, S. 100; *Grigoleit/Tomasic*, in: Grigoleit, AktG, § 93 Rn. 1; *Hölters*, in: Hölters, AktG, § 93 Rn. 8; *Hopt/M. Roth*, in: Großkomm. AktG, § 93 Rn. 28; *J. Koch*, in: Hüffer/J. Koch, AktG, § 93 Rn. 1; *Marsch-Barner*, ZHR 173 (2009), 723, 726 f.; *Mertens/Cahn*, in: KöKo AktG, § 93 Rn. 6; *Ulmer*, in: FS Canaris, 2007, S. 451, 463 f.

Vorstandsverhaltens entstandenen Schäden sollen ausgeglichen werden (Kompensation) und das Vorstandsmitglied soll durch die Haftungsanordnung präventiv von der Begehung von Pflichtverstößen abgehalten werden bzw. sein Verhalten soll in Richtung eines pflichtgemäßen Verhaltens gesteuert werden (Prävention und Verhaltenssteuerung).[42] Den beiden Haftungszwecken wird regelmäßig kein gleichrangiger Stellenwert eingeräumt. Während eine Ansicht der Präventionsfunktion den Vorrang beimisst[43], stuft eine andere Ansicht die Bedeutung der Präventionsfunktion geringer ein[44].

III. Absicherung der Haftung durch weitere aktiengesetzliche Vorschriften

Der in § 93 Abs. 2 S. 1 AktG normierte Schadensersatzanspruch wird durch zahlreiche aktiengesetzliche Vorschriften flankiert. So schränkt etwa § 93 Abs. 4 S. 3 AktG die Verzichts- und Vergleichsmöglichkeit der Gesellschaft über den Schadensersatzanspruch ein. §§ 142 ff. AktG enthalten Regelungen zur Sonderprüfung, die zur Aufklärung von Pflichtverletzungen im Zusammenhang mit der Geschäftsführung initiiert werden kann. § 147 AktG hält eine Regelung zum besonderen Vertreter bereit, der bestellt werden kann, um einen Schadensersatzanspruch der Gesellschaft aus der Geschäftsführung geltend zu machen. Schließlich regelt § 148 AktG das Klagezulassungsverfahren, das Minderheitsaktionäre unter bestimmten Voraussetzungen in die Lage versetzt, einen Schadensersatzanspruch der Gesellschaft einzuklagen. Eine Gesamtschau der aktiengesetzlichen Normen verdeutlicht, dass der Schadensersatzanspruch gemäß § 93 Abs. 2 S. 1 AktG besonders abgesichert ist.

---

42 Vgl. die Nachweise in Fn. 41.

43 So etwa *Bayer*, NJW 2014, 2546, 2547; *ders./P. Scholz*, NZG 2014, 926, 928 f. – indes de lege ferenda; *P. Scholz*, Existenzvernichtende Haftung von Vorstandsmitgliedern, 2014, S. 281, 297 ff. – unter Verweis auf Wertung von § 93 Abs. 2 S. 3 AktG; *Wagner*, ZHR 178 (2014), 227, 251 ff. Kritisch bezüglich generellen Vorrangs der Präventionsfunktion *Bachmann*, Verhandlungen des 70. DJT, Gutachten, 2014, E 5, 21; *Fleischer*, in: Spindler/Stilz, AktG, § 93 Rn. 2a.

44 So etwa *Mertens*, AG 2000, 447, 452; *Thomas*, Die Haftungsfreistellung von Organmitgliedern, 2010, S. 157 f. Kritisch bezüglich Fixierung auf Kompensationsfunktion *Bachmann*, Verhandlungen des 70. DJT, Gutachten, 2014, E 5, 21.

IV. Kritik an der materiellen Haftungsanordnung

Am materiellen Haftungstatbestand der Vorstandsinnenhaftung gemäß § 93 Abs. 2 S. 1 AktG entzündet sich scharfe Kritik.

1. Pflichten des Vorstands und Pflichtverletzung

Wenngleich der Verweis auf die zunehmende Verrechtlichung der dem Vorstand obliegenden Verantwortungsbereiche und auf die hiermit korrespondierende Zunahme an vom Vorstandsmitglied zu beachtenden Pflichten[45] nicht den materiellen Haftungstatbestand an sich betrifft, ist in diesem Zusammenhang darauf hinzuweisen, dass man die tatbestandliche Eingrenzung von § 93 Abs. 2 S. 1 AktG auf Pflichtverletzung und Verschulden oftmals als nicht zureichend evaluiert. Mit der Bezugnahme auf unternehmerische Entscheidungen erfasst die Business Judgment Rule lediglich einen Teil potenziell haftungsauslösender Verhaltensweisen des Vorstandsmitglieds und vermittelt daher – ihre Privilegierungswirkung wird ohnehin in Frage gestellt[46] – keinen umfassenden Schutz vor Haftungsgefahren.

2. Verschulden

Als problematisch betrachtet man es weiter, dass § 93 Abs. 2 S. 1 AktG nicht nach dem Grad des Verschuldens differenziert mit der Folge, dass die höhenmäßig unbeschränkte Haftung ungeachtet des konkreten Verschuldensgrads aktiviert wird und bereits eine leichte Fahrlässigkeit die Vernichtung der wirtschaftlichen Existenz des Vorstandsmitglieds zu begründen vermag.[47]

---

45 Vgl. etwa zur umfassenden Compliance-Verantwortung des Vorstands LG München I, Urt. v. 10.12.2013 – 5 HK O 1387/10, Rn. 89 ff., NZG 2014, 345 – Neubürger; *Hoffmann/Schieffer*, NZG 2017, 401 ff. Vgl. weiter zu den Pflichten des Vorstands bei unklarer Rechtslage BGH, Urt. v. 20.09.2011 – II ZR 234/09, Rn. 18, NZG 2011, 1271 – Ision; *Buck-Heeb*, BB 2013, 2247 ff.; *Fleischer*, in: Spindler/Stilz, AktG, § 93 Rn. 35 ff.; *Gottschalk/Weng*, GWR 2013, 243 ff.; *Holle*, AG 2016, 270 ff.; *Spindler*, in: MüKo AktG, § 93 Rn. 76 ff.

46 So etwa von *Cahn*, WM 2013, 1293, 1295; *v. Falkenhausen*, NZG 2012, 644 ff. Demgegenüber haftungsmäßige Privilegierungswirkung der Business Judgment Rule annehmend *Bachmann*, in: FS Stilz, 2014, S. 25, 27 ff.; *Horn*, in: FS H.P. Westermann, 2008, S. 1053.

47 Kritisch insofern etwa *Hoffmann*, NJW 2012, 1393, 1394 ff.; *J. Koch*, AG 2012, 429 ff.; *Peltzer*, in: FS Hoffmann-Becking, 2013, S. 861, 864; *Schnorbus/Ganzer*, WM 2015, 1877, 1878.

3. *Haftung für den infolge Pflichtverletzung entstehenden Schaden*

Da der Schaden im Unternehmenskontext begründet wird, kann er ein erhebliches Ausmaß annehmen[48], für welches das Vorstandsmitglied gemäß § 93 Abs. 2 S. 1 AktG in unbegrenzter Höhe einzustehen hat. Manche Autoren betrachten das potenzielle exorbitante Schadensausmaß für sich genommen als problematisch[49], während der wohl größere Teil an Autoren die Kritik an der Totalkompensation vom Verschuldensgrad abhängig macht und eine unbegrenzte Haftung umso kritischer evaluiert, je geringer das dem Vorstandsmitglied anzulastende Verschulden ist[50].

4. *Beweislast*

Ferner setzt Kritik an der Beweislastverteilung an[51], der man zum Teil attestiert, sie begründe die eigentliche Schärfe der Vorstandsinnenhaftung[52], und in deren Folge man teilweise eine Verkehrung der Vorstandsinnenhaftung in eine Gefährdungshaftung befürchtet[53].

---

48 Vgl. *J. Koch*, in: Liber Amicorum M. Winter, 2011, S. 327, 340: *„schadensmultiplizierende Wirkung des unternehmerischen Handelns"*; ähnlich *ders.*, AG 2012, 429, 431, 422, 433.

49 Vgl. etwa *Bayer*, in: FS K. Schmidt, 2009, S. 85, 96 f.: *„(...) so wiegt doch auch ein gravierender Kartellverstoß nicht so schwer (...)."* Oder *Schall*, JZ 2015, 455, 456 – unter Verweis auf Haftungsbeschränkung auf grobe Fahrlässigkeit bei falscher Ad-hoc-Publizität gemäß §§ 37b, 37c WpHG: Bedürfnis nach tatbestandlicher Einengung bei potenziell exorbitanten Schäden.

50 Vgl. etwa *Casper*, ZHR 176 (2012), 617, 638; *Haarmann/Weiß*, BB 2014, 2115, 2116; *Hoffmann*, NJW 2012, 1393, 1398; *J. Koch*, AG 2012, 429 ff.; *Reichert*, ZHR 177 (2013), 756, 779; *Rust*, ZWeR 2015, 299, 309.

51 Für teleologische Reduktion bei Ausscheiden des Vorstandsmitglieds etwa *Bürgers/Israel*, in: Bürgers/Körber, AktG, § 93 Rn. 29; *Foerster*, ZHR 176 (2012), 221, 225 ff. Dagegen *Fleischer*, NZG 2010, 121, 122; *Krieger/Sailer-Coceani*, in: K. Schmidt/Lutter, AktG, § 93 Rn. 44. Generell Legitimation der Beweislastregelung anzweifelnd *Haarmann/Weiß*, BB 2014, 2215, 2218 ff.; *Rieger*, in: FS Peltzer, 2001, S. 339, 351. Für Annullierung, jedenfalls Begrenzung auf amtierende Vorstandsmitglieder auch Beschlüsse des 70. DJT 2014, ZIP 2014, 1902, Ziffer 6 a) und 6 b).

52 So *Bachmann*, Verhandlungen des 70. DJT, Gutachten, 2014, E 5, 33.

53 So namentlich *Schnorbus/Ganzer*, WM 2015, 1877, 1878; *P. Scholz*, Existenzvernichtende Haftung von Vorstandsmitgliedern, 2014, S. 255.

5. *Systematische, rechtsökonomische und rechtspolitische Erwägungen*

Das wohl größte Gewicht bei der Diskussion um eine Reformierung der Vorstandsinnenhaftung nehmen systematische, rechtsökonomische und rechtspolitische Argumente ein.

Die unbeschränkte Vorstandshaftung bewertet man nicht selten im Sinne einer Fehlallokation der Chancen und Risiken in der Aktiengesellschaft.[54] Dem Vorstandsmitglied werde – auch unter Einbeziehung erfolgsbezogener Vergütungskomponenten – über die Vergütung, deren Höhe über § 87 Abs. 1 AktG begrenzt ist, lediglich eine beschränkte Möglichkeit der Partizipation am Erfolg der Aktiengesellschaft zuteil.[55] Dies kontrastiere mit dem unbeschränkten Haftungsrisiko bei organschaftlichen Pflichtverletzungen, das durch die fehlende Möglichkeit privatautonomer Haftungsbegrenzung[56] und die Unvollkommenheit des D&O-Versicherungsschutzes[57] akzentuiert werde. Aus allokativer Perspektive führt man zudem an, das Vorstandsmitglied sei – verfügten die Aktionäre über die Möglichkeit, das Verlustrisiko zu diversifizieren – nicht der korrekte Adressat einer Haftung, die enorme Ausmaße annehmen kann.[58]

Ferner evaluiert man die Haftungszwecke von § 93 Abs. 2 S. 1 AktG – Kompensation und Prävention – in der Rechtstatsächlichkeit als konterkariert. Angesichts von Schadenssummen, die aufgrund des Unternehmenskontextes der Schadensbegründung exorbitante Ausmaße annehmen können, sei die Kompensationsfunktion – vor dem Hintergrund der begrenzten finanziellen

---

54 Vgl. etwa die Ausführungen von *J. Koch*, AG 2012, 429, 435 ff.; *Wagner*, ZHR 178 (2014), 227, 256 ff. Gegen Diskrepanz zwischen Chancen und Risiken argumentierend, indem mit Schadensrisiko korrespondierende Gewinnchance der Gesellschaft relativiert bzw. negiert wird, *S. Binder*, Grenzen der Vorstandshaftung, 2016, S. 324 f.; *Schöne/Petersen*, AG 2012, 700, 704.

55 Vgl. insofern *Bayer/P. Scholz*, NZG 2014, 926, 927; *Brommer*, Beschränkung der Vorstandsinnenhaftung, 2015, S. 78 ff.; *J. Koch*, in: Liber Amicorum M. Winter, 2011, S. 327, 340 ff.; *P. Scholz*, Existenzvernichtende Haftung von Vorstandsmitgliedern, 2014, S. 241 f., 247 ff.; *Wagner*, ZHR 178 (2014), 227, 259 ff.

56 Hierauf verweisend *Brommer*, Beschränkung der Vorstandsinnenhaftung, 2015, S. 228 f.; *P. Scholz*, Existenzvernichtende Haftung von Vorstandsmitgliedern, 2014, S. 247 ff.

57 Zur Unvollkommenheit des D&O-Versicherungsschutzes vgl. *Brommer*, Beschränkung der Vorstandsinnenhaftung, 2015, S. 115 ff.; *Habersack*, in: FS Ulmer, 2003, S. 151, 155; *P. Scholz*, Existenzvernichtende Haftung von Vorstandsmitgliedern, 2014, S. 208 ff.

58 Vgl. etwa *Brommer*, Beschränkung der Vorstandsinnenhaftung, 2015, S. 99 f.; *Wagner*, ZHR 178 (2014), 227, 253.

Leistungsfähigkeit des Vorstandsmitglieds – ohnehin zu relativieren.[59] Demgegenüber sei die Präventionsfunktion der Vorstandsinnenhaftung im Angesichts exorbitant hoher Schadensersatzansprüche, die bereits bei einem leichten Verschulden drohen, vermindert, stehe aus verhaltensökonomischer Perspektive eine Risikoaversion des Vorstands zu erwarten.[60]

6. *Blick auf die Beschlussfassung des 70. Deutschen Juristentags*

Ein kurzes Augenmerk ist auf die Beschlüsse des 70. Deutsche Juristentags, der im Jahr 2014 in Hannover tagte und der sich der Reform der Organhaftung widmete, zu richten. Hervorzuheben ist, dass man hier ungeachtet überzeugender Gründe, die für eine Neujustierung der Vorstandshaftung und für eine Neufassung des materiellen Haftungstatbestands sprechen mögen, nicht so weit gegangen ist, für eine gesetzliche Haftungsbeschränkung – in Gestalt einer gesetzlichen Haftungsbegrenzung auf grobe Fahrlässigkeit oder in Form einer Haftungshöchstgrenze für Fahrlässigkeit – zu votieren[61], sondern man die Möglichkeit satzungsmäßiger Haftungsbeschränkungen favorisiert hat[62].

B. Das ARAG-Urteil des Bundesgerichtshofs vom 21.04.1997

Neben dem materiellen Haftungstatbestand ist für die Haftung des Vorstandsmitglieds der Aspekt der Haftungsdurchsetzung relevant. Manche Stimmen in der Literatur verorten die Problematik der als übermäßig empfundenen Strenge

---

59 Für Abstandnahme vom Kompensationszweck etwa *Bayer/P. Scholz*, NZG 2014, 926, 928 f. – de lege ferenda; *Wagner*, ZHR 178 (2014), 227, 253 ff. Nach Ausgestaltung und Größe der Aktiengesellschaft differenzierend *Fehrenbach*, AG 2015, 761, 772.

60 Auf zunehmende Risikoaversion des Vorstands verweisend *Bayer/P. Scholz*, NZG 2014, 926, 927; *Brommer*, Beschränkung der Vorstandsinnenhaftung, 2015, S. 82 ff.; *J. Koch*, AG 2012, 429, 433 ff.; *P. Scholz*, Existenzvernichtende Haftung von Vorstandsmitgliedern, 2014, S. 236 ff. Zur Problematik übermäßiger Compliance-Maßnahmen infolge haftungsinduzierter Risikoaversion vgl. *Brommer*, Beschränkung der Vorstandsinnenhaftung, 2015, S. 94 ff; *J. Koch*, AG 2012, 429, 433 ff.; *ders.*, AG 2014, 513, 522. Zudem auf Rekrutierungsproblematik hinweisend *Peltzer*, in: FS Hoffmann-Becking, 2013, S. 861, 864, 865; *P. Scholz*, Existenzvernichtende Haftung von Vorstandsmitgliedern, 2014, S. 230 ff. Relativierend *Brommer*, Beschränkung der Vorstandsinnenhaftung, 2015, S. 106 ff.

61 Beschlüsse des 70. DJT 2014, ZIP 2014, 1902, Ziffer 1 a) und 1 b).

62 Beschlüsse des 70. DJT 2014, ZIP 2014, 1902, Ziffer 3 a) und 3 b).

der Vorstandshaftung sogar eher auf der Ebene der Anspruchsdurchsetzung denn beim materiellen Haftungstatbestand.[63]

Bei der Durchsetzung von Schadensersatzansprüchen der Gesellschaft gegen das Vorstandsmitglied vertritt der Aufsichtsrat die Gesellschaft gemäß § 112 AktG. Dem ARAG-Urteil vom 21. April 1997[64], das die Pflichten des Aufsichtsrats bei der Verfolgung von Organhaftungsansprüchen der Gesellschaft gegen das Vorstandsmitglied und beim Absehen hiervon konkretisiert, kommt eine grundlegende und nicht abklingende Bedeutung für die Anspruchsdurchsetzung zu.

I. (Kognitiver) Erkenntnisbereich

Das ARAG-Urteil enthält neben Aussagen, die den voluntativen Bereich der Anspruchsverfolgung betreffen, Aussagen, die sich auf den kognitiven Bereich der Erkenntnis bezüglich des Haftungssachverhalts beziehen. Bevor der Aufsichtsrat über die Verfolgung von Schadensersatzansprüchen der Gesellschaft beschließen könne, habe er eigenverantwortlich zu prüfen, ob Schadensersatzansprüche der Gesellschaft gegen das Vorstandsmitglied bestehen.[65] Er habe den zum Schadensersatz verpflichtenden Tatbestand in tatsächlicher und rechtlicher Hinsicht aufzuklären und Prozessrisiko sowie Beitreibbarkeit der Forderung zu prüfen.[66]

Die Prüfung von Sachverhalt, Prozessrisiko und Beitreibbarkeit der Forderung sei nach Ansicht des BGH nicht dem Handlungsbereich zuzuordnen, sondern allein dem Erkenntnisbereich.[67] Die Zuordnung dieses Teils der Verfolgungsentscheidung zum kognitiven Erkenntnisbereich rechtfertige die diesbezügliche volle gerichtliche Nachprüfbarkeit.[68] Es komme allenfalls in Betracht,

---

63 Problematik der Vorstandsinnenhaftung überwiegend auf Ebene der Durchsetzung denn beim materiellen Haftungstatbestand verortend *Fehrenbach*, AG 2015, 761, 762 f.; *J. Koch*, in: Kalss/Fleischer/Vogt, Bahnbrechende Entscheidungen, 2016, S. 91, 100.

64 BGH, Urt. v. 21.04.1997 – II ZR 175/95, BGHZ 135, 244 = NJW 1997, 1926 – ARAG.

65 BGH, Urt. v. 21.04.1997 – II ZR 175/95, Rn. 20, 22, BGHZ 135, 244, 252 f. = NJW 1997, 1926, 1927 – ARAG.

66 BGH, Urt. v. 21.04.1997 – II ZR 175/95, Rn. 22, BGHZ 135, 244, 253 = NJW 1997, 1926, 1927 – ARAG. Zur Prüfungspflicht auf dieser ersten Stufe vgl. ausführlich *Eichner/Höller*, AG 2011, 885, 886 ff.; *Reichert*, ZIP 2016, 1189, 1190 ff.

67 BGH, Urt. v. 21.04.1997 – II ZR 175/95, Rn. 23, BGHZ 135, 244, 254 = NJW 1997, 1926, 1928 – ARAG.

68 Vgl. BGH, Urt. v. 21.04.1997 – II ZR 175/95, Rn. 23, BGHZ 135, 244, 254 = NJW 1997, 1926, 1928 – ARAG.

dem Aufsichtsrat einen begrenzten Beurteilungsspielraum zuzubilligen, nicht aber eine Entscheidungsprärogative.[69]

Die pauschale Zuordnung dieses eher vorbereitenden Teils der Verfolgungsentscheidung zum kognitiven Erkenntnisbereich findet in der Literatur angesichts des Erfordernisses, auch im Bereich der Erkenntnis Prognosen vorzunehmen – etwa, wenn das Prozessrisiko eingeschätzt werden soll – Kritik.[70] Im Sinne einer am Unternehmenswohl bzw. einer am Gesellschaftsvermögen orientierten Betrachtung nimmt man zudem vielfach an, der Aufsichtsrat sei bei der Verfolgungsentscheidung an keine bestimmte Prüfungsreihenfolge gebunden, sondern er könne – sobald der Sachverhalt so weit aufgeklärt ist, dass auf genügender Grundlage entschieden werden kann[71] – die eigentliche Entscheidung über die Anspruchsverfolgung treffen.[72]

II. (Voluntativer) Handlungsbereich

Stelle der Aufsichtsrat im Rahmen der aufgezeigten erkenntnisbezogenen Prüfung fest, dass voraussichtlich – der BGH verlangt explizit keine Gewissheit – Schadensersatzansprüche der Gesellschaft gegen das Vorstandsmitglied bestehen, so habe er zu entscheiden, ob er die Ansprüche verfolgt oder er hiervon absieht.[73] Die Entscheidung über Verfolgung oder Nichtverfolgung ordnet der BGH der Überwachungsaufgabe des Aufsichtsrats gemäß § 111 Abs. 1 AktG in ihrer nachträglichen bzw. retrospektiven im Unterschied zur präventiven Ausgestaltung sowie seiner Vertretungskompetenz gemäß § 112 AktG zu.[74] Sinn und

69 BGH, Urt. v. 21.04.1997 – II ZR 175/95, Rn. 23, BGHZ 135, 244, 254 = NJW 1997, 1926, 1928 – ARAG.

70 Kritisch bezüglich *„schematische(r) Gegenüberstellung"* von kognitiver und voluntativer Seite *Cahn*, WM 2013, 1293, 1296; *Mertens/Cahn*, in: KöKo AktG, § 111 Rn. 46. Ebenfalls kritisch *Mertens*, in: FS K. Schmidt, 2009, S. 1183, 1187 ff. Dem Aufsichtsrat Ermessen im kognitiven Bereich zusprechend *Bieder*, NZG 2015, 1178, 1182, 1184 f.

71 Mit dieser Einschränkung etwa *Fehrenbach*, AG 2015, 761, 765.

72 Insofern überzeugend *Cahn*, WM 2013, 1293, 1296; *Eichner/Höller*, AG 2011, 885, 886; *Goette*, in: Liber Amicorum M. Winter, 2011, S. 153, 162 ff.; *Habersack*, in: MüKo AktG, § 111 Rn. 38c; *Lutter/Krieger/Verse*, Rechte und Pflichten des AR, § 7 Rn. 447; *Mertens*, in: FS K. Schmidt, 2009, S. 1183, 1190 ff.; *ders./Cahn*, in: KöKo AktG, § 111 Rn. 44.

73 BGH, Urt. v. 21.04.1997 – II ZR 175/95, Rn. 24, BGHZ 135, 244, 254 = NJW 1997, 1926, 1928 – ARAG.

74 BGH, Urt. v. 21.04.1997 – II ZR 175/95, Rn. 25, BGHZ 135, 244, 255 = NJW 1997, 1926, 1928 – ARAG.

Zweck der nachträglichen Überwachung bestehe darin, den Vorstand anzuhalten, seine Pflichten zu erfüllen, und Schäden von der Gesellschaft abzuwenden.[75]

Der voluntative Bereich der Verfolgungsentscheidung samt der dem Aufsichtsrat hier obliegenden Rechte und Pflichten ist in zahlreichen Punkten der Analyse bedürftig.

1. *Unternehmenswohl als Orientierungspunkt der Entscheidung über Verfolgung oder Nichtverfolgung*

Die Verfolgungsentscheidung des Aufsichtsrats sei ausschließlich dem Unternehmenswohl verpflichtet.[76] Dieses verlange grundsätzlich die Kompensation erlittener Schäden bzw. die Wiederherstellung des geschädigten Gesellschaftsvermögens.[77] Der BGH setzt das Unternehmenswohl typisierend mit dem Kompensationsinteresse der Gesellschaft gleich. Aus der typisierenden Gleichsetzung leitet er wiederum eine Regelverfolgungspflicht ab und befindet sich insoweit im Einklang mit *Thomas Raiser*, der das Verhältnis zwischen Verfolgung und Nichtverfolgung ebenfalls bereits im Sinne von Regel und Ausnahme bewertet hat[78]. Dem ARAG-Urteil zufolge müsse die Verfolgung von Schadensersatzansprüchen die Regel und ein Absehen hiervon die besonders begründungsbedürftige Ausnahme sein.[79]

2. *Regelverfolgungspflicht und regelreduziertes bzw. intendiertes Ermessen*

Den aufgezeigten Passagen im ARAG-Urteil scheint man zunächst einmal eine regelmäßige Verpflichtung des Aufsichtsrats zur Anspruchsverfolgung entnehmen zu müssen. Nicht wenige Stimmen in der Literatur folgern aus dem ARAG-Urteil sodann auch eine Regelverfolgungspflicht[80] oder interpretieren das Urteil

---

75 BGH, Urt. v. 21.04.1997 – II ZR 175/95, Rn. 25, BGHZ 135, 244, 255 = NJW 1997, 1926, 1928 – ARAG – im Anschluss an *Raiser*, NJW 1996, 552, 554.

76 BGH, Urt. v. 21.04.1997 – II ZR 175/95, Rn. 25, BGHZ 135, 244, 255 = NJW 1997, 1926, 1928 – ARAG.

77 BGH, Urt. v. 21.04.1997 – II ZR 175/95, Rn. 25, BGHZ 135, 244, 255 = NJW 1997, 1926, 1928 – ARAG.

78 *Raiser*, NJW 1996, 552, 554.

79 BGH, Urt. v. 21.04.1997 – II ZR 175/95, Rn. 26, BGHZ 135, 244, 256 = NJW 1997, 1926, 1928 – ARAG.

80 Noch strenger *J. Koch*, NZG 2014, 934, 937: *„strenge[n] Regressautomatik"*. Gleichsam annehmend, ARAG-Urteil werde im Sinne eines *„Prinzips der Regelverfolgung"* ausgelegt, *Goette*, ZHR 176 (2012), 588, 592; *Reichert*, ZHR 177 (2013), 756, 759; *Sailer-Coceani*, in: Verhandlungen des 70. DJT, Sitzungsbericht, 2014, N 11, 19.

zumindest in dem Sinn, dass dem Aufsichtsrat lediglich geringe Spielräume zum Absehen von Verfolgung verblieben[81].

Ein derart restriktives Verständnis der dem Aufsichtsrat bei der Verfolgungsentscheidung zustehenden Spielräume scheint durch Urteile, die in zeitlicher Folge auf das ARAG-Urteil ergangen sind und in denen Rekurs auf die im ARAG-Urteil zum Ausdruck gelangende Regelverfolgungspflicht bzw. auf die Regel-Ausnahme-Systematik genommen wird, bestätigt zu werden.[82]

Teile der Literatur qualifizieren das vom BGH statuierte Verhältnis zwischen Verfolgung und Nichtverfolgung im Sinne eines regelreduzierten bzw. intendierten Ermessens[83] oder sie rekurrieren auf vergleichbare Figuren, welche die Begrenztheit der Entscheidungsspielräume des Aufsichtsrats bei der Verfolgungsentscheidung verdeutlichen[84].

Im ersten Zugriff lässt sich die Verfolgungsentscheidung des Aufsichtsrats unter Zugrundelegung der Ausführungen im ARAG-Urteil durchaus als durch ein in Richtung Verfolgung regelreduziertes bzw. intendiertes Ermessen kennzeichnen. Neben der vom BGH präsumierten Kongruenz bzw. der typisierenden Gleichsetzung von Unternehmenswohl und Kompensationsinteresse sprechen

---

81 Vgl. etwa *Bieder*, NZG 2015, 1178, 1181: *„minimale[n] Spielräume"*; *Reichert*, ZHR 177 (2013), 756, 761: nach strenger Lesart nur sehr beschränkte Möglichkeit zum Absehen von Verfolgung.

82 Vgl. etwa BGH, Urt. v. 16.03.2009 – II ZR 280/07, Rn. 30, NZG 2009, 550, 552: *„Wie der Senat schon in seinem Urteil vom 21. April 1997 ausgeführt hat, ist der Aufsichtsrat nach § 111 Abs. 1, § 112 AktG grundsätzlich gehalten, Schadensersatzansprüche der Gesellschaft gegen Vorstandsmitglieder geltend zu machen."* Und BGH, Urt. v. 08.07.2014 – II ZR 174/13, Rn. 19, BGHZ 202, 26, 32 = NZG 2014, 1058, 1059 – Plambeck: *„Der Aufsichtsrat ist im Gegenteil in der Regel verpflichtet, Ansprüche wegen einer vom Vorstand begangenen Pflichtverletzung zu verfolgen (...)."* Dies als Bekenntnis des BGH zur ARAG-Doktrin evaluierend *Bachmann*, BB 2015, 771, 773; *Habersack*, NZG 2015, 1297, 1298 f.; *Mayer*, NZG 2014, 1208 f., 1210. Und OLG Düsseldorf, Urt. v. 05.07.2012 – I-6 U 69/11, Rn. 89, NZG 2013, 546, 548: *„Anders als die Organe der Gesellschaft, welche die Pflichtverletzungen anderer Organmitglieder nach den Grundsätzen der sogenannten ARAG/Garmenbeck-Entscheidung des BGH zumindest im Grundsatz stets zu verfolgen haben (...)."*

83 So etwa *Lohse*, Unternehmerisches Ermessen, 2005, S. 160 ff. Ebenfalls auf strukturelle Ähnlichkeit von Verfolgungsentscheidung und intendiertem Ermessen verweisend *Kling*, DZWiR 2005, 45, 47.

84 Vgl. etwa *Casper*, ZHR 176 (2012), 617, 635: gebundene Entscheidung; *Fabisch*, ZWeR 2013, 91, 94: Rechtspflicht; *Fehrenbach*, AG 2015, 761, 766: Kompensation als ermessensleitender Gesichtspunkt; *Horn*, ZIP 1997, 1129, 1138: Ermessensreduzierung auf Null.

die Ausführungen im ARAG-Urteil in Bezug auf die Eröffnung des Ermessens des Aufsichtsrats hierfür. So führt der BGH aus: „*Dieses Ermessen des Aufsichtsrates kann aber erst dann einsetzen, wenn die gegeneinander abzuwägenden Umstände festgestellt worden sind.*“[85] Und: „*Ferner fehlen Feststellungen dazu, ob gewichtige Gründe des Unternehmenswohls vorliegen, die dem Aufsichtsrat eine Ermessensentscheidung darüber eröffnen, ob er ausnahmsweise von der Geltendmachung der Schadensersatzansprüche absehen will.*“[86] Bevor der Aufsichtsrat das ihm – in engen Grenzen zugesprochene – Ermessen, ausnahmsweise von Anspruchsverfolgung abzusehen, ausüben könne, habe er die für und wider Anspruchsverfolgung sprechenden Gesichtspunkte festzustellen. Bevor die Ermessensausübung einsetzen kann, bedarf es nach der Konzeption im ARAG-Urteil gewissermaßen eines ermessenseröffnenden Ausnahmefalls.[87]

Dass ein Ausnahmefall festgestellt werden muss, bevor Ermessen einsetzen und ausgeübt werden kann, verdeutlicht, dass der BGH kein freies Ermessen zuspricht. Beim freien Ermessen, das nicht im Sinne eines willkürlich, sondern im Sinne eines pflichtgemäß auszuübenden Ermessens zu verstehen ist, können von vornherein – ohne dass es zunächst eines ermessenseröffnenden Ausnahmefalls bedürfte – sämtliche entscheidungsrelevante Erwägungen in die Ermessensausübung eingestellt werden und es kann – unter der Prämisse, dass nachvollziehbare Gründe für die Entscheidung bestehen – frei zwischen den Handlungsmöglichkeiten gewählt werden.[88] Mehrere einander gleichwertige Entscheidungen sind rechtmäßig.[89]

Die Konstruktion, dass im Regelfall eine bestimmte Entscheidung zu treffen ist, von der nur ausnahmsweise abgesehen werden kann, nachdem ein ermessenseröffnender Ausnahmefall festgestellt worden ist, erinnert an das regelreduzierte oder intendierte Ermessen im Verwaltungsrecht.[90] Hier ist das Ermessen

---

85 BGH, Urt. v. 21.04.1997 – II ZR 175/95, Rn. 27, BGHZ 135, 244, 256 = NJW 1997, 1926, 1928 – ARAG.

86 BGH, Urt. v. 21.04.1997 – II ZR 175/95, Rn. 28, BGHZ 135, 244, 256 = NJW 1997, 1926, 1928 – ARAG.

87 *Lohse*, Unternehmerisches Ermessen, 2005, S. 162.

88 Vgl. BVerwG, Urt. v. 29.04.1988 – 8 C 69/86, Rn. 27, BVerwGE 79, 274, 281 f. = NVwZ 1988, 935, 937.

89 *Hüffer*, in: FS Raiser, 2005, S. 163, 172.

90 Dies betonend und Verfolgungsentscheidung im Sinne regelreduzierten bzw. intendierten Ermessens evaluierend *Lohse*, Unternehmerisches Ermessen, 2005, S. 160 ff. Ebenfalls strukturelle Ähnlichkeit von Verfolgungsentscheidung und intendiertem Ermessen annehmend *Kling*, DZWiR 2005, 45, 47.

im Regelfall auf ein bestimmtes Ergebnis ausgerichtet und nur im besonderen Ausnahmefall kann von der vorgesehenen Entscheidung abgewichen werden.[91] Beim intendierten Ermessen bedarf es grundsätzlich keiner besonderen Ermessensabwägung, sondern eine solche kann erst einsetzen, nachdem festgestellt worden ist, dass der konkrete Einzelfall Umstände aufweist, die vom geregelten typischen Fall in einer solchen Weise abweichen, dass eine von der typischen Rechtsfolge divergierende Rechtsfolge getroffen werden kann.[92] Kann eine besondere Atypizität des Einzelfalls nicht festgestellt werden, so wird die Möglichkeit einer von der grundsätzlichen Ermessensbindung abweichenden Ermessensausübung nicht eröffnet. Ähnlich dem regelreduzierten bzw. intendierten Ermessen geben verwaltungsrechtliche Soll-Vorschriften im Regelfall eine rechtlich zwingende Entscheidung vor, von der in atypischen Konstellationen nach einer pflichtgemäßen Ermessensbetätigung abgewichen werden kann.[93]

Das im ARAG-Urteil anklingende Regel-Ausnahme-Verhältnis zwischen Verfolgung und Nichtverfolgung lässt sich im ersten Zugriff als ein in Richtung Verfolgung regelreduziertes bzw. intendiertes Ermessen charakterisieren. Das Vorliegen eines ermessenseröffnenden, atypischen Ausnahmefalls ist in Bezug auf die Verfolgungsentscheidung daran geknüpft, dass das Unternehmenswohl ausnahmsweise nicht mit dem Kompensationsinteresse gleichgesetzt werden kann und dass die typisierte Annahme, das Unternehmenswohl verlange die Wiederherstellung des geschädigten Gesellschaftsvermögens, nicht zutrifft.[94] Das Absehen von Verfolgung stellt sich insofern als Ausnahme von der typisierenden Gleichsetzung des Unternehmenswohls mit dem Kompensationsinteresse und nicht als Ausnahme von der ausschließlichen Verpflichtung des Aufsichtsrats auf das Unternehmenswohl bei der Verfolgungsentscheidung dar.[95]

---

91 Vgl. BVerwG, Urt. v. 05.07.1985 – 8 C 22/83, Rn. 22, BVerwGE 72, 1, 6 = NJW 1986, 738, 739 f.; BVerwG, Urt. v. 29.04.1988 – 8 C 69/86, Rn. 27, BVerwGE 79, 274, 282 = NVwZ 1988, 935, 937. Kritisch bezüglich Figur des intendierten Ermessens *Maurer*, Allg. VerwR, § 7 Rn. 12.

92 Vgl. BVerwG, Urt. v. 05.07.1985 – 8 C 22/83, Rn. 22, BVerwGE 72, 1, 6 = NJW 1986, 738, 739 f.; *Gerhardt*, in: Schoch/Schneider/Bier, VwGO, § 114 Rn. 20.

93 Vgl. BVerwG, Urt. v. 17.03.1992 – 1 C 31/89, Rn. 13, BVerwGE 90, 88, 93 = NVwZ 1993, 675, 676; BVerwG, Urt. v. 02.07.1992 – 5 C 39/90, LS 1 und Rn. 19, BVerwGE 90, 275, 280 = MDR 1992, 1156; *Kopp/Ramsauer*, VwVfG, § 40 Rn. 64; *Maurer*, Allg. VerwR, § 7 Rn. 11.

94 Zur Konstruktion der Verfolgungsentscheidung im Sinne eines intendierten Ermessens vgl. umfassend *Lohse*, Unternehmerisches Ermessen, 2005, S. 160 ff.

95 Ähnlich *Fehrenbach*, AG 2015, 761, 768: *„(…) keine Ausnahme vom Grundsatz, dass von der Durchsetzung eines Schadensersatzanspruchs nur abgesehen werden kann, wenn*

Obgleich es auf den ersten Blick illustrativ anmutet, den Spielraum des Aufsichtsrats bei der Verfolgungsentscheidung im Sinne eines regelreduzierten bzw. intendierten Ermessens zu evaluieren, bereitet ein solches Verständnis – von der Problematik eines Rekurses auf verwaltungsrechtliche Terminologien abgesehen[96] – Probleme, die im Folgenden näher aufgezeigt werden. Insbesondere erweist sich die Kombination aus Ermessen einerseits und Unternehmenswohlverpflichtung andererseits als konstruktiv problematisch. Die Vereinbarkeit von Regelverfolgungspflicht und ausschließlicher Verpflichtung auf das Unternehmenswohl ist zudem zu hinterfragen.

3. *Entscheidungsspielräume des Aufsichtsrats zum Absehen von Verfolgung*

Das Verhältnis zwischen Verfolgung und Nichtverfolgung kann unter Zugrundelegung des Wortlauts im ARAG-Urteil als dergestalt konzipiert betrachtet werden, dass Ansprüche grundsätzlich zu verfolgen sind und hiervon nur ausnahmsweise abgesehen werden kann. In den Blick zu nehmen sind die Entscheidungsspielräume, die dem Aufsichtsrat zum Absehen von Verfolgung belassen sind.

a) *Möglichkeit der Differenzierung zwischen Tatbestand (Beurteilungsspielraum) und Rechtsfolge (Ermessensspielraum)*

An den Formulierungen im ARAG-Urteil in Bezug auf das Absehen von Anspruchsverfolgung lässt sich eine gewisse Zweiteilung bemerken. So heißt es:

> *„Da diese Entscheidung allein dem Unternehmenswohl verpflichtet ist, (…) wird der Aufsichtsrat von der Geltendmachung voraussichtlich begründeter Schadensersatzansprüche*

---

dies im Gesellschaftsinteresse liegt.“; *Hauger/Palzer*, ZGR 2015, 33, 59 f.: Ausnahmen von Verfolgung als *„Konsequenz der Bindung des Aufsichtsrates an das Unternehmenswohl“*; *Henze*, NJW 1998, 3309, 3311: Ausnahmen als *„Ausprägungen der Verpflichtung, im wohlverstandenen Unternehmensinteresse zu handeln“*; *Lohse*, Unternehmerisches Ermessen, 2005, S. 162: Nichtverfolgung, wenn zwar Verwirklichung des Wiederherstellungsinteresses, nicht aber des Unternehmenswohls.

96 Vgl. etwa die Kritik an der Übertragung verwaltungsrechtlicher Grundsätze im Hinblick auf Ermessen, Beurteilungsspielräume und gerichtliche Kontrolldichte auf Entscheidungen von Gesellschaftsorganen bei *S. Binder*, Grenzen der Vorstandshaftung, 2016, S. 130 ff. mit umfangreichen Nachweisen; *Raiser*, NJW 1996, 552, 553; *Thümmel*, DB 1997, 1117, 1118. Demgegenüber Orientierung an verwaltungsrechtlichen Grundsätzen befürwortend *Lohse*, Unternehmerisches Ermessen, 2005, S. 60 ff.; *Semler*, in: FS Ulmer, 2003, S. 627, 633 ff.

gegen einen pflichtwidrig handelnden Vorstand nur dann ausnahmsweise absehen dürfen, wenn gewichtige Interessen und Belange der Gesellschaft dafür sprechen, den ihr entstandenen Schaden ersatzlos hinzunehmen."[97]
Und: „*Hingegen wird der Aufsichtsrat anderen Gesichtspunkten als denen des Unternehmenswohls (...) nur in Ausnahmefällen Raum geben dürfen.*"[98]
Und: „*Nur in diesen engen Grenzen kann dem Aufsichtsrat (...) ein Entscheidungsermessen für die Frage zuzubilligen sein, ob er (...) aus übergeordneten Gründen des Unternehmenswohls ausnahmsweise von der Durchsetzung des Schadensersatzanspruchs absehen möchte.*"[99]

Die im ARAG-Urteil in Bezug auf das Absehen von Verfolgung gewählten Formulierungen entsprechen der bei Rechtsnormen gewählten Formulierung, wenn tatbestandliche Voraussetzungen benannt werden, bei deren Verwirklichung eine bestimmte Rechtsfolge eintritt. Die zu verwirklichenden tatbestandlichen Voraussetzungen werden hier durch die konditionale Wendung „*wenn (...)*" bzw. die Wendung „*aus übergeordneten Gründen des Unternehmenswohls*", die sich durch die konditionale Formulierung „*wenn übergeordnete Gründe des Unternehmenswohls vorliegen (...)*" substituieren ließe, eingeleitet. Das Absehen von Verfolgung erfordert, dass tatbestandlich gewichtige Interessen und Belange der Gesellschaft bzw. übergeordnete Gründe des Unternehmenswohls festgestellt werden können. Der Akt der Feststellung, dass solche Gründe vorliegen, ist eher dem kognitiven Erkenntnisbereich zuzuordnen, was angesichts der Unbestimmtheit des Begriffs „*Unternehmenswohl*" und der bei der Bestimmung des Unternehmenswohls erforderlichen Prognosen jedoch relativiert wird. Sind die tatbestandlichen Voraussetzungen erfüllt, so tritt als Rechtsfolge ein, dass der Aufsichtsrat von einer Anspruchsverfolgung absehen darf. Die Formulierung „*absehen dürfen*" deutet darauf hin, dass der BGH dem Aufsichtsrat Ermessen hat einräumen wollen. Eine solche Auslegung findet dadurch Bestätigung, dass der BGH dem Aufsichtsrat „*in diesen engen Grenzen (...) ein Entscheidungsermessen*" hinsichtlich des ausnahmsweisen Absehens von Verfolgung zugesteht.[100] Das Setzen der Rechtsfolge Absehen von Verfolgung ist dem voluntativen Handlungsbereich zuzuordnen.

---

97 BGH, Urt. v. 21.04.1997 – II ZR 175/95, Rn. 25, BGHZ 135, 244, 255 = NJW 1997, 1926, 1928 – ARAG. Unterstreichung nicht im Originaltext.
98 BGH, Urt. v. 21.04.1997 – II ZR 175/95, Rn. 25, BGHZ 135, 244, 255 f. = NJW 1997, 1926, 1928 – ARAG. Unterstreichung nicht im Originaltext.
99 BGH, Urt. v. 21.04.1997 – II ZR 175/95, Rn. 27, BGHZ 135, 244, 256 = NJW 1997, 1926, 1928 – ARAG. Unterstreichung nicht im Originaltext.
100 BGH, Urt. v. 21.04.1997 – II ZR 175/95, Rn. 27, BGHZ 135, 244, 256 = NJW 1997, 1926, 1928 – ARAG.

Unter Zugrundelegung des Wortlauts des ARAG-Urteils lässt sich die Verfolgungsentscheidung in eine durch den unbestimmten Begriff des Unternehmenswohls[101] geprägte Tatbestandsseite und eine Rechtsfolgenseite, auf der Ermessen auszuüben ist, gliedern. Obgleich der Transfer öffentlich-rechtlicher Grundsätze – hier die Differenzierung zwischen Tatbestand und Beurteilungsspielraum einerseits und Rechtsfolge und Ermessen andererseits – in das Aktienrecht durchaus kritisch bewertet wird[102], erweisen sich gedankliche Anleihen bei verwaltungsrechtlichen Terminologien im Rahmen einer Analyse des ARAG-Urteils nicht als unstimmig. Hierbei ist jedoch anzumerken, dass der im Verwaltungsrecht anzutreffenden – auch hier nicht ohne Kritik bleibenden[103] – Differenzierung zwischen Beurteilungsspielräumen auf Tatbestandsseite und Ermessen auf Rechtsfolgenseite im Aktienrecht eine geringere Bedeutung zukommt[104], wie sich etwa darin manifestiert, dass nicht selten einheitlich und ohne nähere Differenzierung von einem *„Beurteilungs- und Ermessensspielraum“* gesprochen wird[105].

Es fragt sich, inwieweit die ausschließliche Verpflichtung des Aufsichtsrats auf das Unternehmenswohl mit Beurteilungsspielräumen im Erkenntnisbereich und Ermessensspielräumen im Handlungsbereich einhergeht bzw. mit solchen Spielräumen vereinbar sein kann und inwieweit die diesbezüglichen Formulierungen im ARAG-Urteil wortlautgetreu verstanden werden können.[106]

---

101 Begriff des *„Unternehmenswohls“* ebenso als unbestimmten Rechtsbegriff einordnend *Semler*, in: FS Ulmer, 2003, S. 627, 633.

102 Vgl. hierzu Fn. 96.

103 Vgl. zur Kritik an der Dogmatik einer strikten Differenzierung zwischen Beurteilungsspielraum auf Tatbestandsseite und Ermessen auf Rechtsfolgenseite sowie an der Dogmatik einer strikten Differenzierung zwischen norminterpretierenden bzw. -konkretisierenden Verwaltungsvorschriften und Ermessensrichtlinien *Schönenbroicher*, in: Mann/Sennekamp/Uechtritz, VwVfG, § 40 Rn. 135, 43 ff.

104 Vgl. etwa *Bunz*, Geschäftsleiterermessen, 2011, S. 223: Business Judgment Rule sowohl auf kognitiver als auch voluntativer Seite von unternehmerischen Entscheidungen.

105 So etwa aus der Rechtsprechung – indes in Bezug auf Aufsichtsratsentscheidung über Vorstandsvergütung im Rahmen präventiver Überwachung – BGH, Urt. v. 21.12.2005 – 3 StR 470/04, Rn. 15, 17, 35, BGHSt 50, 331, 336, 337, 344 = NZG 2006, 141, 143, 145 – Mannesmann. Ebenso auf Fehlen begrifflicher Unterscheidung hinweisend *Holle*, AG 2011, 778, 779 mit Fn. 5.

106 Dem ARAG-Urteil eindeutige Antwort auf Frage, ob und inwieweit Aufsichtsrat bei Verfolgungsentscheidung Beurteilungs- und Ermessensspielräume zukommen, absprechend *Bunz*, Geschäftsleiterermessen, 2011, S. 219 f.

b) *Ermessen des Aufsichtsrats bei der Verfolgungsentscheidung*

Hinsichtlich der Frage, ob dem Aufsichtsrat bei seiner Entscheidung über Verfolgung oder Nichtverfolgung Ermessen zusteht, können dem ARAG-Urteil zwei Aussagen entnommen werden.

Zum einen führt der BGH aus: *„Entgegen der Ansicht des Berufungsgerichts steht dem Aufsichtsrat auch bei dieser Entscheidung kein autonomer unternehmerischer Ermessensspielraum zu."*[107] Und: *„Für seine eigene Entscheidung kann der Aufsichtsrat aber ein unternehmerisches Ermessen in dem vom Berufungsgericht angenommenen Sinne nicht in Anspruch nehmen."*[108]

Zum anderen stellt der BGH fest: *„Nur in diesen engen Grenzen kann dem Aufsichtsrat – insoweit dem Berufungsgericht folgend – ein Entscheidungsermessen für die Frage zuzubilligen sein, ob er trotz Erfolgsaussicht einer Haftungsklage aus übergeordneten Gründen des Unternehmenswohles ausnahmsweise von der Durchsetzung des Schadensersatzanspruchs absehen möchte."*[109] Und: *„Ferner fehlen Feststellungen dazu, ob gewichtige Gründe des Unternehmenswohls vorliegen, die dem Aufsichtsrat eine Ermessensentscheidung darüber eröffnen, ob er ausnahmsweise von der Geltendmachung der Schadensersatzansprüche absehen will."*[110]

aa) Rechtsnatur und Reichweite des eingeräumten Ermessens

In den Blick zu nehmen ist zunächst die Konzeption des dem Aufsichtsrat bei der Verfolgungsentscheidung zugestandenen Ermessens sowie dessen Reichweite bzw. die Frage, mit welchen Entscheidungsspielräumen es korrespondiert.

(1) Kein freies Ermessen

Die Formulierungen *„absehen dürfen"*[111], *„Raum geben dürfen"*[112] und *„absehen möchte"*[113] könnten bei isolierter Betrachtung für ein hinsichtlich Inhalt und

107 BGH, Urt. v. 21.04.1997 – II ZR 175/95, Rn. 25, BGHZ 135, 244, 254 = NJW 1997, 1926, 1928 – ARAG.

108 BGH, Urt. v. 21.04.1997 – II ZR 175/95, Rn. 25, BGHZ 135, 244, 255 = NJW 1997, 1926, 1928 – ARAG.

109 BGH, Urt. v. 21.04.1997 – II ZR 175/95, Rn. 27, BGHZ 135, 244, 256 = NJW 1997, 1926, 1928 – ARAG.

110 BGH, Urt. v. 21.04.1997 – II ZR 175/95, Rn. 28, BGHZ 135, 244, 256 = NJW 1997, 1926, 1928 – ARAG.

111 BGH, Urt. v. 21.04.1997 – II ZR 175/95, Rn. 25, BGHZ 135, 244, 255 = NJW 1997, 1926, 1928 – ARAG.

112 BGH, Urt. v. 21.04.1997 – II ZR 175/95, Rn. 25, BGHZ 135, 244, 256 = NJW 1997, 1926, 1928 – ARAG.

113 BGH, Urt. v. 21.04.1997 – II ZR 175/95, Rn. 27, BGHZ 135, 244, 256 = NJW 1997, 1926, 1928 – ARAG.

Ausübungsrichtung nicht vorgeprägtes Wahlrecht bei der Verfolgungsentscheidung sprechen. Dass die Ermessensfreiheit des Aufsichtsrats jedoch nicht so weit zu gehen vermag, ergibt sich aus dem Gesamtkontext des ARAG-Urteils. Die Betonung der regelmäßigen Verpflichtung des Aufsichtsrats zur Verfolgung impliziert – wie vom BGH auch ausdrücklich benannt wird –, dass eine Nichtverfolgung Ausnahmecharakter haben muss.[114] Dem Aufsichtsrat wird demnach kein gänzlich freies Ermessen zugesprochen.

(2) Unternehmerisches Ermessen?

Eine Vielzahl an Autoren plädiert dafür, die Verfolgungsentscheidung des Aufsichtsrats als unternehmerische Entscheidung zu qualifizieren.[115] Hierbei möchte eine Strömung – *Walter G. Paefgen* ist hier als ein maßgebender Vertreter zu benennen – in kritischer Abkehr vom ARAG-Urteil, dessen Wortlaut die Qualifizierung der Verfolgungsentscheidung als unternehmerische Entscheidung sperrt, die Verfolgungsentscheidung unter Hervorhebung ihres unternehmerischen Charakters als unternehmerische Entscheidung einordnen.[116]

---

114 Vgl. in diesem Kontext – in Bezug auf Konstellation einer Kombination aus Soll-Vorschrift und ausnahmsweisem Ermessen – BVerwG, Urt. v. 04.03.1993 –5 C 27/91, Rn. 8 ff., BVerwGE 92, 169, 170 f. = NVwZ 1994, 173: Formulierung *„kann“* in § 120 Abs. 2 S. 3 HS 2 BSHG a.F. spreche für sich genommen für nicht vorgeprägtes Ermessen; aus Zusammenhang mit § 120 Abs. 2 S. 3 HS 1 BSHG a.F., der Formulierung *„soll“* enthält, ergebe sich jedoch, dass keine vollkommene Entscheidungsfreiheit bestehe und regelmäßig andere Entscheidung getroffen werden müsse.

115 Für Qualifizierung der Verfolgungsentscheidung als unternehmerische Entscheidung etwa *Bieder*, NZG 2015, 1178, 1183 ff.; *S. Binder*, Grenzen der Vorstandshaftung, 2016, S. 539 ff.; *Eichner/Höller*, AG 2011, 885, 893; *Fehrenbach*, AG 2015, 761, 764 ff.; *Fuchs/Zimmermann*, JZ 2014, 838, 845; *Goette*, in: Liber Amicorum M. Winter, 2011, S. 153, 159 ff.; *Mertens*, in: FS K. Schmidt, 2009, S. 1183, 1193; *Paefgen*, AG 2008, 761, 762 ff.; *M. Roth*, Unternehmerisches Ermessen, 2001, S. 122; *Schnorbus/Ganzer*, WM 2015, 1832, 1842; *M. Zimmermann*, DB 2008, 687, 689. Sympathisierend, aber ablehnend *Casper*, ZHR 176 (2012), S. 617, 635 f. Ablehnend *Kindler*, ZHR 162 (1998), 101, 109 f.; *J. Koch*, AG 2009, 93, 95 ff.; *Lutter*, in: FS Hoffmann-Becking, 2013, S. 747, 751 ff.

116 Vgl. etwa *Bieder*, NZG 2015, 1178, 1184: Betonung von Zukunftsbezug, Unsicherheitsfaktor und Prognoseerfordernis der Verfolgungsentscheidung; *S. Binder*, Grenzen der Vorstandshaftung, 2016, S. 539 ff.: Hervorhebung des Prognoseerfordernisses; *Mertens*, in: FS K. Schmidt, 2009, S. 1183, 1193: Frage, ob Anspruchsgeltendmachung nutzen oder schaden würde, könne *„nicht anders als aus unternehmerischer Sicht entschieden werden“*; *Paefgen*, AG 2008, 761, 763: *„eminent unternehmerische Qualität“* der vom BGH benannten Beurteilungskriterien und Adressierung des

Demgegenüber nimmt *Wulf Goette* weniger den unternehmerischen Charakter der Verfolgungsentscheidung als vielmehr die – auch vom BGH betonte – ausschließliche Verpflichtung des Aufsichtsrats auf das Unternehmenswohl bei der Verfolgungsentscheidung in den Blick und möchte dem Aufsichtsrat – bereits de lege lata auf Grundlage einer Neuinterpretation des ARAG-Urteils – größere Spielräume bei der Verfolgungsentscheidung zugestehen.[117]

Die Verfolgungsentscheidung de lege lata als unternehmerische Entscheidung zu qualifizieren, ist angesichts des eindeutigen Wortlauts des ARAG-Urteils, wonach dem Aufsichtsrat „*kein autonomer unternehmerischer Ermessensspielraum*" zukommt und er „*ein unternehmerisches Ermessen in dem vom Berufungsgericht angenommenen Sinne nicht in Anspruch nehmen*" kann[118], problematisch. Die Zubilligung unternehmerischen Ermessens im Rahmen der Verfolgungsentscheidung mag sachgerecht sein, ohne sich jedoch de bereits lege lata auf das ARAG-Urteil stützen zu können.[119]

(3) Wenigstens eng begrenztes, inhaltlich nicht genau konturiertes Ermessen

Mit dem Wortlaut des ARAG-Urteils, wonach dem Aufsichtsrat in „*engen Grenzen*" ein „*Entscheidungsermessen*" zuzubilligen sei, ist es jedoch vereinbar, dem Aufsichtsrat – im Einklang mit zahlreichen Stimmen in der Literatur, die jedoch

---

Aufsichtsrats als „*unternehmerisch denkendes und handelndes Organ*"; *ders.*, AG 2014, 554, 571: „*zukunftsbezogene und damit genuin unternehmerische Dimension*" der Verfolgungsentscheidung. Unternehmerischen Charakter der Verfolgungsentscheidung ebenfalls bereits betonend *Dreher*, ZHR 158 (1994), 614, 638 ff. Ebenso – aus der Rechtsprechung – Prognosecharakter hervorhebend LG Essen, Urt. v. 25.04.2012 – 41 O 45/10, Rn. 204, NZG 2012, 1307, 1309 – Arcandor.

117 Vgl. *Goette*, in: Liber Amicorum M. Winter, 2011, S. 153, 159 ff.; *ders.*, ZHR 176 (2012), 588 ff.; *ders.*, in: FS Hoffmann-Becking, 2013, S. 377 ff., der explizit Vereinbarkeit einer großzügigen, weitergehende Spielräume zubilligenden Interpretation mit ARAG-Urteil annimmt. Zustimmend bezüglich größerer Entscheidungsfreiheit unter Berücksichtigung des Unternehmenswohls *Grunewald*, AG 2013, 813, 814.

118 BGH, Urt. v. 21.04.1997 – II ZR 175/95, Rn. 25, BGHZ 135, 244, 254 und 255 = NJW 1997, 1926, 1928 – ARAG.

119 Ebenso Unvereinbarkeit einer Qualifizierung der Verfolgungsentscheidung als unternehmerische Entscheidung mit ARAG-Urteil annehmend *Bachmann*, Verhandlungen zum 70. DJT, 2014, Gutachten E 5, 81; *Bieder*, NZG 2015, 1178, 1181; *Gaul*, AG 2015, 109, 112 f.; *J. Koch*, NZG 2014, 934, 937 f.; *Lutter*, in: FS Hoffmann-Becking, 2013, S. 747, 752. Vgl. umfassend *J. Koch*, in: Kalss/Fleischer/Vogt, Bahnbrechende Entscheidungen, 2016, S. 91, 104 ff.

insoweit alternierende Bezeichnungen wählen[120] – ein begrenztes Ermessen zuzusprechen. An einer hinreichenden, gar letztverbindlichen Konturierung der Grenzen des Ermessens mangelt es jedoch, was in dem Fehlen eindeutiger Erläuterungen im ARAG-Urteil begründet liegt.

bb) Konzeptionelle Vereinbarkeit von Ermessen und Unternehmenswohlverpflichtung

Spricht man dem Aufsichtsrat bei der Verfolgungsentscheidung Ermessen zu, so ist fraglich, inwieweit ein solches – obgleich es nur in sehr engen Grenzen bestehen soll – mit der ausschließlichen Verpflichtung des Aufsichtsrats auf das Unternehmenswohl im Rahmen der Verfolgungsentscheidung vereinbar sein kann.[121] Es ist bereits aufgezeigt worden, dass das Ermessen des Aufsichtsrats nicht im Sinne eines freien Wahlrechts zwischen Verfolgung und Nichtverfolgung auszulegen ist, sondern es sich lediglich um ein Entscheidungsermessen in engen Grenzen handelt. Doch selbst ein eng begrenztes Entscheidungsermessen könnte – da Ermessen, sei es auch noch so begrenzt, voluntative Spielräume impliziert – einen Konflikt mit der ausschließlichen Unternehmenswohlverpflichtung bei der Verfolgungsentscheidung bergen.

Dass der BGH dem Aufsichtsrat ein eng begrenztes Entscheidungsermessen einräumt, kann nicht isoliert betrachtet werden, sondern ist im Gesamtkontext des ARAG-Urteils zu beurteilen.[122] Im ARAG-Urteil betont der BGH die ausschließliche Verpflichtung des Aufsichtsrats auf das Unternehmenswohl. Ungeachtet des Wortlauts *„können“* spricht der Gesamtkontext dafür, dass der

---

120 *P. Doralt/W. Doralt*, in: Semler/v. Schenck, Arbeitshdb. für AR-Mitglieder, § 14 Rn. 83: *„eingeschränktes (…) Ermessen“*; *Götz*, NJW 1997, 3275, 3277: *„begrenzter Ermessensspielraum“*; *Hölters*, in: Hölters, AktG, § 93 Rn. 292: *„enge(r) Ermessensspielraum“*; *Oltmanns*, Geschäftsleiterhaftung und unternehmerisches Ermessen, 2001, S. 341: *„beschränktes Ermessen“*; *M. Roth*, Unternehmerisches Ermessen, 2001, S. 122: *„beschränktes Ermessen“*, das *„als unternehmerisches Ermessen zu qualifizieren“* sei. Demgegenüber eher wesensmäßige Unbestimmtheit des Ermessens betonend *Konrads*, Entschärfung des Haftungsrisikos, 2012, S. 176: *„Ermessensform sui generis“*.

121 Ebenfalls kritisch bezüglich Kombination aus Pflichtenbindung des Aufsichtsrats einerseits und Entscheidungsermessen andererseits *Kindler*, ZHR 162 (1998), 101, 113 f.; *Thümmel*, DB 1997, 1117, 1119.

122 Vgl. auch BVerwG, Urt. v. 31.01.1956 – V C 34.55, Rn. 13, BVerwGE 3, 121, 122 f.: Unter Berücksichtigung des Zwecks einer Vorschrift, des Gesamtkontextes sowie allgemeiner Grundsätze sei zu ermitteln, ob eine Verpflichtung zu einer bestimmten Entscheidung bestehe und eine Vorschrift ungeachtet ihres auf Ermessen hindeutenden Wortlauts *„können“* als Mussvorschrift einzustufen sei.

Aufsichtsrat diejenige Entscheidung über Verfolgung oder Nichtverfolgung treffen muss, die im Unternehmenswohl liegt. Die Determinierung der Verfolgungsentscheidung durch das Unternehmenswohl lässt den Schluss zu, dass der Aufsichtsrat zum Absehen von Verfolgung verpflichtet und nicht lediglich berechtigt sein muss, wenn eine Nichtverfolgung im Unternehmenswohl liegt.

Die Schlussfolgerung, der Aufsichtsrat müsse aufgrund seiner unternehmenswohlzentrierten Pflichtenbindung zur Nichtverfolgung verpflichtet sein, wenn das Unternehmenswohl es gebietet, könnte auf den ersten Blick mit dem begrenzten Entscheidungsermessen, das der BGH in Bezug auf das ausnahmsweise Absehen von Verfolgung zugesteht, kollidieren. Dass sich Unternehmenswohlverpflichtung und Ermessen nicht notwendig ausschließen, vermag jedoch ein Rekurs auf dogmatische Konstruktion im öffentlichen Recht zu verdeutlichen.

(1) Generelle Ermessensreduzierung aufgrund übergeordneter Wertungen bzw. gebundene Entscheidung trotz Einräumung von Ermessen

Im Verwaltungsrecht ist anerkannt, dass die Behörde, obgleich der Wortlaut einer Norm Ermessen einräumt, verpflichtet sein kann, aufgrund übergeordneter – insbesondere verfassungsrechtlicher – Wertungen eine bestimmte Entscheidung zu treffen.[123] Ungeachtet des auf behördliches Ermessen hindeutenden Wortlauts in § 35 Abs. 2 BauGB („*können*") ist die Behörde etwa gebunden, ein öffentlichen Belangen nicht widersprechendes Bauvorhaben zuzulassen.[124] Der Begriff „*können*" in § 35 Abs. 2 BauGB ist im Sinne von „*müssen*" zu lesen, was mit Art. 14 Abs. 1 S. 2 GG, wonach Inhalt und Schranken des Eigentums durch den Gesetzgeber und nicht durch die Verwaltung bestimmt werden, zu begründen ist.[125] Höherrangiges Recht gebietet hier eine Ermessensreduzierung auf Null.[126]

Wenngleich verfassungsrechtliche Erwägungen im Rahmen der Verfolgungsentscheidung nicht Platz zu greifen vermögen[127], ist das ARAG-Urteil einer

---

123 Vgl. etwa BVerwG, Urt. v. 14.08.1986 – 3 C 9/85, BVerwGE 74, 357 = NVwZ 1987, 44 – Rückforderung gemeinschaftswidrig gewährter Beihilfen; BVerwG, Urt. v. 13.12.1974 – VII C 42.72, BVerwGE 47, 280 = NJW 1975, 1289 – Erlaubnispflicht bezüglich Wahlplakate politischer Parteien.

124 BVerwG, Urt. v. 29.04.1964 – I C 30.62, Rn. 8 ff., BVerwGE 18, 247 = NJW 1964, 827.

125 Siehe Fn. 124.

126 Zu diesem Fall der „*scheinbaren Ermessenseinräumung*" vgl. die Kritik bei *Schröder*, Genehmigungsverwaltungsrecht, 2016, S. 33 f.

127 Ein über allgemeine Schutzmechanismen des Zwangsvollstreckungs- und Insolvenzrechts hinausgehender spezieller verfassungsrechtlicher Existenzvernichtungsschutz für Vorstandsmitglieder ist abzulehnen. Vgl. hierzu umfassend *S. Binder*, Grenzen der Vorstandshaftung, 2016, S. 359 ff. Für verfassungsrechtlich fundierten

Auslegung dergestalt zugänglich, dass der Aufsichtsrat gebunden ist, die im Unternehmenswohl liegende Entscheidung über Verfolgung oder Nichtverfolgung zu treffen. Es ließe sich insofern von einer infolge des Unternehmenswohls gebotenen Ermessensreduzierung auf Null sprechen. Eine solche Betrachtung wäre auf die Rechtsfolgenseite des Ermessens beschränkt.

(2) Koppelungsvorschriften

Ein Blick auf verwaltungsrechtliche Koppelungsvorschriften lässt eine Argumentation zu, die nicht auf die Rechtsfolgenseite des Ermessens verengt ist. Koppelungsvorschriften sind dadurch gekennzeichnet, dass sowohl auf Tatbestandsseite ein unbestimmter Rechtsbegriff vorhanden ist, als auch auf Rechtsfolgenseite Ermessen eingeräumt ist.[128]

(a) Einheitliche Ermessensausübung anhand unbestimmten Rechtsbegriffs

Gemäß § 227 AO, der § 131 Abs. 1 S. 1 AO a.F. entspricht, *„können"* Finanzbehörden Ansprüche aus dem Steuerschuldverhältnis ganz oder zum Teil erlassen, wenn die Einziehung *„nach Lage des Einzelfalls unbillig"* wäre. Die steuerrechtliche Norm stellt, da sie sich in den unbestimmten Rechtsbegriff *„unbillig"* auf Tatbestandsseite und Ermessen *(„können")* auf Rechtsfolgenseite gliedern lässt, eine Koppelungsvorschrift dar.

Für § 131 Abs. 1 S. 1 AO a.F. hat die Rechtsprechung entschieden, dass zwischen dem unbestimmten Rechtsbegriff *„unbillig"* und dem durch *„können"* eröffneten Ermessen eine unlösbare Verknüpfung dergestalt bestehe, dass die Norm nicht in ihre aus unbestimmtem Rechtsbegriff und Ermessen bestehenden Teilbereiche aufgespalten werden könne, sondern der unbestimmte Rechtsbegriff *„unbillig"* in den Ermessensbereich übergreife und Inhalt und Grenzen der Ermessensausübung bestimme.[129] Es handle sich um eine Ermächtigung zur einheitlichen Ermessensausübung bzw. um eine Ermächtigung zu einer Ermessensausübung, die sich an einem unbestimmten Rechtsbegriff orientiert.[130] Bei § 131

Existenzvernichtungsschutz von Vorstandsmitgliedern indes *Bayer*, NJW 2014, 2546, 2548; *ders./P. Scholz*, NZG 2014, 926, 928; *P. Scholz*, Existenzvernichtende Haftung von Vorstandsmitgliedern, 2014, S. 244 ff.

128 BVerwG, Beschl. v. 19.10.1971 – GmS-OGB 3/70, Rn. 21, BVerwGE 39, 355, 362 f.; *Sachs*, in: Stelkens/Bonk/Sachs, VwVfG, § 40 Rn. 36. Zu diesem Fall der *„scheinbaren Ermessenseinräumung"* vgl. die Kritik bei *Schröder*, Genehmigungsverwaltungsrecht, 2016, S. 32 f.

129 BVerwG, Beschl. v. 19.10.1971 – GmS-OGB 3/70, Rn. 26 ff., BVerwGE 39, 355, 366.

130 BVerwG, Beschl. v. 19.10.1971 – GmS-OGB 3/70, Rn. 28 ff., BVerwGE 39, 355, 367 ff.

Abs. 1 S. 1 AO a.F. bzw. § 227 AO liegt der Schwerpunkt auf dem auszuübenden Ermessen.

(b) Kein über Beurteilungsspielraum hinausgehender Entscheidungsspielraum trotz Einräumung von Ermessen

Der Schwerpunkt einer Koppelungsvorschrift kann aber auch auf der Tatbestandsseite zu verorten sein. Bei § 35 Abs. 2 BauGB handelt es sich um eine Koppelungsvorschrift, deren Fokus der tatbestandliche Beurteilungsspielraum bildet. Sämtliche entscheidungsrelevante Erwägungen sind bereits bei der Beurteilung auf Tatbestandsseite, ob öffentliche Belange beeinträchtigt sind, zu vollziehen und dem Ermessen auf Rechtsfolgenseite kommt keine eigenständige Bedeutung zu.[131]

(c) Verfolgungsentscheidung als „Koppelungsentscheidung"

Das Absehen von Anspruchsverfolgung kann unter Zugrundelegung des Wortlauts des ARAG-Urteils in einen tatbestandlichen Teil, in dem zu klären ist, ob ein grundsätzlich zur Nichtverfolgung berechtigender Sachverhalt vorliegt, und in einen Rechtsfolgenteil, in dem der Aufsichtsrat ein begrenztes Entscheidungsermessen in Bezug auf das Absehen von Verfolgung hat, gegliedert werden. Indem ausgeführt wird, gewichtige Belange und Interessen der Gesellschaft müssten für die ersatzlose Hinnahme des Schadens sprechen, werden vom Aufsichtsrat – im Erkenntnisbereich zu verortend – Beurteilungen und Prognosen verlangt. Das Unternehmenswohl, das sich angesichts des Fehlens einer genauen Konturierung als unbestimmter Rechtsbegriff qualifizieren lässt[132], kann insofern zunächst einmal der tatbestandlichen Seite zugeordnet werden. Tatbestands- und Ermessensseite können jedoch nicht isoliert und einander ungeachtet betrachtet werden, wie sich wie folgt veranschaulichen lässt: Das Unternehmenswohl entscheidet darüber, ob und in welcher Höhe der Anspruch geltend zu machen ist. Die Höhe des geltend zu machenden Anspruchs ist wiederum für die Frage bedeutsam, ob und in welchem Ausmaß das Unternehmenswohl tangiert ist. Die Anspruchsgeltendmachung bis zu einer bestimmten Höhe kann noch im Unternehmenswohl liegen, während eine hierüber hinausgehende Verfolgung das Unternehmenswohl beeinträchtigen kann.

---

131 Vgl. BVerwG, Urt. v. 29.04.1964 – I C 30.62, Rn. 11, BVerwGE 18, 247, 250. Zu dieser Art von Koppelungsvorschrift vgl. allgemein *Maurer*, Allg. VerwR, § 7 Rn. 49; *Schröder*, Genehmigungsverwaltungsrecht, 2016, S. 32 f.

132 Gleiche Einordnung bei *Semler*, in: FS Ulmer, 2003, S. 627, 633.

Ob die Verfolgungsentscheidung in Anlehnung an § 227 AO bzw. § 131 Abs. 1 S. 1 AO a.F. als einheitliche, am Unternehmenswohl orientierte Entscheidung zu qualifizieren ist, bei welcher der unbestimmte Begriff des Unternehmenswohls Inhalt und Grenzen der Ermessensausübung bestimmt („*Ermessenssog*“[133]), oder ob eher entsprechend § 35 Abs. 2 BauGB sämtliche Erwägungen bereits auf der tatbestandlichen Seite des Beurteilungsspielraums zu vollziehen sind, so dass für eine Ermessensausübung im eigentlichen Sinne kein Raum verbleibt („*Ermessensschwund*“[134]), kann – die grundsätzliche Möglichkeit, die Verfolgungsentscheidung im Sinne einer Koppelungsentscheidung zu qualifizieren, in Betracht ziehend – offenbleiben.

c) Beurteilungsspielräume des Aufsichtsrats bei der Verfolgungsentscheidung

Den Inkohärenzen, die sich daraus ergeben, dass der BGH dem Aufsichtsrat einerseits ein – wenngleich eng begrenztes – Entscheidungsermessen in Bezug auf das ausnahmsweise Absehen von Verfolgung zubilligt, ihn aber andererseits ausschließlich auf das Unternehmenswohl verpflichtet, ließe sich ausweichen, indem man den BGH bezüglich des in engen Grenzen zugesprochenen Entscheidungsermessens nicht beim Wort nimmt und man das eng begrenzte Ermessen durch Beurteilungsspielräume, die dem Aufsichtsrat bei der Bestimmung des Unternehmenswohls zukommen, substituiert. Ein beträchtlicher Teil an Autoren nimmt im Rahmen der Verfolgungsentscheidung Beurteilungsspielräume des Aufsichtsrats an.[135]

---

133 *Maurer*, Allg. VerwR, § 7 Rn. 50.

134 *Maurer*, Allg. VerwR, § 7 Rn. 49.

135 So *Bachmann*, Verhandlungen zum 70. DJT, 2014, Gutachten E 5, 81: „*beachtliche(r) Beurteilungsspielraum*“; *Cahn*, WM 2013, 1293, 1297: „*Anerkennung eines gewissen unternehmerischen Beurteilungsspielraums*“; *Haarmann/Weiß*, BB 2014, 2115, 2124: „*schon de lege lata ein erheblicher Beurteilungsspielraum (…), in jedem Fall (…) de lege ferenda einzuräumen.*“; *Habersack*, in: MüKo AktG, § 111 Rn. 38; *ders.*, ZHR 177 (2013), 782, 787: „*Beurteilungsspielraum (…) unerlässlich*“; *Kindler*, ZHR 162 (1998), 101, 114: „*gewisser Beurteilungsspielraum*“; *Krieger*, in: Krieger/U.H. Schneider, Hdb. Managerhaftung, § 3 Rn. 48: jedenfalls Beurteilungsspielraum, sofern nicht bereits Business Judgment Rule; *ders./Sailer-Coceani*, in: K. Schmidt/Lutter, AktG, § 93 Rn. 46: „*Im Ergebnis spricht viel für einen solchen Beurteilungsspielraum des Aufsichtsrats.*“; *Reichert*, in: FS Hommelhoff, 2012, S. 907, 924: Einräumung eines „*weite(n) Beurteilungsspielraums*“; *Schnorbus/Ganzer*, WM 2015, 1877, 1886; *Semler*, in: FS Ulmer, 2003, S. 627, 636: Abwägung im „*Rahmen eines begrenzten Beurteilungsspielraums*“; *Spindler*, in: Spindler/Stilz, AktG, § 116 Rn. 59; *Thümmel*, DB 1997, 1117,

d) Entscheidung am Maßstab des Unternehmenswohls

Schlussendlich muss die ausschließliche Verpflichtung des Aufsichtsrats auf das Unternehmenswohl den richtungsweisenden Handlungsmaßstab bei der Verfolgungsentscheidung bilden.[136] Der Aufsichtsrat muss diejenige Entscheidung über Verfolgung oder Nichtverfolgung treffen, die im Unternehmenswohl liegt. Ein Verständnis der Aufsichtsratspflichten dergestalt, dass Schadensersatzansprüche der Gesellschaft gegen das Vorstandsmitglied stets oder im Regelfall zu verfolgen wären, vermag nicht anders als zu kurz zu greifen.[137]

1119: *„gewisse(r) Beurteilungsspielraum"*. Ähnlich *Kling*, DZWiR 2005, 45, 53: *„erheblicher Bewertungsspielraum"*.

136 Unternehmenswohl bzw. Gesellschaftsvermögen als Orientierungspunkt der Verfolgungsentscheidung hervorhebend bzw. zur Orientierung der Verfolgungsentscheidung am Unternehmenswohl vgl. etwa *Goette*, ZHR 176 (2012), 588, 591 ff.: *„eine das Wohl der Gesellschaft in seiner ganzen Breite berücksichtigenden Entscheidung"*; *ders.*, in: FS Hoffmann-Becking, 2013, S. 377, 386 ff.: *„differenzierte Vorgehensweise"* im Wege einer *„alle für und wider die Regressnahme sprechenden Gesichtspunkte einbeziehende(n) Abwägung"*; *Mertens*, in: FS K. Schmidt, 2009, S. 1183, 1186 f.: Aufsichtsrat habe unter Würdigung aller Umstände zu beurteilen, ob Verfolgung Unternehmenswohl bzw. Gesellschaftsvermögen nutzen oder schaden würde; *Reichert*, in: FS Hommelhoff, 2012, S. S. 907, 917 ff.; *ders.*, ZHR 177 (2013), 756, 762 ff.: *„am Unternehmensinteresse orientierte Gesamtabwägung"* aller Chancen und Risiken der Anspruchsverfolgung; *Schnorbus/Ganzer*, WM 2015, 1877, 1886: Abwägung im Einzelfall anhand Unternehmensinteresse.

137 Vgl. auch *Bieder*, NZG 2015, 1178, 1182: *„abstrahierende, pauschale Verhaltensdirektiven und Regel-Ausnahme-Verhältnisse"* mit Wesen der Ermessensentscheidung unvereinbar; *Eichner/Höller*, AG 2011, 885, 893: Abkehr von *„stereotypen Faustformeln"*; *Fehrenbach*, AG 2015, 761, 766: Vorrang des Gesellschaftsinteresses vor Haftungsrealisierung; *Grunewald*, AG 2013, 813, 814: Aufsichtsrat könne nicht zu Maßnahme gezwungen werden, die Unternehmenswohl widerspreche; *Mertens*, in: FS K. Schmidt, 2009, S. 1183, 1186 f.: Auflösung des unklaren Rangverhältnisses zwischen Verfolgungspflicht und Vermögensabwendungspflicht zu Gunsten letzterer. Anderer Ansicht *Fischer*, BB 1996, 225, 227: *„Regelvermutung"*, dass Geltendmachung im Unternehmensinteresse liege; *Henze*, NJW 1998, 3309, 3311: *„Der Pflicht zur Prüfung von Bestehen und Beitreibbarkeit des Schadensersatzanspruchs folgt die Verpflichtung zu seiner Durchsetzung."*; *Jaeger/Trölitzsch*, ZIP 1995, 1157, 1159: *„Regelvermutung"*, dass Geltendmachung im Unternehmensinteresse liege; *Kindler*, ZHR 162 (1998), 101, 113: im Regelfall sei nur Anspruchsdurchsetzung pflichtgemäß.

aa) Zubilligung von Ermessen oder Beurteilungsspielräumen als akademische Streitfrage

Ob der Aufsichtsrat das, was im Unternehmenswohl liegt, im Rahmen von Beurteilungsspielräumen bewertet – was im ersten Zugriff eher dem Erkenntnisbereich zuzuordnen ist – und er sein Handeln nach dieser Erkenntnis ausrichtet, oder ob das Unternehmenswohl den für die Ausübung des begrenzten Entscheidungsermessens maßgebenden Handlungsmaßstab bildet – was eher im Handlungsbereich zu lokalisieren ist –, verliert insofern an Bedeutung, als sich kognitive und voluntative Ebene nicht trennscharf separieren lassen und das Unternehmenswohl den maßgebenden Orientierungspunkt beider Ebenen bildet. Ob man die Pflicht und Befugnis des Aufsichtsrats, das Unternehmenswohl zu bestimmen und hiernach zu handeln, durch Beurteilungsspielräume oder Ermessensspielräume konturiert, erweist sich – wie *Gregor Bachmann* betont – eher als Streitfrage akademischer Natur.[138]

bb) Verpflichtung zum Absehen von Verfolgung

Unter Zugrundelegung einer unternehmenswohlfokussierten Betrachtung lässt sich erklären, dass den Aufsichtsrat, wenn das Unternehmenswohl eine Nichtverfolgung gebietet, eine Pflicht zum Absehen von Verfolgung trifft.[139] In diese Richtung weist auch ein zeitlich in Folge auf das ARAG-Urteil ergangenes, die Verfolgung von Organhaftungsansprüchen durch den Aufsichtsrat betreffendes Urteil des BGH, in dem er festgestellt hat: *„Auch insoweit gehört es zu seinen allein am Unternehmenswohl orientierten Pflichten, (…) zu prüfen, ob ausnahmsweise Gründe vorliegen, die es angezeigt erscheinen lassen, die Forderung dennoch nicht oder nicht in voller Höhe geltend zu machen. Je nach dem Ergebnis dieser Prüfungen hat er die Pflicht, den Anspruch gegen das Vorstandsmitglied*

---

138 *Bachmann*, Verhandlungen zum 70. DJT, 2014, Gutachten E 5, 81. Vgl. in diesem Zusammenhang auch *Fleischer*, in: Spindler/Stilz, AktG, § 93 Rn. 69a; *Klöhn/Schmolke*, ZGR 2016, 866, 884 f., die darauf hinweisen, dass sowohl bei Ermessensentscheidungen als auch bei Entscheidungen mit Beurteilungs- oder Ermessensspielräumen eine sorgfältige Entscheidungsvorbereitung erforderlich sei, insbesondere eine angemessene Informationsgrundlage zu schaffen sei.

139 Ebenso Verpflichtung des Aufsichtsrats zur Nichtverfolgung annehmend, wenn Unternehmenswohl solche gebietet, *Cahn*, WM 2013, 1293, 1297; *Habersack*, NZG 2016, 321, 323; *Mertens/Cahn*, in: KöKo AktG, § 111 Rn. 46; *Semler*, in: FS Ulmer, 2003, S. 627, 636; *ders.*, AG 2005, 321, 322; *Thümmel*, DB 1997, 1117, 1119.

durchzusetzen.“[140] Obgleich der BGH nur die Pflicht des Aufsichtsrats benennt, die Ansprüche je nach dem Ergebnis der Prüfungen durchzusetzen, ist der Fall der Nichtdurchsetzung implizit mit angesprochen. Die Aussage des BGH ist wie folgt zu ergänzen: „*Je nach dem Ergebnis dieser Prüfungen hat er die Pflicht, den Anspruch gegen das Vorstandsmitglied durchzusetzen oder nicht durchzusetzen.*“

cc) Teilregress auf Grundlage der Unternehmenswohlverpflichtung

Qualifiziert man die Verfolgungsentscheidung des Aufsichtsrats als am Unternehmenswohl orientierte Entscheidung, so ist die Option eines Teilregresses – als Alternative zu vollumfänglicher Verfolgung und gänzlicher Nichtverfolgung –, obgleich der BGH die Möglichkeit, teilweise von Verfolgung abzusehen, nicht explizit benennt, bereits angelegt.[141] Es kommt in Betracht, dass weder eine vollständige Anspruchsgeltendmachung noch ein vollständiges Absehen hiervon im Unternehmenswohl geboten ist, sondern vielmehr ein Teilregress das Unternehmenswohl am besten realisieren würde. Legt man zugrunde, dass der Aufsichtsrat zur Nichtverfolgung verpflichtet und nicht bloß berechtigt ist, wenn das Unternehmenswohl dies gebietet, so ist es folgegerecht, unter Berücksichtigung des Unternehmenswohls im Sinne eines alleinigen Maßstabs eine Verpflichtung des Aufsichtsrats zum Teilregress anzunehmen, soweit das Unternehmenswohl einen solchen gebietet.

Die Möglichkeit eines Teilregresses bzw. die Verpflichtung zu einem solchen aufgrund des Unternehmenswohls findet durch die bereits benannte Entscheidung des BGH Bestätigung, in der er festgestellt hat: „*Auch insoweit gehört es zu seinen allein am Unternehmenswohl orientierten Pflichten, (...) zu prüfen, ob ausnahmsweise Gründe vorliegen, die es angezeigt erscheinen lassen, die Forderung dennoch <u>nicht</u> oder <u>nicht in voller Höhe</u> geltend zu machen. Je nach dem Ergebnis dieser Prüfungen hat er die Pflicht, den Anspruch gegen das Vorstandsmitglied durchzusetzen.*“[142]

---

140 BGH, Urt. v. 16.03.2009 – II ZR 280/07, Rn. 30, NZG 2009, 550, 552. Unterstreichung nicht im Originaltext.

141 Ebenfalls Möglichkeit des Teilregresses auf Basis des ARAG-Urteils anerkennend *Goette*, in: Liber Amicorum M. Winter, 2011, S. 153, 163; *Habersack*, ZHR 177 (2013), 783, 802.

142 BGH, Urt. v. 16.03.2009 – II ZR 280/07, Rn. 30, NZG 2009, 550, 552. Unterstreichung nicht im Originaltext.

e) *Gerichtliche Nachprüfung der Verfolgungsentscheidung*

Eine weitere Problematik, die mit der Zubilligung von Handlungsspielräumen in Gestalt von Ermessen oder Beurteilungsspielräumen einhergeht – und die gleichsam wie die Reichweite des Entscheidungsspielraums bei der Verfolgungsentscheidung einer eindeutigen Klärung entbehrt –, betrifft die gerichtliche Nachprüfung der Aufsichtsratsentscheidung über Verfolgung oder Nichtverfolgung. Das diesbezügliche Meinungsbild in der Literatur ist nicht minder disparat als das in Bezug auf die Spielräume des Aufsichtsrats bei der Verfolgungsentscheidung aufgezeigte Meinungsspektrum.

aa) Implikationen des ARAG-Urteils in Bezug auf die gerichtliche Nachprüfbarkeit

Das ARAG-Urteil äußert sich nicht explizit zur gerichtlichen Nachprüfbarkeit des voluntativen Teils der Verfolgungsentscheidung. Die Aussage, der Aufsichtsrat könne keine zur Beschränkung der gerichtlichen Nachprüfbarkeit führende Entscheidungsprärogative in Anspruch nehmen und seine Entscheidung sei voll gerichtlich nachprüfbar[143], bezieht sich lediglich auf den Erkenntnisbereich der Verfolgungsentscheidung, in dem der zum Schadensersatz verpflichtende Tatbestand festzustellen ist und Prozessrisiko sowie Beitreibbarkeit der Forderung zu analysieren sind.

Dem ARAG-Urteil könnte sich jedoch insofern ein Hinweis auf die gerichtliche Kontrolldichte hinsichtlich der Verfolgungsentscheidung entnehmen lassen, als der BGH die vorinstanzliche Entscheidung in Bezug nimmt. Die Vorinstanz, das OLG Düsseldorf, hat – in Anlehnung an § 114 VwGO – eine eingeschränkte gerichtliche Kontrolle dergestalt angenommen, dass die Beurteilung von Wirtschaftlichkeit und Zweckmäßigkeit der Verfolgung einer gerichtlichen Kontrolle gänzlich entzogen sei und lediglich die Übereinstimmung mit Gesetz und Unternehmensverfassung sowie die Wahrung der Ermessensgrenzen überprüft werden könne.[144] Im ARAG-Urteil negiert der BGH die Ausführungen des OLG Düsseldorf insoweit, als bei der Verfolgungsentscheidung kein autonomer unternehmerischer Ermessensspielraum bzw. kein unternehmerisches Ermessen in dem vom Berufungsgericht angenommenen Sinne bestehe.[145] Vor dem

143 BGH, Urt. v. 21.04.1997 – II ZR 175/95, Rn. 23, BGHZ 135, 244, 254 = NJW 1997, 1926, 1928 – ARAG.

144 OLG Düsseldorf, Urt. v. 22.06.1995 – 6 U 104/94, AG 1995, 416, 418 ff. – ARAG.

145 BGH, Urt. v. 21.04.1997 – II ZR 175/95, Rn. 25, BGHZ 135, 244, 254 und 255 = NJW 1997, 1926, 1928 – ARAG.

Hintergrund, dass das OLG Düsseldorf eine Relation zwischen Ermessen und beschränkter gerichtlicher Kontrolle angenommen hat[146], könnte die negierende Haltung des BGH auch auf die vom OLG Düsseldorf statuierte Beschränkung der gerichtlichen Kontrolle zu beziehen sein. Indes lässt das ARAG-Urteil schlussendlich keine eindeutige und letztverbindliche Antwort auf die Frage nach der gerichtlichen Kontrolldichte in Bezug auf die Verfolgungsentscheidung zu.

bb) Disparates Meinungsbild in der Literatur

Das Meinungsbild in der Literatur bezüglich der gerichtlichen Nachprüfung gestaltet sich disparat. In dem Streit um die gerichtliche Nachprüfbarkeit der Verfolgungsentscheidung setzt sich die Diskussion um die dem Aufsichtsrat zuzugestehenden Spielräume gewissermaßen fort. Die Zubilligung von weiten Spielräumen – in Gestalt von (unternehmerischem) Ermessen oder Beurteilungsspielräumen – geht regelmäßig mit einer reduzierten gerichtlichen Kontrolldichte einher.

(1) Volle gerichtliche Nachprüfbarkeit

Zum Teil spricht man sich dafür aus, die Verfolgungsentscheidung sei vollständig gerichtlich überprüfbar.[147] Insbesondere Autoren, die sich für eine fürsorgepflichtbasierte Regressreduzierung einsetzen – namentlich *Jens Koch* und *Philipp Scholz* –, nehmen – mit der Negation von Entscheidungsspielräumen des Aufsichtsrats einhergehend – eine volle gerichtliche Nachprüfbarkeit an.

---

146 Vgl. OLG Düsseldorf, Urt. v. 22.06.1995 – 6 U 104/94, AG 1995, 416, 418 f. – ARAG: *„Eine solche Beschränkung der gerichtlichen Kontrolle ist notwendig, um (…) die Arbeit des Aufsichtsrats nicht in einem zu starken Maße zu verrechtlichen und dem Aufsichtsrat vor allem die Spielräume für autonome unternehmerische Entscheidungen zu belassen.“*

147 So etwa *P. Doralt/W. Doralt*, in: Semler/v. Schenck, Arbeitshdb. für AR-Mitglieder, § 14 Rn. 83: *„gerichtlich voll überprüfbares Ermessen“*; *Fischer*, BB 1996, 225, 228: *„vollständige Rechts- und Gerichtskontrolle“*; *Gawrisch*, Ermessensentscheidungen des Aufsichtsrats, 2000, S. 264: *„gerichtlich voll überprüfbar“*; *J. Koch*, AG 2009, 93, 102: *„in vollem Umfang gerichtlich überprüft“*; *Lutter*, in: FS Hoffmann-Becking, 2013, S. 747, 752: *„volle[n] Nachprüfung durch das Gericht“*; *Mayer*, NZG 2014, 1208, 1210: *„gerichtlich voll kontrollierbare Pflicht“*; *Mertens/Cahn*, in: KöKo AktG, § 111 Rn. 44: *„Haltbarkeit und Richtigkeit seiner Beurteilung der Erfolgsaussichten einer gerichtlichen Anspruchsverfolgung (…) grundsätzlich voll nachprüfbar“*; *P. Scholz*, Existenzvernichtende Haftung von Vorstandsmitgliedern, 2014, S. 139: keine Einschränkung gerichtlicher Kontrolle im Hinblick auf Regelverfolgungspflicht.

(2) Beschränkte gerichtliche Nachprüfbarkeit

Der wohl größte Teil an Autoren hält die gerichtliche Kontrolle hingegen für beschränkt.[148] Dem Ansatz einer bloß beschränkten gerichtlichen Kontrolle hat sich in der Rechtsprechung das LG Essen angeschlossen.[149] Die genaue Reichweite der beschränkten gerichtlichen Kontrolle entbehrt jedoch einer genauen Konturierung. Häufig findet sich eine Differenzierung dergestalt, dass zwar die Erkenntnis des Aufsichtsrats über das Vorliegen von Gründen, die zur Nichtverfolgung berechtigen, voll gerichtlich überprüfbar sei, aber die eigentliche Abwägung, ob von einer Verfolgung abgesehen wird, nur beschränkt gerichtlich kontrolliert werden könne.[150] Die gerichtliche Nachprüfung sei – gleichgültig, ob die Autoren Ermessenspielräume oder Beurteilungsspielräume annehmen – auf die Kontrolle der Vertretbarkeit der Entscheidung beschränkt.[151] Aus dem Kreis derjenigen, die Beurteilungsspielräume annehmen, ist insbesondere die Ansicht *Mathias Habersacks* zu benennen, der die Beschränkung der gerichtlichen Kontrolle damit begründet, dass bestimmte bei der Verfolgungsentscheidung zu berücksichtigende Abwägungsaspekte auf ein dem Aufsichtsrat anderweitig zukommendes Ermessen, etwa im Zusammenhang mit seiner Personalkompetenz, zurückzuführen seien.[152]

---

148 Aus dem Kreis derjenigen, die die Verfolgungsentscheidung als unternehmerische Entscheidung qualifizieren, insbesondere *Paefgen*, AG 2014, 554, 582: *„gerichtlich nur beschränkt überprüfbare Ermessensentscheidung"*.

149 LG Essen, Urt. v. 25.04.2012 – 41 O 45/10, Rn. 204, NZG 2012, 1307, 1309 – Arcandor.

150 Vgl. etwa *Casper*, ZHR 176 (2012), 617, 635 f.: volle Kontrolle hinsichtlich Vorliegens von Gründen, die Absehen ermöglichen; beschränkte Kontrolle hinsichtlich Prognosen; *Kling*, DZWiR 2005, 45, 53: volle Kontrolle hinsichtlich Vorliegens einer Ausnahme; beschränkte Kontrolle hinsichtlich Bedeutung und Gewicht; *Lohse*, Unternehmerisches Ermessen, 2005, S. 153: volle Kontrolle hinsichtlich Vorliegens gewichtiger Unternehmenswohlgründe; beschränkte Kontrolle hinsichtlich Absehenwollens von Verfolgung.

151 Für Beschränkung auf Vertretbarkeitskontrolle etwa *Bieder*, NZG 2015, 1178, 1182, 1182 ff.; *Fuchs/Zimmermann*, JZ 2014, 838, 845; *Horn*, ZIP 1997 1129, 1138; *Konrads*, Entschärfung des Haftungsrisikos, 2012, S. 205 ff.; *Krieger*, in: Krieger/U.H. Schneider, Hdb. Managerhaftung, § 3 Rn. 48; *Reichert*, ZHR 177 (2013), 756, 766 ff.; *M. Roth*, Unternehmerisches Ermessen, 2001, S. 123; *M. Zimmermann*, DB 2008, 687, 689. Ebenfalls – aus der Rechtsprechung – für Vertretbarkeitskontrolle LG Essen, Urt. v. 25.04.2012 – 41 O 45/10, Rn. 204, NZG 2012, 1307, 1309 – Arcandor.

152 *Habersack*, in: MüKo AktG, § 111 Rn. 38.

f) Eigene Position im Hinblick auf Rechtsnatur und gerichtliche Nachprüfbarkeit der Verfolgungsentscheidung

Es ist bereits aufgezeigt worden, dass sich die Verfolgungsentscheidung ausschließlich am Unternehmensinteresse auszurichten hat.[153] Über den ausschließlichen Handlungsmaßstab des Unternehmenswohls hinaus ist es weniger relevant, ob man dem Aufsichtsrat bei der Bestimmung des Unternehmensinteresses und beim Handeln im Einklang mit dem Unternehmensinteresse Beurteilungs- oder Ermessensspielräume zubilligt.

Entscheidet der Aufsichtsrat über die Verfolgung von Schadensersatzansprüchen der Gesellschaft gegen das Vorstandsmitglied, so ist er mit Fragen konfrontiert, deren Beantwortung unternehmerische Erwägungen erfordert.[154] Der Aufsichtsrat muss die Auswirkungen einer Klageerhebung, beispielsweise hinsichtlich ihrer Öffentlichkeitswirkung oder ihrer Auswirkungen auf Vorstandsarbeit und Betriebsklima, abschätzen.[155] Dies erfordert Prognosen[156], die mit der Gefahr von Fehleinschätzungen einhergehen. Der Gefahr, dass dem Aufsichtsrat eine Pflichtverletzung vorgeworfen wird, erweisen sich die der Nichtverfolgungsentscheidung zugrunde gelegten Prognosen im Nachhinein als unzutreffend und offenbart sich ex post, dass eine Anspruchsverfolgung die das Unternehmenswohl besser realisierende Wahl dargestellt hätte, muss dadurch begegnet werden, dass eine Nichtverfolgungsentscheidung, die sich ex ante als eine das Unternehmenswohl am besten verwirklichende Entscheidung dargestellt hat, nicht dem Pflichtwidrigkeitsverdikt unterworfen sein darf.[157]

---

153 Vgl. auch *Goette*, ZHR 176 (2012), 588, 591 ff.; *ders.*, in: FS Hoffmann-Becking, 2013, S. 377, 386 ff.; *Mertens*, in: FS K. Schmidt, 2009, S. 1183, 1186 f.; *Reichert*, in: FS Hommelhoff, 2012, S. S. 907, 917 ff.; *ders.*, ZHR 177 (2013), 756, 762 ff.; *Schnorbus/Ganzer*, WM 2015, 1877, 1886.

154 Unternehmerischen Charakter der Verfolgungsentscheidung ebenfalls betonend *Bieder*, NZG 2015, 1178, 1184; *S. Binder*, Grenzen der Vorstandshaftung, 2016, S. 539 ff.; *Dreher*, ZHR 158 (1994), 614, 638 ff.; *Mertens*, in: FS K. Schmidt, 2009, S. 1183, 1193; *Paefgen*, AG 2008, 761, 763; *ders.*, AG 2014, 554, 571.

155 Vgl. insofern BGH, Urt. v. 21.04.1997 – II ZR 175/95, Rn. 25, BGHZ 135, 244, 255 = NJW 1997, 1926, 1928 – ARAG.

156 Prognoseerfordernis der Verfolgungsentscheidung etwa ebenfalls betonend LG Essen, Urt. v. 25.04.2012 – 41 O 45/10, Rn. 204, NZG 2012, 1307, 1309 – Arcandor; *Bieder*, NZG 2015, 1178, 1184; *S. Binder*, Grenzen der Vorstandshaftung, 2016, S. 539 ff.

157 Vgl. auch LG Essen, Urt. v. 25.04.2012 – 41 O 45/10, Rn. 204, NZG 2012, 1307, 1309 – Arcandor: *„Entscheidend ist, dass es auf die Frage ankommt, ob die Beklagten in der damaligen Situation (ex-ante) richtig gehandelt haben (…).“* Anderer Ansicht etwa *J. Koch*, NZG 2014, 934, 935, 938 ff.

Der Aufsichtsrat ist jedoch nicht von einer sorgfältigen Ermittlung der Entscheidungsgrundlagen und von einer sorgfältigen Würdigung sämtlicher entscheidungsrelevanter Aspekte entpflichtet.[158] Er hat die für und wider einen Regress sprechenden Gesichtspunkte sorgfältig gegeneinander abzuwägen[159] und darf hierbei keine evidenten Fehlgewichtungen vornehmen[160]. Bei Zweifeln an der Vereinbarkeit einer Nichtverfolgung mit der geltenden Rechtslage hat er Rechtsrat zu konsultieren.[161] Weiter darf der Aufsichtsrat der Nichtverfolgungsentscheidung keine sachfremden Kriterien, also solche außerhalb des Unternehmenswohls, zugrunde legen.[162] Im Rahmen dieser Grenzen ist es überzeugend, eine beschränkte gerichtliche Kontrolldichte im Hinblick auf die Verfolgungsentscheidung anzunehmen.

4. *Tatbestandliche Konkretisierung des ausnahmsweisen Absehens von Verfolgung*

So klar der BGH eine typisierende Gleichsetzung zwischen Unternehmenswohl und Kompensationsinteresse der Gesellschaft vornimmt und er dem Wortlaut des ARAG-Urteils zufolge – wenngleich keinen Verfolgungsautomatismus[163] – eine grundsätzliche Verfolgungspflicht statuiert, so wenig eindeutig benennt er die Voraussetzungen, unter denen der Aufsichtsrat ausnahmsweise von einer Anspruchsverfolgung absehen darf.

---

158 Dies gleichsam betonend *Goette*, ZHR 176 (2012), 588, 595: *„Denn freier gestellt ist allein das Organ, das vor Eintritt in den Abwägungsvorgang alle hierfür relevanten Umstände ermittelt und sie bei der abschließenden Entscheidung gewürdigt hat."* Vollständigkeit der entscheidungsrelevanten Informationen betonend *Bieder*, NZG 2015, 1178, 1182.

159 Vgl. auch LG Essen, Urt. v. 25.04.2012 – 41 O 45/10, Rn. 204, NZG 2012, 1307, 1309 – Arcandor: *„Abwägung des ‚Für und Wider' eines Regresses"*.

160 Mit dieser Einschränkung *Bieder*, NZG 2015, 1178, 1182.

161 Vgl. hierzu LG Essen, Urt. v. 25.04.2012 – 41 O 45/10, Rn. 204, NZG 2012, 1307, 1309 – Arcandor: Konsultation kompetenten Rats, der nicht kritiklos übernommen werden dürfe. Zu den organschaftlichen Pflichten des Vorstands bei der Konsultation von Rechtsrat vgl. allgemein *Fleischer*, in: FS Hüffer, 2010, S. 187 ff.; *ders.*, in: Spindler/Stilz, AktG, § 93 Rn. 35 ff.

162 Mit dieser Einschränkung auch *Bieder*, NZG 2015, 1178, 1182. Das LG Essen, Urt. v. 25.04.2012 – 41 O 45/10, Rn. 204, NZG 2012, 1307, 1309 – Arcandor spricht insofern davon, dass die Entscheidung *„keinesfalls von persönlichen Gründen getragen sein"* dürfe.

163 *Bieder*, NZG 2015, 1178, 1180; *Casper*, ZHR 176 (2012), 617, 620. Anderer Ansicht wohl *J. Koch*, NZG 2014, 934, 937: *„strenge[n] Regressautomatik"*.

a) Ausführungen des BGH in Bezug auf das Absehen von Verfolgung

Der BGH führt aus, der Aufsichtsrat dürfe von der Verfolgung voraussichtlich begründeter Schadensersatzansprüche nur ausnahmsweise absehen, wenn gewichtige Interessen und Belange der Gesellschaft für eine ersatzlose Hinnahme des entstandenen Schadens sprächen.[164] Eine ersatzlose Hinnahme komme nur in Betracht, wenn die Gesellschaftsinteressen und Gesellschaftsbelange, die gegen eine Inanspruchnahme des Vorstandsmitglieds sprechen, die für die Rechtsverfolgung sprechenden Belange überwiegen oder sie ihnen zumindest annähernd gleichwertig seien.[165] Berücksichtigungsfähig seien etwa negative Auswirkungen der Klageerhebung auf die Geschäftstätigkeit und das öffentliche Ansehen in der Gesellschaft, die Behinderung der Vorstandsarbeit sowie die Beeinträchtigung des Betriebsklimas.[166] Anderen Gesichtspunkten als denen des Unternehmenswohls, etwa der Schonung eines verdienten Vorstandsmitglieds oder dem Ausmaß der mit der Beitreibung verbundenen sozialen Konsequenzen für das Vorstandsmitglied und seine Familie, dürfe der Aufsichtsrat nur in Ausnahmefällen Raum gewähren.[167] Dies komme in Betracht, wenn das pflichtwidrige Verhalten des Vorstandsmitglieds nicht allzu schwerwiegend gewesen sei, die der Gesellschaft zugefügten Schäden verhältnismäßig gering seien und dem Vorstandsmitglied einschneidende Konsequenzen drohten.[168] Insgesamt bedürfe es gewichtiger Gegengründe und einer besonderen Rechtfertigung, um von einer voraussichtlich aussichtsreichen Anspruchsverfolgung abzusehen, und das Absehen von Verfolgung müsse die Ausnahme bilden.[169] Obgleich der BGH die Zubilligung unternehmerischen Ermessens explizit ablehnt[170], billigt er dem Aufsichtsrat in *„engen Grenzen"* ein *„Entscheidungsermessen"* zu, ausnahmsweise

164 BGH, Urt. v. 21.04.1997 – II ZR 175/95, Rn. 25, BGHZ 135, 244, 255 = NJW 1997, 1926, 1928 – ARAG.

165 BGH, Urt. v. 21.04.1997 – II ZR 175/95, Rn. 25, BGHZ 135, 244, 255 = NJW 1997, 1926, 1928 – ARAG.

166 BGH, Urt. v. 21.04.1997 – II ZR 175/95, Rn. 25, BGHZ 135, 244, 255 = NJW 1997, 1926, 1928 – ARAG.

167 BGH, Urt. v. 21.04.1997 – II ZR 175/95, Rn. 25, BGHZ 135, 244, 255 f. = NJW 1997, 1926, 1928 – ARAG.

168 BGH, Urt. v. 21.04.1997 – II ZR 175/95, Rn. 25, BGHZ 135, 244, 256 = NJW 1997, 1926, 1928 – ARAG.

169 BGH, Urt. v. 21.04.1997 – II ZR 175/95, Rn. 26, BGHZ 135, 244, 256 = NJW 1997, 1926, 1928 – ARAG.

170 BGH, Urt. v. 21.04.1997 – II ZR 175/95, Rn. 25, BGHZ 135, 244, 254 f. = NJW 1997, 1926, 1928 – ARAG.

trotz Erfolgsaussicht eines Haftungsprozesses von einer Verfolgung abzusehen[171]. Das begrenzte Entscheidungsermessen sei aber erst eröffnet, nachdem die gegeneinander abzuwägenden Umstände festgestellt worden seien.[172]

b) Konvergenz des zum Absehen von Verfolgung berechtigenden Ausnahmefalls mit dem Unternehmenswohl

Bedeutsam ist das Verhältnis zwischen dem zum Absehen von Verfolgung berechtigenden Ausnahmefall und dem Unternehmenswohl.

aa) Ausführungen im ARAG-Urteil

Besonders die folgenden Passagen illustrieren, weshalb sich anhand des ARAG-Urteils nicht zweifelsfrei eruieren lässt, unter welchen Voraussetzungen der Aufsichtsrat zum Absehen von Anspruchsverfolgung berechtigt ist:

> *„Da diese Entscheidung allein dem Unternehmenswohl verpflichtet ist, (…).“*[173]

Diese Passage lässt darauf schließen, dass das Unternehmenswohl die einzige Richtschnur bei der Entscheidung über Verfolgung und Nichtverfolgung bilden kann.

Demgegenüber lässt die folgende Passage eine andere Auslegung zu:

> *„Hingegen wird der Aufsichtsrat anderen Gesichtspunkten als denen des Unternehmenswohls, wie etwa der Schonung eines verdienten Vorstandsmitglieds oder dem Ausmaß der mit der Beitreibung für das Mitglied und seine Familie verbundenen sozialen Konsequenzen, nur in Ausnahmefällen Raum geben dürfen.“*[174]

Die Wendung *„anderen Gesichtspunkte als denen des Unternehmenswohls“* könnte nahelegen, dass sich der Aufsichtsrat bei der Nichtverfolgungsentscheidung auch an anderen Aspekten als solchen des Unternehmenswohls orientieren darf. Eine solche Auslegung hätte zur Folge, dass der Aufsichtsrat relativ unproblematisch persönliche Interessen und Belange des Vorstandsmitglieds berücksichtigen könnte.

---

171 BGH, Urt. v. 21.04.1997 – II ZR 175/95, Rn. 25, BGHZ 135, 244, 256 = NJW 1997, 1926, 1928 – ARAG.

172 BGH, Urt. v. 21.04.1997 – II ZR 175/95, Rn. 27, BGHZ 135, 244, 256 = NJW 1997, 1926, 1928 – ARAG.

173 BGH, Urt. v. 21.04.1997 – II ZR 175/95, Rn. 25, BGHZ 135, 244, 255 = NJW 1997, 1926, 1928 – ARAG. Unterstreichung nicht im Originaltext.

174 BGH, Urt. v. 21.04.1997 – II ZR 175/95, Rn. 25, BGHZ 135, 244, 255 f. = NJW 1997, 1926, 1928 – ARAG. Unterstreichung nicht im Originaltext.

Einer solchen Auslegung widersprechen wiederum die Passagen am Schluss des Urteils:

> *„Nur in diesen engen Grenzen kann dem Aufsichtsrat (…) ein Entscheidungsermessen für die Frage zuzubilligen sein, ob er trotz Erfolgsaussicht einer Haftungsklage aus übergeordneten Gründen des Unternehmenswohls ausnahmsweise von der Durchsetzung des Schadensersatzanspruchs absehen möchte."*[175]
> Und: *„Ferner fehlen Feststellungen dazu, ob gewichtige Gründe des Unternehmenswohls vorliegen, die dem Aufsichtsrat eine Ermessensentscheidung darüber eröffnen, ob er ausnahmsweise von der Geltendmachung der Schadensersatzansprüche absehen will."*[176]

Die Wendungen *„aus übergeordneten Gründen des Unternehmenswohls"* sowie *„gewichtige Gründe des Unternehmenswohls"* verweisen darauf, dass ein Absehen von Verfolgung nur unter der Voraussetzung, dass die Nichtverfolgung im Unternehmenswohl liegt, zulässig sein kann. Persönliche Interessen und Belange des Vorstandsmitglieds wären dann nur unter dem Vorbehalt, dass eine aufgrund ihrer Berücksichtigung erfolgende Nichtverfolgung zugleich im Unternehmenswohl liegt, beachtlich.

bb) Individuelle Interessen des Vorstandsmitglieds

Die Frage, welches Verhältnis der zum Absehen von Verfolgung berechtigende Ausnahmefall zum Unternehmenswohl aufweisen muss, tritt vor allem zu Tage, wenn individuelle Interessen des Vorstandsmitglieds an einer Nichtverfolgung bestehen und zu Gunsten einer Nichtverfolgung ins Feld geführt werden sollen. Es stellt sich die Frage, ob und inwieweit der Aufsichtsrat individuellen Interessen des Vorstandsmitglieds bei der Entscheidung über die Nichtverfolgung – isoliert oder bei einer Kongruenz mit dem Unternehmenswohl – Raum gewähren darf.

(1) Vermögensbindung des Aufsichtsrats

Von der aktiengesetzlichen Konzeption des Aufsichtsrats ausgehend ist sehr fraglich, ob ihm ein Mandat zur Berücksichtigung isoliert persönlicher und unternehmenswohlfremder Interesse und Belange zukommen kann. Der Aufsichtsrat ist der Gesellschaft verpflichtet und er hat die Vermögensinteressen der Gesellschaft zu wahren. Aufgrund des vermögensbezogenen Wächteramts des Aufsichtsrats erscheint es nicht stimmig, dass er bei der Verfolgungsentscheidung isoliert persönliche Gründe des Vorstandsmitglieds, die einer Verfolgung

---

175 BGH, Urt. v. 21.04.1997 – II ZR 175/95, Rn. 27, BGHZ 135, 244, 256 = NJW 1997, 1926, 1928 – ARAG. Unterstreichung nicht im Originaltext.

176 BGH, Urt. v. 21.04.1997 – II ZR 175/95, Rn. 28, BGHZ 135, 255, 256 = NJW 1997, 1926, 1928 – ARAG. Unterstreichung nicht im Originaltext.

entgegenstehen mögen, – jedenfalls unabhängig von deren Kongruenz mit dem Unternehmensinteresse – soll berücksichtigen können.[177] Die Unternehmenswohlfokussierung der Verfolgungsentscheidung und die Vermögensbindung des Aufsichtsrats sprechen dagegen, isoliert persönliche Gründe des Vorstandsmitglieds ohne Bezug zum Unternehmenswohl berücksichtigen zu können.

(2) Fürsorgerechtlicher Einschlag des ARAG-Urteils?

Es fällt jedoch auf, dass der BGH im ARAG-Urteil selbst aussagt, „*anderen Gesichtspunkten als denen des Unternehmenswohls, wie etwa der Schonung eines verdienten Vorstandsmitglieds oder dem Ausmaß der mit der Beitreibung für das Mitglied und seine Familie verbundenen sozialen Konsequenzen*“ dürfe in Ausnahmefällen Beachtung gegeben werden.[178] Mithin könnte man annehmen, der BGH schließe die Berücksichtigungsfähigkeit persönlicher Gesichtspunkte nicht per se aus. Einige Autoren entnehmen der benannten Passage einen fürsorgerechtlichen Einschlag dergestalt, dass das ARAG-Urteil es dem Aufsichtsrat gestatte, die Verfolgungsentscheidung unter Zugrundelegung fürsorgerechtlicher Erwägungen zu treffen.[179]

Gewährte man dem Aufsichtsrat, unter Berücksichtigung fürsorgerechtlicher Überlegungen von der Verfolgung gegenüber dem Vorstandsmitglied abzusehen, so rückte man die Verfolgungsentscheidung in die Nähe einer Billigkeitsentscheidung. Billigkeitsentscheidungen sind vor allem im öffentlichen Recht bekannt, wo sie der Realisierung des verfassungsrechtlichen Übermaßverbots dienen.[180] Im Verhältnis zwischen Aktiengesellschaft und Vorstandsmitglied besteht allerdings kein dem Staat-Bürger-Verhältnis vergleichbares Verhältnis der Über- und Unterordnung, das mit der unmittelbaren Berücksichtigung von Grundrechten oder rechtsstaatlichen Erwägungen einherginge.[181]

---

177 Ebenfalls ablehnend *Kindler*, ZHR 162 (1998), 101, 114: „*Zu einer solchen ‚Gnadenentscheidung‘ besitzt der Aufsichtsrat – als Sachwalter der Aktionärsinteressen – kein Mandat.*“

178 BGH, Urt. v. 21.04.1997 – II ZR 175/95, Rn. 25, BGHZ 135, 244, 255 f. = NJW 1997, 1926, 1928 – ARAG.

179 So etwa *R. Krause*, BB-Special 8/2007, 2, 12; *Reichert*, ZHR 177 (2013), 756, 766, 777 f. Zustimmend *Mack*, Die Regresshaftung von Vorstandsmitgliedern, 2015, S. 102. Ablehnend *Faßbender*, NZG 2015, 501, 506; *Fehrenbach*, AG 2015, 761, 767.

180 Vgl. *Ernst*, in: Ernst/Zinkahn/Bielenberg/Krautzberger, BauGB, § 135 Rn. 4 – in Bezug auf § 135 Abs. 5 S. 1 BauGB, wonach Gemeinde zur Vermeidung unbilliger Härten von Erhebung des Erschließungsbeitrags absehen kann.

181 Vgl. auch *U. Binder/Kraayvanger*, BB 2015, 1219, 1227: keine Berücksichtigung des Verhältnismäßigkeitsprinzips im Rahmen zivilrechtlichen Haftung.

Ein durch fürsorgerechtliche Aspekte geprägtes Verhältnis stellt die Beziehung zwischen Arbeitgeber und Arbeitnehmer dar. Obgleich das Vorstandsmitglied kein Arbeitnehmer ist[182], können in Einzelfällen, wenn das Vorstandsmitglied aufgrund besonderer Umstände ähnlich schutzbedürftig wie ein Arbeitnehmer ist, arbeitsrechtliche Erwägungen und Fürsorgegesichtspunkte im Verhältnis zwischen Aktiengesellschaft und Vorstandsmitglied zu berücksichtigen sein[183]. Dementsprechend ist es nicht vollkommen undenkbar, dass auch die Verfolgungsentscheidung, die der Aufsichtsrat, der auch als *„Prinzipal des Vorstands"* bezeichnet wird[184], stellvertretend für die Gesellschaft trifft, unter dem Einfluss fürsorgerechtlicher Erwägungen zu treffen sein kann.[185]

(3) Betonung der Schadenskompensation bzw. des Gesellschaftsvermögens
Im ARAG-Urteil betont der BGH jedoch sehr stark die Kompensationsfunktion der Vorstandsinnenhaftung und den im Rahmen der Verfolgungsentscheidung zu berücksichtigenden Aspekt der Schadenskompensation. Das ARAG-Urteil lässt sich als schadens- und kompensationsfokussiert bzw. – da über den der Gesellschaft entstandenen Schaden hinaus das Unternehmenswohl bzw. das Gesamt-Gesellschaftsvermögen den Orientierungspunkt bilden muss – generell als vermögensorientiert evaluieren. Vor diesem Hintergrund ist die (isolierte) Berücksichtigung individueller Interessen in Zweifel zu ziehen. Auch der BGH knüpft die Berücksichtigungsfähigkeit persönlicher Umstände – namentlich die Schonung eines verdienten Vorstandsmitglieds und die sozialen Konsequenzen einer Anspruchsverfolgung für das Vorstandsmitglied und seine Familie – an restringierende Voraussetzungen. Er führt aus: *„Ein solcher Ausnahmefall kann z.B. dann in Betracht kommen, wenn auf der einen Seite das pflichtwidrige Verhalten nicht allzu schwerwiegend und die der Gesellschaft zugefügten Schäden*

---

182 BGH, Urt. v. 11.07.1953 – II ZR 126/52, Rn. 15, BGHZ 10, 187, 191: Vorstandsmitglied weder Arbeitnehmer im Sinne des Arbeitsgerichtsgesetzes noch des Kündigungsschutzgesetzes. Zur Definition des Arbeitnehmers vgl. die ständige Rechtsprechung des BAG, z.B. BAG, Urt. v. 20.08.2003 – 5 AZR 610/02, Rn. 16, NJW 2004, 461, 462 mit weiteren Nachweisen: *„Arbeitnehmer ist, wer auf Grund eines privatrechtlichen Vertrags im Dienste eines anderen zur Leistung weisungsgebundener, fremdbestimmter Arbeit in persönlicher Abhängigkeit verpflichtet ist."*

183 Vgl. hierzu *Fleischer*, in: Spindler/Stilz, AktG, § 84 Rn. 27 f.; *J. Koch*, in: Hüffer/J. Koch, AktG, § 84 Rn. 24; *Mertens/Cahn*, in: KöKo AktG, § 84 Rn. 37 ff.; *Seibt*, in: K. Schmidt/Lutter, AktG, § 84 Rn. 23; *Spindler*, in: MüKo AktG, § 84 Rn. 67.

184 So etwa von Hüffer, NZG 2007, 47.

185 Einwirken von Fürsorgeerwägungen auf Verfolgungspflicht des Aufsichtsrats gegenüber Vorstandsmitglied annehmend *Seibt/Cziupka*, DB 2014, 1598, 1600 (These 13).

verhältnismäßig gering sind, auf der anderen Seite jedoch einschneidende Folgen für das ersatzpflichtig gewordene Vorstandsmitglied drohen.“[186]

Die Formulierung, dass *„das pflichtwidrige Verhalten nicht allzu schwerwiegend“* sein dürfe, ließe sich im Sinne eines geringen Verschuldens interpretieren und die Formulierung, dass *„einschneidende Folgen für das ersatzpflichtig gewordene Vorstandsmitglied“* drohen müssten, ließe im ersten Zugriff die Interpretation zu, dass eine drohende Existenzvernichtung des Vorstandsmitglieds bei der Verfolgungsentscheidung Berücksichtigung finden darf. Zu berücksichtigen ist aber, dass der BGH betont, dass die *„Schäden verhältnismäßig gering“* sein müssten. Auch beim Absehen von Anspruchsverfolgung rückt der BGH demnach den der Gesellschaft entstandenen Schaden bzw. das Gesellschaftsvermögen in den Fokus. Daher vermag die drohende Existenzvernichtung des Vorstandsmitglieds isoliert betrachtet keine Berücksichtigung zu finden.[187] Nicht selten schließt man aufgrund der Passage, wonach die *„Schäden verhältnismäßig gering“* sein müssten, die Zulässigkeit einer Nichtverfolgung in Fällen, in denen der Gesellschaft hohe Schäden entstanden sind, gänzlich aus.[188] Eine Einschränkung der Nichtverfolgung auf Fälle, in denen der Gesellschaft lediglich geringe Schäden entstanden sind, ließe – da ein im Unternehmenskontext herbeigeführter Schaden regelmäßig sehr hohe Ausmaße annehmen kann[189] – eine Nichtverfolgung vielfach ausscheiden.

Der vom BGH ins Auge gefasste Ausnahmefall einer groben Diskrepanz zwischen den Auswirkungen einer Anspruchsverfolgung beim Vorstandsmitglied einerseits und dem der Gesellschaft entstandenen Schaden andererseits lässt sich im Sinne eines typisierten Unternehmenswohlbelangs interpretieren.[190] Kann

---

186 BGH, Urt. v. 21.04.1997 – II ZR 175/95, Rn. 25, BGHZ 135, 244, 256 = NJW 1997, 1926, 1928 – ARAG.

187 Verfolgungspflicht des Aufsichtsrats auch bei drohender Existenzvernichtung betonend *P. Scholz*, Existenzvernichtende Haftung von Vorstandsmitgliedern, 2014, S. 139, 141.

188 Solche Lesart bei *S. Binder*, Grenzen der Vorstandshaftung, 2016, S. 535; *U. Binder/Kraayvanger*, BB 2015, 1219, 1222; *Hauger/Palzer*, ZGR 2015, 33, 60; *P. Scholz*, Existenzvernichtende Haftung von Vorstandsmitgliedern, 2014, S. 119. Etwas anders *Henze*, NJW 1998, 3309, 3311: bei völliger Unverhältnismäßigkeit zwischen Schaden, der Vorstandsmitglied infolge Beitreibung entstehe, und Schadenskompensation bei Gesellschaft entspreche Berücksichtigung sozialer Gesichtspunkte verantwortungsbewusster Wahrnehmung der Unternehmensbelange. Sympathisierend *Semler*, in FS Ulmer 2003, S. 627, 636 mit Fn. 49.

189 Vgl. nur Schäden im Kontext mit Kartellverstößen.

190 Ebenso *Fehrenbach*, AG 2015, 761, 768. Im Ergebnis ähnlich *Fuchs/Zimmermann*, JZ 2014, 838, 846: Ausführungen des BGH in Bezug auf Ausnahmefall seien in dem

dem Vorstandsmitglied lediglich ein leichtes Verschulden vorgeworfen werden und kommt dem Kompensationsinteresse der Gesellschaft angesichts der Geringfügigkeit des Schadens kaum Gewicht zu, während dem Vorstandsmitglied erhebliche Konsequenzen drohen, liegt es nahe, dass es oftmals – etwa aufgrund der negativen Öffentlichkeitswirkung einer rigorosen Verfolgung – nicht im Unternehmenswohl liegen kann, den Anspruch durchzusetzen.[191] Im Ergebnis kann nicht angenommen werden, der BGH, der das Unternehmenswohl und das Gesellschaftsvermögen so eindeutig in den Fokus rückt, habe die isolierte Berücksichtigung von Fürsorgeerwägungen im Rahmen der Verfolgungsentscheidung gestatten wollen.

(4) Erfordernis einer Konvergenz zwischen individuellen Interessen und Unternehmenswohl

Betrachtet man die systematische Stellung der Passagen im ARAG-Urteil und berücksichtigt man, dass sowohl einleitend als auch am Schluss hervorgehoben wird, gewichtige oder überwiegende Gründe des Unternehmenswohls müssten für ein Absehen von Verfolgung sprechen, so ist zu konstatieren, dass der BGH die ausschließliche Verpflichtung des Aufsichtsrats auf das Unternehmenswohl bei der Verfolgungsentscheidung ganz eindeutig zum Ausdruck hat gelangen lassen. Die vereinzelte, zwischengeschaltete Formulierung *„anderen Gründen als denen des Unternehmenswohls"* ist nicht in der Weise auszulegen, dass der Aufsichtsrat ungeachtet des Unternehmenswohls von einer Verfolgung absehen darf. Für das Unternehmenswohl als einzigen Orientierungspunkt der Verfolgungsentscheidung spricht auch eine in zeitlicher Folge auf das ARAG-Urteil ergangene Entscheidung, in welcher der BGH festgestellt hat: *„Auch insoweit gehört es zu seinen allein am Unternehmenswohl orientierten Pflichten, (…) zu*

Sinne zu verstehen, dass individuelle Folgen des Vorstandsmitglieds Gesellschaftsinteresse berühren können. Auf verdientes Vorstandsmitglied einschränkend *Götz*, NJW 1997, 3275, 3277.

191 Dazu, dass Begrenzung auf angemessenen Regress bei drohender Existenzvernichtung des Vorstandsmitglieds im Unternehmenswohl liegen kann, vgl. etwa *Goette*, in: Liber Amicorum M. Winter, 2011, S. 153, 165: sinkende Attraktivität des Vorstandsamts in betreffender Gesellschaft bei rigoroser Verfolgung; *Reichert*, ZHR 177 (2013), 756, 765; *ders.*, ZIP 2016, 1189, 1194: Signalwirkung gegenüber nicht betroffenen Vorstandsmitgliedern, Nachfolgern, Markt und Allgemeinheit; Steigerung der Motivation im Management und der Reputation am Markt; *Seibt/Cziupka*, DB 2014, 1598, 1601 (These 14); *dies.*, AG 2015, 93, 107: Erschwerung der Rekrutierung geeigneten Vorstandspersonals bei schneidigem Regress.

prüfen, ob ausnahmsweise Gründe vorliegen, die es angezeigt erscheinen lassen, die Forderung dennoch nicht oder nicht in voller Höhe geltend zu machen.“[192]

Die Möglichkeit, bei der Verfolgungsentscheidung rein persönliche, mit dem Unternehmenswohl nicht kongruente oder dem Unternehmenswohl gar widersprechende Interessen und Belange des Vorstandsmitglieds zu berücksichtigen, ist schlussendlich zu negieren und eine Nichtverfolgung aufgrund persönlicher Interessen und Belange des Vorstandsmitglieds kommt nur unter der Prämisse, dass ein individuelle Interessen in Bezug nehmendes Absehen von Verfolgung zugleich im Unternehmenswohl liegt, in Betracht.[193]

---

192 BGH, Urt. v. 16.03.2009 – II ZR 280/07, Rn. 30, NZG 2009, 550, 552.

193 Vgl. ähnlich *Bayer*, in: FS K. Schmidt, 2009, S. 85, 99: „*Ebenfalls kein Hinderungsgrund sind die bisherigen Verdienste des Vorstandsmitglieds sowie die ihn persönlich ggf. hart treffenden Konsequenzen.*“; *Goette*, in: Liber Amicorum M. Winter, 2011, S. 153, 165: soziale Lage des Schuldners nur insofern bedeutsam, als sie Auswirkung auf Reputation und Attraktivität der Gesellschaft habe; *Heermann*, AG 1998, 201, 207: keine Eröffnung unternehmerischen Ermessensspielraums infolge personenbezogener Gründe; *Horn*, ZIP 1997, 1129, 1138: Berücksichtigung „*nur in eng begrenzten und besonders begründbaren Ausnahmefällen*“; *Krieger*, in: Krieger/U.H. Schneider, Hdb. Managerhaftung, § 3 Rn. 48: andere Gründe als solche des Unternehmenswohls dürften „*keine Rolle spielen*“; *ders.*, in: FS Bezzenberger, 2000, S. 211, 219: persönliche Situation des Vorstandsmitglieds hätte „*im allgemeinen außer Betracht*“ zu bleiben; *Lutter/Krieger/Verse*, Rechte und Pflichten des AR, § 7 Rn. 449: persönliche Gründe dürften „*keine Rolle spielen*“; *Paefgen*, AG 2008, 761, 763; *ders.*, AG 2014, 554, 575: persönliche Interessen nur als „*Nebenbedingungen*“ des Unternehmenswohls; *Redeke*, ZIP 2008, 1549, 1556: Berücksichtigung persönlicher Gründe nur „*in eng begrenzten Ausnahmefällen*“; *P. Scholz*, Existenzvernichtende Haftung von Vorstandsmitgliedern, 2014, S. 119: drohende einschneidende Folgen für das Vorstandsmitglied genügten alleine nicht; *Semler*, in: FS Ulmer, 2003, S. 627, 636 f.: „*nur das Interesse der Gesellschaft, nicht das Interesse der durch die gebotene Maßnahme betroffenen Person*“ berücksichtigungsfähig und: „*Auch noch so ein großer Nachteil der betroffenen Person rechtfertigt es nicht, dass die Gesellschaft von einem rechtlich gebotenen Verhalten Abstand nimmt.*“ Etwas anders *Henze*, NJW 1998, 3309, 3311: Berücksichtigung persönlicher Belange bei völliger Diskrepanz zwischen Schaden, der Vorstandsmitglied infolge Beitreibung entstehe, und Schadenskompensation auf Seiten der Gesellschaft, da Berücksichtigung sozialer Gesichtspunkte in diesem Fall verantwortungsbewusster Wahrnehmung der Unternehmenswohlbelange entspreche. Sympathisierend *Semler*, in: FS Ulmer, 2003, S. 627, 636 in Fn. 49.

(5) Absehen von Verfolgung nicht als Ausnahme von der ausschließlichen Verpflichtung auf das Unternehmenswohl

Letztlich verwirklicht sich auch im Rahmen der Ausnahmefälle, in denen der Aufsichtsrat zum Absehen von Verfolgung berechtigt ist, die Bindung des Aufsichtsrats an das Unternehmenswohl.[194] Das Absehen von Verfolgung stellt sich nicht als Ausnahme vom Unternehmenswohl dar, sondern als Ausnahme von der typisierenden Gleichsetzung des Unternehmenswohls mit dem Kompensationsinteresse.[195]

c) Berücksichtigung von anderen Faktoren als der Schadenskompensation

Das ARAG-Urteil rückt den der Gesellschaft entstandenen Schaden und dessen Kompensation in den Mittelpunkt. Denkbar ist es aber, dass die vermögensmäßigen Vorteile, die der Gesellschaft infolge einer Anspruchsgeltendmachung zufließen würden – insofern ist auch an die begrenzte finanzielle Leistungsfähigkeit des Vorstandsmitglieds zu erinnern –, den vermögensmäßigen Nachteilen für die Gesellschaft infolge einer Anspruchsgeltendmachung – beispielweise über Reputationsverluste vermittelte Vermögensnachteile[196] –, nicht gleichstehen bzw. die Vorteile die Nachteile nicht überwiegen und dass eine Anspruchsgeltendmachung sich im wirtschaftlichen Ergebnis per Saldo negativer auf das Gesellschaftsvermögen auswirken würde als eine Nichtgeltendmachung. Es stellt sich die Frage, ob, inwieweit und unter welchen Voraussetzungen der Aufsichtsrat Vermögensfolgen, die mit der Anspruchsgeltendmachung mittelbar zusammenhängen[197], in die Verfolgungsentscheidung einbeziehen kann bzw. er sie einzubeziehen hat.

---

194 Vgl. ähnlich *Fehrenbach*, AG 2015, 761, 768: *„(…) keine Ausnahme vom Grundsatz, dass von der Durchsetzung eines Schadensersatzanspruchs nur abgesehen werden kann, wenn dies im Gesellschaftsinteresse liegt.“*; *Hauger/Palzer*, ZGR 2015, 33, 59 f.: Ausnahmen als *„Konsequenz der Bindung des Aufsichtsrates an das Unternehmenswohl“*; *Henze*, NJW 1998, 3309, 3311: Ausnahmen als *„Ausprägungen der Verpflichtung, im wohlverstandenen Unternehmensinteresse zu handeln“*.

195 Ähnlich *Lohse*, Unternehmerisches Ermessen, 2005, S. 162: Nichtverfolgung, wenn zwar Verwirklichung des Wiederherstellungsinteresses, nicht aber des Unternehmenswohls.

196 Skeptisch bezüglich Berücksichtigungsfähigkeit von Reputationsschäden *Habersack*, in: MüKo AktG, § 111 Rn. 37. Wieder offener *ders.*, ZHR 177 (2013), 782, 788 f.; *ders.*, NZG 2016, 321, 324 f. Tendenziell ablehnend *Götz*, NJW 1997, 3275, 3277. Ablehnend *P. Scholz*, Existenzvernichtende Haftung von Vorstandsmitgliedern, 2014, S. 122.

197 Vgl. insofern *Bachmann*, Verhandlungen des 70. DJT, Gutachten, 2014, E 5, 23 f.: *„Kosten der Haftungsrealisation“*; *Eckert/Grechenig/Stremitzer*, in: Kalss, Vorstandshaftung in 15 europäischen Ländern, 2005, S. 154: *„tertiäre Kosten“*.

aa) Grundsätzliche Berücksichtigungsfähigkeit von anderen Faktoren als der Schadenskompensation

Ausgehend von der ausschließlichen Unternehmenswohlverpflichtung des Aufsichtsrats bei der Verfolgungsentscheidung – auszulegen im Sinne einer auf das Gesellschaftsvermögen bezogenen Bindung – muss der Aufsichtsrat die Entscheidung über Verfolgung oder Nichtverfolgung treffen, die das Unternehmenswohl am besten realisiert bzw. die das Gesellschaftsvermögen am besten wahrt.[198] Insofern sind die typisierende Gleichsetzung von Unternehmenswohl und Kompensationsinteresse sowie das Regel-Ausnahme-Verhältnis zwischen Verfolgung und Nichtverfolgung in Frage zu stellen.[199] Ein striktes Regel-Ausnahme-Verhältnis zwischen Verfolgung und Nichtverfolgung verengte die organschaftliche Befugnis des Aufsichtsrats, das Unternehmenswohl autonom zu bestimmen, in unzulässiger Weise[200], und drohte, sich mit seiner Vermögensverantwortung in Konflikt zu setzen[201]. Eine unbedingte Anspruchsverfolgung ist abzulehnen.[202] Die Ausführungen des BGH in Bezug auf die regelmäßige Verfolgungspflicht dürfen wenigstens nicht im Sinne eines Verfolgungsautomatismus interpretiert

---

198 Unternehmenswohl bzw. Gesellschaftsvermögen als Orientierungspunkt der Verfolgungsentscheidung etwa hervorhebend *Goette*, ZHR 176 (2012), 588, 591 ff.; *ders.*, in: FS Hoffmann-Becking, 2013, S. 377, 386 ff.; *Mertens*, in: FS K. Schmidt, 2009, S. 1183, 1186 f.; *Reichert*, in: FS Hommelhoff, 2012, S. S. 907, 917 ff.; *ders.*, ZHR 177 (2013), 756, 762 ff.; *Schnorbus/Ganzer*, WM 2015, 1877, 1886.

199 Vgl. auch *Bieder*, NZG 2015, 1178, 1182; *Eichner/Höller*, AG 2011, 885, 893; *Fehrenbach*, AG 2015, 761, 766; *Grunewald*, AG 2013, 813, 814; *Mertens*, in: FS K. Schmidt, 2009, S. 1183, 1186 f. Anderer Ansicht *Fischer*, BB 1996, 225, 227; *Henze*, NJW 1998, 3309, 3311; *Jaeger/Trölitzsch*, ZIP 1995, 1157, 1159; *Kindler*, ZHR 162 (1998), 101, 113.

200 Vgl. etwa *Goette*, ZHR 176 (2012), 588, 591: unzulässige Verkürzung organschaftlicher Überwachungsbefugnisse des Aufsichtsrats; *Paefgen*, AG 2008, 761, 764: Befugnis des Aufsichtsrats zu eigenständiger Bestimmung des Unternehmenswohls. In die Richtung auch *Reichert*, in: FS Hommelhoff, 2012, S. 907, 911: BGH habe unterstellt, Nichtverfolgung könne nur im Interesse des Vorstandsmitglieds liegen.

201 Vgl. *Cahn*, WM 2013, 1293, 1297: Konflikt mit Vermögensbetreuungspflicht des Aufsichtsrats; *Mertens*, in: FS K. Schmidt, 2009, S. 1183, 1186 f.: Auflösung des unklaren Rangverhältnisses zwischen Verfolgungspflicht und Vermögensabwendungspflicht zu Gunsten letzterer.

202 Dies ebenfalls betonend *Goette*, ZHR 176 (2013), 588, 589 ff.: keine Verfolgung *„ohne ‚Wenn und Aber'"*; gleichlautend *ders.*, in: FS Hoffmann-Becking, 2013, S. 377, 386, 394; *Mertens*, in: FS K. Schmidt, 2009, S. 1183, 1194: keine *„Inanspruchnahme um fast jeden Preis"*.

werden.[203] Aber auch eine auf die fragliche typisierende Gleichsetzung des Unternehmenswohls mit dem Kompensationsinteresse der Gesellschaft zurückzuführende Verengung der Entscheidungsbefugnisse des Aufsichtsrats auf minimale Bewegungsfreiräume[204] erscheint nicht überzeugend.

Unter Zugrundelegung der vom BGH hervorgehobenen Unternehmenswohlfokussierung und Vermögensorientierung bei der Verfolgungsentscheidung ist vielmehr eine Leitlinie zu eruieren, wonach der Aufsichtsrat zum Absehen von Verfolgung berechtigt bzw. sogar verpflichtet ist, wenn eine Saldierung der mit der Anspruchsdurchsetzung einhergehenden Vermögensvorteile und Vermögensnachteile ergibt, dass sich die Nichtgeltendmachung gesamtwirtschaftlich betrachtet – unter Berücksichtigung der Vermögensnachteile, die mit der Schadensabwicklung mittelbar und im weitesten Sinne verbunden sind[205] – positiver auf das Gesellschaftsvermögen auswirken würde als die mit einer Geltendmachung erzielte Schadenskompensation.[206]

---

203 *Bieder*, NZG 2015, 1178, 1180; *Casper*, ZHR 176 (2012), 617, 620. Anderer Ansicht *J. Koch*, NZG 2014, 934, 937: *„strenge[n] Regressautomatik"*.

204 Vgl. etwa *Bieder*, NZG 2015, 1178, 1181: *„minimale[n] Spielräume"*; *Reichert*, ZHR 177 (2013), 756, 761: nach strenger Lesart nur sehr beschränkte Möglichkeit zum Absehen von Verfolgung.

205 Zu diesen mittelbaren Kosten der Haftungsverwirklichung vgl. *Bachmann*, Verhandlungen des 70. DJT, Gutachten, 2014, E 5, 23 f.

206 Eine solche oder ähnliche Leitlinie heranziehend *Cahn*, WM 2013, 1293, 1297: Aufsichtsrat habe vor Inanspruchnahme zu fragen, ob Anspruchsverfolgung [dem Unternehmenswohl] eher nutzen oder schaden würde; *Fuchs/Zimmermann*, JZ 2014, 838, 845: Abwägung des *„Ausgleich(s) eines Vermögensverlustes mit den Nachteilen einer Durchsetzung des Schadensersatzanspruches"*; *Mertens*, in: FS K. Schmidt, 2009, S. 1183, 1187: *„Ist zu erwarten, dass die Gesellschaft im Ergebnis von der Inanspruchnahme der Vorstandsmitglieder profitiert, so muss er gegen diese vorgehen; ist dagegen unter Würdigung aller Umstände damit zu rechnen, dass sich eine Inanspruchnahme der Vorstandsmitglieder – insgesamt gesehen – negativ auf das Vermögen der Gesellschaft auswirken würde, so braucht und darf er es nicht."*; *Wilsing*, in: FS Maier-Reimer, 2010, S. 889, 891: *„Die drohende Beeinträchtigung muss sich in einem Vermögensschaden der Gesellschaft manifestieren, der unter Berücksichtigung des bei dem Vorstandsmitglied beitreibbaren Haftungsbetrags per Saldo zu einer weiteren Beeinträchtigung des Vermögens der Gesellschaft führt."*

bb) Nachweis bzw. Bezifferung der infolge Verfolgung konkret drohenden Vermögensnachteile

So transparent die Maxime, dass der Aufsichtsrat von einer Anspruchsverfolgung abzusehen hat, wenn sich eine Geltendmachung im wirtschaftlichen Gesamtergebnis nachteilig auf das Gesellschaftsvermögen auswirken würde, erscheint, so wenig tauglich erweist sie sich in praktischer Hinsicht. Die Gefahr, dass der Aufsichtsrat bei der Entscheidung über eine Nichtverfolgung pauschal auf vermögensmäßige Nachteile für das Gesellschaftsvermögen zu verweisen sucht, die bei jeder Verfolgung von Schadensersatzansprüchen der Gesellschaft gegen das Vorstandsmitglied abstrakt drohen mögen, kann nicht von der Hand gewiesen werden.[207] Weiter kann die Problematik, Vermögensnachteile, die – wie Reputationsschäden – zunächst im ideellen bzw. im nicht monetären Bereich zu verorten sind, zu beziffern, nicht in Abrede gestellt werden.[208]

Zur Lösung der aufgezeigten Problematik erscheint es angezeigt, dass der Aufsichtsrat sich bei der Nichtverfolgungsentscheidung nicht pauschal auf abstrakt drohende Vermögensnachteile berufen kann, sondern dass vielmehr konkrete, fassbare Anhaltspunkte nahelegen müssen, dass die mit der Anspruchsgeltendmachung verbundenen Vermögensnachteile per Saldo die vermögensmäßigen Vorteile einer Schadenskompensation überwiegen bzw. sie ihnen gleichstehen.[209]

---

207 Vgl. insofern *Brommer*, Beschränkung der Vorstandsinnenhaftung, 2015, S. 168: *„rein ergebnisorientierte Entscheidung“*; *Fehrenbach*, AG 2015, 761, 766: *„Beliebigkeit“* bei Berücksichtigung *„weiche(r) Kriterien“*; *Fuchs/Zimmermann*, JZ 2014, 838, 845: *„pauschale und formelhafte Berufung“*; *Heermann*, AG 1998, 201, 208: *„vordergründig plausible Behauptungen“*; *Lutter*, in: FS Hoffmann-Becking, 2013, S. 747, 748 752: *„offenes Scheunentor“* und *„(...) irgendein Aspekt aus dem großen Kranz des Wohles der Gesellschaft lässt sich immer finden (...).“*; *Mack*, Die Regresshaftung von Vorstandsmitgliedern, 2015, S. 100: *„pauschales Berufen“*; *Mayer*, NZG 2014, 1208, 1210: *„(...) zu leicht könnte der Aufsichtsrat unter Berufung auf ein Reputationsrisiko von einer Anspruchsverfolgung absehen (...).“*; *Ulmer*, ZHR 163 (1999), 290, 296: *„unschwer absehbar“*, wie Abwägungsprozess im Regelfall ausgehe.

208 Auf diese Problematik gleichsam verweisend *Mack*, Die Regresshaftung von Vorstandsmitgliedern, 2015, S. 100; *P. Scholz*, Existenzvernichtende Haftung von Vorstandsmitgliedern, 2014, S. 122.

209 Vgl. zu dieser Einschränkung *U. Binder/Kraayvanger*, BB 2015, 1219, 1222: *„konkrete Nachteile für das Unternehmen“*; *Casper*, ZHR (176) 2012, 617, 633, 634: *„nachvollziehbare, konkret belegte, handfeste Gründe“* bzw. *„konkrete, zukünftige Ertragschancen“* oder *„konkrete Gefahr“*; *Fehrenbach*, AG 2015, 761, 766: plausible und substantiierte Darlegung; *Heermann*, AG 1998, 201, 207: *„unmittelbare(r), konkret ermittelbare(r) sowie nachweisbarer Bezug zum Wohl des Unternehmens“*; *Mack*, Die Regresshaftung von Vorstandsmitgliedern, 2015, S. 100: *„nachweisbare und handfeste

cc) Prozedurale Anforderungen an Entscheidungsvorbereitung und Informationsgrundlage

Der Aspekt der Bezifferung und des Nachweises der infolge einer Anspruchsgeltendmachung drohenden vermögensmäßigen Nachteile bedingt zugleich die Frage, welche prozeduralen Anforderungen an die Vorbereitung der Verfolgungsentscheidung zu stellen sind und auf welcher Informationsgrundlage der Aufsichtsrat entscheiden muss. Dieser Aspekt entbehrt bislang – wie auch das LG Essen betont[210] – einer abschließenden Klärung. Eine Vielzahl an Autoren möchte die Business Judgment Rule gemäß § 116 S. 1 i.V.m. § 93 Abs. 1 S. 2 AktG auf die Verfolgungsentscheidung des Aufsichtsrats zur Anwendung gelangen lassen[211] mit der Folge, dass der Aufsichtsrat bei der Verfolgungsentscheidung vernünftigerweise muss annehmen dürfen, auf der Grundlage angemessener Information zum Wohle der Gesellschaft zu handeln. Aber auch außerhalb der Business Judgment Rule ist der Entscheidungsträger zur sorgfältigen Entscheidungsvorbereitung verpflichtet.[212] Zwar ist die Reichweite der Informationspflicht bei unternehmerischer Entscheidungen bereits ausweislich des Normtextes von § 93 Abs. 1 S. 2 AktG durch das Adverb *„vernünftigerweise"* eingeschränkt. Doch auch abseits der Business Judgment Rule kann die Informationspflicht nicht weitergehen, als dies ex ante (vernünftigerweise) erforderlich

---

Gründe"; *P. Scholz*, Existenzvernichtende Haftung von Vorstandsmitgliedern, 2014, S. 120 ff.: *„hinreichend konkrete[n] – i.e. bezifferbare[n] Gefahr für das Gesellschaftsvermögen"* und *„ausreichend greifbare Anhaltspunkte"*; *Wilsing*, in: FS Maier-Reimer, 2010, S. 889, 891: *„In der Praxis wird die Schwierigkeit für den Aufsichtsrat regelmäßig darin bestehen, der drohenden Beeinträchtigung einen möglichst konkreten Vermögensschaden zuzuordnen."*

210 LG Essen, Urt. v. 25.04.2012 – 41 O 45/10, Rn. 204, NZG 2012, 1307, 1309 – Arcandor.

211 So etwa *Fehrenbach*, AG 2015, 761, 764 ff.; *Fleischer*, AG 2015, 133, 135; *Fuchs/Zimmermann*, JZ 2014, 838, 845; *Goette*, in: Liber Amicorum M. Winter, 2011, S. 153, 159 ff.; *ders.*, ZHR 176 (2012), 588, 591 ff.; *ders.*, in: FS Hoffmann-Becking, 2013, S. 377, 386 ff., 393 f.; *Paefgen*, AG 2008, 761, 762 ff.; *ders.*, AG 2014, 554, 571 ff.; *Reichert*, ZHR 177 (2013), 756, 762 ff., 766 ff.; *Schnorbus/Ganzer*, WM 2015, 1832, 1842; *M. Zimmermann*, DB 2008, 687, 689. Für entsprechende Anwendung der Business Judgment Rule *Spindler*, in: Spindler/Stilz, AktG, § 116 Rn. 59; *ders.*, AG 2013, 889, 898. Business Judgment Rule negierend, aber im Ergebnis ähnlichen Maßstab anlegend *Casper*, ZHR 176 (2012), 617, 635 f. Ablehnend bezüglich Business Judgment Rule *J. Koch*, AG 2009, 93, 95 ff.; *ders.*, NZG 2014, 934, 937 f., 940 f.; *Lutter*, in: FS Hoffmann-Becking, 2013, S. 747, 751 ff.

212 Zur sorgfältigen Entscheidungsvorbereitung außerhalb des Anwendungsbereichs der Business Judgment Rule vgl. ausführlich *v. Falkenhausen*, NZG 2012, 644, 649.

erscheint.[213] Die an den Aufsichtsrat zu stellenden Anforderungen bei der Vorbereitung der Verfolgungsentscheidung hat das LG Essen zudem insoweit konkretisiert, als kompetenter Rat, der nicht kritiklos übernommen werden dürfe, einzuholen sei.[214]

5. *Bewertung der Spielräume des Aufsichtsrats bei der Verfolgungsentscheidung*

Das ARAG-Urteil belässt durchaus die Option, von einer Anspruchsverfolgung abzusehen. Ob es sich hierbei um eine nennenswerte, genügende Möglichkeit handelt, beurteilt man unterschiedlich. Während etwa *Mathias Habersack* dem ARAG-Urteil die Möglichkeit zu *„allfältige(n) Beschränkungen des Regresses"* entnimmt[215], nimmt *Marcus Bieder* lediglich *„minimale[n] Spielräume"* an[216]. Die Bewegungsfreiheit des Aufsichtsrats in Bezug auf die Nichtverfolgung ist vor dem Hintergrund, dass der faktische Gebrauch bestehender Spielräumen auch von der Möglichkeit des Entscheidungsträgers, die ihm zukommenden Spielräume zu erkennen, abhängt, zudem unter dem Aspekt der Rechtssicherheit bezüglich des Bestehens von Entscheidungsspielräumen im Rahmen der Verfolgungsentscheidung zu beurteilen.

a) *Spielräume zur Nichtverfolgung umfassender als vielfach angenommen, aber unternehmenswohlgebunden*

Tatsächlich kann dem Aufsichtsrat unter Zugrundelegung des Unternehmenswohls als Orientierungspunkt der Verfolgungsentscheidung eine deutlich größere Bewegungsfreiheit zugestanden werden, als ein auf einer typisierenden Definition des Unternehmenswohls beruhendes Regel-Ausnahme-Verhältnis zwischen Verfolgung und Nichtverfolgung zunächst erwarten ließe. Allerdings besteht bezüglich einer Interpretation des ARAG-Urteils dahingehend, dass die ausschließliche Verpflichtung des Aufsichtsrats auf das Unternehmenswohl die Regelverfolgungspflicht überlagert, keine gänzliche Einigkeit, sondern die dem Aufsichtsrat bei der Verfolgungsentscheidung zukommenden Befugnisse werden nicht selten auf eine Regelverfolgungspflicht verengt.

---

213 Vgl. insofern *v. Falkenhausen*, NZG 2012, 644, 649. Ähnlich *Bachmann*, in: FS Stilz, 2014, S. 25, 28.

214 LG Essen, Urt. v. 25.04.2012 – 41 O 45/10, Rn. 204, NZG 2012, 1307, 1309 – Arcandor.

215 *Habersack*, ZHR 177 (2013), 782, 801 f., 805.

216 *Bieder*, NZG 2015, 1178, 1181. Ähnlich *Reichert*, ZHR 177 (2013), 756, 761: nach strenger Lesart nur sehr beschränkte Möglichkeit zum Absehen von Verfolgung.

Zudem ist einschränkend zu berücksichtigen, dass das ARAG-Urteil ein Absehen von Verfolgung nur aus Gründen, die im Unternehmenswohl liegen, gestattet. Gründe, die nicht unmittelbar das Unternehmenswohl betreffen – beispielsweise eine drohende Vernichtung der wirtschaftlichen Existenz des Vorstandsmitglieds –, können nur berücksichtigt werden, soweit sie zugleich mit dem Unternehmenswohl in Verbindung stehen.

Schließlich kommt ein Absehen von Verfolgung nur in Betracht, wenn die mit einer Anspruchsverfolgung einhergehenden Nachteile für das Unternehmenswohl die Vorteile überwiegen bzw. Vorteile und Nachteile einander gleichstehen und die Nachteile konkret greifbar bzw. vermögensmäßig bezifferbar sind.

b) Fehlen abschließender, transparenter Kriterien für eine Nichtverfolgung

Der Rechtssicherheit abträglich ist es, dass der BGH die zum Absehen von Verfolgung berechtigenden Spielräume lediglich beispielhaft und nicht abschließend benennt. Für den Aufsichtsrat stellen sich in der Rechtstatsächlichkeit erhebliche Probleme, festzustellen, ob eine Ausnahmekonstellation vorliegt, die zur Nichtverfolgung berechtigt, bzw. – vor dem Hintergrund, dass das Unternehmenswohl als die eindeutige, maßgebende Richtschnur identifiziert worden ist –, ob die Nichtverfolgung von Gerichten als im Unternehmenswohl liegend anerkannt wird.[217] Erschwerend tritt hinzu, dass der Aufsichtsrat die Entscheidung über Verfolgung oder Nichtverfolgung im Angesicht einer drohenden eigenen Haftung zu treffen hat.[218] Dementsprechend kann die Sorge gerechtfertigt sein, dass sich der Aufsichtsrat ungeachtet überzeugender Gründe, die für eine Nichtverfolgung sprechen mögen, an einer Nichtverfolgung gehemmt sehen könnte.[219] Jedenfalls kann eine Tendenz in der Praxis, mittels anwaltlicher

---

217 Mit ähnlichem Eindruck *Haarmann/Weiß*, BB 2014, 2115, 2124: unklar, welche weiteren Interessen zur Nichtverfolgung berechtigen; *Habersack*, NZG 2016, 321: umstritten, welche Gründe ausnahmsweise zum Absehen von Verfolgung berechtigen; *Kling*, DZWiR 2005, 45, 52: Aussagen des BGH *„zu vage"*; *Wilsing*, in: FS Maier-Reimer, 2010, S. 889: *„(…) nach wie vor nicht hinreichend geklärt."* Auf Tendenz des Aufsichtsrats in Praxis verweisend, Ansprüche aus Sorge, ansonsten ARAG-Vorgaben nicht gerecht zu werden, durchzusetzen, *Reichert*, in: FS Hommelhoff, 2012, S. 907, 909.

218 Hierauf verweisend *Eichner/Höller*, AG 2011, 885, 886; *Götz*, NJW 1997, 3275, 3277 f.; *Thümmel*, DB 1997, 1117, 1119 f.

219 Vgl. *Goette*, ZHR 176 (2012), 588, 592: Anspruchsverfolgung, um *„auf der sicheren Seite"* zu sein; *Haarmann/Weiß*, BB 2014, 2115, 2124: Anspruchsdurchsetzung allein zur eigenen Haftungsvermeidung; *Wilsing*, in: FS Maier-Reimer, 2010, S. 889, 891 f. Annehmend, Aufsichtsrat tendiere in Praxis selbst dann zu Verfolgung, wenn deren Ertrag in keinem Verhältnis zu Aufwand stehe, *Reichert*, in: FS Hommelhoff, 2012,

Gutachten, die den Ausnahmecharakter einer Haftungskonstellation bzw. die Vereinbarkeit einer Nichtverfolgung mit dem ARAG-Urteil feststellen, eine haftungsrechtliche Absicherung zu suchen, nicht in Abrede gestellt werden.[220] Die benannten Unsicherheiten erweisen sich jedenfalls als geeignet, die dem Aufsichtsrat theoretisch zukommenden Spielräume beim Absehen von Anspruchsverfolgung faktisch zu verkürzen.

c) Rechtsunsicherheit bezüglich prozeduraler Vorbereitungs- und Informationspflichten

Der Aufsichtsrat bedarf eines nicht erheblichen Begründungsaufwands, will er darlegen, dass eine Anspruchsverfolgung einmal nicht das Unternehmenswohl am besten verwirklicht.[221] Diese Problematik wird dadurch akzentuiert, dass die prozeduralen Anforderungen, die den Aufsichtsrat hinsichtlich der Entscheidungsvorbereitung und der zugrunde zu legenden Informationsbasis treffen, nicht letztverbindlich feststehen.[222] Erneut ist das faktische Hemmnis für theoretisch bestehende Entscheidungsspielräume anzumerken, das sich aus der Gefahr eines Pflichtwidrigkeitsverdikts im Angesicht bestehender Rechtsunsicherheit ergibt.

d) Fazit zu Spielräumen bei der Verfolgungsentscheidung in der Praxis

Festzuhalten bleibt, dass die Spielräume des Aufsichtsrats beim Absehen von Anspruchsverfolgung größer sind, als die Formel eines Regel-Ausnahme-

---

S. 907, 919. Vgl. aber zum Beschlussmangel wegen Ermessensnichtgebrauchs bei Annahme eines Verfolgungsautomatismus *Heermann*, AG 1998, 201, 211. Zum geringen Haftungspotenzial einer Anspruchsnichtverfolgung durch den Aufsichtsrat vgl. *Eckert/Grechenig/Stremitzer*, in: Kalss, Vorstandshaftung in 15 europäischen Ländern, 2005, S. 142.

220 Vgl. nur die eingeholten Gutachten, auf die LG Essen, Urt. v. 25.04.2012 – 41 O 45/10, NZG 2012, 1307 – Arcandor verweist. Ebenfalls auf Tendenz in Praxis hinweisend, zwecks Enthaftung „*ARAG-Gutachten*" einzuholen, *Bachmann*, BB 2015, 771, 773, *Peltzer*, in: FS Hoffmann-Becking, 2013, S. 861. Kritisch bezüglich übermäßiger Haftungsabsicherung durch Konsultation von Rechtsrat *Krieger*, ZGR 2012, 496 ff.

221 Dies ebenfalls annehmend *Cahn*, WM 2013, 1293, 1296; *Wilsing*, in: FS Haarmann, 2015, S. 257, 270.

222 Dies ebenfalls betonend LG Essen, Urt. v. 25.04.2012 – 41 O 45/10, Rn. 204, NZG 2012, 1307, 1309 – Arcandor: „*Dabei ist auch zu sehen, dass die Rechtsfragen, die mit der Entscheidung verbunden waren, nämlich insbesondere die Frage, welche konkreten Anforderungen denn an die Vorbereitung der Entscheidung zu stellen sind, bis heute nicht geklärt sind.*"

Verhältnisses zwischen Verfolgung und Nichtverfolgung nahelegen würde. Allerdings hat sich die Nichtverfolgungsentscheidung ausschließlich am Unternehmenswohl zu orientieren, was die Einbeziehung von Verschonungserwägungen zu Gunsten des Vorstandsmitglieds schwierig gestaltet und was – soweit ein Bezug der im individuellen Interesse des Vorstandsmitglieds liegenden Verschonung zum Unternehmenswohl konstituiert wird – den Aufsichtsrat einem hohen Begründungsaufwand aussetzt. Zu einem großen Teil entzündet sich die Problematik der Bewegungsfreiheit des Aufsichtsrats an der dargelegten Rechtsunsicherheit, die ein Blick in das ARAG-Urteil nicht aufzuklären vermag.

C. Fürsorgepflichtbasierte Regressreduzierung

Dem Ansatz, der dem Aufsichtsrat bei der Entscheidung über Verfolgung oder Nichtverfolgung weitergehende Spielräume zugesteht, als ein Verständnis im Sinne einer strikten Regelverfolgungspflicht nahelegen würde, indem die Verfolgungsentscheidung als unternehmerische Entscheidung qualifiziert bzw. die Unternehmenswohlorientierung der Verfolgungsentscheidung hervorgehoben wird, ist der im Anschluss an *Walter Bayer*[223] maßgebend durch *Jens Koch*[224] geprägte Ansatz einer fürsorgepflichtbasierten Regressreduzierung entgegenzusetzen.[225] Diesem Ansatz liegt die Überlegung zugrunde, der Aufsichtsrat könne aufgrund einer Fürsorgepflicht der Aktiengesellschaft gegenüber dem Vorstandsmitglied unter bestimmten Voraussetzungen zu einer Regressreduzierung verpflichtet sein und dem Vorstandsmitglied stehe ein korrespondierender Anspruch auf Regressreduzierung zu.[226] Ein fürsorgepflichtbasierter Regressreduzierungsansatz orientiert sich – anders als der Ansatz, der eine Regressreduzierung auf Basis der Spielräume, die das ARAG-Urteil belässt, zu begründen versucht – nicht am Unternehmenswohl, sondern nimmt individuelle Umstände

223 *Bayer*, in: FS K. Schmidt, 2009, S. 85, 97 f.

224 *J. Koch*, in: Liber Amicorum M. Winter, 2011, S. 327, 338 ff. *ders.*, AG 2012, 429, 435 ff.; *ders.*, AG 2014, 513 f.

225 Für fürsorgepflichtbasierte Regressreduzierung – neben *Bayer* und *J. Koch* – etwa *Brommer*, AG 2013, 121, 127 ff.; *ders.*, Beschränkung der Vorstandsinnenhaftung, 2015, S. 260 ff. mit umfangreichen Nachweisen; *Casper*, ZHR 176 (2012), 617, 636 ff.; *Reichert*, ZHR 177 (2013), 756, 772 ff.; *Spindler*, AG 2013, 889, 894 f.

226 *J. Koch*, in: Hüffer/J. Koch, AktG, § 111 Rn. 12: „*Anspruch auf Regressreduzierung*"; *ders.*, AG 2014, 513, 521, 523: Regressreduzierung als Recht des Vorstandsmitglieds statt als vom Aufsichtsrat abhängiger „*Gnadenakt*".

des Schädigers, insbesondere dessen begrenzte finanzielle Leistungsfähigkeit und ein hiermit kontrastierendes geringes Verschulden in den Blick.[227] Aspekte wie eine drohende Existenzvernichtung oder ein geringer Verschuldensgrad sollen für sich genommen haftungsmindernd Berücksichtigung finden, ohne dass es eines argumentativen Umwegs über das Unternehmenswohl bedürfte.

I. Entwicklung der Diskussion um eine Begrenzung des Innenregresses aus Gründen einer Fürsorgepflicht der Gesellschaft

Rechtspolitisches Bedürfnis und dogmatische Möglichkeit einer Regressreduzierung sind zunächst in Bezug auf Kartellbußgelder, die das Bundeskartellamt oder die Europäische Kommission wegen eines dem Unternehmen zuzurechnenden Kartellverstoßes gegen das Unternehmen verhängt hat, diskutiert worden. Hat das Vorstandsmitglied infolge der Verletzung kartellrechtlicher Normen im Außenverhältnis einen Pflichtverstoß im Innenverhältnis begangen[228] und entsteht der Gesellschaft infolgedessen ein Schaden, so liegen die Voraussetzungen für einen Schadensersatzanspruch der Gesellschaft gegen das Vorstandsmitglied gemäß § 93 Abs. 2 S. 1 AktG vor.[229]

Die Zulässigkeit des Innenregresses im Generellen, jedenfalls in voller Höhe des entstandenen Schadens, ist zunächst mit spezifisch auf das Unternehmens-Kartellbußgeld bezogenen Argumenten in Zweifel gezogen worden. Die Repressions- bzw. Ahndungsfunktion des Unternehmens-Kartellbußgelds sowie

227 Vgl. exemplarisch *P. Scholz*, Existenzvernichtende Haftung von Vorstandsmitgliedern, 2014, S. 288 f.: Abzustellen sei auf den „*Grad des Verschuldens, das Vermögen, die Vergütung bzw. sonstige persönliche Umstände*“. Und: „*Das volle Ausmaß des Schadens ist für die angemessene Begrenzung der Haftung dagegen irrelevant.*“ Vgl. ebenso die Kriterien bei *Schnorbus/Ganzer*, WM 2015, 1877, 1878: Einbeziehung von Verschuldensgrad sowie persönlicher finanzieller Leistungsfähigkeit des Vorstandsmitglieds.

228 Zum grundsätzlichen Gleichlauf von Verstoß im Außenverhältnis und Pflichtverletzung im Innenverhältnis vgl. LG München I, Urt. v. 10.12.2013 – 5 HK O 1387/10, Rn. 89, NZG 2014, 345, 346 ff. – Neubürger; *J. Koch*, in: Hüffer/J. Koch, AktG, § 93 Rn. 6; *Krieger/Sailer-Coceani*, in: K. Schmidt/Lutter, AktG, § 93 Rn. 7; *Spindler*, in: MüKo AktG, § 93 Rn. 73 f. und – spezifisch für das Kartellrecht – *Bayer*, in: FS K. Schmidt, 2009, S. 85, 88 ff. Kritisch bezüglich grundsätzlicher Gleichsetzung etwa *Harnos*, Geschäftsleiterhaftung bei unklarer Rechtslage, 2013, S. 72 ff.; *Seibt*, NZG 2015, 1097, 1100 f. (Thesen 10–13).

229 Anderer Ansicht, nämlich Schutzzweck bzw. Zurechnungszusammenhang negierend, *Dreher*, in: FS Konzen, 2006, S. 85, 103 ff.; *ders.*, VersR 2015, 781, 787; *Horn*, ZIP 1997, 1129, 1136.

dessen Präventionsfunktion stünden einem (vollumfänglichen) Regress entgegen.[230] Repressions- und Präventionsfunktion des Kartellbußgelds hätten nach der öffentlich-rechtlichen Wertung der das Unternehmen zu Bußgeld verpflichtenden Norm final das Unternehmen zu treffen.[231]

An die Stelle einer sektoralen, auf das Kartellbußgeld bezogenen Begründung ist vermehrt ein universaler Ansatz getreten, der auf eine Fürsorgepflicht der Gesellschaft gegenüber dem Vorstandsmitglied bei exorbitanten Schadenssummen abhebt. Fokussierte der sektorale Ansatz noch auf Spezifika des konkreten Schadenspostens, so nimmt der fürsorgepflichtbasierte Ansatz die begrenzte persönliche Leistungsfähigkeit des Vorstandsmitglieds und die Disparität des Schadensausmaßes im Verhältnis hierzu in den Blick. Der fürsorgepflichtbasierte Ansatz evaluiert eine Inanspruchnahme des Vorstandsmitglieds in voller Höhe des Schadens angesichts der beschränkten individuellen Leistungsfähigkeit des Vorstandsmitglieds und wegen des Unternehmenskontextes der Schadensentstehung und dessen schadensmultiplizierenden Effekts als unverhältnismäßig.[232]

II. Rechtstechnische Umsetzung einer fürsorgepflichtbasierten Regressreduzierung

Innerhalb der Strömung, die eine fürsorgepflichtbasierte Regressreduzierung befürwortet, bestehen divergierende Ansichten hinsichtlich konstruktioneller Einzelheiten – etwa im Hinblick auf dogmatisches Fundament, inhaltliche Ausgestaltung und Rechtsfolge.

1. Dogmatisches Fundament: Fürsorgepflicht

Das dogmatische Fundament der Regressreduzierung soll eine Fürsorgepflicht der Gesellschaft gegenüber dem Vorstandsmitglied bilden, die häufig durch

---

230 Mit Repressionsfunktion argumentierend LAG Düsseldorf, Teilurt. v. 20.01.2015 – 16 Sa 459/14, Rn. 165, GmbHR 2015, 480, 482; *Horn*, ZIP 1997, 1129, 1136; *R. Krause*, BB-Special 8/2007, 2, 13. Mit Präventionsfunktion argumentierend LAG Düsseldorf, Teilurt. v. 20.01.2015 – 16 Sa 459/14, Rn. 167 ff., GmbHR 2015, 480, 482 f.; *Dreher*, in: FS Konzen, 2006, S. 85, 105 f.

231 LAG Düsseldorf, Teilurt. v. 20.01.2015 – 16 Sa 459/14, Rn. 161 ff., GmbHR 2015, 480, 482. Dagegen *J. Koch*, in: Liber Amicorum M. Winter, 2011, S. 327, 335 f.

232 Vgl. etwa *Bayer*, in: FS K. Schmidt, 2009, S. 85, 96 f.; *Gaul*, AG 2015, 109, 112; *J. Koch*, in: Liber Amicorum M. Winter, 2011, S. 327, 340 ff.; *ders.*, AG 2012, 429, 431, 432, 433; *Rust*, ZWeR 2015, 299, 308 f.

den Begriff der Treuepflicht[233] und gelegentlich durch den der Rücksichtnahmepflicht[234] substituiert wird.[235] Nicht einig ist man sich, ob die Fürsorgepflicht im organschaftlichen Bestellungsakt oder im rechtsgeschäftlichen Anstellungsverhältnis zu verorten ist.[236] Einigkeit besteht aber insofern, als die Gesellschaft gegenüber ihren Organen ebenso zur Fürsorge verpflichtet sein müsse, wie die Organe gegenüber ihrer Gesellschaft zur Treue verpflichtet sind.[237]

2. *Inhaltliche Konturierung: Wertungen der Arbeitnehmerhaftung*

Die Fürsorgepflicht als solche ist angesichts ihrer fehlenden Bestimmtheit und Konturierung[238] ungeeignet, isoliert eine Regressreduzierung herbeizuführen. Eine Haftungsprivilegierung unter dem Gesichtspunkt der Unverhältnismäßigkeit von wirtschaftlicher Leistungsfähigkeit des Schuldners und Schadensausmaß ist aus dem Arbeitsrecht bekannt.[239] Die Wertungen der auf die Haftung

---

233 *Casper*, ZHR 176 (2012), 617, 636 ff.; *Reichert*, ZHR 177 (2013), 756, 776 f.; *Rust*, ZWeR 2015, 299, 310 ff.; *Schnorbus/Ganzer*, WM 2015, 1877, 1886; *Seibt*, NZG 2015, 1097, 1101; *ders./Cziupka*, DB 2014, 1598, 1601 (These 14); *dies.*, AG 2015, 93, 106 ff.

234 *Casper*, ZHR 176 (2012), 617, 636 ff.

235 Zu den verschiedenen Begriffen von Treupflicht und Fürsorgepflicht vgl. *Casper*, ZHR 176 (2012), 617, 636 ff. mit Fn. 67.

236 Zum Meinungsstand vgl. ausführlich *Mack*, Die Regresshaftung von Vorstandsmitgliedern, 2015, S. 215 ff.

237 Vgl. *Hüffer*, in: Hüffer/J. Koch, AktG, § 84 Rn. 11: *„Treupflichten der Organmitglieder ggü. der AG (…) keine Einbahnstraße"*. Zustimmend *Casper*, ZHR 176 (2012), 617, 638; *Reichert*, ZHR 177 (2013), 756, 776 f.; *Rust*, ZWeR 2015, 299, 311. Ebenso *„gegenseitige"* Fürsorgeplichten anerkennend *Fleischer*, in: Spindler/Stilz, AktG, § 84 Rn. 31; *Spindler*, in: MüKo AktG, § 84 Rn. 67. Generell ablehnend bezüglich Fürsorgepflicht gegenüber pflichtwidrig handelnden Organen *Habersack*, in: MüKo AktG, § 111 Rn. 38a.

238 Einprägsam *J. Koch*, in: Liber Amicorum M. Winter, 2011, S. 327, 339: *„verschwommene[n] Konturen"*; *ders.*, AG 2012, 429, 435: *„amorphes dogmatisches Gebilde"*.

239 Zur Ausgestaltung der Arbeitnehmerhaftung, insbesondere zur Abstufung anhand Verschuldensgrads, vgl. etwa BAG, Urt. v. 25.09.1957 – GS 4/56, BAGE 5, 1 = NJW 1959, 2194; BAG, Urt. v. 19.03.1959 – 2 AZR 402/55, BAGE 7, 290 = NJW 1959, 1796; BAG, Beschl. v. 27.09.1994 – GS 1/89 (A), BAGE 78, 56 = NJW 1995, 210; BAG, Urt. v. 23.01.1997 – 8 AZR 893/95, NZA 1998, 140. Auf Missverhältnis zwischen Vergütung und Schaden abhebend BAG, Vorlagebeschl. v. 12.06.1992 – GS 1/89, Rn. 26, BAGE 70, 337, 345 = NZA 1993, 547, 549: *„nicht hinzunehmende Störung des Äquivalenzverhältnisses zwischen Arbeitsentgelt und zu ersetzendem Schaden"*. Kritisch bezüglich Abhebens auf Missverhältnis zwischen Vergütung und Schaden BGH, Beschl.

des Vorstandsmitglieds weder direkt noch analog anwendbaren[240] Grundsätze der privilegierten bzw. beschränkten Arbeitnehmerhaftung sollen zur Konturierung des fürsorgepflichtbasierten Regressreduzierungsansatzes herangezogen werden.[241] Ein Wertungstransfer sei unter Berücksichtigung der Spezifika der Vorstandshaftung möglich.[242] Zwar komme kein vollständiger Haftungsausschluss – etwa bei leichtem Verschulden – in Betracht, wohl aber eine Reduzierung des Anspruchs.[243] Die Haftung des Vorstandsmitglieds sei auf einen angemessenen Betrag zu begrenzen.[244] Dabei soll die konkrete Höhe der Inanspruchnahme im Einzelfall anhand einer Vielzahl von Kriterien – etwa Schwere der Pflichtverletzung, Verschuldensgrad, Schadensausmaß, Vergütung – zu bemessen sein.[245]

---

v. 21.09.1993 – GmS-OGB 1/93, Rn. 3, ZIP 1994, 225; BAG, Beschl. v. 27.09.1994 – GS 1/89 (A), Rn. 13, BAGE 78, 56, 59 = NJW 1995, 210 f.

240 Vgl. hierzu die Ausführungen im zweiten Kapitel unter C. IV. 1. und 2.

241 Für Wertungstransfer *Bayer*, in: FS K. Schmidt, 2009, S. 85, 97: zwar kein Rekurs auf arbeitsrechtsdogmatische Grundlage, wohl aber auf Ergebnis der Haftungsreduzierung; *Casper*, ZHR 176 (2012), 617, 638 ff.; *J. Koch*, in: Liber Amicorum M. Winter, 2011, S. 327, 339 ff.; *ders.*, AG 2012, 429, 435 ff.; *ders.*, AG 2014, 513, 515 f.; *Reichert*, ZHR 177 (2013), 756, 778 ff.

242 Vgl. etwa *Brommer*, Beschränkung der Vorstandsinnenhaftung, 2015, S. 266: nicht bereits Regressreduzierung zu Gunsten des Vorstandsmitglieds, wenn Arbeitnehmer in entsprechendem Fall nicht haften müsste; *J. Koch*, in: Liber Amicorum M. Winter, 2011, S. 327, 337: keine *„pauschale Übertragung"*; *Rust*, ZWeR 2015, 299, 311: keine Übertragung *„eins zu eins"*.

243 *J. Koch*, in: Hüffer AktG, § 93 Rn. 51; *ders.*, in: Liber Amicorum M. Winter, 2011, S. 327, 348; *ders.*, AG 2012, 429, 436.

244 Für Begrenzung auf angemessenen Regress etwa *Bayer*, in: FS K. Schmidt, 2009, S. 85, 97; *Brommer*, Beschränkung der Vorstandsinnenhaftung, 2015, S. 267; *J. Koch*, in: Hüffer/J. Koch, AktG, § 84 Rn. 11; *Mack*, Die Regresshaftung von Vorstandsmitgliedern, 2015, S. 229. Zur Problematik einer summenmäßigen Fixierung konkreter Regresssumme im Wege absoluter oder relativer Höchstgrenze – etwa in Anlehnung an § 93 Abs. 2 S. 3 AktG (vgl. hierzu *Casper*, ZHR 176 (2012), 617, 641 f.) – siehe *P. Scholz*, Existenzvernichtende Haftung von Vorstandsmitgliedern, 2014, S. 316 ff.

245 Vgl. umfassend die – in Einzelheiten divergierenden – Kriterien bei *Bayer*, in: FS K. Schmidt, 2009, S. 85, 97 f.; *Brommer*, AG 2013, 121, 129 f.; *ders.*, Beschränkung der Vorstandsinnenhaftung, 2015, S. 266 ff.; *Casper*, ZHR 176 (2012), 617, 640 ff.; *J. Koch*, in: Hüffer/J. Koch, AktG, § 93 Rn. 51; *ders.*, in: Liber Amicorum M. Winter, 2011, S. 327, 348 f.; *Mack*, Die Regresshaftung von Vorstandsmitgliedern, 2015, S. 236 ff.; *Reichert*, ZHR 177 (2013), 756, 778 ff.; *Rust*, ZWeR 2015, 299, 312 f.; *Schnorbus/Ganzer*, WM 2015, 1877, 1879; *P. Scholz*, Existenzvernichtende Haftung von Vorstandsmitgliedern, 2014, S. 328 ff.

3. *Rechtsfolge: Auswirkung auf Bestand oder Geltendmachung des Anspruchs*

Unterschiedlich beurteilt man, welche Auswirkung die Fürsorgepflicht auf den Schadensersatzanspruch der Gesellschaft gemäß § 93 Abs. 2 S. 1 AktG hat. Einige Autoren nehmen an, die Fürsorgepflicht wirke bereits auf der Ebene der Anspruchsentstehung und aufgrund der Fürsorgepflicht werde der Anspruch in seinem Bestand reduziert.[246] Nach Ansicht anderer Autoren habe die Fürsorgepflicht nur auf die Ausübung des Rechts auf Schadensersatz Auswirkungen und sie könne im Einzelfall dazu verpflichten, den in voller Höhe fortbestehenden Anspruch nur in einem angemessenen Rahmen geltend zu machen.[247] Schließlich vertritt man eher vereinzelt, das Vorstandsmitglied habe sich im Sinne einer Einrede auf die fürsorgepflichtbasierte Regressreduzierung zu berufen.[248]

III. Konflikt einer fürsorgepflichtbasierten Regressreduzierung mit dem aktiengesetzlichen Haftungssystem

Obgleich einer fürsorgepflichtbasierten Regressreduzierung ein gewisser „*Charme*" nicht abgesprochen werden kann[249], vermag sie sich nicht in das Haftungssystem des Aktiengesetzes einzufügen. Insbesondere würde sich eine fürsorgepflichtbasierte Regressreduzierung zur Haftungsanordnung in § 93 Abs. 2 S. 1 AktG und zum (temporären) Verbot von Verzichten auf und Vergleichen über Organhaftungsansprüche der Gesellschaft ohne Zustimmung der Hauptversammlung gemäß § 93 Abs. 4 S. 3 AktG in Konflikt setzen.

---

246 So etwa *Brommer*, AG 2013, 121, 127: „*Stattdessen ist direkt am materiellen Regressanspruch anzusetzen (…).*" Nunmehr auch – in Abkehr von früherem Beitrag – *J. Koch*, AG 2014, 513, 520: „*(…) Anspruch gegen den Vorstand von vornherein nur in einer maßvollen Höhe entsteht (…).*"

247 So etwa *Bayer*, in: FS K. Schmidt, 2009, S. 85, 97: „*nur in einem angemessenen Rahmen geltend gemacht werden dürfen.*"; *J. Koch*, AG 2012, 429, 436: „*Ausübungsschranke*"; *Seibt*, NZG 2015, 1097, 1101: „*Schranken der Durchsetzung*"; *ders./Cziupka*, DB 2014, 1598, 1600 (These 13): „*Schranken der Durchsetzung*"; *dies.*, AG 2015, 93, 106 ff.: Treuepflichten als „*der Anspruchsdurchsetzung gegenläufiges Prinzip*".

248 Namentlich *Casper*, ZHR 176 (2012), 617, 639; *Mack*, Die Regresshaftung von Vorstandsmitgliedern, 2015, S. 232 ff.

249 *Casper*, ZHR 176 (2012), 617, 627.

1. *Totalkompensation bei jeder Verschuldensform (§ 93 Abs. 2 S. 1 AktG)*

Das Aktiengesetz enthält in § 93 Abs. 2 S. 1 AktG eine sehr eindeutige Haftungsanordnung, die – ohne nach dem konkreten Verschuldensgrad zu differenzieren – eine Totalkompensation verlangt.[250] Eine fürsorgepflichtbasierte Regressreduzierung würde bewirken, dass Ansprüche aus § 93 Abs. 2 S. 1 AktG nicht mehr stets vollumfänglich bei jeder Verschuldensform geltend zu machen wären bzw. dass sie nicht mehr stets in vollem Umfang des Schadens zur Entstehung gelangen würden, was mit der Anordnung einer Totalkompensation bei omnis culpa konfligierte.

2. *Verbot des Verzichts ohne Zustimmung der Hauptversammlung (§ 93 Abs. 4 S. 3 AktG)*

Wie bereits dargestellt worden ist, soll sich die fürsorgepflichtbasierte Regressreduzierung auf die Geltendmachung des Schadensersatzanspruchs oder bereits auf dessen Bestand auswirken. Nimmt man an, dass sich die Fürsorgepflicht auf die Anspruchsgeltendmachung auswirkt, so bedürfte es einer die Regressreduzierung herbeiführenden Maßnahme durch den Aufsichtsrat. Der Aufsichtsrat müsste entscheiden, ob und in welcher Höhe der Anspruch unter Berücksichtigung der Fürsorgepflicht geltend gemacht werden kann. Die Autoren, nach deren Ansicht der Anspruch aufgrund der Fürsorgepflicht von vornherein nur in reduzierter Höhe entstehe, argumentieren, es könne insofern, als nur ein Verzicht auf bereits entstandene Ansprüche denkbar sei, kein Verzicht vorliegen.[251] Auch wenn man der Meinung ist, die Fürsorgepflicht habe Auswirkungen auf den Anspruch als solchen und verringere dessen materiellen Bestand, bedürfte es zunächst einer Feststellung durch den mit der Anspruchsverfolgung betrauten Aufsichtsrat[252] oder durch das mit dem Haftungsfall befasste

---

250 Dies gleichsam betonend *Kersting*, ZIP 2016, 1266, 1269. Indes Forderung nach Totalkompensation negierend *Grunewald*, AG 2013, 813, 815 f.

251 So etwa *Brommer*, Beschränkung der Vorstandsinnenhaftung, 2015, S. 154 ff.; *J. Koch*, AG 2014, 513, 520. Ähnlich bereits *U.H. Schneider*, in: FS W. Werner, 1984, S. 795, 802 f. Ebenso – indes in Bezug auf statutarische Haftungsbegrenzungen – Verzichtscharakter negierend, wenn Anspruch bereits nicht entsteht, *Grunewald*, AG 2013, 813, 816. Dagegen – ebenfalls in Bezug auf statutarische Haftungsbegrenzungen – *S. Binder*, Grenzen der Vorstandshaftung, 2016, S. 191: Nichtentstehung des Anspruchs sei ebenso in Handlung der Gesellschaft begründet.

252 Kritisch bezüglich Festsetzung reduzierter Regresssumme durch Aufsichtsrat – angesichts Bemessungsschwierigkeiten und Gefahr eigener Haftung – *Habersack*, ZHR 177 (2013), 782, 802 f.; *Schöne/Petersen*, AG 2012, 700, 705. Gegen diese Kritik und für

Gericht[253]. Es liegt auf der Hand, dass die Grenze zwischen fürsorgepflichtbasierter Regressreduzierung einerseits und (Teil-)Verzicht andererseits nicht trennscharf eruiert werden kann. Die Problematik, exakt zwischen fürsorgepflichtbasierter Regressreduzierung und Verzicht zu separieren, kann zwar nicht per se Grund für die Annahme sein, dass die fürsorgepflichtbasierte Regressreduzierung mit § 93 Abs. 4 S. 3 AktG konfligiert.[254] Kann allerdings schon keine Pflicht zur Regressreduzierung – etwa aus übergeordneten gesetzlichen Wertungen – festgestellt werden, so ist anzunehmen, dass sich die Entscheidung des Aufsichtsrats über die Anspruchsgeltendmachung in reduzierter Höhe zum (temporären) Verbot von Verzicht und verzichtsähnlichen Handlungen ohne Zustimmung der Hauptversammlung gemäß § 93 Abs. 4 S. 3 AktG in Konflikt setzt.[255]

IV. Methodische Absicherung einer fürsorgepflichtbasierten Regressreduzierung bzw. Überlagerung von § 93 AktG aufgrund zwingender gesetzlicher Wertungen

Ein Verweis auf einen Konflikt mit dem aktiengesetzlichen Haftungssystem verfinge nicht, bestünden zwingende gesetzliche – insbesondere

Bemessungskompetenz des Aufsichtsrats oder jedenfalls mit solcher sympathisierend *J. Koch*, in: Hüffer/Koch AktG, § 93 Rn. 52; *ders.*, AG 2009, 93, 100 f.; *ders.*, AG 2014, 513, 521 f.; *Spindler*, AG 2013, 889, 895: keine größeren Bemessungsschwierigkeiten als bei privilegierter Arbeitnehmerhaftung oder bei Bestimmung des Unternehmenswohls; Berücksichtigung der Bemessungsproblematik auf Verschuldensebene.

253 Kritisch insofern *Habersack*, ZHR 177 (2013), 782, 803. Für gerichtliche Beschränkungskompetenz bezüglich Organhaftungsansprüchen im Rahmen fürsorgepflichtbasierter Regressreduzierung *P. Scholz*, Existenzvernichtende Haftung von Vorstandsmitgliedern, 2014, S. 324 ff. Zu prozessualen Aspekten und Problemen im Rahmen der Vorstandsinnenhaftung – vor allem hinsichtlich Feststellung der Schadenshöhe – vgl. *Brock*, WM 2016, 2209 ff.; *Brommer*, Beschränkung der Vorstandsinnenhaftung, 2015, S. 291 ff.

254 Vgl. in diesem Zusammenhang die Nachweise in Fn. 251 und Fn. 252 und die dortigen Überlegungen.

255 Unvereinbarkeit annehmend *Habersack*, ZHR 177 (2013), 782, 802 f.: *„kaum zu überbrückendes Spannungsverhältnis zu § 93 Abs. 4 S. 3 AktG"*. Ausführlich zur (Un-)Vereinbarkeit fürsorgepflichtbasierter Regressreduzierung mit § 93 Abs. 4 S. 3 AktG *S. Binder*, Grenzen der Vorstandshaftung, 2016, S. 335 ff. Unvereinbarkeit negierend *P. Scholz*, Existenzvernichtende Haftung von Vorstandsmitgliedern, 2014, S. 283 ff.

verfassungsrechtliche – Wertungen[256], die eine Regressreduzierung erfordern und insoweit Vorrang gegenüber § 93 AktG beanspruchen bzw. die § 93 AktG überlagern. Eine gesetzlich oder verfassungsrechtlich gebotene Regressreduzierung würde sich nicht als Verstoß gegen § 93 AktG darstellen und eine Überschreitung der Grenzen, die § 93 Abs. 4 S. 3 AktG der Dispositionsbefugnis der Gesellschaft über Organhaftungsansprüche zieht, wäre nur insofern unzulässig, als eine über die zwingend gebotene Regressreduzierung hinausgehende Regressreduzierung erfolgte. Zur Modifizierung der Haftungsrechtsfolge von § 93 Abs. 2 S. 1 AktG bedürfte es der methodischen Absicherung. Vorrangige Methoden zur Modifizierung einer gesetzlichen Rechtsfolge sind Analogie und teleologische Reduktion.[257] Die Stimmen, die eine fürsorgepflichtbasierte Regressreduzierung befürworten, bemühen einen Wertungstransfer der Grundsätze zur privilegierten Arbeitnehmerhaftung.

1. Keine direkte Anwendbarkeit der Grundsätze zur privilegierten Arbeitnehmerhaftung

Die direkte Anwendung der Grundsätze zur privilegierten Arbeitnehmerhaftung auf Vorstandsmitglieder scheidet aus. Das Vorstandsmitglied ist kein Arbeitnehmer.[258] Der Vorstand ist bei Ausübung seiner eigenverantwortlichen Leitungsmacht gemäß § 76 Abs. 1 AktG nicht an Weisungen gebunden.[259] Unter Verweis auf die regelmäßig überdurchschnittliche Vergütung könnte man im

---

256 Ebenso Erfordernis zwingender gesetzlicher Wertungen hervorhebend *Bayer/P. Scholz*, GmbHR 2015, 449, 451. Ähnlich *S. Binder*, Grenzen der Vorstandshaftung, 2016, S. 346: *„deutlich über reine (...) Gerechtigkeitserwägungen hinausgehende Begründung“*. Zudem *Kersting*, ZIP 2016, 1266, 1267: Modifizierung der Vorstandshaftung aus rechtspolitischen Gründen nur auf legislatorischem Weg.

257 *P. Scholz*, Existenzvernichtende Haftung von Vorstandsmitgliedern, 2014, S. 300 ff. Vgl. auch *Brommer*, Beschränkung der Vorstandsinnenhaftung, 2015, S. 246 ff.

258 BGH, Urt. v. 11.07.1953 – II ZR 126/52, Rn. 15, BGHZ 10, 187, 191. Zur Definition des Arbeitnehmers vgl. die ständige Rechtsprechung des BAG, z.B. BAG, Urt. v. 20.08.2003 – 5 AZR 610/02, Rn. 16, NJW 2004, 461, 462 mit weiteren Nachweisen.

259 BGH, Urt. v. 11.07.1953 – II ZR 126/52, Rn. 15, BGHZ 10, 187, 191; *Fleischer*, in: Spindler/Stilz, AktG, § 76 AktG Rn. 57 f. Kriterium der Weisungsfreiheit relativierend *J. Koch*, AG 2012, 429, 437. Hingegen Weisungsfreiheit als maßgebendes Kriterium für fehlende Gleichstellung evaluierend *S. Binder*, Grenzen der Vorstandshaftung, 2016, S. 316. Ebenso Erfordernis von Weisungsabhängigkeit oder wenigstens Aufsicht für Qualifizierung als Arbeitnehmer hervorhebend EuGH, Urt. v. 11.11.2010 – C-232/09, LS 1, AG 2011, 165.

ersten Zugriff zudem die wirtschaftliche Abhängigkeit des Vorstandsmitglieds anzweifeln, was aber angesichts der zwingenden gesetzlichen Beschränkung der Vergütung[260] und des exorbitanten Haftungsrisikos, dem die Vergütung gegenübersteht[261], zu relativieren ist.[262]

2. *Keine Analogie zu den Grundsätzen zur privilegierten Arbeitnehmerhaftung*

Die analoge Anwendung[263] der Grundsätze zur privilegierten Arbeitnehmerhaftung auf die Organhaftung des Vorstandsmitglieds – die herrschende Auffassung nimmt (wenigstens stillschweigend) die Analogiefähigkeit einer richterrechtlich entwickelten Rechtsfigur an[264] – scheidet gleichsam aus.

a) Fehlen einer Regelungslücke

Die analoge Anwendung der Grundsätze zur privilegierten Arbeitnehmerhaftung kann man bereits formal am Fehlen einer Regelungslücke scheitern lassen. Eine Regelungslücke ließe sich insoweit erwägen, als § 93 Abs. 2 S. 1 AktG eine Totalkompensation sämtlicher Schäden verlangt, ohne nach dem konkreten Verschuldensgrad zu differenzieren. Allerdings verdeutlicht § 93 Abs. 5 AktG („*gröblich verletzt*"), dass der Aktiengesetzgeber die Differenzierung zwischen verschiedenen Verschuldensgraden durchaus bedacht hat und es insofern zumindest an der Planwidrigkeit einer etwaigen Regelungslücke fehlt.[265] Schlussendlich erfährt die Haftung des Vorstands in § 93 AktG eine spezifische und umfassende Regelung, die als abschließend zu bewerten ist.[266]

---

260 Dies betonend *P. Scholz*, Existenzvernichtende Haftung von Vorstandsmitgliedern, 2014, S. 241 f., 247 ff.

261 Dies hervorhebend *J. Koch*, AG 2012, 429, 436.

262 Vgl. insofern auch BGH, Urt. v. 24.11.1980 – II ZR 183/80, Rn. 6, NJW 1981, 2465, 2466; *Spindler*, in: MüKo AktG, § 84 Rn. 67: Vorstandsbezüge bildeten wirtschaftliche Lebensgrundlage für Vorstandsmitglied und dessen Familie.

263 Zur Definition einer Analogie vgl. *Brommer*, Beschränkung der Vorstandsinnenhaftung, 2015, S. 246: Anwendung der Rechtsfolge über zugedachten Anwendungsbereich hinaus.

264 Vgl. *Brommer*, Beschränkung der Vorstandsinnenhaftung, 2015, S. 247 f. mit Nachweisen in Fn. 187. Gegen Analogiefähigkeit von Richterrecht *P. Scholz*, Existenzvernichtende Haftung von Vorstandsmitgliedern, 2014, S. 269 f.

265 *Brommer*, Beschränkung der Vorstandsinnenhaftung, 2015, S. 249.

266 Angesichts § 93 AktG Regelungslücke ablehnend *S. Binder*, Grenzen der Vorstandshaftung, 2016, S. 327 f.; *Schöne/Petersen*, AG 2012, 700, 704.

b) Fehlen einer vergleichbaren Interessenlage

Weiter fehlt es materiell betrachtet an einer vergleichbaren Interessenlage, die eine analoge Anwendung der Grundsätze zur privilegierten Arbeitnehmerhaftung auf das Vorstandsmitglied im Rahmen seiner Innenhaftung nahelegen würde. Die Argumente, welche die arbeitsgerichtliche Rechtsprechung zu Gunsten des Schutzes von Arbeitnehmern vor einer vollumfänglichen Haftung im Zusammenhang mit betrieblich veranlasster Tätigkeit vorträgt, sind auf die Situation des Vorstandsmitglieds – obgleich Parallelen zwischen den Verhältnissen Arbeitnehmer/Arbeitgeber einerseits und Vorstandsmitglied/Aktiengesellschaft andererseits nicht negiert werden können – nicht übertragbar.

aa) Unvermeidbarkeit von Fehlern aufgrund menschlicher Unzulänglichkeit

Die Überlegung, dass aufgrund der menschlichen Unzulänglichkeit Fehler selbst bei größter Sorgfalt nicht vermieden werden können[267], trifft gleichermaßen in Bezug auf Vorstandsmitglieder zu.[268]

bb) Arbeit als wirtschaftliche Existenzgrundlage

Gleichsam wie ein Arbeitnehmer erwirtschaftet das Vorstandsmitglied mit seiner Tätigkeit zudem die Grundlage seiner wirtschaftlichen Existenz.[269] Zwar erhält das Vorstandsmitglied eine überdurchschnittliche Vergütung, die jedoch insbesondere infolge des exponierten Haftungsrisikos relativiert wird. Auf die vergleichsweise starke Verhandlungsposition des Vorstandsmitglieds bei der Verhandlung der anstellungsvertraglichen Inhalte[270] lässt sich insofern, als die zwingende, in § 93 Abs. 2 S. 1 AktG angeordnete Haftung nicht zur Disposition der Parteien steht[271], nur bedingt verweisen.

---

267 Dies im Hinblick auf Haftungssituation des Arbeitnehmers betonend BAG, Beschl. v. 25.09.1957 – GS 4/56, Rn. 32, BAGE 5, 1, 7; LAG Köln, Urt. v. 19.03.2008 – 7 Sa 1037/07, Rn. 37.

268 Ähnlich *J. Koch*, in: Liber Amicorum M. Winter, 2011, S. 327, 344, der auf dauerhafte Risikoerhöhung infolge langfristiger Einbindung abhebt.

269 BGH, Urt. v. 24.11.1980 – II ZR 183/80, Rn. 6, NJW 1981, 2465, 2466: Anstellungsverhältnis von Vorstandsmitgliedern sei *„die Grundlage ihrer wirtschaftlichen Existenz und die Hauptquelle ihrer Altersversorgung"*; *Spindler*, in: MüKo AktG, § 84 Rn. 67.

270 Hierauf abhebend *Fleischer*, ZIP 2014, 1305, 1306: Verhandlungen *„auf ‚Augenhöhe'"*.

271 Dies hervorhebend *Brommer*, Beschränkung der Vorstandsinnenhaftung, 2015, S. 228 f.; *P. Scholz*, Existenzvernichtende Haftung von Vorstandsmitgliedern, 2014, S. 247 f.

cc) Unzumutbare Haftungssummen und fehlende Äquivalenz zwischen Einkommen und Schaden

Die arbeitsgerichtliche Rechtsprechung nimmt ferner die infolge einer unbeschränkten Inanspruchnahme des Arbeitnehmers drohenden unzumutbaren finanziellen Belastungen sowie die Gefährdung seiner wirtschaftlichen Existenz in den Blick und bezieht ein erhebliches Missverhältnis zwischen Arbeitseinkommen und Schaden ein.[272]

In Bezug auf das Vorstandsmitglied kann in vergleichbarer Weise ein zunehmendes Haftungsrisiko konstatiert werden.[273] Zudem lässt sich auch in Bezug auf das Vorstandsmitglied insofern, als seine Vergütung gemäß § 87 Abs. 1 S. 1 AktG zwingend begrenzt ist, während seine Haftung gemäß § 93 Abs. 2 S. 1 AktG unverhandelbar unbeschränkt ist und auch der Abschluss einer D&O-Versicherung keine hinreichende Absicherung vor Haftungsgefahren zu leisten vermag, die Äquivalenz zwischen Vergütung und Haftungsrisiko anzweifeln.[274]

Allerdings argumentiert die arbeitsgerichtliche Rechtsprechung nicht isoliert mit exorbitantem Schadensrisiko und fehlender Äquivalenz zwischen Arbeitseinkommen und Schaden, sondern sie knüpft die haftungsmäßige Privilegierung des Arbeitnehmers daran, dass der Arbeitnehmer, dessen Tätigkeit weitgehend fremdbestimmt sei, nicht für allgemeine betrieblich bedingte Schadensrisiken solle einstehen müssen.[275] Im Ergebnis nimmt sie Erwägungen einer besonderen Risikozurechnung und -verteilung im Verhältnis zwischen Arbeitgeber und Arbeitnehmer vor.

---

272 So nämlich und diesbezüglich mit verfassungsrechtlichem Begründungsansatz BAG, Vorlagebeschl. v. 12.06.1992 – GS 1/89, Rn. 21 ff., BAGE 70, 337, 343 ff. = NZA 1993, 547, 549 ff. Verfassungsrechtliche Fundierung einschränkend bzw. kritisierend BGH, Beschl. v. 21.09.1993 – GmS-OGB 1/93, Rn. 3, ZIP 1994, 225; BAG, Beschl. v. 27.09.1994 – GS 1/89 (A), Rn. 13, BAGE 78, 56, 59 = NJW 1995, 210 f.

273 Zunahme der Anspruchsverfolgung annehmend *Fehrenbach*, AG 2015, 761; *Fleischer*, AG 2014, 457; *Hopt*, ZIP 2013, 1793, 1801 f. – vor Hintergrund der Pflichten bei unklarer Rechtlage; *J. Koch*, in: Hüffer/J. Koch, AktG, § 93 Rn. 1; *ders.*, ZHR 180 (2016), 578, 585; *Peltzer*, in: FS Hoffmann-Becking, 2013, S. 861; *Seibt*, NZG 2016, 361. Vgl. hierzu die umfassende Darstellung von *Bachmann*, Verhandlungen des 70. DJT, 2014, Gutachten, E 5, 11 ff.

274 Vgl. insofern die Kritik von *Bayer/P. Scholz*, NZG 2014, 926, 927; *Brommer*, Beschränkung der Vorstandsinnenhaftung, 2015, S. 78 ff.; *J. Koch*, in: Liber Amicorum M. Winter, 2011, S. 327, 340 ff.; *P. Scholz*, Existenzvernichtende Haftung von Vorstandsmitgliedern, 2014, S. 241 f., 247 ff.; *Wagner*, ZHR 178 (2014), 227, 259 ff.

275 Vgl. etwa BAG, Vorlagebeschl. v. 12.06.1992 – GS 1/89, Rn. 26, BAGE 70, 337, 345 = NZA 1993, 547, 549.

dd) Spezifische Risikozurechnung und -verteilung im Verhältnis zwischen Arbeitnehmer und Arbeitgeber

Zur dogmatischen Fundierung der Grundsätze zur privilegierten Arbeitnehmerhaftung rekurriert die arbeitsgerichtliche Rechtsprechung auf § 254 BGB, der über seinen Wortlaut hinaus (analog) anwendbar sein soll, wenn der Geschädigte aufgrund einer ihm zuzurechnenden Sach- oder Betriebsgefahr für den entstandenen Schaden mitverantwortlich ist.[276] Neben dem Betriebsrisiko verweist sie auf das Organisationsrisiko.[277]

(1) Betriebsgefahr

Der Arbeitgeber, der den Arbeitnehmer damit betraut habe, im betrieblichen Interesse eine Arbeit zu verrichten, und der die betrieblichen Erfolge für sich beanspruche, solle nicht Schäden, die auf das Betriebsrisiko zurückzuführen sind, auf den Arbeitnehmer abwälzen können.[278] Mit dem Begriff des Betriebsrisikos soll die Gefährlichkeit etwa der Produktion, der Produktionsanlagen oder der gefertigten Produkte erfasst sein.[279]

Auch in Bezug auf das Vorstandsmitglied argumentiert man, eine unbeschränkte und unabhängig von der jeweiligen Verschuldensform eingreifende Haftung für sämtliche, infolge einer Pflichtverletzung entstandene Schäden führe zu einer unverhältnismäßigen Allokation der Chancen und Risiken in der Aktiengesellschaft.[280] Der Aktiengesellschaft kämen sämtliche Gewinne, die maßgebend das Vorstandsmitglied durch seine Tätigkeit erwirtschafte, zu Gute, während das Vorstandsmitglied bereits bei leichter Fahrlässigkeit vollumfänglich für Verluste einstehen müsse.

---

276 BAG, Vorlagebeschl. v. 12.06.1992 – GS 1/89, Rn. 17, BAGE 70, 337, 341 = NZA 1993, 547, 548.

277 BAG, Vorlagebeschl. v. 12.06.1992 – GS 1/89, Rn. 19, BAGE 70, 337, 342 = NZA 1993, 547, 548.

278 BAG, Vorlagebeschl. v. 12.06.1992 – GS 1/89, Rn. 18, BAGE 70, 337, 341 f. = NZA 1993, 547, 548 – hier noch mit Einschränkung auf gefahrgeneigte Arbeit. Zur Aufgabe des Kriteriums gefahrgeneigter Arbeit vgl. aber BAG, Vorlagebeschl. v. 12.06.1992 – GS 1/89, BAGE 70, 337 = NZA 1993, 547; BAG, Beschl. v. 27.09.1994 – GS 1/89 (A), BAGE 78, 56 = NJW 1995, 210.

279 BAG, Vorlagebeschl. v. 12.06.1992 – GS 1/89, Rn. 18, BAGE 70, 337, 341 f. = NZA 1993, 547, 548.

280 *J. Koch*, AG 2012, 429, 433 ff.; *Wagner*, ZHR 178 (2014), 227, 256 ff. Kritisch unter Relativierung bzw. Negierung einer mit Schadensrisiko korrespondierenden Gewinnchance *S. Binder*, Grenzen der Vorstandshaftung, 2016, S. 324 f.; *Schöne/Petersen*, AG 2012, 700, 704.

Betrachtet man es als das spezifische Betriebsrisiko in der Aktiengesellschaft, dass das Vorstandsmitglied Entscheidungen unter Unsicherheit treffen muss, so ist einzuwenden, dass der Gefahr eines unzulässigen Einstehenmüssens für unternehmerischen Misserfolg bereits begegnet wird, indem das Vorstandsmitglied – siehe auch die Business Judgment Rule in § 93 Abs. 1 S. 2 AktG[281] – nicht für sich im Nachhinein als wirtschaftlich *„falsch"* erweisende Entscheidungen haften muss. Die Erfordernisse von Pflichtverletzung und Verschulden stellen sicher, dass das Vorstandsmitglied keine Erfolgshaftung trifft.[282]

Wollte man das spezifische Betriebsrisiko in der Aktiengesellschaft darin erblicken, dass bei einer Pflichtverletzung des Vorstandsmitglieds hohe Schadenssummen herbeigeführt werden können, so ist zu entgegnen, dass hiermit ein Argument benannt ist, das auf die besondere konstitutionelle Schadensanfälligkeit des Geschädigten – hier der Aktiengesellschaft – abhebt. Eine besondere konstitutionelle Anfälligkeit des Geschädigten unterbricht jedoch grundsätzlich nicht den Zurechnungszusammenhang zwischen Pflichtverletzung und Schaden und wirkt sich im Rahmen eines Schadensersatzanspruchs nicht anspruchsreduzierend aus.[283] Der Schädiger hat den Geschädigten grundsätzlich zu nehmen, wie er ist.[284]

(2) Organisationsrisiko, organisatorische Abhängigkeit und Eingliederung

Nach Ansicht der arbeitsgerichtlichen Rechtsprechung habe der Arbeitgeber zudem das Organisationsrisiko zu tragen.[285] Der Arbeitgeber verfüge über die tatsächliche Organisations- und Personalhoheit. Er stelle den Betrieb einschließlich dessen Organisation zur Verfügung, bestimme den arbeitstechnischen Zweck des Betriebs und steuere den Arbeitsprozess in organisatorischer und technischer Hinsicht. Der Arbeitgeber könne – etwa durch Änderungen

---

281 § 93 Abs. 1 und 2 AktG Sperrwirkung entnehmend *Fleischer*, ZIP 2014, 1305, 1306; *Haarmann/Weiß*, BB 2014, 2115, 2116. Dagegen *P. Scholz*, Existenzvernichtende Haftung von Vorstandsmitgliedern, 2014, S. 282 f.

282 Vgl. auch *Bachmann*, in: FS Stilz, 2014, S. 25, 28; *Kaulich*, Haftung für Rechtsanwendungsfehler, 2012, S. 89; *Oltmanns*, Geschäftsleiterhaftung und unternehmerisches Ermessen, 2001, S. 213; *Spindler*, in: MüKo AktG, § 93 Rn. 5.

283 Vgl. BGH, Urt. v. 30.04.1996 – VI ZR 55/95, BGHZ 132, 341 = NJW 1996, 2425; *Oetker*, in: MüKo BGB, § 249 Rn. 138 ff.

284 Dies betonend *Kersting*, ZIP 2016, 1266, 1270. Ähnlich *U. Binder/Kraayvanger*, BB 2015, 1219, 1228: Bemessung der Anspruchshöhe nach Schaden, nicht Leistungsfähigkeit des Schädigers.

285 Hierzu und zu den weiteren Ausführungen in diesem Abschnitt siehe BAG, Vorlagebeschl. v. 12.06.1992 – GS 1/89, Rn. 19, BAGE 70, 337, 342 f. = NZA 1993, 547, 548.

des Arbeitsablaufs, Überwachungsmaßnahmen, Sicherheitsvorkehrungen oder Risikovorsorge – die Bedingungen für das Schadensrisiko beeinflussen. Der Arbeitnehmer sei demgegenüber persönlich abhängig und weisungsgebunden. Er werde in den Betrieb des Arbeitgebers eingegliedert und seine Tätigkeit werde durch die vorgefundenen Bedingungen gesteuert. Dem Arbeitgeber stehe ein Weisungsrecht zu, mit dem er die Arbeitsleistung gegenständlich, örtlich und zeitlich bestimmen könne. Den durch den Arbeitgeber geschaffenen Risiken könne der Arbeitnehmer weder tatsächlich noch rechtlich ausweichen.

Die Erwägungen des Bundesarbeitsgerichts im Hinblick auf die organisatorische Abhängigkeit des Arbeitnehmers sind auf das Verhältnis zwischen Vorstandsmitglied und Aktiengesellschaft nicht übertragbar. Das Vorstandsmitglied ist nicht weisungsabhängig.[286] Zwar könnte man vor dem Hintergrund, dass Pflichtverstoß und Schadensherbeiführung nicht infolge, sondern eher bei Gelegenheit der Weisungsbindung erfolgen, am Bedeutungsgehalt des Kriteriums der Weisungsgebundenheit zweifeln.[287] Jedoch bemüht das Bundesarbeitsgericht den Aspekt der Weisungsabhängigkeit im Kontext der generellen organisatorischen und personellen Unterordnung des Arbeitnehmers unter den Arbeitgeber.[288] Hierbei handelt es sich um eine auf das Vorstandsmitglied nicht zutreffende Überlegung. Angesichts der umfassenden Leitungsmacht gemäß § 76 Abs. 1 AktG kann das Vorstandsmitglied weitestgehend selbstbestimmt agieren. Der Vorstand ist nicht in die Organisation eines anderen eingebunden, sondern er schafft die Organisation, in der Pflichtverletzung und Schadensherbeiführung seinerseits erfolgen können, selbst.[289] Insbesondere kann der Vorstand – durch

---

286 *Fleischer*, in: Spindler/Stilz, AktG, § 76 AktG Rn. 57 f.

287 Kriterium der Weisungsabhängigkeit nur als flankierendes Element evaluierend *J. Koch*, in: Liber Amicorum M. Winter, 2011, S. 327, 342 ff.; *ders.*, AG 2012, 429, 437. Demgegenüber maßgebende Bedeutung annehmend *S. Binder*, Grenzen der Vorstandshaftung, 2016, S. 316.

288 Ähnlich *J. Koch*, in: Liber Amicorum M. Winter, 2011, S. 327, 343: generelle Mitverantwortung des Arbeitgebers für Betriebsrisiko als Grund für Haftungsprivilegierung des Arbeitnehmers.

289 Vgl. ähnlich *S. Binder*, Grenzen der Vorstandshaftung, 2016, S. 317 ff.: Handlungsfähigkeit der Gesellschaft nur durch Organe; Risikobeherrschung durch Organe und Fehlen einer Kontrollinstanz über Organe hinaus; *Fehrenbach*, AG 2015, 761, 770: Betriebsorganisation, Steuerung des Arbeitsprozesses und Gestaltung der Risikostruktur durch Vorstand selbst; *Joussen*, GmbHR 2005, 441, 445 – in Bezug auf GmbH-Geschäftsführer: keine unfreiwillige Einbindung in Risikostruktur, sondern Möglichkeit zu Risikogestaltung und -minimierung; *Wigand*, Verzicht, Vergleich und sonstige Haftungsbeschränkungen, 2012, S. 279: Beeinflussung des

die Installation von Compliance- und Überwachungssystemen[290] oder durch die Konsultation von Rechtsrat[291] – selbst die Risiken seiner Haftung minimieren. Das im Verhältnis zwischen Arbeitnehmer und Arbeitgeber bestehende Schutzbedürfnis, das sich aus der (vor allem organisatorischen) Überordnung eines Rechtssubjekts über ein anderes ergibt, besteht im Verhältnis zwischen Vorstandsmitglied und Aktiengesellschaft nicht. Bei der Vorstandsinnenhaftung fallen das Rechtssubjekt, das die organisatorischen Gegebenheiten, unter denen es zu Pflichtverletzung und Schadensherbeiführung kommen kann, und das Rechtssubjekt, dessen Haftung im Raum steht, zusammen.[292]

ee) Fazit zur vergleichbaren Interessenlage

Die wesentlichen Unterschiede im Verhältnis zwischen Arbeitnehmer und Vorstandsmitglied rechtfertigen es, die analoge Anwendung der Grundsätze zur privilegierten Arbeitnehmerhaftung an einer vergleichbaren Interessenlage scheitern zu lassen.[293]

3. *Keine teleologische Reduktion aufgrund zwingender gesetzlicher Wertungen*

Eine Ausnahme von der unbeschränkten Haftung gemäß § 93 Abs. 2 S. 1 AktG käme auch auf der Grundlage einer teleologischen Reduktion[294] der

---

Betriebsrisikos durch unternehmensleitenden, über weite Ermessensspielräume verfügenden Geschäftsleiter.

290 Zu den Anforderungen an eine wirksame Compliance-Organisation vgl. LG München I, Urt. v. 10.12.2013 – 5 HK O 1387/10, Rn. 89 ff., NZG 2014, 345 – Neubürger; *Hoffmann/Schieffer*, NZG 2017, 401 ff.

291 Zu den Pflichten des Vorstands bei unklarer Rechtslage vgl. BGH, Urt. v. 20.09.2011 – II ZR 234/09, Rn. 18, NZG 2011, 1271 – Ision; *Buck-Heeb*, BB 2013, 2247 ff.; *Fleischer*, in: Spindler/Stilz, AktG, § 93 Rn. 35 ff.; *Gottschalk/Weng*, GWR 2013, 243 ff.; *Holle*, AG 2016, 270 ff.; *Spindler*, in: MüKo AktG, § 93 Rn. 76 ff.

292 Einprägsam insofern BGH, Urt. v. 11.07.1953 – II ZR 126/52, Rn. 15, BGHZ 10, 187, 191: *„Der Vorstand gehört vielmehr gerade zu den willensbildenden Organen der Gesellschaft."* Ähnlich *P. Scholz*, Existenzvernichtende Haftung von Vorstandsmitgliedern, 2014, S. 268: *„Konfusion der Verantwortungsbereiche"*.

293 Zur fehlenden Vergleichbarkeit der Interessenlage vgl. ausführlich *S. Binder*, Grenzen der Vorstandshaftung, 2016, S. 313 ff. Demgegenüber vergleichbare Interessenlage annehmend, da Vorstandsmitglied Schadensereignis ebenso hilflos gegenüberstehen könne wie Arbeitnehmer, *Hoffmann*, NJW 2012, 1393, 1397.

294 Zur Definition einer teleologischen Reduktion vgl. *Brommer*, Beschränkung der Vorstandsinnenhaftung, 2015, S. 246: Einschränkung einer Norm in ihrer Reichweite.

Haftungsnorm in Betracht. Es bedürfte zwingender gesetzlicher Wertungen, während Zweckmäßigkeits- oder Billigkeitserwägungen nicht genügten.[295] An zwingenden gesetzlichen – besonders verfassungsrechtlichen – Wertungen, die eine Regressreduzierung nahelegen würden, fehlt es jedoch.[296]

a) Verwirklichung verfassungsrechtlich gebotenen Schuldnerschutzes über das Vollstreckungsrecht

Eine materiell-rechtlich angeordnete Haftung trifft grundsätzlich jeden Schuldner unabhängig von seiner individuellen Leistungsfähigkeit in gleicher Weise.[297] Die Rechtsordnung akzeptiert existenzvernichtende Haftungsgefahren.[298] Die – verfassungsrechtlich gebotene – Existenzsicherung von Schuldnern erfolgt grundsätzlich im Wege des Vollstreckungsrechts.[299] Die Pfändungsschutzvorschriften in §§ 850 ff. ZPO und die Vorschriften zur Restschuldbefreiung in §§ 286 ff. InsO gelten für sämtliche Schuldner, auch zu Gunsten von Vorstandsmitgliedern.[300]

b) Exorbitantes Schadensausmaß und begrenzte persönliche Leistungsfähigkeit des Schuldners keine Kriterien

Im Rahmen der Diskussion um eine Begrenzung der Vorstandshaftung verweist man häufig auf die exorbitanten Schadenssummen, welche die persönliche Leistungsfähigkeit des Vorstandsmitglieds eklatant übersteigen und welche sich für das Vorstandsmitglied als *„wirtschaftliche Todesstrafe"*[301] darstellen können.[302]

---

295 Ebenso oder ähnlich *Bayer/P. Scholz*, GmbHR 2015, 449, 451; *S. Binder*, Grenzen der Vorstandshaftung, 2016, S. 346; *Kersting*, ZIP 2016, 1266, 1267.

296 Vgl. hierzu ausführlich *S. Binder*, Grenzen der Vorstandshaftung, 2016, S. 359 ff. Für verfassungsrechtlich fundierten Existenzvernichtungsschutz von Vorstandsmitgliedern indes *Bayer*, NJW 2014, 2546, 2548; *ders./P. Scholz*, NZG 2014, 926, 928; *P. Scholz*, Existenzvernichtende Haftung von Vorstandsmitgliedern, 2014, S. 244 ff.

297 BGH, Urt. v. 21.12.1993 – VI ZR 103/93, Rn. 26, NJW 1994, 852, 855.

298 Vgl. insofern *Wagner*, ZHR 178 (2014), 227, 276: *„Es gibt kein allgemeines Gerechtigkeitsprinzip, nach dem eine existenzbedrohende Haftung stets und überall vermieden werden muss."*

299 BGH, Urt. v. 21.12.1993 – VI ZR 103/93, Rn. 26, NJW 1994, 852, 855.

300 Ebenso oder ähnlich *U. Binder/Kraayvanger*, BB 2015, 1219, 1228; *Fleischer*, ZIP 2014, 1305, 1307; *Hauger/Palzer*, ZGR 2015, 33, 77 ff.; *Kersting*, ZIP 2016, 1266, 1269; *Schöne/Petersen*, AG 2012, 700, 701.

301 *Bayer*, in: FS K. Schmidt, 2009, S. 85, 97.

302 Vgl. nur *J. Koch*, in: Liber Amicorum M. Winter, 2011, S. 327, 340 ff.; *ders.*, AG 2014, 513, 517.

Der Vorwurf der Unverhältnismäßigkeit tritt umso intensiver hervor, je geringer das dem Vorstandsmitglied vorzuwerfende Verschulden ist.[303] Allerdings sind dem nationalen Haftungssystem – mit einigen Ausnahmen, etwa im Bereich der Gefährdungshaftung – keine Haftungsobergrenzen bei hohen Schadensgefahren bekannt.[304] Die beschränkte persönliche Leistungsfähigkeit des Schädigers lässt den Haftungsanspruch und dessen Höhe grundsätzlich unberührt.[305]

c) Keine Berücksichtigung besonderer konstitutioneller Schadensanfälligkeit des Geschädigten

Neben dem Hinweis auf die exorbitante Schadenshöhe an sich argumentiert man mit der schadensmultiplizierenden Wirkung des Unternehmenskontextes.[306] Das Vorstandsmitglied kann im Rahmen der Vorstandshaftung mit Schadenssummen konfrontiert sein, die es als Privatperson nie hätte herbeiführen können.[307] Besonders augenscheinlich tritt diese Gefahr bei Unternehmens-Kartellbußgeldern hervor. Die Höhe des Unternehmen-Kartellbußgelds bemisst sich maßgebend in Abhängigkeit von unternehmensspezifischen und außerhalb des Einfluss- und Wirkungsbereichs des Vorstandsmitglieds liegenden Faktoren.[308]

---

303 Vgl. etwa *Casper*, ZHR 176 (2012), 617, 637, 642; *J. Koch*, in: Liber Amicorum M. Winter, 2011, S. 327, 345 f.; *Rust*, ZWeR 2015, 299, 309. Demgegenüber wohl bei jeder Verschuldensform Unverhältnismäßigkeit annehmend *Bayer*, in: FS K. Schmidt, 2009, S. 85, 96 f.: *„(…) so wiegt doch auch ein gravierender Kartellverstoß nicht so schwer (…).“*

304 Hieraus Inkompatibilität von – gesetzlichen – Haftungshöchstsummen im Bereich der Vorstandsinnenhaftung mit schadensersatzrechtlichem Gesamtgefüge schlussfolgernd *Fleischer*, ZIP 2014, 1305, 1312. Indes Vorstandsinnenhaftung in Nähe einer Gefährdungshaftung einordnend *Hemeling*, ZHR 178 (2014), 221, 223; *Schnorbus/Ganzer*, WM 2015, 1877, 1878; *P. Scholz*, Existenzvernichtende Haftung von Vorstandsmitgliedern, 2014, S. 255.

305 Dies betonend *Schöne/Petersen*, AG 2012, 700, 701.

306 *J. Koch*, in: Liber Amicorum M. Winter, 2011, S. 327, 340; *ders.*, AG 2012, 429, 431, 432, 433; *ders.*, AG 2014, 513.

307 Dies betonend *Bayer*, in: FS K. Schmidt, 2009, S. 85, 96; *Wagner*, ZHR 178 (2014), 227, 234.

308 Vgl. § 17 Abs. 3 S. 2 OWiG: Maßgeblichkeit der *„wirtschaftlichen Verhältnisse des Täters“*, hier des Unternehmens. Zum Grundsatz individueller Straf- und Sanktionsfestsetzung gegenüber juristischen Personen vgl. EuGH, Urt. v. 10.04.2014 – C-231/11 P und C-233/11 P, NZKart 2014, 177 – Siemens AG Österreich u.a. Zur Berechnung eines Unternehmens-Kartellbußgelds bei Kartellverstößen vgl. umfassend *U. Binder/Kraayvanger*, BB 2015, 1219, 1219 f.; *Eufinger*, WM 2015, 1265, 1266; *Friedl/Titze*, ZWeR 2015, 318, 325, 328; *Rust*, ZWeR 2015, 299, 308 f.

Es kann bis zu zehn Prozent des globalen konzernweiten Gesamtumsatzes betragen[309] und nimmt nicht selten Ausmaße von dreistelligen Millionenbeträgen an[310].

Seitdem die Regressreduzierung dogmatisch auf eine Fürsorgepflicht der Aktiengesellschaft gegenüber den Organmitgliedern gestützt wird und weniger auf kartellrechtsspezifische Besonderheiten, wie die Repressions- und Präventionsfunktion des Unternehmens-Kartellbußgelds, lässt sich die Diskussion um eine Begrenzung der Vorstandshaftung umfassend in Bezug auf sämtliche Schadensposten im Rahmen von § 93 Abs. 2 S. 1 AktG führen.[311] Nicht nur Kartellbußgelder werden in Abhängigkeit von Größe und wirtschaftlicher Leistungsfähigkeit des Unternehmens ermittelt, sondern nahezu jeder Schaden, an dessen Herbeiführung eine Aktiengesellschaft als Akteurin beteiligt ist, erhält seine spezifische Ausformung, insbesondere seine konkrete Höhe, maßgeblich infolge des Unternehmenszusammenhangs der Schadensentstehung.

Es trifft zu, dass das exorbitante Ausmaß von Schäden, die durch eine Pflichtverletzung des Vorstandsmitglieds begründet werden, maßgebend mit dem Unternehmenskontext der Schadensentstehung und der Beteiligung einer Aktiengesellschaft an der Schadensherbeiführung zusammenhängt. Allerdings würde die Berücksichtigung des Schadensmultiplikationspotenzials der Aktiengesellschaft darin münden, die besondere konstitutionelle Anfälligkeit des Geschädigten zu berücksichtigen, obgleich es einen allgemeinen delikts- bzw. schadensrechtlichen Grundsatz darstellt, dass eine besondere Schadensneigung des Geschädigten nicht haftungsentlastend zu Gunsten des Schädigers angeführt werden kann.[312]

d) Ausnahmsweise bereits Beschränkung der materiell-rechtlichen Haftung

Eine bedeutende Ausnahme davon, dass eine gesetzlich angeordnete Haftung jeden Schuldner in gleicher Weise trifft, macht die Rechtsprechung für Arbeitnehmer. Der Schutz von Arbeitnehmern vor existenzvernichtenden Haftungsgefahren soll – der Vollstreckungsebene vorgelagert – bereits auf materiell-rechtlicher

---

309 Für das nationale Wettbewerbsrecht siehe § 81 Abs. 4 S. 2 GWB und für das europäische Wettbewerbsrecht Art. 23 Abs. 2 der VO 1/2003.

310 Zur Bußgeldpraxis des Bundeskartellamts von 2007 bis 2010 und zur Höhe der in diesem Zeitraum verhängten Bußgelder vgl. *Fabisch*, ZWeR 2013, 91, 92 f.

311 Vgl. insofern beispielhaft *Bayer/P. Scholz*, GmbHR 2015, 449, 455: Schadenspotenzial bei Geschäftsleitungsfehlern als *„grundsätzliches Problem der Geschäftsleiterhaftung“*.

312 BGH, Urt. v. 30.04.1996 – VI ZR 55/95, BGHZ 132, 341 = NJW 1996, 2425; *Oetker*, in: MüKo BGB, § 249 Rn. 138 ff. Daher kritisch *Kersting*, ZIP 2016, 1266, 1270.

Ebene verwirklicht werden. Rekurrierte das BAG zur Begründung der Haftungsprivilegierung des Arbeitnehmers zunächst wesentlich auf verfassungsrechtliche Erwägungen[313], so rückte der Gemeinsame Senat der obersten Gerichtshöfe – obgleich er Bezüge zu den Grundrechten durchaus anerkannte – von einer verfassungsrechtlichen Fundierung ab[314]. In der Folge hob die Rechtsprechung den Aspekt der Risikozurechnung und -verteilung im Verhältnis zwischen schädigendem Arbeitnehmer und geschädigtem Arbeitgeber hervor.[315]

Es ist jedoch bereits aufgezeigt worden, dass die zur Haftungsprivilegierung des Arbeitnehmers führenden Erwägungen hinsichtlich Risikozurechnung und -verteilung nicht für die Organhaftung des Vorstandsmitglieds und deren Begrenzung fruchtbar gemacht werden können. Insbesondere die durch die Leitungsbefugnis des Vorstands vermittelte weitgehende Selbständigkeit und seine Verantwortlichkeit für haftungsrelevante Organisation und Strukturen in der Gesellschaft sind bedeutsam für die fehlende haftungsrechtliche Gleichbehandlung.[316]

e) Fazit zur teleologischen Reduktion

Im Ergebnis scheidet eine teleologische Reduktion von § 93 Abs. 2 S. 1 AktG ebenso aus wie eine Analogie zur privilegierten Arbeitnehmerhaftung.

4. Wertungstransfer über eine Fürsorgepflicht?

Bei der Fürsorgepflicht handelt es sich um einen allgemeinen, aus Treu und Glauben abzuleitenden Grundsatz, dessen Wertungen eine auf andere Normen

---

313 BAG, Vorlagebeschl. v. 12.06.1992 – GS 1/89, Rn. 21 ff., BAGE 70, 337, 343 ff. = NZA 1993, 547, 549 ff.

314 BGH, Beschl. v. 21.09.1993 – GmS-OGB 1/93, ZIP 1994, 225. Ebenfalls kritisch bezüglich besonderer verfassungsrechtlicher Betonung bei Gewichtung der Abwägungsfaktoren BAG, Beschl. v. 27.09.1994 – GS 1/89 (A), Rn. 13, BAGE 78, 56, 59 = NJW 1995, 210 f. Zur Kritik an verfassungsrechtlicher Fundierung privilegierter Arbeitnehmerhaftung vgl. ausführlich *S. Binder*, Grenzen der Vorstandshaftung, 2016, S. 359 ff.

315 Vgl. hierzu BAG, Vorlagebeschl. v. 12.06.1992 – GS 1/89, Rn. 16 ff., BAGE 70, 337, 341 ff. = NZA 1993, 547, 548 ff.

316 Auf Leitungsmacht des Vorstandsmitglieds abhebend *S. Binder*, Grenzen der Vorstandshaftung, 2016, S. 325; *Heyers*, WM 2016, 581, 583; *Thomas*, Die Haftungsfreistellung von Organmitgliedern, 2010, S. 148 f. Auf treuhänderische Stellung abhebend *Fleischer*, ZIP 2014, 1305, 1306; *Götz*, NJW 1997, 3275, 3277; *Hauger/Palzer*, ZGR 2015, 33, 76; *Heyers*, WM 2016, 581, 583.

übergreifende Wirkung haben können.[317] Soweit eine Regressreduzierung im Rahmen der Vorstandshaftung zwingend geboten ist, würde dies einen etwaigen Konflikt zu § 93 AktG überlagern. Es ist jedoch bereits aufgezeigt worden, dass es an zwingenden gesetzlichen – insbesondere verfassungsrechtlichen – Wertungen, die eine Regressreduzierung gebieten würden, mangelt. Gegen eine fürsorgepflichtbasierte Regressreduzierung sprechen zudem Argumente konzeptioneller Natur.

a) Dogmatische Inkonsistenz

Angesichts ihrer fehlenden Bestimmtheit und Konturierung ist eine etwaige Fürsorgepflicht der Gesellschaft isoliert nicht geeignet, eine Regressreduzierung zu begründen.[318] Daher rekurrieren die Stimmen, die eine fürsorgepflichtbasierte Regressreduzierung befürworten, auf die Wertungen der privilegierten Arbeitnehmerhaftung, deren Anwendung auf Vorstandsmitglieder – auf direktem oder analogen Weg – ausscheidet. Wollte man die weder direkt noch analog anwendbaren arbeitsrechtlichen Grundsätze mittels eines Wertungstransfers fruchtbar machen, so liegt der Vorwurf, man würde die auf Vorstandsmitglieder unanwendbaren Grundsätze über einen Umweg doch zur Anwendung gelangen lassen, nahe.[319] Über einen „*Wertungstransfer*" vermögen schwerlich Grundsätze, die nach allgemeinen rechtlichen Grundsätzen – etwa im Wege von Analogie oder teleologischer Reduktion – unanwendbar sind, zur Anwendung gebracht zu werden.[320]

b) Anspruchsrestringierende Konzeption der Fürsorgepflicht

Weiter verpflichtet die Fürsorge- oder Treuepflicht den Anspruchsinhaber ihrer Konzeption gemäß zur zurückhaltenden Ausübung eines ihm zustehenden Rechts und ihr kommt eine anspruchsrestringierende Konzeption zu.[321] Zwar ließe sich die Aussage treffen, der Aufsichtsrat werde insofern, als der Schadensersatzanspruch der Aktiengesellschaft aufgrund der Fürsorgepflicht nur

---

317 Vgl. auch *Casper*, ZHR 176 (2012), 617, 640: Satzungsstrenge verbiete nicht Rekurs auf allgemeine Grundsätze. Ähnlich *Reichert*, ZHR 177 (2013), 756, 777: Überlagerung sämtlicher Bestimmungen der Rechtsordnung durch aus Treu und Glauben abzuleitende Treuepflicht.

318 Vgl. *J. Koch*, in: Liber Amicorum M. Winter, 2011, S. 327, 339; *ders.*, AG 2012, 429, 435.

319 Dies einwendend *Fleischer*, DB 2014, 345, 349.

320 Anderer Ansicht *J. Koch*, in: Liber Amicorum M. Winter, 2011, S. 327, 345; *ders.*, AG 2012, 429, 436, da lediglich „*punktuelle Korrekturen*".

321 Vgl. umfassend *S. Binder*, Grenzen der Vorstandshaftung, 2016, S. 335 ff.

in geringerer Höhe geltend gemacht werden kann, verpflichtet, das der Gesellschaft zustehende Recht auf Schadensersatz zurückhaltend auszuüben, und diesbezüglich ließe sich von einer den Anspruchsumfang begrenzenden Wirkung der Fürsorgepflicht sprechen. Indes würde die Aktiengesellschaft bei genauerer Betrachtung über eine Fürsorgepflicht zu mehr berechtigt, als ihr nach geltendem Recht möglich ist.[322] Das Aktiengesetz gestattet der Aktiengesellschaft Dispositionen über den (entstandenen) Schadensersatzanspruch nur unter Berücksichtigung der Restriktionen gemäß § 93 Abs. 4 S. 3 AktG.[323] Wegen § 93 Abs. 4 S. 3 AktG darf die Aktiengesellschaft erst drei Jahre nach Entstehung eines Anspruchs auf ihn verzichten oder sich über ihn vergleichen und dies zudem nur mit Zustimmung der Hauptversammlung und unter dem Vorbehalt, dass ein Minderheitenveto unterbleibt. Insoweit enthält das Aktiengesetz Beschränkungen der Dispositionsbefugnis über den Schadensersatzanspruch der Gesellschaft. Eine fürsorgepflichtbasierte Regressreduzierung würde das rechtliche Können und die Dispositionsbefugnis in Bezug auf den Schadensersatzanspruch erweitern und es nicht – wie es der Konzeption der Fürsorgepflicht entspricht – einschränken.[324]

c) *Position der Rechtsprechung zur fürsorgepflichtbasierten Regressreduzierung*

Ob eine Regressreduzierung auf Basis einer Fürsorgepflicht der Gesellschaft anzuerkennen ist, entbehrt einer höchstrichterlichen Klärung. Den Urteilen der ordentlichen Gerichte könnte sich entnehmen lassen, sie erkenne eine fürsorgepflichtbasierte Regressreduzierung nicht an. So hat das LG München I, als es sich einer fahrlässigen Missachtung von Compliance-Anforderungen gegenübersah, eine Regressreduzierung nicht erwogen.[325] Ebenso wenig hat der BGH, als die Frage eines Zustimmungserfordernisses der Hauptversammlung bei der Übernahme von persönlichen Bußgeldern und Geldauflagen des Vorstandsmitglieds durch die Gesellschaft im Raum stand, eine fürsorgepflichtbasierte

322 So auch *S. Binder*, Grenzen der Vorstandshaftung, 2016, S. 335 ff.

323 Die Argumentation – insbesondere seitens der Stimmen, nach denen sich fürsorgepflichtbasierte Regressreduzierung auf Anspruchsentstehung auswirke –, § 93 Abs. 4 S. 3 AktG erfasse, da Norm erst nach Anspruchsentstehung einschlägig sei, fürsorgepflichtbasierte Regressreduzierung tatbestandlich nicht, ist vor Hintergrund, dass zwingende gesetzliche Wertungen für Regressreduzierung fehlen, nicht überzeugend.

324 Vgl. umfassend *S. Binder*, Grenzen der Vorstandshaftung, 2016, S. 335 ff.

325 Vgl. LG München I, Urt. v. 10.12.2013 – 5 HK O 1387/10, NZG 2014, 345 – Neubürger.

Regressreduzierung in Betracht gezogen.[326] Zwar ist einzuwenden, dass sich künftige Rechtsprechung nicht prognostizieren lässt.[327] Bis zu einer etwaigen höchstrichterlichen Klarstellung kann eine fürsorgepflichtbasierte Regressreduzierung indes nicht als geltendes Recht betrachtet werden.

d) Fazit zur fürsorgepflichtbasierten Regressreduzierung

Im Ergebnis vermag eine fürsorgepflichtbasierte Regressreduzierung nicht recht zu überzeugen. Über einen fürsorgepflichtbasierten Regressreduzierungsansatz würden die Grundsätze der privilegierten Arbeitnehmerhaftung, die auf die Haftung des Vorstandsmitglieds eigentlich nicht anwendbar sind, über einen Umweg doch zur Anwendung gebracht werden. Obgleich überzeugende rechtsökonomische und rechtspolitische Argumente für eine Modifizierung des Grundsatzes der Totalkompensation bei jeder Verschuldensform im Rahmen der Vorstandsinnenhaftung de lege ferenda sprechen mögen[328], sind keine so durchgreifenden gesetzlichen – insbesondere verfassungsrechtlichen – Wertungen ersichtlich, die eine Überlagerung der Haftungsanordnung in § 93 Abs. 2 S. 1 AktG ohne ein Tätigwerden des Gesetzgebers gebieten würden.[329]

---

326 Vgl. BGH, Urt. v. 08.07.2014 – II ZR 174/13, BGHZ 202, 26 = NZG 2014, 1058 – Plambeck. Dem Plambeck-Urteil Nichtanerkennung fürsorgepflichtbasierter Regressreduzierung entnehmend *Habersack*, NZG 2015, 1297, 1298 f. Hingegen diesbezüglich fehlende Aussagekraft annehmend *Seibt*, NZG 2016, 361, 366 f. Ebenso Nichtexistenz von Rechtsprechung in Bezug auf Regressreduzierung und fehlende Aussagekraft in Bezug auf fürsorgepflichtbasierte Regressreduzierung annehmend *Brommer*, Beschränkung der Vorstandsinnenhaftung, 2015, S. 232 f.

327 Fehlende Prognostizierbarkeit der Rechtsprechung annehmend *Fleischer*, DB 2014, 345, 349; *Goette*, in: FS Hoffmann-Becking, 2013, S. 377, 381. Skeptisch bezüglich künftiger Anerkennung fürsorgepflichtbasierter Regressreduzierung in Rechtsprechung *Sailer-Coceani*, in: Verhandlungen des 70. DJT, Sitzungsbericht, 2014, N 11, 15.

328 Vgl. etwa die von *Brommer*, Beschränkung der Vorstandsinnenhaftung, 2015, S. 71 ff., 250 ff.; *P. Scholz*, Existenzvernichtende Haftung von Vorstandsmitgliedern, 2014, S. 230 ff.; *Spindler*, AG 2013, 889, 903; *Wagner*, ZHR 178 (2014), 227, 256 ff., 275 ff. angeführten Erwägungen, die nach hier vertretener Ansicht nicht zwingend Regressreduzierung de lege lata nahelegen, aber bei etwaiger Neujustierung der Vorstandsinnenhaftung de lege ferenda zu berücksichtigen sein können.

329 Vgl. insofern *Sailer-Coceani*, in: Verhandlungen des 70. DJT, Sitzungsbericht, 2014, N 11, 15: *„Meine Zweifel sind jedenfalls groß genug, als dass ich insoweit nicht den Gesetzgeber aus seiner Handlungspflicht entlassen wollen würde.“*

Drittes Kapitel: Selbstbeschränkende Vereinbarungen des Aufsichtsrats mit Bezug zur Verfolgungsentscheidung

Ziel der Dissertation ist es, die Möglichkeit selbstbeschränkender Bindungen des Aufsichtsrats, mit denen einer Besserstellung des Vorstandsmitglieds hinsichtlich seiner Haftungssituation der Weg bereitet werden soll, zu untersuchen. Eine Vereinbarung, mit der vor Eintritt des Haftungsfalls zu Gunsten des Vorstandsmitglieds eine Verbesserung seiner Position im Haftungsfall erreicht werden soll, könnte bei der Verfolgungsentscheidung des Aufsichtsrats ansetzen. Das ARAG-Urteil belässt, wie gezeigt worden ist, Spielräume zum Absehen von Anspruchsverfolgung.

Fraglich ist insbesondere, ob die Verfolgungsentscheidung des Aufsichtsrats dergestalt präjudiziert werden kann, dass die Anspruchsverfolgung – unter bestimmten tatbestandlichen Voraussetzungen, etwa solchen, die typischerweise *„verschonungswürdig"* erscheinen – ganz oder teilweise ausgeschlossen sein soll. Eine entsprechende Regelung könnte versuchen, bei den Spielräumen, die das ARAG-Urteil für ein Absehen von Anspruchsverfolgung belässt, anzusetzen. Ein Abheben auf eine Fürsorgepflicht der Gesellschaft gegenüber dem Vorstandsmitglied erweist sich angesichts der fehlenden Anerkennung dieser Rechtsfigur von Anbeginn als problematisch.

Eine so vereinbarte Verschonungsregelung könnte mit den Vorgaben, die das Aktiengesetz an Entscheidungen des Aufsichtsrats – etwa in Bezug auf den Weg der Entscheidungsfindung, den Entscheidungszeitpunkt sowie den Entscheidungsträger – stellt, konfligieren (C.). Weiter könnte eine Verschonungsregelung als verzichtsähnliche Rechtshandlung im Sinne von § 93 Abs. 4 S. 3 AktG einzuordnen sein mit der Folge, dass sie an den restringierenden Vorgaben dieser Norm zu messen sein könnte (D.). Schließlich könnte sich eine Verschonungsregelung zur Haftungsanordnung in § 93 Abs. 2 S. 1 AktG in Konflikt setzen (E.). Zur Beurteilung der Zulässigkeit einer Verschonungsregelung – diesbezüglich kommen verschiedene Konzeptionen in Betracht (B.) – ist zunächst kurz der zulässige Inhalt des Anstellungsvertrags darzulegen (A.).

A. Zulässiger Inhalt des Anstellungsvertrags: Zwingendes Aktienrecht als Grenze

Der Anstellungsvertrag vermittelt eine schuldrechtliche Beziehung zwischen Vorstandsmitglied und Aktiengesellschaft, die neben die durch den korporativen Bestellungsakt begründete organschaftliche Stellung des Vorstandsmitglieds tritt.[330] Beim Anstellungsvertrag zwischen Gesellschaft und Vorstandsmitglied handelt es sich um einen auf Geschäftsbesorgung gerichteten Dienstvertrag gemäß §§ 611, 675 BGB.[331] Für den Abschluss des Anstellungsvertrags zwischen Gesellschaft und Vorstandsmitglied, einschließlich der Vereinbarung von dessen Inhalt, ist der Aufsichtsrat gemäß § 84 Abs. 1 S. 5 i.V.m. S. 1 bis S. 4 AktG zuständig.[332]

Beim Abschluss des Anstellungsvertrags und bei der Vereinbarung von dessen Inhalt steht Gesellschaft und Vorstandsmitglied die aus der Privatautonomie gemäß Art. 2 S. 1 GG abzuleitende Vertragsfreiheit zur Seite.[333] Die Privatautonomie gilt nicht uneingeschränkt. Für den Bereich der Satzung statuiert § 23 Abs. 5 AktG den Grundsatz der Satzungsstrenge, nach dem die Satzung von Vorschriften des Aktiengesetzes nur abweichen kann, wenn es ausdrücklich zugelassen ist. Die Satzungsautonomie wird im Sinne des Verkehrsschutzes durch das zwingende Aktienrecht weitgehend eingeschränkt.[334] § 23 Abs. 5 AktG betrifft jedoch nur satzungsmäßige Festsetzungen und gilt nicht für schuldrechtliche Vereinbarungen.[335]

---

330 Vgl. *Fleischer*, in: Spindler/Stilz, AktG, § 84 Rn. 7; *Lutter/Krieger/Verse*, Rechte und Pflichten des AR, § 7 Rn. 331; *Spindler*, in: MüKo AktG, § 84 Rn. 10.

331 *Dauner-Lieb*, in: Henssler/Strohn, GesR, § 84 Rn. 15; *Fleischer*, in: Spindler/Stilz, AktG, § 84 Rn. 24; *Lutter/Krieger/Verse*, Rechte und Pflichten des AR, § 7 Rn. 384.

332 *Fleischer*, in: Spindler/Stilz, AktG, § 84 Rn. 33; *Kort*, in: Großkomm. AktG, § 84 Rn. 287; *Lutter/Krieger/Verse*, Rechte und Pflichten des AR, § 7 Rn. 386.

333 Zur Vertragsfreiheit vgl. BVerfG, Beschl. v. 08.04.1997 – 1 BvR 48/94, Rn. 142 ff., BVerfGE 95, 267, 303 f. = ZIP 1997, 694, 700; *Di Fabio*, in: Maunz/Dürig, GG, Art. 2 Rn. 101 f.; *Dreier*, in: Dreier, GG, Art. 2 Rn. 35. Zur wesensmäßigen Anwendbarkeit von Art. 2 Abs. 1 GG vgl. BVerfG, Urt. v. 14.12.1965 – 1 BvR 413/60, BVerfGE 19, 206 = NJW 1966, 147.

334 Vgl. *Hey*, Freie Gestaltung in Gesellschaftsverträgen, 2004, S. 170 ff.; *Pentz*, in: MüKo AktG, § 23 Rn. 156 ff.

335 Ebensolche Schlussfolgerung bei *Arens*, Vertragliche Einflussrechte, 2014, S. 166; *Hey*, Freie Gestaltung in Gesellschaftsverträgen, 2004, S. 186; *Kuntz*, AG 2016, 101, 109.

Auch dem Inhalt schuldrechtlicher Vereinbarungen setzt das zwingende Recht, einschließlich des zwingenden Aktienrechts, jedoch Grenzen.[336] Zum zwingenden Aktienrecht ist das innergesellschaftliche Kompetenz- und Organisationsgefüge in der Aktiengesellschaft zu zählen.[337] Auch § 111 AktG ist Teil des zwingenden Aktienrechts.[338] Eine Grenze ist zu ziehen, *„(…) wo der (…) genuin innergesellschaftliche Bereich beginnt, d.h. der Bereich des Schuldrechts verlassen und der Bereich des Verfassungsrechts der Gesellschaft betreten wird (…).“*[339] Im Ergebnis können nicht im Wege schuldrechtlicher Vereinbarungen mit inter partes-Wirkung wirksam Inhalte festgelegt werden, die einer Regelung qua Satzung unzugänglich wären.[340] Die zwingenden Gesetze, insbesondere das zwingende Aktienrecht, sind auch als Grenze des Anstellungsvertrags zwischen Aktiengesellschaft und Vorstandsmitglied zu beachten.[341]

---

336 Siehe etwa – allerdings in Bezug auf Gesellschaftervereinbarungen – BGH, Beschl. v. 15.03.2010 – II ZR 4/09, Rn. 7, NZG 2010, 988: *„Es ist anerkannt, dass Gesellschafter Rechtsverhältnisse in oder zu der Gesellschaft auch außerhalb des Gesellschaftsvertrags durch schuldrechtliche Nebenabreden regeln können, soweit nicht zwingendes Recht entgegensteht (…).“* Vgl. zudem *M. Arnold*, in: KöKo AktG, § 23 Rn. 181; *Pentz*, in: MüKo AktG, § 23 Rn. 196; *Röhricht/Schall*, in: Großkomm. AktG, § 23 Rn. 314; *Schnorbus/Klormann*, NZG 2015, 938, 940. Sympathisierend *Söntgerath*, Vermittelte Mehrheit, 2010, S. 369. Auf Vorrang von Gesetz, Satzung und korporativen Bestimmungen vor vertraglichen Vereinbarungen abhebend *H. Krause*, CFL 2013, 192, 197; *Söntgerath*, Vermittelte Mehrheit, 2010, S. 365 f.; 370 ff. mit weiteren Nachweisen. Kritisch bezüglich These eines solchen Vorrangs *J. Koch*, AG 2015, 213, 217 f. Schließlich im Wege eines Erst-recht-Schlusses die für Satzung geltenden Grenzen transferierend LG München I, Urt. v. 05.04.2012 – 5 HK O 20488/11, Rn. 57, NZG 2012, 1152, 1153 – WET: *„Diese grundrissartige Kompetenzverteilung stellt zwingendes Recht dar, weshalb bereits für statutarische Änderungen dieses Kompetenzgefüges kein Raum bleibt (…). Dann aber kann erst recht nicht mittels einer vertraglichen Vereinbarung die Zustimmungspflicht eines Aktionärs begründet werden (…).“* Gegen Erst-recht-Schluss *H. Krause*, CFL 2013, 192, 197.

337 Vgl. insofern LG München I, Urt. v. 05.04.2012 – 5 HK O 20488/11, Rn. 57, NZG 2012, 1152, 1153 – WET; *Hey*, Freie Gestaltung in Gesellschaftsverträgen, 2004, S. 167 – indes in Bezug auf Satzungsbestimmungen.

338 *Drygala*, in: K. Schmidt/Lutter, AktG, § 111 Rn. 3; *Habersack*, in: MüKo AktG, § 111 Rn. 6; *Hopt/M. Roth*, in: Großkomm. AktG, § 111 Rn. 40.

339 *Leitzen*, RNotZ 2010, 566, 569 – indes in Bezug auf schuldrechtliche Nebenvereinbarungen.

340 So aber *Seibt*, NZG 2015, 1097, 1102; *ders./Cziupka*, AG 2015, 93, 108. Ebenfalls ablehnend *Habersack*, NZG 2015, 1297, 1299.

341 *Kort*, in: Großkomm. AktG, § 84 Rn. 282.

B. Konzeptionen von Verschonungsregelungen

Nachdem der zulässige Inhalt des Anstellungsvertrags skizziert worden ist, sind kurz verschiedene Formulierungen einer anstellungsvertraglich installierten Verschonung, die bei der Verfolgungsentscheidung des Aufsichtsrats ansetzen soll, aufzuzeigen.

I. Einbeziehung der D&O-Versicherung

Vor dem Hintergrund einer auf das Gesellschaftsvermögen bezogenen Verpflichtung des Aufsichtsrats bei seiner Entscheidung über Verfolgung oder Nichtverfolgung von Schadensersatzansprüchen der Gesellschaft gegen das Vorstandsmitglied muss der Aufsichtsrat im Grundsatz zur Anspruchsverfolgung verpflichtet sein, soweit D&O-Versicherungsschutz eingreift.[342] Nach der Ansicht des BGH soll es einer Inanspruchnahme des Vorstandsmitglieds nicht entgegenstehen, wenn die Inanspruchnahme ausschließlich zum Zwecke des Zugriffs auf die D&O-Versicherung erfolgt.[343] Demnach ist eine Verschonungsregelung, welche die Verfolgungsentscheidung des Aufsichtsrats betrifft, auf den Schadensbetrag zu beschränken, der nicht mehr vom D&O-Versicherungsschutz gedeckt ist bzw. der nicht mehr von der D&O-Versicherung beglichen wird.

II. Rechtsfolgenbezogene Regelungen

Es sind Regelungen denkbar, die sich nur auf die Rechtsfolge der Inanspruchnahme und deren Höhe beziehen.

---

342 Ebenso *Hasselbach/Seibel*, AG 2008, 770, 775. D&O-Versicherungsschutz ebenfalls bei Verfolgungsentscheidung einbeziehend *U. Binder/Kraayvanger*, BB 2015, 1219, 1223.

343 BGH, Urt. v. 13.04.2016 – IV ZR 304/13, LS 2 und Rn. 23 ff., NJW 2016, 2184, 2186: *„Mit der Erwägung, der Geschädigte beabsichtige in Wahrheit nicht, den Versicherten wegen des gegen ihn erhobenen Schadensersatzanspruchs persönlich haftbar zu machen und wolle insbesondere nicht Zugriff auf dessen persönliches Vermögen nehmen, sondern lediglich den Versicherungsfall auslösen, weshalb die Inanspruchnahme nicht ernstlich sei, kann eine bedingungsgemäße Inanspruchnahme des Versicherten im Sinne des claims-made-Prinzips nicht verneint werden."* Und: *„Ist ein Schädiger in einem solchen Fall [wenn der Schädiger bei hohen Schäden nicht über ausreichendes privates Vermögen verfügt] haftpflichtversichert, steht es der Eintrittspflicht des Versicherers nicht entgegen, wenn der Geschädigte den Schädiger allein mit Blick auf die Möglichkeit in Anspruch nimmt, im Vollstreckungswege Zugriff auf den Deckungsanspruch des Schädigers gegen seinen Haftpflichtversicherer zu nehmen (…)."*

„Der Aufsichtsrat wird das Vorstandsmitglied über den von der D&O-Versicherung gedeckten und tatsächlich beglichenen Betrag hinaus nicht / nicht in voller Höhe / nur in Höhe von (…) / nur bis zur Höhe von (…) / nur in angemessener Höhe / nicht in existenzvernichtender Höhe in Anspruch nehmen."

III. Tatbestandseinbeziehende Regelungen

Weiter sind Regelungen in Erwägung zu ziehen, die sich nicht nur auf das Ob und die Höhe der Inanspruchnahme beziehen, sondern die den Eintritt der Rechtsfolge an tatbestandliche Voraussetzungen knüpfen.

„Der Aufsichtsrat wird das Vorstandsmitglied über den von der D&O-Versicherung gedeckten und tatsächlich beglichenen Betrag hinaus nicht / nicht in voller Höhe / nur in Höhe von (…) / nur bis zur Höhe von (…) / nur in angemessener Höhe / nicht in existenzvernichtender Höhe in Anspruch nehmen, wenn (…), z.B. nur ein leichtes Verschulden vorliegt und die Inanspruchnahme zu einer Vernichtung der wirtschaftlichen Existenz des Vorstandsmitglieds führen würde."

IV. Bindung für typische Fälle und Abweichungsmöglichkeit für atypischen Fall

Zudem kommt es in Betracht, dem Aufsichtsrat lediglich grundsätzlich auf einer ersten Stufe unter bestimmten tatbestandlichen Voraussetzungen aufgrund typisierter Erwägungen ein bestimmtes Inanspruchnahmeverhalten vorzugeben, ihm aber auf einer zweiten Stufe, wenn die typisierten Erwägungen im Einzelfall nicht zutreffen, eine Abweichungsmöglichkeit einzuräumen.

„Der Aufsichtsrat wird das Vorstandsmitglied über den von der D&O-Versicherung gedeckten und tatsächlich beglichenen Betrag hinaus nicht / nicht in voller Höhe / nur in Höhe von (…) / nur bis zur Höhe von (…) / nur in angemessener Höhe / nicht in existenzvernichtender Höhe in Anspruch nehmen, wenn (…), z.B. nur ein leichtes Verschulden vorliegt und die Inanspruchnahme zu einer Vernichtung der wirtschaftlichen Existenz des Vorstandsmitglieds führen würde.
Hieran ist der Aufsichtsrat nicht gebunden, wenn die besonderen Umstände des Haftungsfalls eine andere Entscheidung zwingend gebieten und der Aufsichtsrat ansonsten gegen seine Pflichten im Innenverhältnis verstoßen würde."

V. Deklaratorischer Hinweis auf Rechtslage

Es kann auch lediglich ein deklaratorischer Hinweis auf die geltende Rechtslage erfolgen, ohne dem Vorstandsmitglied einen konstitutiven Anspruch auf eine bestimmte Verfolgungsentscheidung des Aufsichtsrats einzuräumen.

„Der Aufsichtsrat wird von einer Anspruchsverfolgung absehen, soweit eine Ausnahme im Sinne des ARAG-Urteils vorliegt und soweit eine Nichtverfolgung im Unternehmenswohl liegt."

VI. Keine Bindung in Richtung eines bestimmten Erfolgs

Schließlich kommt es in Betracht, eine Vereinbarung zu treffen, die sich lediglich auf das Entscheidungsverfahren im Aufsichtsrat und nicht auf das Entscheidungsergebnis auswirkt.

1. Nicht abschließende Enumeration der zu berücksichtigenden Aspekte

Es kann – in nicht abschließender Weise – enumeriert werden, welche Aspekte im Rahmen der Verfolgungsentscheidung berücksichtigt werden, ohne eine Bindung in Richtung eines bestimmten Erfolgs zu statuieren.

„Der Aufsichtsrat wird bei seiner Entscheidung über die Verfolgung von Schadensersatzansprüchen der Gesellschaft gegen das Vorstandsmitglied im Zusammenhang mit dessen Tätigkeit als Vorstandsmitglied für die Gesellschaft insbesondere die folgenden Aspekte berücksichtigen: (…)."

2. Besondere Prüfungspflicht in bestimmten tatbestandlichen Konstellationen

Um hervorzuheben, dass in bestimmten Konstellationen ein besonderes Anliegen an einer Haftungsverschonung des Vorstandsmitglieds bestehen kann, kommt es zudem in Betracht, eine auf diese Konstellationen bezogene Prüfungspflicht des Aufsichtsrats, ob von einer Verfolgung (teilweise) abgesehen wird, – nicht aber die Verpflichtung zu einer bestimmten Entscheidung – hervorzuheben.

„Hat das Vorstandsmitglied den Schaden fahrlässig herbeigeführt und weist der Schaden ein solches Ausmaß auf, dass die vollumfängliche Geltendmachung des Schadensersatzanspruchs die wirtschaftliche Existenz des Vorstandsmitglieds vernichtet würde, so wird der Aufsichtsrat eingehend prüfen, ob aufgrund von (im Unternehmenswohl liegenden) Umständen des Einzelfalls ein gänzliches oder teilweises Absehen von Anspruchsverfolgung in Betracht kommt."

3. Ausschließliche Verpflichtung auf das Unternehmenswohl

Um Missverständnisse dergestalt zu vermeiden, dass die soeben aufgezeigten, das Entscheidungsverfahren betreffenden Formulierungen auf ein bestimmtes Entscheidungsergebnis abzielen, könnte die ausschließliche Verpflichtung des Aufsichtsrats auf das Unternehmenswohl hervorgehoben werden.

„Der Aufsichtsrat ist bei seiner Entscheidung über Verfolgung und Nichtverfolgung von Schadensersatzansprüchen der Gesellschaft gegen das Vorstandsmitglied im Zusammenhang mit dessen Tätigkeit als Vorstandsmitglied für die Gesellschaft ausschließlich dem Unternehmenswohl verpflichtet."

C. Entscheidungsautonomie des Aufsichtsrats

Mit einer Verschonungsregelung, die entsprechend den soeben aufgezeigten Formulierungsvarianten ausgestaltet ist, würde auf die Entscheidung des Aufsichtsrats über die Verfolgung von Schadensersatzansprüchen der Gesellschaft gegen das Vorstandsmitglied eingewirkt werden. Der Schadensersatzanspruch gemäß § 93 Abs. 2 S. 1 AktG steht der Gesellschaft zu, die Gläubigerin des Schadensersatzanspruchs ist. Die Geltendmachung des Schadensersatzanspruchs und die Entscheidung über die Geltendmachung erfolgen mangels eigener Handlungsfähigkeit der Gesellschaft als juristischer Person durch den Aufsichtsrat. An die Entscheidungen der Gesellschaftsorgane stellt das Aktiengesetz gewisse Anforderungen. Die Gesamtschau der die Entscheidungsfindung im Aufsichtsrat flankierenden Grundsätze verdeutlicht, dass das Aktiengesetz den Schutz der Willensbildungs- und Entscheidungsautonomie des Aufsichtsrats, die zum Teil im Zusammenhang mit der Autonomie der Gesellschaft betrachtet wird[344], intendiert.

Eine vor dem Eintritt des Haftungsfalls installierte Verschonungsregelung, die auf die Verfolgungsentscheidung des Aufsichtsrats einzuwirken sucht, birgt die Gefahr, dass die Willensbildungs- und Entscheidungsautonomie des Aufsichtsrats in aktiengesetzlich nicht zulässiger Weise beeinflusst wird. *Mathias Habersack* sieht die *„Freiheit der Gesellschaft und ihrer Organe zur autonomen Entscheidungsfindung"* tangiert.[345] Um zu eruieren, ob diese Einschätzung zutrifft, sind die Aufgaben des Aufsichtsrats und seine Funktion im aktiengesetzlichen Gefüge sowie die aktiengesetzlichen Grundsätze, welche die Entscheidungsfindung im Aufsichtsrat betreffen, in den Blick zu nehmen. Die Diskussion um gesellschaftsrechtliche Gestaltungsvarianten wie Investorenvereinbarungen

---

344 *Habersack*, NZG 2015, 1297, 1299: *„Freiheit der Gesellschaft und ihrer Organe zur autonomen Entscheidungsfindung"*. In Bezug auf Vorstand Zusammenhang zwischen Leitungsautonomie und Verbandsautonomie annehmend *Arens*, Vertragliche Einflussrechte, 2014, S. 75 ff.; *Kuntz*, AG 2016, 101, 108 f.; *Mertens/Cahn*, in: KöKo AktG, § 76 Rn. 47. Kritisch – in Bezug auf § 76 AktG – *Herwig*, Leitungsautonomie und Fremdeinfluss, 2014, S. 72 ff.: Norm betreffe nur Binnenverfassung; im Folgenden aber aus Verbandszweck Gebot der Verbandsautonomie herleitend.

345 *Habersack*, NZG 2015, 1297, 1299.

oder Business Combination Agreements kann zur Aufklärung der Frage, ob und inwieweit eine Verschonungsregelung unter dem Gesichtspunkt einer Vorabbindung künftiger Entscheidungen zulässig sein kann, fruchtbar gemacht werden.

I. Der Aufsichtsrat als Überwachungsorgan im dualistischen System der Aktiengesellschaft

In der Aktiengesellschaft nimmt der Aufsichtsrat neben Vorstand und Hauptversammlung die Stellung eines Pflichtorgans ein.[346] Im dualistischen System der Aktiengesellschaft[347] obliegt dem Aufsichtsrat die Aufgabe, die Geschäftsführung zu überwachen. Er nimmt die Überwachung der Leitung gewissermaßen stellvertretend für die Aktionäre wahr.[348] Unter den Begriff der *„Geschäftsführung"* gemäß § 111 Abs. 1 AktG fasst die herrschende Auffassung nicht sämtliche Geschäftsführungsmaßnahmen des Vorstands, sondern lediglich solche von besonderer Bedeutung.[349] Der Überwachungsauftrag richtet sich an das Gesamtorgan Aufsichtsrat.[350] Ungeachtet der Zuweisung der Überwachungsaufgabe an das Organ Aufsichtsrat ist jedes einzelne Aufsichtsratsmitglied zur Überwachung der Geschäftsleitung berufen.[351] Die Überwachungsaufgabe des Aufsichtsrats bildet das Pendant zur Leitungsaufgabe des Vorstands gemäß § 76 Abs. 1 AktG. Zusammen mit dem Willensbildungsorgan Hauptversammlung und dem Leitungsorgan Vorstand bildet das Überwachungsorgan Aufsichtsrat

---

346 *Lutter/Krieger/Verse*, Rechte und Pflichten des AR, § 1 Rn. 7.

347 Zum dualistischen System der Aktiengesellschaft vgl. näher *Hopt/M. Roth*, in: Großkomm. AktG, § 111 Rn. 79 ff.; *E. Vetter*, in: *Marsch-Barner/Schäfer*, Hdb. börsennotierte AG, § 23 Rn. 2 ff.

348 Vgl. hierzu *Riegger*, Unternehmenskontrolle, 2002, S. 108 f.

349 Für restriktive Auslegung der *„Geschäftsführung"* in § 111 Abs. 1 AktG – ausdrücklich oder inzident – *Drygala*, in: K. Schmidt/Lutter, AktG, § 111 Rn. 11; *Habersack*, in: MüKo AktG, § 111 Rn. 18 ff.; *Hopt/M. Roth*, in: Großkomm. AktG, § 111 Rn. 159 ff.; *Krieger*, in: Krieger/U.H. Schneider, Hdb. Managerhaftung, § 3 Rn. 24; *Lutter/Krieger/Verse*, Rechte und Pflichten des AR, § 2 Rn. 65; *E. Vetter*, in: *Marsch-Barner/Schäfer*, Hdb. börsennotierte AG, § 26 Rn. 3.

350 BGH, Urt. v. 28.11.1988 – II ZR 57/88, Rn. 35, BGHZ 106, 54, 63 = NJW 1989, 979, 981; *Habersack*, in: MüKo AktG, § 111 Rn. 18; *Huthmacher*, Pflichten und Haftung der Aufsichtsratsmitglieder, 2014, S. 107 ff.; *J. Koch*, in: Hüffer/J. Koch, AktG, § 111 Rn. 17; *Mertens/Cahn*, in: KöKo AktG, § 111 Rn. 13; *Spindler*, in: Spindler/Stilz, AktG, § 111 Rn. 30.

351 *Habersack*, in: MüKo AktG, § 111 Rn. 18; *v. Schenck*, in: Semler/v. Schenck, Arbeitshdb. für AR-Mitglieder, § 7 Rn. 29; *Semler*, NZG 2013, 771, 775.

eine Trias rechtlich gleichberechtigter Organe in der Aktiengesellschaft.[352] Indem die Überwachung der Sicherstellung einer sorgfältigen Geschäftsführung und der Wahrung des Unternehmensinteresses zu dienen bestimmt ist[353], kommt ihr eine wesentliche Bedeutung für die Funktionsfähigkeit der Aktiengesellschaft zu.

In seiner Eigenschaft als Überwachungsorgan ist der Aufsichtsrat als Innenorgan konzipiert.[354] Während der Vorstand für die Gesellschaft nach außen in Erscheinung tritt und die Gesellschaft leitet, kontrolliert der Aufsichtsrat die Geschäftsleitung im Innenverhältnis. Nur ausnahmsweise kommt dem Aufsichtsrat eine Kompetenz zur Vertretung der Gesellschaft im Außenverhältnis zu, nämlich wenn der Vorstand zur Vertretung der Gesellschaft – wie im Rahmen von § 112 AktG – außerstande ist.[355] Handelt der Aufsichtsrat im Außenverhältnis, so liegt ein Handeln der Gesellschaft und nicht ein Handeln des Organs Aufsichtsrat vor.[356] Grundsätzlich bilden unternehmerische Entscheidungsspielräume das Korrelat zu der dem Vorstand obliegenden Führungsaufgabe.[357] Allerdings ist der Aufsichtsrat – wenngleich in einem im Verhältnis zum Vorstand begrenzten Umfang – zu unternehmerischen Entscheidungen befugt.[358] Im Rahmen der Überwachungsaufgabe ist zwischen der präventiven und der nachträglichen Überwachung zu differenzieren.[359]

---

352 *Spindler*, in: MüKo AktG, Vorb. § 76 Rn. 42; *ders.*, in: Spindler/Stilz, AktG, § 111 Rn. 3.

353 *Habersack*, in: MüKo AktG, § 111 Rn. 42.

354 *v. Falkenhausen*, ZIP 2015, 956; *Huthmacher*, Pflichten und Haftung der Aufsichtsratsmitglieder, 2014, S. 107; *Lutter/Krieger/Verse*, Rechte und Pflichten des AR, § 1 Rn. 40; *Spindler*, in: MüKo AktG, Vorb. § 76 Rn. 55.

355 Zur Vertretung der Gesellschaft durch den Aufsichtsrat vgl. umfassend *Cahn*, in: FS Hoffmann-Becking, 2013, S. 247 ff.; *v. Falkenhausen*, ZIP 2015, 956, 960 f.

356 *Mertens/Cahn*, in: KöKo AktG, Vorb. § 76 Rn. 3.

357 BGH, Urt. v. 21.04.1997 – II ZR 175/95, Rn. 25, BGHZ 135, 244, 254 = NJW 1997, 1926, 1928 – ARAG.

358 Zum Wandel des Aufsichtsrats vom Kontrollorgan zum begrenzt unternehmerischen Organ vgl. umfassend *Drygala*, in: K. Schmidt/Lutter, AktG, § 111 Rn. 4 f. Zur unternehmerischen Tätigkeit des Aufsichtsrats vgl. ausführlich *Habersack*, in: MüKo AktG, § 116 Rn. 41 f.; *Hopt/M. Roth*, in: Großkomm. AktG, § 111 Rn. 84 ff.

359 BGH, Urt. v. 21.04.1997 – II ZR 175/95, Rn. 25, BGHZ 135, 244, 254 f. = NJW 1997, 1926, 1928 – ARAG. Zum Reichweite der Überwachung durch den Aufsichtsrat, die sich auf sowohl abgeschlossene Sachverhalte als auch künftige Geschäftspolitik bezieht, vgl. BGH, Urt. v. 25.03.1991 – II ZR 188/89, Rn. 10, BGHZ 114, 127, 129 = NJW 1991, 1830, 1831; *Kindler*, ZHR 162 (1998), 101, 108 ff.

Die präventive Überwachung zielt auf eine begleitende Mitgestaltung der Vorstandstätigkeit.[360] Zwar schließt § 111 Abs. 4 S. 1 AktG die Übertragung von Geschäftsführungsmaßnahmen auf den Aufsichtsrat aus. Hierdurch wird allerdings nicht die geschäftsführende Tätigkeit des Aufsichtsrats in Bereichen, die das Aktiengesetz dem Aufsichtsrat zuschreibt, ausgeschlossen.[361] Zur präventiven Überwachungstätigkeit oder geschäftsführenden Tätigkeit des Aufsichtsrats zählt etwa die Ausübung von Personalkompetenz im Wege von Bestellung und Abberufung des Vorstands sowie im Wege von Abschluss und Beendigung von dessen Anstellungsvertrag.[362] Zudem ermöglichen es Zustimmungsvorbehalte gemäß § 111 Abs. 4 S. 2 AktG dem Aufsichtsrat, die Geschäftsführung durch den Vorstand mitzugestalten.[363] Ist ein Zustimmungsvorbehalt angeordnet, so kommt dem Aufsichtsrat ein Vetorecht zu, das seine Einbindung in die unternehmerische Entscheidung zur Folge hat.[364] Im Rahmen seiner präventiven Überwachungstätigkeit oder geschäftsführenden Tätigkeit verfügt der Aufsichtsrat über unternehmerische Entscheidungsspielräume.[365] Umstritten ist, ob der Aufsichtsrat im Rahmen der präventiven Überwachung als gleichberechtigter Teilhaber an der Leitungs- und Geschäftsführung des Vorstands – im Sinne eines zweiten Leitungsorgans – mitwirkt[366] oder ob er insoweit in seiner Eigenschaft als Überwachungsorgan handelt[367].

Die nachträgliche Überwachungstätigkeit des Aufsichtsrats bezieht sich demgegenüber auf abgeschlossene Maßnahmen der Geschäftsführung. Sie dient

---

360 BGH, Urt. v. 21.04.1997 – II ZR 175/95, Rn. 25, BGHZ 135, 244, 254 f. = NJW 1997, 1926, 1928 – ARAG.

361 *v. Falkenhausen*, ZIP 2015, 956, 957. Vgl. zudem *Habersack*, in: MüKo AktG, § 111 Rn. 99.

362 Vgl. *v. Falkenhausen*, ZIP 2015, 956, 957; *Hopt/M. Roth*, in: Großkomm. AktG, § 111 Rn. 25; *E. Vetter*, in: *Marsch-Barner/Schäfer*, Hdb. börsennotierte AG, § 23 Rn. 21.

363 BGH, Urt. v. 21.04.1997 – II ZR 175/95, Rn. 25, BGHZ 135, 244, 254 f. = NJW 1997, 1926, 1928 – ARAG; *E. Vetter*, in: *Marsch-Barner/Schäfer*, Hdb. börsennotierte AG, § 23 Rn. 22.

364 Vgl. *Hoffmann-Becking*, in: MüHdbGesR AG, § 29 Rn. 51 ff.

365 BGH, Urt. v. 21.04.1997 – II ZR 175/95, Rn. 25, BGHZ 135, 244, 254 f. = NJW 1997, 1926, 1928 – ARAG.

366 Vgl. *Drygala*, in: K. Schmidt/Lutter, AktG, § 111 Rn. 5; *Habersack*, in: MüKo AktG, § 111 Rn. 13; *ders.*, in: FS Hüffer, 2010, S. 259 ff.; *Lutter/Krieger/Verse*, Rechte und Pflichten des AR, § 2 Rn. 58; wohl auch *C. Schäfer*, ZIP 2005, 1252, 1258.

367 Vgl. *Fleischer*, in: Spindler/Stilz, AktG, § 76 Rn. 4; *Kort*, in: Großkomm. AktG, § 76 Rn. 22; *Mertens/Cahn*, in: KöKo AktG, Vorb. § 76 Rn. 2, § 111 Rn. 14; *Schütz*, in: Semler/v. Schenck, Der AR, § 111 Rn. 343.

dazu, den Vorstand dazu anzuhalten, seine Pflichten zu erfüllen, und Schäden von der Gesellschaft abzuwenden.[368] Der vergangenheitsbezogenen Überwachung ist die Verfolgung von Schadensersatzansprüchen der Gesellschaft gegen Vorstandsmitglieder, die ihre Pflichten verletzt haben, zuzuordnen.[369] Bei der Entscheidung über Verfolgung oder Nichtverfolgung von Schadensersatzansprüchen soll dem Aufsichtsrat nach Ansicht des BGH kein eigenständiger unternehmerischer Ermessensspielraum[370], sondern lediglich ein eng begrenztes Entscheidungsermessen zustehen[371].

II. Grundsätze der Entscheidungsfindung im Aufsichtsrat

Gemäß § 108 Abs. 1 AktG entscheidet der Aufsichtsrat durch Beschluss. Um die ihm zugewiesene Überwachungsaufgabe umzusetzen, hat der Aufsichtsrat im Wege der Beschlussfassung, also mittels Abstimmung über einen Antrag, einen Organwillen zu bilden und eine Entscheidung zu treffen.[372] Der Entscheidungsprozess im Aufsichtsrat ist durch spezifische aktiengesetzliche Prinzipien flankiert. Entscheidungen werden im Kollegialorgan Aufsichtsrat getroffen (Kollegialitätsprinzip). Zudem sind bei Entscheidungen des Aufsichtsrats die Prinzipien der Höchstpersönlichkeit und der Unabhängigkeit zu wahren und es ist die ausschließliche Verpflichtung auf das Unternehmenswohl zu berücksichtigen.

1. *Kollegialverfassung*

Beim Aufsichtsrat handelt es sich – wie §§ 95 f. AktG zeigt – um ein Kollegialorgan.[373] Mit der Kollegialverfassung des Aufsichtsrats geht es einher, dass

---

368 BGH, Urt. v. 21.04.1997 – II ZR 175/95, Rn. 25, BGHZ 135, 244, 255 = NJW 1997, 1926, 1928 – ARAG – im Anschluss an *Raiser*, NJW 1996, 552, 554.

369 BGH, Urt. v. 21.04.1997 – II ZR 175/95, Rn. 25, BGHZ 135, 344, 252, 255 = NJW 1997, 1926, 1928 – ARAG; *Habersack*, in: MüKo AktG, § 111 Rn. 34; *Kindler*, ZHR 162 (1998), 101, 108; *Thümmel*, DB 1997, 1117, 1118 f.

370 BGH, Urt. v. 21.04.1997 – II ZR 175/95, Rn. 25, BGHZ 135, 244, 254 und 255 = NJW 1997, 1926, 1928 – ARAG.

371 BGH, Urt. v. 21.04.1997 – II ZR 175/95, Rn. 27, BGHZ 135, 244, 256 = NJW 1997, 1926, 1928 – ARAG. Kritisch bezüglich Herleitung von Ermessen aus Zuordnung einer Aufsichtsratsmaßnahme zur präventiven oder nachträglichen Überwachung *Mertens/Cahn*, in: KöKo AktG, § 111 Rn. 15.

372 Vgl. *J. Koch*, in: Hüffer/J. Koch, AktG, § 108 Rn. 2 f.; *Mertens/Cahn*, in: KöKo AktG, § 108 Rn. 7.

373 Vgl. auch *Huthmacher*, Pflichten und Haftung der Aufsichtsratsmitglieder, 2014, S. 107; *Lutter/Krieger/Verse*, Rechte und Pflichten des AR, § 1 Rn. 43.

Willensbildung und Entscheidungsfindung im Wege des gemeinsamen Diskurses der einzelnen Aufsichtsratsmitglieder erfolgen. Jedes einzelne Aufsichtsratsmitglied hat eine eigene Meinung und ein eigenes Urteil zu bilden.[374] Die individuell gebildeten Meinungen und Urteile sind in den kollektiven Meinungsaustausch einzustellen.[375] Im Wege des gemeinsamen Meinungsaustauschs bildet sich ein einheitlicher Organwille, der nicht mit der Summe aller Einzelmeinungen und -urteile gleichzusetzen ist.[376] Das Kollegialitätsprinzip dient dazu, die prozessuale Richtigkeit der Willensbildung zu steigern[377] und Gewähr für eine sachgerechte Entscheidung unter Einbeziehung möglichst sämtlicher entscheidungsrelevanter Aspekte zu leisten[378].

2. *Höchstpersönlichkeit*

Gemäß § 111 Abs. 6 AktG können Aufsichtsratsmitglieder ihr Amt nicht durch andere wahrnehmen lassen. Der Grundsatz der Höchstpersönlichkeit gilt für sämtliche Aufgaben, die dem Aufsichtsrat zugewiesen sind.[379] Er adressiert das individuelle Aufsichtsratsmitglied.[380] Jedes Aufsichtsratsmitglied muss sein Amt

---

374 OLG Stuttgart, v. 29.02.2012 – 20 U 3/11, LS 1, AG 2012, 298 – Piëch; *Heß*, Investorenvereinbarungen, 2014, S. 126; *Huthmacher*, Pflichten und Haftung der Aufsichtsratsmitglieder, 2014, S. 123 f.; *Krieger*, Personalentscheidungen des Aufsichtsrats, 1981, S. 41 f.; *Lutter/Krieger/Verse*, Rechte und Pflichten des AR, § 12 Rn. 887; *Riegger*, Unternehmenskontrolle, 2002, S. 71 f.; *Semler*, Leitung und Überwachung, 1996, Rn. 195.

375 Vgl. *Huthmacher*, Pflichten und Haftung der Aufsichtsratsmitglieder, 2014, S. 124; *Semler*, Leitung und Überwachung, 1996, Rn. 195 f. Zum Zustandekommen eines Aufsichtsratsbeschlusses und zum Abstimmungsverfahren vgl. ausführlich *Habersack*, in: MüKo AktG, § 108 Rn. 15 ff.

376 *Hommelhoff*, ZHR 143 (1979), 288, 293: *„Der einheitliche Organwille ist etwas anderes als die Summe der Einzelwillen aller Organmitglieder oder ihrer Mehrheit."*

377 *Schürnbrand*, Organschaft im Recht der privaten Verbände, 2007, S. 359.

378 Zum Kollegialitätsprinzip und seinen Vorteilen vgl. umfassend BGH, Urt. v. 23.10.1975 – II ZR 90/73, Rn. 11, BGHZ 65, 190, 191 f. = NJW 1976, 145, 146; *Dose*, ZGR 1973, 300, 308 ff.; *Krieger*, Personalentscheidungen des Aufsichtsrats, 1981, S. 65.

379 *Mertens/Cahn*, in: KöKo AktG, § 111 Rn. 116; *Spindler*, in: Spindler/Stilz, AktG, § 111 Rn. 78.

380 Vgl. *Habersack*, in: MüKo AktG, § 111 Rn. 132 ff.; *Hopt/M. Roth*, in: Großkomm. AktG, § 111 Rn. 38; *Krieger*, Personalentscheidungen des Aufsichtsrats, 1981, S. 42; ebenso *Mertens/Cahn*, in: KöKo AktG, § 111 Rn. 119, die zudem Adressierung des Höchstpersönlichkeitsgebots an Gesamtaufsichtsrat annehmen.

eigenverantwortlich und in eigener Person wahrnehmen.[381] Es muss kraft eigener Willensbildung handeln.[382] Das Gebot der höchstpersönlichen Amtswahrnehmung schließt es aus, dass das Aufsichtsratsmitglied im Amt an Weisungen gebunden ist.[383] Auch Einflüssen, die Weisungen materiell entsprechen, darf es bei der Amtsausübung nicht unterliegen.[384] Das Aufsichtsratsmitglied darf nicht zu einer bestimmten Entscheidung gezwungen werden.[385]

3. *Unabhängigkeit*

Bei der Willensbildung und Entscheidungsfindung im Aufsichtsrat gilt weiter das Gebot der Unabhängigkeit. Über spezialgesetzliche Vorgaben, welche die Unabhängigkeit des Aufsichtsrats adressieren[386], hinaus stellt die Unabhängigkeit des Aufsichtsrats einen allgemeinen Grundsatz der Aufsichtsratstätigkeit dar. Das Unabhängigkeitserfordernis steht im Zusammenhang mit der Überwachungsaufgabe des Aufsichtsrats, deren effektive Wahrnehmung die Freiheit von mit der Amtswahrnehmung inkompatiblen Einflüssen verlangt[387], sowie mit der ausschließlichen Verpflichtung des Aufsichtsrats auf das Unternehmensinteresse[388]. Die Unabhängigkeit des Aufsichtsrats verlangt eine von unternehmenswohlfremden Interessen und Belangen unbeeinflusste Wahrnehmung der organschaftlichen Kompetenzen.[389] Insbesondere muss der Aufsichtsrat frei von

381 *Hopt/M. Roth*, in: Großkomm. AktG, § 111 Rn. 743; *Mertens/Cahn*, in: KöKo AktG, § 111 Rn. 116.

382 *Drygala*, in: K. Schmidt/Lutter, AktG, § 111 Rn. 68; *Hambloch-Gesinn/Gesinn*, in: Hölters, AktG, § 111 Rn. 84; *Mertens/Cahn*, in: KöKo AktG, § 111 Rn. 117.

383 *Habersack*, in: MüKo AktG, § 111 Rn. 136; *Hambloch-Gesinn/Gesinn*, in: Hölters, AktG, § 111 Rn. 84; *Hoffmann-Becking*, NZG 2014, 801, 807; *Mertens/Cahn*, in: KöKo AktG, § 111 Rn. 116 f.; *Spindler*, in: Spindler/Stilz, AktG, § 111 Rn. 79.

384 *Habersack*, in: MüKo AktG, § 111 Rn. 137; *Reichert/Ott*, in: FS Goette, 2011, S. 397, 400 f.

385 *Hopt/M. Roth*, in: Großkomm. AktG, § 111 Rn. 745.

386 Vgl. hierzu umfassend *Habersack*, in: MüKo AktG, § 100 Rn. 75 ff.; *Mutter*, in: Semler/v. Schenck, Der AR, § 100 Rn. 97 ff.

387 Vgl. auch *Kehler*, Die Unabhängigkeit des Aufsichtsrats, 2008, S. 6. Ähnlich *Kremer/v. Werder*, AG 2013, 340: Unabhängigkeit im Zusammenhang mit institutioneller Trennung der Organe.

388 Vgl. auch *Kehler*, Die Unabhängigkeit des Aufsichtsrats, 2008, S. 6; *v. Werder/Wieczorek*, DB 2007, 297, 298.

389 Vgl. ausführlich *Baums*, ZHR 180 (2016), 697 f.; *Hoffmann-Becking*, NZG 2014, 801, 802 ff.: Unabhängigkeit von Vorstand, externen Interessenträgern und kontrollierendem Großaktionär.

Einflussnahmen durch den Vorstand und frei von Rücksichtnahmen auf den Vorstand agieren können.[390] Der Aufsichtsrat muss das Unternehmenswohl im Einzelfall eigenständig definieren und verfolgen können[391] und Entscheidungen im Wege eines freien Willensbildungsprozesses treffen können[392].

4. *Ausschließliche Orientierung am Unternehmenswohl*

Bei der Ausübung der aktiengesetzlichen Befugnisse hat sich der Aufsichtsrat am Unternehmenswohl zu orientieren.[393] Die Pflicht, das Unternehmensinteresse zu wahren, trifft neben dem Organ Aufsichtsrat dessen einzelne Mitglieder.[394] Begriff und materieller Gehalt des Unternehmensinteresses sind in der Literatur sehr umstritten. Bei der Bestimmung des Unternehmensinteresses geht man gemeinhin im Wege eines die verschiedenen Partikularinteressen in der Aktiengesellschaft – diese werden regelmäßig als die Interessen von Anteilseignern und Arbeitnehmern[395], Gläubigern und als sonstige Interessen[396] identifiziert – berücksichtigenden Willensbildungsprozesses vor.[397] Das Unternehmensinteresse stellt keine feste Größe dar, der stets und in jeder Situation der selbe Inhalt

390 Vgl. *Kehler*, Die Unabhängigkeit des Aufsichtsrats, 2008, S. 6; *Kremer/v. Werder*, AG 2013, 340, 341 ff.; *Paschos/Goslar*, NZG 2012, 1361, 1362.

391 *Kremer/v. Werder*, AG 2013, 340, 341.

392 *Heß*, Investorenvereinbarungen, 2014, S. 126.

393 *Baums*, ZHR 180 (2016), 697, 702; *Habersack*, in: MüKo AktG, Vorb. § 95 Rn. 13; *Hoffmann-Becking*, NZG 2014, 801, 802; *Hopt/M. Roth*, in: Großkomm. AktG, § 111 Rn. 103; *Kremer/v. Werder*, AG 2013, 340, 341; *Mertens/Cahn*, in: KöKo AktG, Vorb. § 95 Rn. 12.

394 Vgl. BVerfG, Urt. v. 07.11.1972 – 1 BvR 338/68, Rn. 30, BVerfGE 34, 103, 112 = WM 1973, 162, 163; BGH, Urt. v. 29.01.1962 – II ZR 1/61, Rn. 32, BGHZ 36, 296, 306; *Habersack*, in: MüKo AktG, § 111 Rn. 17; *Leyens*, Information des Aufsichtsrats, 2006, S. 239; *E. Vetter*, in: *Marsch-Barner/Schäfer*, Hdb. börsennotierte AG, § 29 Rn. 5, 7.

395 Zum Verhältnis zwischen Shareholder- und Stakeholder-Interessen vgl. *Kort*, AG 2012, 605 ff.; *Kuhner*, ZGR 2004, 244 ff.

396 Für Berücksichtigung der Interessen der Gläubigern und der Allgemeinheit *Riegger*, Unternehmenskontrolle, 2002, S. 52; *Spindler*, in: MüKo AktG, Vorb. § 76 Rn. 51.

397 Zu dieser interessenpluralistischen Zielkonzeption des Unternehmensinteresses vgl. etwa *Hopt/M. Roth*, in: Großkomm. AktG, § 111 Rn. 103 ff; *Kunze*, ZHR 144 (1980). 100, 115 ff.; *Lutter/Krieger/Verse*, Rechte und Pflichten des AR, § 12 Rn. 893; *Mertens/Cahn*, in: KöKo AktG, § 76 Rn. 15 ff.; *Spindler*, in: MüKo AktG, Vorb. § 76 Rn. 51, 63 ff., § 93 Rn. 47.

zukäme, sondern es ist von den Umständen des konkreten Einzelfalls abhängig und in der konkreten Situation zu bestimmen.[398]

5. *Beschlussmängel*

Beschlüsse des Aufsichtsrats können mit Inhalts- und Verfahrensmängeln behaftet sein und bei Vorliegen eines solchen Mangels ist der Beschluss – bei Verfahrensmängeln, sofern sie schwerwiegend sind, und bei Inhaltsmängeln stets – nichtig.[399] Mit einem Verfahrensmangel ist ein Beschluss behaftet, wenn er verfahrensrechtlich unter Verletzung zwingenden Gesetzes- oder Satzungsrechts zustande gekommen ist[400] bzw. er sich nach der Form seines Zustandekommens in Widerspruch zu Gesetz oder Satzung setzt[401]. Ein Inhaltsmangel liegt vor, wenn der Beschluss seinem Inhalt gemäß gegen zwingendes Gesetzes- oder Satzungsrecht verstößt.[402] Ein Inhaltsmangel kann sich ferner aus der Nichteinhaltung der Grenzen, die einer pflichtgemäßen Ermessensausübung gesetzt sind[403], insbesondere aus der Überschreitung der rechtlichen Grenzen eines bestehenden Ermessensspielraums[404] sowie der Inanspruchnahme eines

---

398 Vgl. etwa *Kremer/v. Werder*, AG 2013, 340, 341: Einzelfallabhängigkeit; *Kunze*, ZHR 144 (1980), 100, 116 f.: Situations- und Zeitabhängigkeit; *Mertens*, ZGR 1977, 270, 276: *„dauernde Bildung eines konkreten aktuellen Unternehmensinteresses"*; *ders./Cahn*, in: KöKo AktG, Vorb. § 95 Rn. 13: *„nicht abschließend fixierbares Resultat verschiedener Prozesse"*; *Raisch*, in: FS Hefermehl, 1976, S. 347, 357: Variabilität des Unternehmensinteresses; *Raiser*, in: FS R. Schmidt, 1976, S. 101, 108: *„multidimensionale und außerordentlich komplexe Größe"*; *ders.*, ZGR 1978, 391, 397: *„keine vorgegebene Größe"*, sondern Bildung *„erst im Zusammenwirken der Organe und der in den Organen wirkenden Kräfte"*; *Semler*, Leitung und Überwachung, 1996, Rn. 51: *„keine konstante Größe"*.

399 Ausführlich hierzu *Habersack*, in: MüKo AktG, § 108 Rn. 73 ff.; *v. Schenck*, in: Semler/v. Schenck, Arbeitshdb. für AR-Mitglieder, § 1 Rn. 210 ff.; *Spindler*, in: Spindler/Stilz, AktG, § 108 Rn. 69 ff.

400 BGH, Urt. v. 21.04.1997 – II ZR 175/95, Rn. 9, BGHZ 135, 244, 247 = NJW 1997, 1926 – ARAG unter Verweis auf Berufungsgericht.

401 *Lutter/Krieger/Verse*, Rechte und Pflichten des AR, § 11 Rn. 739.

402 BGH, Urt. v. 21.04.1997 – II ZR 175/95, Rn. 9, BGHZ 135, 244, 247 = NJW 1997, 1926 – ARAG unter Verweis auf Berufungsgericht; *Habersack*, in: MüKo AktG, § 108 Rn. 80; *J. Koch*, in: Hüffer/J. Koch, AktG, § 108 Rn. 27.

403 *Hopt/M. Roth*, in: Großkomm. AktG, § 108 Rn. 154.

404 *Habersack*, in: MüKo AktG, § 108 Rn. 80; *Hopt/M. Roth*, in: Großkomm. AktG, § 108 Rn. 154; *Lutter/Krieger/Verse*, Rechte und Pflichten des AR, § 11 Rn. 738; *Mertens/Cahn*, in: KöKo AktG, § 108 Rn. 98.

nicht eingeräumten Ermessens[405], ergeben. Gleiches gilt für die Überschreitung eines bestehenden und die Inanspruchnahme eines nicht bestehenden Beurteilungsspielraums.[406] Zudem kann sich ein Ermessensfehler daraus ergeben, dass irrtümlich eine Ermessensbindung angenommen wird und somit ein Ermessensnichtgebrauch vorliegt.[407]

Beschließt der Aufsichtsrat entgegen seinen Pflichten, einen Schadensersatzanspruch der Gesellschaft gegen das Vorstandsmitglied nicht geltend zu machen, so liegt nach allgemeiner Ansicht ein Inhaltsmangel vor.[408] Die Nichtigkeitsfolge wird entweder auf die Verletzung der zwingenden Norm § 111 Abs. 1 AktG gestützt[409] oder aber auf die Überschreitung der rechtlichen Schranken des dem Aufsichtsrat bei der Verfolgungsentscheidung zukommenden Ermessens[410].

6. *Verschonungsregelung*

Eine Verschonungsregelung, die den Aufsichtsrat im Hinblick auf seine Verfolgungsentscheidung bindet, könnte sich in Konflikt zu den soeben erläuterten Entscheidungsgrundsätzen – Entscheidung im Kollegialorgan, Höchstpersönlichkeit und Unabhängigkeit des Willensbildungsprozesses sowie ausschließliche Verpflichtung auf das Unternehmenswohl – setzen. Schließlich soll ein bestimmtes Entscheidungsergebnis – wenigstens für bestimmte tatbestandliche Konstellationen – vorgegeben werden. Selbst wenn dem Aufsichtsrat auf einer zweiten Stufe ein Abweichungsrecht eingeräumt wird, dürfte er nur ganz ausnahmsweise vom grundsätzlich vorgegebenen Ergebnis abweichen und er wäre bei seiner Entscheidung nicht gänzlich frei. Dadurch, dass das Abstimmungsergebnis bereits vor der Abstimmung in gewissem Umfang fixiert ist, könnte man anzweifeln, ob das Kollegialitätsprinzip[411] und der Grundsatz der

---

405 *Habersack*, in: MüKo AktG, § 108 Rn. 80.

406 *Habersack*, in: MüKo AktG, § 108 Rn. 80.

407 Spezifisch in Bezug auf Verfolgungsentscheidung *Heermann*, AG 1998, 201, 211. Zum Ermessensnichtgebrauch – im Verwaltungsrecht – vgl. ausführlich *Sachs*, in: Stelkens/Bonk/Sachs, VwVfG, § 40 Rn. 77 ff.

408 Vgl. etwa BGH, Urt. v. 21.04.1997 – II ZR 175/95, Rn. 16 ff., BGHZ 135, 244, 251 ff. = NJW 1997, 1926, 1927 f. – ARAG; *J. Koch*, in: Hüffer/J. Koch, AktG, § 108 Rn. 27.

409 So beispielsweise *Habersack*, in: MüKo AktG, § 108 Rn. 80.

410 So etwa *Horn*, ZIP 1997, 1129, 1138; *Spindler*, in: Spindler/Stilz, AktG, § 108 Rn. 75.

411 Im Fall einer Weisungsbindung Kollegialitätsprinzip als tangiert betrachtend, da Entscheidungsergebnis nicht im Wege gemeinsamer Willensbildung zustande komme, *Raiser*, ZGR 1978, 391, 394 f.

höchstpersönlichen Amtswahrnehmung sowie das im Sinne eines freien Willensbildungsprozesses zu verstehende Gebot der Unabhängigkeit noch gewahrt sind. Schließlich ist sehr fraglich, ob das Unternehmensinteresse, das im Wege einer Abwägung der verschiedenen Partikularinteressen zu bestimmen ist und das sich nicht abschließend vorweg definieren lässt[412], durch eine im Vorfeld der konkreten Entscheidungssituation installierte Bindung gewahrt werden kann.

Ein Nichtverfolgungsbeschluss des Aufsichtsrats, der auf der Grundlage einer schuldrechtlichen Verpflichtung zur Verschonung gefasst wird, könnte mit einem Beschlussmangel behaftet sein. Zum einen könnte sich wegen eines Verstoßes gegen Verfahrensgrundsätze – etwa gegen den Grundsatz der Höchstpersönlichkeit[413] – ein Verfahrensmangel ergeben. Zum anderen könnte ein entsprechender Beschluss an einem Inhaltsmangel leiden, etwa weil die Beschlussfassung über die Verfolgung auf Basis einer vor dem tatsächlichen Haftungsfall getroffenen Vereinbarung mit der Überwachungsaufgabe unvereinbar sein könnte.

III. Entscheidungsautonomie des Aufsichtsrats

Die soeben dargestellten aktienrechtlichen Prinzipien, die den Willensbildungs- und Entscheidungsprozess im Aufsichtsrat kennzeichnen, vermitteln, dass dem Aufsichtsrat bei seinen Entscheidungen eine gewisse Entscheidungsfreiheit zustehen muss. Ein solches Gebot der Entscheidungsautonomie des Aufsichtsrats ist generell betrachtet – ohne dass die Ausführungen bereits für letztverbindlich erklärt werden sollen – durch die folgenden Aspekte konstituiert. Der Willensbildungsprozess im Aufsichtsrat muss frei von unzulässigem Entscheidungsdruck sein (*Verbot von unzulässigem Entscheidungsdruck*, 1.). Der Aufsichtsrat muss im Angesicht der aktuellen Situation entscheiden und er darf sich nicht vorzeitig relevanter Entscheidungsspielräume begeben (*Entscheidung auf aktueller Tatsachengrundlage in konkreter Situation*, 2.). Die Aufsichtsratsmitglieder, mit denen der Aufsichtsrat in der konkreten Entscheidungssituation besetzt ist, müssen die aktuell anstehenden Entscheidungen treffen (*Entscheidung in aktueller Aufsichtsratsbesetzung*, 3.).

412 Vgl. etwa *Mertens/Cahn*, in: KöKo AktG, Vorb. § 95 Rn. 13: „*nicht abschließend fixierbares Resultat verschiedener Prozesse*". Vgl. im Übrigen Fn. 397 und Fn. 398.

413 Insofern Höchstpersönlichkeit als formales Kriterium im Gegensatz zu materiellem Kriterium der Unabhängigkeit evaluierend *Heß*, Investorenvereinbarungen, 2014, S. 126.

Eine Verschonungsregelung könnte ein unzulässiges Präjudiz für die Verfolgungsentscheidung des Aufsichtsrats begründen. Da bereits im Anstellungsvertrag eine Vereinbarung mit Bezug zur späteren Verfolgungsentscheidung getroffen wird, wäre die Möglichkeit, in der konkreten Situation auf der aktuellen Tatsachengrundlage zu entscheiden, berührt. Weil zwischen Abschluss des Anstellungsvertrags und Verfolgungsentscheidung Wechsel in der Aufsichtsratsbesetzung wahrscheinlich sind, wäre zudem die Möglichkeit, in der im Zeitpunkt der Verfolgungsentscheidung aktuellen Aufsichtsratsbesetzung zu entscheiden, tangiert.

1. Verbot von unzulässigem Entscheidungsdruck

Das Aktiengesetz schützt die freie Willensbildung des Aufsichtsrats umfassend. Der Aufsichtsrat soll sich bei der Entscheidungsfindung ausschließlich am Unternehmensinteresse orientieren.

a) Beschneidung von Entscheidungsmacht: Weisungsrechte, Zustimmungsvorbehalte, verbindliche Vorschlagsrechte

Beeinflussungen des Aufsichtsrats durch gesellschaftsexterne Dritte oder durch aufsichtsratsverschiedene Organe beurteilt man als unzulässig. Sowohl Weisungsrechte gegenüber dem Aufsichtsrat als auch Zustimmungsvorbehalte anderer Instanzen bei Entscheidungen des Aufsichtsrats und verbindliche Vorschlagsrechte gegenüber dem Aufsichtsrat werden als unzulässig evaluiert.[414] Nicht nur der Gesichtspunkt der Fremdbestimmung oder Drittsteuerung des Aufsichtsrats ist problematisch, sondern zudem der Aspekt der Beschneidung von Entscheidungsmacht zu Lasten des Aufsichtsrats an sich.[415] Soweit einem Dritten oder einem anderen Organ ein Weisungsrecht, ein Zustimmungsvorbehalt oder ein verbindliches Vorschlagsrecht eingeräumt wird, verliert der Aufsichtsrat insoweit einen Teil der ihm aktiengesetzlich zugewiesenen Entscheidungsbefugnisse. Die Zuweisung einer entsprechenden Rechtsposition an eine gesellschaftsfremde Partei oder an ein anderes Organ nimmt dem Aufsichtsrat einen Teil seiner Entscheidungsmacht.

---

414 *Fleischer*, in: Fleischer, Hdb. VorstandsR, § 4 Rn. 14; *Hommelhoff*, BB 1977, 322, 324; *Kort*, in: Großkomm. AktG, § 84 Rn. 44; *Lutter/Krieger/Verse*, Rechte und Pflichten des AR, § 7 Rn. 333; *Mertens/Cahn*, in: KöKo AktG, § 84 Rn. 9. In Bezug auf Weisungsrechte zusätzlich *Habersack*, in: MüKo AktG, § 111 Rn. 3; *E. Vetter*, in: *Marsch-Barner/Schäfer*, Hdb. börsennotierte AG, § 29 Rn. 8.

415 Ähnlich *Kiefner*, ZHR 178 (2014), 547, 577: maßgebend sei nicht Person, die an Einfluss gewinne, sondern Preisgabe von Befugnissen als solche. Ebenfalls ähnlich *Hommelhoff*, BB 1977, 322, 324 f., der auf Verlust von Rechtsmacht abhebt.

b) Beeinflussung des Motivationsprozesses

Auch unterhalb der Schwelle der Entziehung oder Beschränkung von Entscheidungsmacht sind Beeinflussungen des Motivationsprozesses des Aufsichtsrats aktienrechtlich problematisch.[416]

aa) Sanktionsdruck

Evident wird der innere Grund für die Gleichsetzung einer Einflussnahme auf den Motivationsprozess des Aufsichtsrats mit einer unzulässigen Beschneidung von Entscheidungsmacht, wenn die Einflussnahme in einer drohenden Sanktionierung für den Fall, dass der Aufsichtsrat nicht in einem bestimmten Sinn abstimmt, besteht. Soll den Aufsichtsrat etwa die Verpflichtung zur Leistung von Schadensersatz[417] oder einer Vertragsstrafe[418] oder die Verpflichtung zur Amtsniederlegung[419] treffen, sofern er eine Weisung nicht befolgt, er trotz des Unterlassens einer Zustimmung eine Entscheidung trifft oder er einen Vorschlag nicht berücksichtigt, so wird auf die Entscheidung des Aufsichtsrats eine Art von Sanktionsdruck ausgeübt. Die drohende Sanktionierung – hier verstanden als Verpflichtung zu Schadensersatz, Vertragsstrafe oder Amtsniederlegung – bewirkt einen unzulässigen Entscheidungsdruck auf den Aufsichtsrat. Obgleich die Entscheidungsmacht des Aufsichtsrats nicht unmittelbar beschnitten wird, wirkt eine solche mittelbare Beeinflussung des Motivationsprozesses ähnlich schwer wie eine direkte Beschneidung von Entscheidungsmacht und ist gleichsam unzulässig.

bb) Sonstiger unzulässiger Entscheidungsdruck

Ob und wann unterhalb der Schwelle einer drohenden Sanktionierung – hier verstanden im Sinne einer drohenden Verpflichtung zu Schadensersatz,

---

416 Vgl. ähnlich *Hommelhoff*, BB 1977, 322, 324 f.: Schutz der Motivation des Aufsichtsrats.

417 *Spindler*, in: MüKo AktG, § 84 Rn. 16; *H.P. Westermann*, in: FS Hommelhoff, 2012, S. 1319, 1326.

418 *Habersack*, in: MüKo AktG, § 111 Rn. 137; *ders.*, in: FS Ulmer, 2003, S. 151, 161; *Spindler*, in: MüKo AktG, § 84 Rn. 16; *H.P. Westermann*, in: FS Hommelhoff, 2012, S. 1319, 1326. Differenzierend *Reichert*, ZGR 2015, 1, 30; *ders./Ott*, in: FS Goette, 2011, S. 398, 405: Unzulässigkeit nur bei Anknüpfung an Ausbleiben des Einwirkungserfolgs, nicht bei Anknüpfung an Ausbleiben der Einwirkungshandlung.

419 *Habersack*, in: MüKo AktG, § 111 Rn. 137; *Hoffmann-Becking*, in: MüHdbGesR AG, § 33 Rn. 7; *Hopt/M. Roth*, in: Großkomm. AktG, § 111 Rn. 745; *Lutter/Krieger/Verse*, Rechte und Pflichten des AR, § 7 Rn. 334; *Krieger*, Personalentscheidungen des Aufsichtsrats, 1981, S. 45 f.; *H.P. Westermann*, in: FS Hommelhoff, 2012, S. 1319, 1326.

Vertragsstrafe oder Amtsniederlegung – ein aktienrechtlich unzulässiger Entscheidungsdruck angenommen werden muss, lässt sich nicht trennscharf eruieren und kann auch nicht in der Tiefe dargestellt werden. Rein tatsächliche Einflüsse, die auf die Organe der Gesellschaft einwirken, können zwar nicht vermieden werden und werden bis zu einem gewissen Grad toleriert.[420] Allerdings dürfen faktische Einflüsse nicht von solcher Intensität sein, dass die autonome Wahrnehmung des Aufsichtsratsmandats bzw. die Willensbildung im Aufsichtsrat wesentlich erschwert wird.[421] Keine den Entscheidungsprozess im Aufsichtsrat unzulässig beeinflussende Maßnahme stellt ein spontaner, unverbindlicher Vorschlag dar.[422] Ob die Verankerung eines Vorschlagsrechts in Satzung oder schuldvertraglicher Vereinbarung ungeachtet einer explizit fehlenden Verbindlichkeit bereits unter dem Gesichtspunkt der Institutionalisierung einen unzulässigen Entscheidungsdruck zu Lasten des Aufsichtsrats begründet, beurteilt man unterschiedlich. Während eine Ansicht dem Umstand der Institutionalisierung – also der statutarischen bzw. schuldrechtlichen Verankerung des Vorschlagsrechts – eine die freie Entschließung in unzulässiger Weise beeinträchtigende Wirkung beimisst[423] und institutionalisierte Vorschlagsrechte selbst unter der Voraussetzung ihrer Unverbindlichkeit als unzulässig qualifiziert[424], evaluiert eine andere Auffassung unverbindliche Vorschlagsrechte, welche die freie Entschließung des Aufsichtsrats nicht beeinträchtigen, als zulässig[425].

---

420 *Habersack*, in: MüKo AktG, § 111 Rn. 138; *Hommelhoff*, BB 1977, 322, 325; *Kocher/v. Falkenhausen*, AG 2016, 848, 851; *Lutter/Krieger/Verse*, Rechte und Pflichten des AR, § 7 Rn. 335; *Raiser*, ZGR 1978, 391, 395 f.; *Reichert/Ott*, in: FS Goette, 2011, S. 398, 401 f.

421 *Habersack*, in: MüKo AktG, § 111 Rn. 138. Ähnlich *Reichert*, ZGR 2015, 1, 29: maßgebend sei Entstehung eines der Weisungsbindung vergleichbaren Drucks.

422 OLG Stuttgart, Urt. v. 30.05.2007 – 20 U 14/06, Rn. 41, AG 2007, 873, 876; *Kort*, in: Großkomm. AktG, § 84 Rn. 53; *Weber*, in: Hölters, AktG, § 84 Rn. 10.

423 *Hommelhoff*, BB 1977, 322, 325; *Krieger*, Personalentscheidungen des Aufsichtsrats, 1981, S. 51 f.; *Mertens/Cahn*, in: KöKo AktG, § 84 Rn. 9; *Zöllner*, DB 1976, 1766, 1767 f. Nicht ganz entschlossen, aber tendenziell wohl auch *H.P. Westermann*, in: FS Hommelhoff, 2012, S. 1319, 1325.

424 *Fleischer*, in: Spindler/Stilz, AktG, § 84 Rn. 10; *Kort*, in: Großkomm. AktG, § 84 Rn. 44, 51; *Lutter/Krieger/Verse*, Rechte und Pflichten des AR, § 7 Rn. 335; *Mertens/Cahn*, in: KöKo AktG, § 84 Rn. 9.

425 *Dauner-Lieb*, in: Henssler/Strohn, GesR, § 84 Rn. 6; *Reichert/Ott*, in: FS Goette, 2011, S. 397, 406; *Spindler*, in: MüKo AktG, § 84 Rn. 15; *Weber*, in: Hölters, AktG, § 84 Rn. 11; *Wiesner*, in: MüHdbGesR AG, § 20 Rn. 6.

c) Verschonungsregelung

Eine Implikationen für die Verfolgungsentscheidung des Aufsichtsrats bereithaltende Verschonungsregelung, die der Aufsichtsrat selbst installiert, begründet keine Unterordnung des Organs Aufsichtsrat unter eine von ihm verschiedene Instanz, etwa einen gesellschaftsexternen Dritten oder ein anderes Organ. Es erfolgt eine Selbstbindung des Organs Aufsichtsrat. Allerdings ist gezeigt worden, dass bereits die Einbuße an Entscheidungsmacht und die Beeinflussung des Motivationsprozesses an sich – selbst wenn nicht zugleich eine Fremdsteuerung installiert wird – problematisch sind. Eine Verschonungsregelung, die verbindlich ein bestimmtes Entscheidungsergebnis – gegebenenfalls für bestimmte tatbestandliche Konstellationen – vorgibt, würde ein Präjudiz für die Verfolgungsentscheidung begründen. Insofern wäre eine Einbuße an Entscheidungsmacht des Aufsichtsrats in der konkreten Verfolgungssituation zu verzeichnen. Wird eine Fiduciary Out-Möglichkeit vorgesehen, so könnte dennoch die Gefahr einer unzulässigen Beeinflussung des Motivationsprozesses im Aufsichtsrat bestehen. Schließlich würde mit der Verschonungsregelung zwar keine Unterordnung des Organs Aufsichtsrat begründet werden, wohl aber eine Bindung der über die Anspruchsverfolgung entscheidenden Aufsichtsratsmitglieder an den Willen der von ihnen eventuell verschiedenen Aufsichtsratsmitglieder, welche die Verschonungsregelung im Anstellungsvertrag vereinbart haben. Von Relevanz für die Untersuchung, ob eine anstellungsvertragliche Verschonungsregelung mit den aktienrechtlichen Grundsätzen zur Entscheidungsfindung im Aufsichtsrat vereinbar ist, ist es, ob die Entscheidung des Aufsichtsrats über Verfolgung und Nichtverfolgung von Schadensersatzansprüchen der Gesellschaft Vorabbindungen zugänglich ist.

2. Entscheidung auf aktueller Tatsachengrundlage in konkreter Situation: Verbot selbstbeschränkender Vereinbarungen?

In Bezug auf den Vorstand findet sich nicht selten das Postulat, der Vorstand habe in der konkreten Situation auf der je aktuellen Tatsachengrundlage zu entscheiden.[426] Er könne sich hinsichtlich einer zukünftigen Beschlussfassung nicht

426 *Heptner*, Einschränkungen der Leitungsmacht, 2013, S. 93; *Mertens/Cahn*, in: KöKo AktG, § 76 Rn. 47; *Wellhöfer*, in: Wellhöfer/Peltzer/Müller, Haftung, § 4 Rn. 36 – jeweils unter Verweis auf *Lutter*, in: FS Fleck 1988, S. 169, 184, der im Zusammenhang mit Strukturbeschlüssen Freiheit der Organe von gesellschaftsinternen Zukunftsbindungen fordert.

verbindlich festlegen.[427] Im Hinblick auf den Aufsichtsrat findet sich eine solche Forderung – wenngleich eher punktuell im Zusammenhang mit Investorenvereinbarungen – gleichsam.[428] Die auf den Aufsichtsrat bezogene Diskussion um selbstbeschränkende Vereinbarungen, welche im Vorfeld einer Entscheidung getroffen werden und welche die Entscheidungs- und Handlungsmöglichkeiten in der künftigen, konkreten Entscheidungssituation einschränken, weist indes nicht annähernd eine solche Tiefe wie die auf den Vorstand bezogene, unter dem Begriff „*Vorwegbindungsverbot*" geführte Diskussion auf.

a) Legitimation eines Einzelfallerfordernisses

Ein Gebot, erst in der konkreten, aktuellen Situation zu entscheiden, hat im ersten Zugriff insofern eine Berechtigung, als regelmäßig – so ließe sich annehmen – erst anhand der aktuellen Tatsachen eruiert werden kann, welche Umstände für die Entscheidungsfindung relevant sind und welche Belange und Interessen in die Bestimmung des Unternehmensinteresses einzustellen sind. Die Vielgestaltigkeit der zu berücksichtigenden Belange und Interessen sowie der denkbaren Relationen zueinander gestaltet es schwierig, vorab sämtliche Erwägungen vorzunehmen.[429]

Im Hinblick auf den Vorstand, der die Aktiengesellschaft leitet, wird vielfach postuliert, aus dem Wortlaut der Kompetenznorm § 76 Abs. 1 AktG („*Der Vorstand hat unter eigener Verantwortung die Gesellschaft zu leiten.*") ergebe sich neben dem Gebot der Unentziehbarkeit von Leitungsmacht, das eine Entziehung von Leitungsmacht durch vorstandsfremde Instanzen ausschließt, ein Gebot der Unveräußerlichkeit von Leitungsmacht dergestalt, dass der Vorstand

---

427 *Fleischer*, in: Fleischer, Hdb. VorstandsR, § 1 Rn. 60; *Mertens/Cahn*, in: KöKo AktG, § 76 Rn. 59 – generell in Bezug auf Gesellschaftsorgane.

428 Vgl. etwa *Heß*, Investorenvereinbarungen, 2014, S. 136: „*Dieser Überwachungsaufgabe kann nur dadurch hinreichend Rechnung getragen werden, dass Entscheidungen zu einem Zeitpunkt getroffen werden, zu welchem die Aufsichtsratsmitglieder über vollständige und aktuelle Informationen verfügen. Dies ist nicht gewährleistet, sofern sie sich vorab binden könnten.*" Ähnlich *Steinert*, Investorenvereinbarung, 2013, S. 145: „*Die Unabhängigkeit der Ausübung des Aufsichtsratsmandats erfordert es, dass sich der Aufsichtsrat hinsichtlich künftiger Entscheidungen nicht rechtsverbindlich festlegen darf. (…) Entscheidungen hat der Aufsichtsrat in seiner aktuellen Zusammensetzung unter Berücksichtigung der gegenwärtigen Beschlusslage zu fassen.*"

429 Vgl. etwa *Mertens/Cahn*, in: KöKo AktG, Vorb. § 95 Rn. 13: Unternehmensinteresse als „*nicht abschließend fixierbares Resultat verschiedener Prozesse*". Vgl. im Übrigen Fn. 397 und Fn. 398.

sich seiner Leitungsverantwortung nicht vorzeitig durch eigene Entscheidungen begeben könne.[430]

Im Hinblick auf den Aufsichtsrat statuiert die Kompetenznorm § 111 Abs. 1 AktG nicht ausdrücklich ein vergleichbares Gebot der Eigenverantwortlichkeit. Es heißt lediglich: „*Der Aufsichtsrat hat die Geschäftsführung zu überwachen.*“ Allerdings besagt der in unmittelbarem systematischen Kontext mit der Kompetenznorm stehende § 111 Abs. 6 AktG, dass Aufsichtsratsmitglieder ihre Aufgaben nicht durch andere wahrnehmen lassen können, was im Sinne eines Gebots der Höchstpersönlichkeit ausgelegt wird. Das Gebot der Höchstpersönlichkeit erfordert, dass sich jedes Aufsichtsratsmitglied über die mit dem Aufsichtsratsamt zusammenhängenden Fragen ein eigenes Urteil bildet[431] und es kraft eigener Willensbildung handelt[432]. Das Gebot, kraft eigener Willensbildung zu handeln, tritt vorrangig im Zusammenhang mit gesellschaftsrechtlichen Gestaltungsvarianten in Erscheinung, die aufsichtsratsfremden Instanzen – etwa im Wege von Weisungsrechten, Zustimmungsvorbehalten oder Vorschlagsrechten – einen Einfluss auf Entscheidungen des Aufsichtsrats ermöglichen. Solche Gestaltungen sind nicht nur unter dem Aspekt der Fremdsteuerung problematisch, sondern der Verlust von Entscheidungsmacht an sich begründet eine aktienrechtlich relevante Problematik. Unter terminologischer Betrachtung spricht das Gebot der Höchstpersönlichkeit zunächst einmal einen personalen Aspekt der Amtswahrnehmung dergestalt an, dass Aufsichtsratsmitglieder die ihnen zugeschriebenen Kompetenzen in eigener Person wahrzunehmen haben. Über den personalen Aspekt hinaus können dem Gebot der höchstpersönlichen Amtswahrnehmung situative oder temporale Implikationen zugeordnet werden. Der Klärung bedarf es, ob der situative oder temporale Aspekt der Höchstpersönlichkeit so weit reicht, dass der Aufsichtsrat Entscheidungen erst in der konkreten Entscheidungssituation treffen und nicht bereits zu einem vorherigen Zeitpunkt Bindungen im Hinblick auf zu treffende Entscheidungen eingehen darf.

In Bezug auf den Vorstand ist mittlerweile – wie noch genauer aufgezeigt wird – anerkannt, dass das Gebot der Eigenverantwortlichkeit nicht im Sinne

---

430 Vgl. *Fleischer*, in: Spindler/Stilz, AktG, § 76 Rn. 59; *ders.*, in: Fleischer, Hdb. VorstandsR, § 1 Rn. 60; *ders.*, in: FS Schwark, 2009, S. 137, 159 ff.; *Mertens/Cahn*, in: KöKo AktG, § 76 Rn. 45 ff.; *Wellhöfer*, in: Wellhöfer/Peltzer/Müller, Haftung, § 4 Rn. 33 ff. Zur Problematik vgl. auch *Arens*, Vertragliche Einflussrechte, 2014, S. 59 f.

431 OLG Stuttgart, v. 29.02.2012 – 20 U 3/11, LS 1, ZIP 2012, 625 – Piëch; *Habersack*, in: MüKo AktG, § 116 Rn. 32.

432 *Drygala*, in: K. Schmidt/Lutter, AktG, § 111 Rn. 68; *Hambloch-Gesinn/Gesinn*, in: Hölters, AktG, § 111 Rn. 84; *Mertens/Cahn*, in: KöKo AktG, § 111 Rn. 117.

eines strikten Verbots selbstbeschränkender Bindungen verstanden werden kann. Eine ähnliche Argumentation könnte sich in Bezug auf den Aufsichtsrat eruieren lassen. Die Voraussetzungen, unter denen der Aufsichtsrat selbstbeschränkende Bindungen im Hinblick auf künftige Entscheidungen eingehen kann, könnten aber unter dem Gesichtspunkt der Effektivität der Überwachungsaufgabe – sofern die einer Vorwegbindung nicht sogar gänzlich negiert werden muss – enger zu fassen sein als in Bezug auf den Vorstand.[433]

b) Selbstbeschränkende Bindungen des Vorstands: Relative Zulässigkeit

Die Zulässigkeit von selbstbeschränkenden Bindungen, die künftige Entscheidungs- und Handlungsmöglichkeiten begrenzen, wird in Bezug auf den Vorstand – insbesondere im Zusammenhang mit Business Combination Agreements und Investorenvereinbarungen[434] – intensiv diskutiert. Im Hinblick auf den Aufsichtsrat mangelt es an einer vergleichbaren vertieften Auseinandersetzung. Ein Rekurs auf die in Bezug auf den Vorstand geführte Diskussion um selbstbeschränkende Bindungen könnte Anhaltspunkte zur Beantwortung der Frage, ob und inwieweit sich der Aufsichtsrat im Wege schuldrechtlicher Vereinbarungen vorweg binden und er seine künftigen Entscheidungs- und Handlungsmöglichkeiten beschränken kann, bergen. Im Wesentlichen ist die Zulässigkeit selbstbeschränkender Bindungen des Aufsichtsrats anhand der Rechte und Pflichten, welche das Aktiengesetz dem Organ Aufsichtsrat zuweist, und anhand der Prinzipien, welche die Entscheidungsfindung im Aufsichtsrat prägen, zu beurteilen.

Bei der Frage, inwieweit selbstbeschränkende Bindungen des Vorstands zulässig sind, lässt sich zunächst einmal zwischen Leitungs- und Geschäftsführungsmaßnahmen differenzieren.[435] Während Geschäftsführung alle rechtlichen und

---

433 Vgl. insofern die ablehnenden bzw. kritischen Stimmen in der Literatur, beispielsweise *Heß*, Investorenvereinbarungen, 2014, S. 136, der mit Überwachungsauftrag des Aufsichtsrats argumentiert; *Mertens/Cahn*, in: KöKo AktG, § 76 Rn. 59, die auf effektive Wahrnehmung der Kontrollpflichten durch Aufsichtsrat abheben; *Steinert*, Investorenvereinbarung, 2013, S. 145, der auf Unabhängigkeit des Aufsichtsrats verweist.

434 Zu den Begriffen vgl. *Decher*, in: FS Hüffer, 2010, S. 145 ff.; *Ederle*, Verdeckte Beherrschungsverträge, S. 85 ff.; *Reichert*, ZGR 2015, 1, 3 f.; *Schall*, in: Kämmerer/Veil, Übernahme- und Kapitalmarktrecht, 2013, S. 75, 77; *Seibt*, in: Kämmerer/Veil, Übernahme- und Kapitalmarktrecht, 2013, S. 105, 108 f.; *ders./Wunsch*, Der Konzern 2009, 195 f.

435 So etwa von *H. Krause*, CFL 2013, 192, 194 f. Ebenfalls anklingend bei *König*, NZG 2013, 452, 453 f. Indirekte Differenzierung, indem lediglich Einschränkung im Bereich der Leitung angesprochen wird, *Paschos*, NZG 2012, 1142, 1143 ff. Ohne

tatsächlichen Handlungen für die Gesellschaft umfasst[436], unterfällt der Leitung lediglich ein herausgehobener Teil der Geschäftsführung[437], nämlich grundlegende Maßnahmen oder Maßnahmen von besonderer Bedeutung für die Gesellschaft[438], insbesondere im Zusammenhang mit Unternehmensplanung, -koordinierung, -kontrolle und Besetzung von Führungsposten[439]. Bindungen im Bereich korporativer Akte, die konzernrechtliche Strukturen oder grundlegende unternehmensverfassungsrechtliche Fragen, wie die Besetzung von Führungsposten, betreffen, betrachtet man eher als aktienrechtlich problematisch.[440] Demgegenüber ordnet man Bindungen im Bereich der Geschäftsführung als weniger rechtlich bedenklich ein.[441]

Dass Bindungen im Bereich der Leitung kritischer bewertet werden als im Bereich der Geschäftsführung, ist im Zusammenhang damit zu betrachten, dass der Kompetenznorm § 76 Abs. 1 AktG, die lediglich die Leitung der Gesellschaft durch den Vorstand adressiert, während die Geschäftsführung erst in § 77 Abs. 1 S. 1 AktG Erwähnung findet[442], zum Teil ein Gebot der Unveräußerlichkeit von Leitungsmacht und ein hiermit einhergehendes absolutes Verbot der Vorwegbindung entnommen wird.[443] Lediglich eine langfristige Festlegung der Geschäftspolitik soll einer restriktiven Ansicht zufolge zulässig sein.[444]

Differenzierung *Heß*, Investorenvereinbarungen, 2014, S. 178 ff. Für Lösung der Problematik selbstbeschränkender Bindungen des Vorstands nicht über Begriff der Leitung, sondern über Abkehr vom Unveräußerlichkeitsgebot *J. Koch*, in: Fleischer/Koch/Kropff/Lutter, 50 Jahre AktG, ZGR Sonderheft 19, 2016, S. 65, 96 ff.

436 *Fleischer*, in: Spindler/Stilz, AktG, § 77 Rn. 3; *J. Koch*, in: Hüffer/J. Koch, AktG, § 93 Rn. 3.

437 *J. Koch*, in: Hüffer/J. Koch, AktG, § 76 Rn. 8; *Spindler*. in: MüKo AktG, § 76 Rn. 17.

438 *Dreher*, in: FS Hopt, 2010, S. 517, 519.

439 *Fleischer*, in: Spindler/Stilz, AktG, § 76 Rn. 18; *J. Koch*, in: Hüffer/J. Koch, AktG, § 76 Rn. 9; *Semler*, Leitung und Überwachung, 1996, Rn. 11 ff.

440 Vgl. nur *Mertens/Cahn*, in: KöKo AktG, § 76 Rn. 47; *Wellhöfer*, in: Wellhöfer/Peltzer/Müller, Haftung, § 4 Rn. 35.

441 Vgl. *H. Krause*, CFL 2013, 192, 194 f.

442 Zum Einzugsbereich von § 76 Abs. 1 AktG vgl. ausführlich *Reichert*, ZGR 2015, 1, 21 f.

443 Vgl. *Fleischer*, in: Spindler/Stilz, AktG, § 76 Rn. 59; *ders.*, in: Fleischer, Hdb. VorstandsR, § 1 Rn. 60; *ders.*, ZIP 2003, 1, 10 f.; *ders.*, in: FS Schwark, 2009, S. 137, 149 ff.; *Wellhöfer*, in: Wellhöfer/Peltzer/Müller, Haftung, § 4 Rn. 33 ff. Zur Problematik vgl. auch *Arens*, Vertragliche Einflussrechte, 2014, S. 59 f.

444 Siehe die Nachweise in Fn. 443. Ebenfalls Zulässigkeit langfristiger Bindungen im Gesellschaftsinteresse annehmend *Mertens/Cahn*, in: KöKo AktG, § 76 Rn. 47; *Wiesner*, in: MüHdbGesR AG, § 19 Rn. 34

Mittlerweile dürfte sich aber die überzeugende Auffassung durchgesetzt haben, dass ein umfassendes und absolutes Verbot der Vorwegbindung nicht Platz zu greifen vermag.[445] Die Vorabbindung künftigen Ermessens muss nicht stets die unzulässige Preisgabe von Ermessen oder die unzulässige Vorwegnahme einer Entscheidung bedeuten, sondern sie kann auch als zulässige Ausübung von Ermessen in der Gegenwart zu bewerten sein.[446] Eine Entscheidung, die aufgrund einer vorab eingegangenen Bindung getroffen wird, kann sich als Umsetzung der zuvor eingegangenen Bindung darstellen.[447]

Eine zunehmende Zahl an Autoren hält Bindungen im Bereich der Leitung nicht per se für unzulässig.[448] Selbst korporative Akte sollen nicht stets avers gegenüber Vorwegbindungen sein.[449] Hervorzuheben ist die Tendenz, die Zulässigkeit von Bindungen, die künftige Entscheidungs- und Handlungsspielräume des Vorstands einschränken, losgelöst von der Qualifizierung einer Maßnahme als Leitungsmaßnahme zu beurteilen.[450] Statt tatbestandlich bestimmte Fallgruppen von einem absoluten Verbot der Vorwegbindung auszunehmen, setzt man beim Vorwegbindungsverbot selbst an, dessen absoluten Charakter

---

445 Vgl. umfassend *Herwig*, Leitungsautonomie und Fremdeinfluss, 2014, S. 102 ff.

446 *Arens*, Vertragliche Einflussrechte, 2014, S. 85; *Goslar*, EWiR 2013, 193, 194; *Herwig*, Leitungsautonomie und Fremdeinfluss, 2014, S. 68, 69; *Paschos*, NZG 2012, 1142, 1143; *Seibt*, ZIP 2013, 1597, 1600.

447 Vgl. *Hippeli/Diesing*, AG 2015, 185, 192; *Paschos*, NZG 2012, 1142, 1143. Vgl. – aus der Rechtsprechung – auch OLG Stuttgart, Beschl. v. 02.12.2014 – 20 AktG 1/14, Rn. 73, AG 2015, 163, 166: Abschluss eines Business Combination Agreements und grundsätzliche Unterstützung eines Übernahmeangebots als *„nachvollziehbare Umsetzung dieser unternehmerischen Entscheidung"*.

448 Vgl. etwa *Ederle*, Verdeckte Beherrschungsverträge, 2010, S. 172; *Herwig*, Leitungsautonomie und Fremdeinfluss, 2014, S. 68 ff., 102 ff.; *Seibt*, in: K. Schmidt/Lutter, AktG, § 76 Rn. 21; *ders.*, ZIP 2013, 1597, 1600; *ders.*, in: Kämmerer/Veil, Übernahme- und Kapitalmarktrecht, 2013, S. 105, 119.

449 Vgl. insofern etwa *Hippeli/Diesing*, AG 2015, 185, 192 f., die mehr oder minder Gleichstellung zwischen langfristiger Festlegung der Unternehmenspolitik einerseits und Vereinbarungen über organisatorische Strukturen, Besetzung von Führungspositionen und konkrete Geschäftspolitik andererseits vornehmen: *„Ähnliches gilt in Bezug auf organisatorische Strukturen (…)."*

450 Dementsprechend ohne Differenzierung zwischen Maßnahmen der Leitung und der Geschäftsführung *Heß*, Investorenvereinbarungen, 2014, S. 178 ff. Für Entschärfung absoluten Vorwegbindungsverbots über Abkehr von striktem Verbot an sich statt über Leitungsbegriff auf Tatbestandsseite *J. Koch*, in: Fleischer/Koch/Kropff/Lutter, 50 Jahre AktG, ZGR Sonderheft 19, 2016, S. 65, 96 f.

man – wenigstens stillschweigend[451] – negiert.[452] In triftigen Fällen solle die Unveräußerlichkeit der Leitungsmacht Selbstbindungen des Vorstands nicht entgegenstehen.[453]

Die soeben aufgezeigte veränderte Position gegenüber Vereinbarungen, mit denen der Vorstand im Wege der Selbstbindung künftige Entscheidungs- und Handlungsmöglichkeiten einschränkt, kann vor dem Hintergrund betrachtet werden, dass sich eine Grenzziehung zwischen Geschäftsführungs- und Leitungsmaßnahmen oftmals von vornherein als diffizil erweist[454] und sich eine ursprüngliche Geschäftsführungsmaßnahme nachträglich zu einer Leitungsmaßnahme entwickeln kann[455]. Der Hauptgrund für eine Entschärfung des Vorwegbindungsverbots dürfte jedoch in der Erkenntnis liegen, dass eine Bindung in Bezug auf künftige Entscheidungen als zulässige Ermessensausübung in der Gegenwart zu bewerten sein kann und sie nicht stets eine unzulässige Preisgabe künftig auszuübenden Ermessens darstellen muss.[456] Schließlich ist relativierend zu berücksichtigen, dass eine jede Ermessensausübung die Beschränkung künftiger Wahlmöglichkeiten einschließt.[457]

---

451 Vgl. insofern die Tendenz in der Literatur, Zulässigkeit künftige Optionen beschränkender Vereinbarungen von quantitativen Größen, insbesondere von zeitlicher oder monetärer Dimension der Bindung, abhängig zu machen. So beispielsweise *Fleischer*, in: Spindler/Stilz, AktG, § 76 Rn. 78: Verzicht auf Ausübung genehmigten Kapitals für *„überschaubare Zeit"*. Beispielsweise auch *Martin*, Der konkurrierende Bieter, 2015, S. 169: steigende Gefahr des Verstoßes gegen Vorwegbindungsverbot *„mit zunehmender Höhe"* vereinbarter break fee-Zahlung.

452 Vgl. etwa *Seibt*, in: K. Schmidt/Lutter, AktG, § 76 Rn. 21: *„kein umfassendes Verbot der Vorwegbindung des Vorstandsermessens als eine prinzipielle Grenze der Vertragsfreiheit der Aktiengesellschaft"*. Zu einer solchen Lösung über eine Entschärfung des Unveräußerlichkeitsgebots an Stelle einer Lockerung der Leitungsmacht vgl. *J. Koch*, in: Fleischer/Koch/Kropff/Lutter, 50 Jahre AktG, ZGR Sonderheft 19, 2016, S. 65, 96 ff.

453 *Weber-Rey/Reps*, ZGR 2013, 597, 620.

454 So auch *Goslar*, EWiR 2013, 193, 194. Umfassend hierzu *Arens*, Vertragliche Einflussrechte, 2014, S. 93 ff.

455 Vgl. *H. Krause*, CFL 2013, 192, 195.

456 Dies annehmend *Arens*, Vertragliche Einflussrechte, 2014, S. 85; *Goslar*, EWiR 2013, 193, 194; *Herwig*, Leitungsautonomie und Fremdeinfluss, 2014, S. 68, 69; *Paschos*, NZG 2012, 1142, 1143; *Seibt*, ZIP 2013, 1597, 1600.

457 Hierauf hinweisend *Herwig*, Leitungsautonomie und Fremdeinfluss, 2014, S. 104 f. In die Richtung auch *Heß*, Investorenvereinbarungen, 2014, S. 180. Ähnlich *Kuntz*, AG 2016, 101: mittelbare Bindung infolge eines jeden Vertrags, den Vorstand namens Gesellschaft schließe.

Die Zulässigkeit von Vorwegbindungen des Vorstands ist anhand eines relativen Maßstabs zu bestimmen. Dieser relative Maßstab bemisst sich nach den allgemeinen Sorgfaltspflichten des Vorstands gemäß § 93 Abs. 1 AktG, auf die man zur Beurteilung der Zulässigkeit von Bindungen des Vorstandsermessens in zunehmendem Maße rekurriert.[458] Die Inbezugnahme von § 93 Abs. 1 AktG bei der Beurteilung der Zulässigkeit von Vorwegbindungen hängt damit zusammen, dass die Differenzierung zwischen Leitungs- und Geschäftsführungsmaßnahmen an Bedeutung verliert und man die Legitimation eines generellen, aus dem Gebot eigenverantwortlicher Leitung gemäß § 76 Abs. 1 AktG abzuleitenden Vorwegbindungsverbots in Frage stellt. Die Kompetenznorm § 76 Abs. 1 S. 1 AktG verliert bei der Beurteilung der Zulässigkeit selbstbeschränkender Vereinbarungen des Vorstands an Relevanz.[459] Die Einschränkung künftiger Entscheidungs- und Handlungsmöglichkeiten des Vorstands ist somit einer Abwägung am Maßstab des Unternehmenswohls zugänglich.[460] Ein strikt zu verstehendes, absolutes Vorwegbindungsverbot, von dem bestimmte Maßnahmen punktuell ausgenommen sein sollen, weicht einem relativen Maßstab, der auf sämtliche Beschneidungen künftiger Entscheidungs- und Handlungsmöglichkeiten des

---

458 Für § 93 Abs. 1 AktG als zusätzlichen oder vorrangigen Maßstab etwa *Ederle*, Verdeckte Beherrschungsverträge, 2010, S. 171 f.; *Fleischer*, in: Spindler/Stilz, AktG, § 76 Rn. 77: *„zweites, engmaschigeres Kontrollnetz"*; gleichsam *ders.*, in: FS Schwark, 2009, S. 137, 151 f.; *Goslar*, EWiR 2013, 193, 194: *„allein am Maßstab des § 93 Abs. 1 S. 1 AktG"*; *Herwig*, Leitungsautonomie und Fremdeinfluss, 2014, S. 107 ff.; *Heß*, Investorenvereinbarungen, 2014, S. 180; *Kuntz*, AG 2016, 101, 107: haftungsrechtliche *„Einhegung"* über § 93 Abs. 2 AktG; *Martin*, Der konkurrierende Bieter, 2015, S. 164 ff. – in Bezug auf break fee-Vereinbarung; *Paschos*, NZG 2012, 1142, 1144; *Seibt*, in: Kämmerer/Veil, Übernahme- und Kapitalmarktrecht, 2013, S. 105, 119 f.

459 Dem § 76 Abs. 1 S. 1 AktG Vorwegbindungsverbot entnehmend *Fleischer*, in: Spindler/Stilz, AktG, § 76 Rn. 68 f.; *ders.*, in: Fleischer, Hdb. VorstandsR, § 1 Rn. 60; *ders.*, ZIP 2003, 1, 10 f., *ders.*, in: FS Schwark, 2009, S. 137, 149 ff. Enger *Heß*, Investorenvereinbarungen, 2014, S. 180: Eröffnung des Anwendungsbereichs von § 76 Abs. 1 S. 1 AktG nur bei unmittelbarer Unterwerfung unter Willen eines Dritten. Ebenso *J. Koch*, in: Fleischer/Koch/Kropff/Lutter, 50 Jahre AktG, ZGR Sonderheft 19, 2016, S. 65, 99 f.: § 76 Abs. 1 S. 1 AktG nur, wenn in Sache Unternehmensvertrag vorliege oder unmittelbare Unterwerfung unter Willen eines Dritten erfolge. Ablehnend bezüglich § 76 Abs. 1 AktG als Maßstab *Herwig*, Leitungsautonomie und Fremdeinfluss, 2014, S. 104 ff.

460 Dies als maßgebenden Vorteil der Beurteilung selbstbeschränkender Vereinbarungen anhand des Maßstabs von § 93 Abs. 1 AktG evaluierend *J. Koch*, in: Fleischer/Koch/Kropff/Lutter, 50 Jahre AktG, ZGR Sonderheft 19, 2016, S. 65, 99.

Vorstands zur Anwendung zu bringen ist, unabhängig davon, ob Leitungs- oder Geschäftsführungsermessen ausgeübt wird.

Den maßgebenden Orientierungspunkt für eine Bindung, mit der künftige Entscheidungs- und Handlungsmöglichkeiten beschränkt werden, bildet das Unternehmenswohl.[461] Die Nachteile der einzugehenden Bindung dürfen in keinem unvertretbaren Missverhältnis zu den Vorteilen stehen und die Vorteile müssen die Nachteile wenigstens kompensieren.[462] Die Bindung darf nicht zu einer unvertretbaren Einschränkung des Entscheidungs- und Handlungskorridors führen.[463] Eine unvertretbare Einschränkung nimmt man – obgleich sich die Grenzen nicht trennscharf und letztverbindlich eruieren lassen[464] – an, wenn dem Vorstand der *„unveräußerliche Kern seiner Leitungsmacht"* genommen wird[465] bzw. ihm nicht einmal ein *„Mindestkern an Handlungsfreiheit"* verbleibt[466]

---

461 *Herwig*, Leitungsautonomie und Fremdeinfluss, 2014, S. 107 ff.; *Hippeli/Diesing*, AG 2015, 185, 192; *Kiefner*, ZHR 178 (2014), 547, 579; *Seibt*, in: Kämmerer/Veil, Übernahme- und Kapitalmarktrecht, 2013, S. 105, 125; *Weber-Rey/Reps*, ZGR 2013, 597, 619.

462 Vgl. *Herwig*, Leitungsautonomie und Fremdeinfluss, 2014, S. 108; *H. Krause*, CFL 2013, 192, 196; *Seibt*, in: Kämmerer/Veil, Übernahme- und Kapitalmarktrecht, 2013, S. 105, 125.

463 *Paschos*, NZG 2012, 1142, 1143; *Seibt*, in: K. Schmidt/Lutter, AktG, § 76 Rn. 21; *ders.*, in: Seibt, Beck´sches Formularbuch M&A, Form. E. II Anm. 2. Ähnlich – auf Äquivalenz bzw. synallagmatische Gegenleistung abhebend – *Heptner*, Einschränkungen der Leitungsmacht, 2013, S. 109 ff.; *J. Koch*, in: Fleischer/Koch/Kropff/Lutter, 50 Jahre AktG, ZGR Sonderheft 19, 2016, S. 65, 97. Kritisch *Heß*, Investorenvereinbarungen, 2014, S. 181 mit Fn. 695.

464 Auf Abgrenzungsproblematik etwa verweisend *Ederle*, Verdeckte Beherrschungsverträge, 2010, S. 171: *„schwierige unternehmerische Abgrenzungsfrage"*; *Emmerich*, in: Emmerich/Habersack Aktien- und GmbH-Konzernrecht, § 291 Rn. 24d: *„(…) noch nicht endgültig geklärt (…), wie weit oder wie eng der zwingend der eigenverantwortlichen Leitung des Vorstandes vorbehaltene Bereich zu definieren ist."*; *Heß*, Investorenvereinbarungen, 2014, S. 174: *„Wo eine eigenverantwortliche Entscheidung des Vorstands über Fragen der Leitung der Gesellschaft aufhört und eine unzulässige Fremdbestimmung der Gesellschaft anfängt, lässt sich jedoch nicht immer derart leicht entscheiden."*; *Mertens/Cahn*, in: KöKo AktG, § 76 Rn. 45: *„ausfüllungsbedürftiger Wertungsrahmen"*; *Paschos*, NZG 2012, 1142, 1143: *„keine statische Grenze"* und Fehlen *„generelle(n) Maßstab(s)"*. Hervorzuheben ist, dass benannte Autoren zum Teil Problematik tatbestandlicher Abgrenzung von Maßnahmen, die Unzulässigkeitsverdikt unterworfen sind, benennen, zum Teil aber auch Problematik, Grenze des Unzulässigkeitsverdikts an sich zu eruieren.

465 *Weber-Rey/Reps*, ZGR 2013, 597, 619.

466 *Kiefner*, ZHR 178 (2014), 547, 576.

und er seiner Führungsverantwortung nicht mehr gerecht werden kann[467]. Geht der Vorstand eine selbstbeschränkende Bindung ein, so muss er die Entscheidung hierüber zudem auf wohlinformierter Grundlage treffen.[468] Schließlich fordert man häufig eine sachliche und zeitliche Begrenzung der Bindung.[469]

Im Rahmen der Diskussion um Vorwegbindungen des Vorstands differenziert man oftmals danach, ob die Bindung die operativen Geschäfte der Gesellschaft im Außenverhältnis oder die Wahrnehmung organspezifischer Befugnisse im Innenverhältnis betrifft.[470] Weiter unterscheidet man zwischen einer mittelbaren Vorwegbindung des Vorstands dergestalt, dass die Bindung die Gesellschaft als solche trifft, sie aber notwendig vom Vorstand umzusetzen ist, und einer unmittelbaren Vorwegbindung des Vorstands im Bereich organspezifischer Befugnisse.[471] Gehe der Vorstand für die Gesellschaft Bindungen ein, welche die Gesellschaft als Schuldnerin treffen, so sei dies – in relativen Grenzen – zulässig, während Bindungen im Rahmen von Pflichten, die spezifisch dem Vorstand als Organ auferlegt sind – etwa die Stellungnahmepflicht gemäß § 27 Abs. 1 S. 1 WpÜG[472] –, nicht eingegangen werden könnten.[473] Denn das Organ selbst verfüge nicht über die Rechtsfähigkeit zum Eingehen einer entsprechenden Verpflichtung[474], die einzelnen Organmitglieder seien nicht zur Entäußerung der

---

467 *Hippeli/Diesing*, AG 2015, 185, 192; *Mertens/Cahn*, in: KöKo AktG, § 76 Rn. 45.

468 *Herwig*, Leitungsautonomie und Fremdeinfluss, 2014, S. 107 ff.; *Kiefner*, ZHR 178 (2014), 547, 579.

469 *Herwig*, Leitungsautonomie und Fremdeinfluss, 2014, S. 109 ff.; *Hippeli/Diesing*, AG 2015, 185, 192; *Kiefner*, ZHR 178 (2014), 547, 579; *H. Krause*, CFL 2013, 192, 196; *Paschos*, NZG 2012, 1142, 1143.

470 Zu dieser Differenzierung vgl. die Darstellung der Erscheinungsformen bei *Otto*, NZG 2013, 930, 933 f.

471 *Heß*, Investorenvereinbarungen, 2014, S. 178 ff. Gleichsame Fundierung des Unzulässigkeitsverdikts bei *Schall*, in: Kämmerer/Veil, Übernahme- und Kapitalmarktrecht, 2013, S. 75, 90 f., 93 f., 103 f.

472 Zur Verpflichtungsadressatenstellung des Gesamtorgans im Rahmen der Stellungnahmepflicht gemäß § 27 Abs. 1 WpÜG vgl. *Seibt*, in: FS Hoffmann-Becking, 2013, S. 1119, 1136 f.

473 *Heß*, Investorenvereinbarungen, 2014, S. 178 ff., 197 ff. Ebenso gegen Möglichkeit einer Bindung im Rahmen spezifischer Organpflichten mangels Dispositionsbefugnis – namentlich in Bezug auf § 27 Abs. 1 S. 1 WpÜG – *Drygala*, WM 2004, 1457, 1465, 1467.

474 *Heß*, Investorenvereinbarungen, 2014, S. 173, 198; *Schall*, in: Kämmerer/Veil, Übernahme- und Kapitalmarktrecht, 2013, S. 75, 90 f., 93. Zur Problematik der Rechtsfähigkeit von Gesellschaftsorganen vgl. *Bauer*, Organklagen, 1986, S. 32 ff.; *Mertens/Cahn*, in: KöKo AktG, Vorb. § 76 Rn. 3; *Schürnbrand*, Organschaft im Recht der

dem Organ zugewiesenen Kompetenzen befugt[475] und der Gesellschaft fehle es an der Dispositionsbefugnis im Hinblick auf spezifische Organkompetenzen[476]. Andere Stimmen in der Literatur kritisieren demgegenüber, dass jegliche Möglichkeit, Bindungen im Rahmen organspezifischer Befugnisse zu erzielen, ausgeschlossen sein soll.[477] Eine nicht geringere Zahl an Autoren nimmt im Grundsatz – wenigstens stillschweigend – die Zulässigkeit von Verpflichtungen auch im Bereich vorstandsspezifischer Pflichten an.[478] Die Bindung sei so zu konstruieren bzw. auszulegen, dass sie als solche die Gesellschaft treffe, aber aufgrund der gesellschaftsinternen Kompetenzordnung durch das intern zuständige Organ umzusetzen sei.[479] Werde in einer schuldrechtlichen Vereinbarung explizit ein konkretes Organ adressiert, so werde hierdurch nicht das Organ als solches verpflichtet, sondern die Benennung des Organs verweise lediglich auf die interne Zuständigkeitsverteilung.[480] Die Bindung, welche die Gesellschaft als solche treffe, sei vom jeweils zuständigen Organ unabhängig von einem etwaigen Besetzungswechsel seit der Begründung der Bindung umzusetzen.[481] Folgt man diesem Ansatz – wofür unternehmenspraktische Erwägungen sprechen

---

privaten Verbände, 2007, S. 57 ff., 365 ff.; *Steinbeck*, Überwachungspflicht und Einwirkungsmöglichkeiten des Aufsichtsrats, 1992, S. 173 ff. Für Möglichkeit einer Verpflichtung zu bestimmter Maßnahme mit Zustimmung zuständigen Organs aber OLG München, Beschl. v. 14.12.2011 – 7 AktG 3/11, Rn. 52 f., AG 2012, 260, 262 – WET; *Kiem*, AG 2009, 301, 307 f.; *Weber-Rey/Reps*, ZGR 2013, 597, 625. Dagegen *Heß*, Investorenvereinbarungen, 2014, S. 260 f.

475 *Heß*, Investorenvereinbarungen, 2014, S. 174, 199; *Schall*, in: Kämmerer/Veil, Übernahme- und Kapitalmarktrecht, 2013, S. 75, 90 f., 93 f., 104. Ähnlich *Schürnbrand*, ZHR 169 (2005), 35, 47: persönliche Zusagen des Vorstandsmitglieds, die bei Amtsführung binden, unvereinbar mit eigenverantwortlicher Leitung.

476 *Heß*, Investorenvereinbarungen, 2014, S. 182, 198 f.; *Schall*, in: Kämmerer/Veil, Übernahme- und Kapitalmarktrecht, 2013, S. 75, 90 f., 104.

477 So etwa *Kiefner*, ZHR 178 (2014), 547, 570 f. mit Fn. 92 kritisch in Bezug auf *Heß*, Investorenvereinbarungen, 2014, S. 128 ff., 173 ff.

478 Im Hinblick auf Stellungnahmepflicht gemäß § 27 Abs. 1 WpÜG etwa *Banerjea*, DB 2003, 1489, 1494 f.; *Rubner*, KSzW 2011, 412, 414 f.; *Seibt/Wunsch*, Der Konzern 2009, 195, 202; *Spindler*, in: MüKo AktG, § 76 Rn. 28; *Wieneke/Schulz*, AG 2016, 809, 813. Im Hinblick auf Verpflichtung zu Durchführung von Kapitalerhöhungen etwa *Bungert/Wansleben*, ZIP 2013, 1841, 1844 f. Sämtliche benannte Ansichten knüpfen Unzulässigkeit an Fehlen einer Fiduciary Out-Regelung, die sicherstellt, dass Bindung in konkreter Situation mit organschaftlichen Pflichten vereinbar ist.

479 *Arens*, Vertragliche Einflussrechte, 2014, S. 18 f.; *Kiefner*, ZHR 178 (2014), 547, 571.

480 *Arens*, Vertragliche Einflussrechte, 2014, S. 18 f.; *Kiefner*, ZHR 178 (2014), 547, 571.

481 *Kiefner*, ZHR 178 (2014), 547, 579.

mögen[482] –, so ist aber einschränkend zu fordern, dass die Bindung nicht mit einem unangemessenen Entscheidungsdruck auf das Organ korrespondieren darf.[483]

Insgesamt ist zu konstatieren, dass selbstbeschränkende Bindungen des Vorstands, mit denen er Entscheidungs- und Handlungsalternativen in künftigen Situationen einengt, im Grundsatz und innerhalb relativer Grenzen als zulässig anzuerkennen sind. Obgleich die Zulässigkeitsbedenken zunehmen mögen, sofern Leitungs- an Stelle von Geschäftsführungsmaßnahmen betroffen sind und sofern organisationsinterne Strukturen der Gesellschaft oder organspezifische Befugnisse in Rede stehen, zeichnet sich insgesamt die Tendenz ab, Einschränkungen künftiger Entscheidungs- und Handlungsalternativen – losgelöst von der Einordnung als Leitungs- oder Geschäftsführungsmaßnahme – anhand eines relativen Zulässigkeitsmaßstabs, der sich am Unternehmenswohl orientiert, unter Zugrundelegung der allgemeinen Sorgfaltspflichten gemäß § 93 Abs. 1 AktG zu bewerten.

c) Selbstbeschränkende Bindungen des Aufsichtsrats

Sind selbstbeschränkende Vereinbarungen beim Vorstand im Grundsatz zulässig, so lässt sich die Frage stellen, ob nicht spiegelbildlich beim Aufsichtsrat, der das Pendant zum Vorstand bildet, selbstbeschränkende Bindungen zulässig sein müssen. In Bezug auf den Vorstand argumentiert man, die Bindung künftigen Ermessens könne sich als zulässige Ausübung von Ermessen in der Gegenwart darstellen und müsse nicht eine unzulässige Preisgabe künftigen Ermessens bedeuten. Im Hinblick auf den Aufsichtsrat ist zu fragen, ob sich eine selbstbeschränkende Bindung, welche die Entscheidungs- und Handlungsmöglichkeiten in einer künftigen Situation einengt, noch als zulässige Ausübung von (Überwachungs-)Ermessen in der Gegenwart darstellen kann.

Die Frage, ob und inwieweit der Aufsichtsrat, der vorrangig als Überwachungsorgan der Gesellschaft konzipiert ist und der weniger mit Führungsaufgaben und unternehmerischen Entscheidungen betraut ist, sich vorab hinsichtlich künftiger Entscheidungen verbindlich festlegen und seine Entscheidungs- und Handlungsmöglichkeiten in künftigen Situationen beschränken kann, wird in der Literatur eher punktuell und nicht in der Breite wie in

---

482 Vgl. insofern *J. Koch*, in: Fleischer/Koch/Kropff/Lutter, 50 Jahre AktG, ZGR Sonderheft 19, 2016, S. 65, 96; *Paschos*, NZG 2012, 1142, 1144.

483 Diese Einschränkung ebenfalls benennend *Seibt*, ZIP 2013, 1597, 1601; *ders.*, in: Übernahme- und Kapitalmarktrecht, 2013, S. 105, 125 f.

Bezug auf den Vorstand behandelt. Dies ergibt sich aus der Natur der Sache. Der Vorstand leitet die Gesellschaft und er legt die Unternehmenspolitik und deren Richtlinien fest. Er tritt für die Gesellschaft nach außen in Erscheinung und geht für sie Bindungen ein. Es ist unmittelbar einsichtig, dass die Problematik, ob und inwieweit in der Gegenwart Verpflichtungen eingegangen werden können, die verbindliche Implikationen für künftige Entscheidungen haben und die Entscheidungs- und Handlungsspielräume des Gesellschaftsorgans bzw. der Gesellschaft beschränken, zunächst einmal beim Vorstand in Erscheinung tritt.

Hier steht die Frage im Raum, ob vor dem Eintritt eines Sachverhalts, aus dem Organhaftungsansprüche der Gesellschaft gegen das Vorstandsmitglied hergeleitet werden können, – etwa im Anstellungsvertrag zwischen Aktiengesellschaft und Vorstandsmitglied – eine Bindung des Aufsichtsrats in Bezug auf die von ihm zu treffende Verfolgungsentscheidung installiert werden kann.

Will man beantworten, ob der Aufsichtsrat im Hinblick auf die Verfolgungsentscheidung selbstbeschränkende Bindungen eingehen kann, ist ein Blick darauf zu richten, wie die Verfolgungsentscheidung des Aufsichtsrats ihrer Rechtsnatur gemäß und im Gefüge der Aufsichtsratskompetenzen einzuordnen ist. Zunächst ist – maßgebend unter Rekurs auf die Diskussion um die Unveräußerlichkeit von Leitungsmacht und das Vorwegbindungsverbot beim Vorstand, im Wesentlichen aber unter Berücksichtigung der dem Aufsichtsrat aktiengesetzlich zugewiesenen Kompetenzen – aufzuzeigen, ob und inwieweit selbstbeschränkende Vereinbarungen des Aufsichtsrats, mit denen eine Bindung hinsichtlich künftiger Entscheidungen und Maßnahmen installiert wird, im Allgemeinen als zulässig evaluiert werden können.

aa) Generelle Unzulässigkeit von selbstbeschränkenden Bindungen des Aufsichtsrats?

Angesichts des Wortlauts von § 111 Abs. 1 AktG könnte die Zulässigkeit selbstbeschränkender Vereinbarungen des Aufsichtsrats im Generellen in Zweifel zu ziehen sein. Wirft man einen Blick auf die aktiengesetzlichen Kompetenznormen, also auf § 76 Abs. 1 AktG, der die Leitung durch den Vorstand betrifft, sowie auf § 77 Abs. 1 S. 1 AktG, der sich auf die Geschäftsführung durch den Vorstand bezieht, einerseits und auf § 111 Abs. 1 AktG, der die Überwachung durch den Aufsichtsrat betrifft, andererseits, so fällt auf, dass die Überwachungsaufgabe des Aufsichtsrats strukturell anders konzipiert ist als die Leitungsaufgabe des Vorstands.

Gemäß § 76 Abs. 1 AktG hat der Vorstand die Gesellschaft zu leiten und gemäß § 77 Abs. 1 S. 1 AktG sind die Vorstandsmitglieder zur Geschäftsführung befugt. Der Leitungsauftrag weist von vornherein – sieht man von Begrenzungen, die sich aus der Natur der Sache, etwa aus dem Unternehmensgegenstand, ergeben[484], ab – ein größeres gestalterisches Potenzial auf als die Überwachungsaufgabe. Die Formulierung, dass sich eine Bindung künftigen Leitungs- und Geschäftsführungsermessens als zulässige Ausübung von Leitungs- oder Geschäftsführungsermessen in der Gegenwart darstellen kann, ist angesichts des umfassenden Gestaltungsauftrags des Vorstands einsichtig.

Wirft man demgegenüber einen Blick auf § 111 Abs. 1 AktG, wonach der Aufsichtsrat die Geschäftsführung zu überwachen hat, so fällt auf, dass die Überwachungsaufgabe einen konkreten Bezugspunkt hat. Die Überwachung ist auf den Vorstand und dessen Geschäftsführung – worunter man im Rahmen von § 111 Abs. 1 AktG in restriktiver Auslegung lediglich bedeutsame Geschäftsführungsmaßnahmen versteht[485] – bezogen.[486] Der Vorstand muss gewissermaßen erst durch sein Handeln in Erscheinung treten, bevor die Überwachungsaufgabe des Aufsichtsrats aktiviert wird.[487] Anders als die Leitungsaufgabe des Vorstands ist die Überwachungsaufgabe in gewisser Weise nicht selbständig und sie steht nicht für sich selbst. Der Überwachungsauftrag des Aufsichtsrats ist konzeptionell auf die Geschäftsführung durch den Vorstand bezogen und er belässt von vornherein weniger gestalterisches Potenzial als der Leitungsauftrag des Vorstands.[488]

Angesichts der sich aus der Natur der Sache ergebenden Restriktionen im Hinblick auf die Überwachungsaufgabe ist sehr zweifelhaft, ob sich vorab installierte

---

484 Vgl. hierzu etwa *Fleischer*, in: Spindler/Stilz, AktG, § 76 Rn. 60; *Spindler*, in: MüKo AktG, § 76 Rn. 24.

485 Vgl. *Drygala*, in: K. Schmidt/Lutter, AktG, § 111 Rn. 11; *Habersack*, in: MüKo AktG, § 111 Rn. 18 ff.; *Hopt/M. Roth*, in: Großkomm. AktG, § 111 Rn. 159 ff.; *Krieger*, in: Krieger/U.H. Schneider, Hdb. Managerhaftung, § 3 Rn. 24; *Lutter/Krieger/Verse*, Rechte und Pflichten des AR, § 2 Rn. 65; *E. Vetter*, in: *Marsch-Barner/Schäfer*, Hdb. börsennotierte AG, § 26 Rn. 3.

486 Ähnlich *Hopt/M. Roth*, in: Großkomm. AktG, § 111 Rn. 53: Geschäftsführung als *„objektive(r) Bezug der Überwachungsaufgabe"*; *Hüffer*, NZG 2007, 47: *„leitungsbezogene Verantwortung des Aufsichtsrats"*.

487 Vgl. ähnlich *v. Schenck*, in: Semler/v. Schenck, Arbeitshdb. für AR-Mitglieder, § 14 Rn. 64: *„(…) setzt die Erfüllung der Aufsichtsratsagenden die Tätigkeit des anderen Verwaltungsorgans voraus (…)."*

488 Vgl. insofern den ähnlichen – auf nachträgliche und nicht auf gesamte Überwachungstätigkeit des Aufsichtsrats bezogenen – Gedanken bei *Kindler*, ZHR 162 (1998), 101, 111: es gehe nicht um Teilhabe an, sondern um Überprüfung von Ermessensentscheidungen des Vorstands.

Bindungen des Aufsichtsrats noch als zulässige Ausübung von Aufsichtsratsbefugnissen darstellen können. Wo kaum Spielräume bei der Wahrnehmung zugewiesen sind[489] – unter anderem, weil sich das Anforderungsprofil nach einem noch nicht feststehenden Bezugspunkt richtet –, ist die Möglichkeit einer Vorab-Disposition im Wege der Vorab-Ausfüllung von Spielräumen zweifelhaft. Dementsprechend scheint manch ein Autor in Bezug auf den Aufsichtsrat ein absolutes Verbot der Vorwegbindung anzunehmen. So argumentiert man – in Bezug auf die Stellungnahme des Aufsichtsrats gemäß § 27 Abs. 1 WpÜG –, die Festlegung auf ein bestimmtes Ergebnis bzw. die bindende Antizipation der Entscheidung des Aufsichtsrats konfligiere mit dessen Überwachungsauftrag, der eine Entscheidung im aktuellen Zeitpunkt auf Grundlage vollständiger Information erfordere.[490] Weiter nimmt man an, Bindungen des Aufsichtsrats, mit denen er sich rechtsverbindlich hinsichtlich künftiger Entscheidungen festlege, stünden in Konflikt zur Überwachungsaufgabe, zur Unabhängigkeit des Aufsichtsrats und zu seiner Verpflichtung auf das Unternehmenswohl.[491]

Aus der Bezogenheit der Überwachung auf die Geschäftsführung und dem geringeren gestalterischen Gehalt der Überwachungsaufgabe im Verhältnis zur Leitungsaufgabe auf eine generelle Unzulässigkeit von Vereinbarungen, die künftige Entscheidungs- und Handlungsmöglichkeiten des Aufsichtsrats beschränken, schließen zu wollen, erscheint jedoch ebenso wenig angezeigt, wie aus der *„Eigenverantwortlichkeit"* der Leitungsaufgabe den Schluss auf ein absolutes Vorwegbindungsverbot beim Vorstand zu ziehen. Wie bereits aufgezeigt worden ist, kann auch der Aufsichtsrat in bestimmten Fällen für die Gesellschaft verbindlich nach außen in Erscheinung treten und für sie handeln. Auch unternehmerische Entscheidungen kann er – wenngleich in einem im Verhältnis zum Vorstand deutlich begrenzten Umfang – treffen. Zumindest in Fällen, in denen der Aufsichtsrat für die Gesellschaft verbindlich nach außen in Erscheinung tritt, er unternehmerische Entscheidungen trifft oder Geschäftsführungsmaßnahmen vollzieht, liegt es nahe, dass sich die Frage, ob und inwieweit Bindungen im Hinblick auf künftige Entscheidungs- und Handlungssituationen eingegangen

489 Vgl. insofern erneut *Kindler*, ZHR 162 (1998), 101, 111. Ebenfalls ähnlicher – generell in Bezug auf Überwachungsaufgabe des Aufsichtsrats bezogener – Gedanke bei *Kling*, DZWiR 2005, 45, 46: *„kein weites, originäres ‚Aufsichts- oder Überwachungsermessen' des Aufsichtsrats"*.

490 *Heß*, Investorenvereinbarungen, 2014, S. 128 ff., 135 ff.

491 *Steinert*, Investorenvereinbarung, 2014, S. 143 ff. (Benennungsrechte), 163 ff. (Bestellungs- und Abberufungskompetenz), 176 f. (Stellungnahmepflicht gemäß § 27 Abs. 1 WpÜG).

werden können, gleichsam in Bezug auf den Aufsichtsrat stellt. Ob man in den Bereichen, in denen der Aufsichtsrat dem Vorstand vergleichbare Aufgaben wahrnimmt, von der (vorab erfolgenden) Ausübung von Leitungsermessen spricht – was naheläge, qualifizierte man den Aufsichtsrat insofern im Sinne eines zweiten Leitungsorgans – oder von der (vorab erfolgenden) Ausübung von Überwachungsermessen[492], ist eine terminologische Frage.

Mit diesen Überlegungen steht es in Einklang, dass auch die Literatur – wenngleich in einem im Verhältnis zum Vorstand begrenzten Umfang – die Fragestellung aufgreift, ob und inwieweit Entscheidungs- und Handlungsmöglichkeiten des Aufsichtsrats in künftigen Situationen beschränkt werden können, etwa wenn sie die Zulässigkeit statutarischer Vorgaben, die das Aufsichtsratsermessen beschränken, diskutiert.[493] Insbesondere im Hinblick auf satzungsmäßige Eignungsvoraussetzungen für die Bestellung von Vorstandsmitgliedern findet sich eine umfangreiche Diskussion in der Literatur.[494] Auf schuldrechtlicher Ebene sind – oftmals im Zusammenhang mit Business Combination Agreements und Investorenvereinbarungen – ebenso punktuelle Überlegungen zur Zulässigkeit von Vorabbindungen des Aufsichtsrats anzutreffen.[495] Schließlich vermag ein Blick auf die kapitalmarktbezogene Rechtsprechung zu zeigen, dass Aufsichtsratsbeschlüsse – wenigstens in tatsächlicher Hinsicht – einer Prognostizierung nicht per se unzugänglich sind.[496]

492 Vgl. zum Streit, ob Aufsichtsrat im Rahmen präventiver Überwachung als Überwachungsorgan oder gewissermaßen als zweites Leitungsorgan zu evaluieren ist, *J. Koch*, in: Fleischer/Koch/Kropff/Lutter, 50 Jahre AktG, ZGR Sonderheft 19, 2016, S. 65, 77 f. Vgl. im Übrigen Fn. 366 und Fn. 367.

493 Zu Beispielen für statutarische Ermessensbeschränkungen vgl. etwa *Mertens/Cahn*, in: KöKo AktG, § 84 Rn. 51: Ermessensbindung hinsichtlich Vergütungshöhe und Gewinnbeteiligung des Vorstands, Befreiung des Vorstands vom Wettbewerbsverbot, Kreditgewährung an Vorstandsmitglieder.

494 Zum Streitstand vgl. *Behme/Zickgraf*, AG 2015, 841, 846 f.; *J. Koch*, in: Hüffer/J. Koch, AktG, § 76 Rn. 60; *Vedder*, in: Grigoleit, AktG, § 76 Rn. 51 ff.

495 So beispielsweise die Überlegung in Bezug auf Zustimmungsrechte des Aufsichtsrats von *Schall*, in: Kämmerer/Veil, Übernahme- und Kapitalmarktrecht, 2013, S. 75, 91 f., der annimmt, für Vorabbindungen im Rahmen von Zustimmungserfordernissen des Aufsichtsrats müssten dieselben Regeln gelten wie beim Vorstand.

496 Vgl. insofern OLG Stuttgart, Beschl. v. 22.04.2009 – 20 Kap 1/08, Rn. 81, AG 2009, 454, 457 – Daimler/Schrempp: „*(…) verbietet sich diese Frage [die Frage, ob ein Aufsichtsratsbeschluss hinreichend wahrscheinlich im Sinne der Definition einer Insiderinformation ist] nicht schon deshalb, weil ein Aufsichtsratsbeschluss nicht ‚prognosefähig' wäre. Dass der Aufsichtsrat ein unabhängiges Gremium ist, das sich aus mehreren Mitgliedern zusammensetzt und durch Beschlussfassung in freier Abstimmung entscheidet,*

An dieser Stelle kann im Ergebnis festgehalten werden, dass ein generelles und absolutes Verbot selbstbeschränkender Vereinbarungen des Aufsichtsrats nicht Platz zu greifen vermag. Vorwegbindungen des Aufsichtsrats können jedoch auch nicht stets und vollumfänglich als zulässig anzuerkennen sein. Es bedarf einer Konturierung der Grenzen, innerhalb derer der Aufsichtsrat im Wege der Selbstbindung seine künftigen Entscheidungs- und Handlungsspielräume begrenzen kann.

bb) Differenzierung nach der dem Aufsichtsrat übertragenen Aufgabe

Während selbstbeschränkende Vereinbarungen in Bezug auf den Vorstand im Zusammenhang mit dessen Leitungs- und Geschäftsführungstätigkeit stehen, steht im Hinblick auf den Aufsichtsrat dessen Überwachungsaufgabe im Raum. So wie beim Vorstand zwischen Maßnahmen der Leitung und Maßnahmen der Geschäftsführung differenziert wird, findet sich eine ähnliche Differenzierung beim Aufsichtsrat. Zu unterscheiden ist zwischen der präventiven Überwachung, bei welcher der Aufsichtsrat das Vorstandshandeln begleitend mitgestaltet, und der nachträglichen Überwachung, welcher etwa die Verfolgung von Schadensersatzansprüchen angehört. Ob die präventive Überwachung ebenso wie die nachträgliche Überwachung Teil der insoweit einheitlichen Überwachungsaufgabe ist oder ob der Aufsichtsrat im Rahmen der präventiven Überwachung im Sinne eines zweiten Leitungsorgans neben dem Vorstand zu qualifizieren ist, ist – wie bereits erläutert worden ist – umstritten.[497]

In Anlehnung an die Diskussion um selbstbeschränkende Bindungen des Vorstands, bei der zwischen einer weniger problematischen Bindung des Geschäftsführungsermessens und einer eher problematischen und nach einer Ansicht absolut unzulässigen Bindung des Leitungsermessens differenziert wird, lässt sich in Bezug auf den Aufsichtsrat zwischen präventiven Überwachungsmaßnahmen, unternehmerischen Entscheidungen und Geschäftsführungsmaßnahmen, die der Aufsichtsrat ausnahmsweise zu treffen hat, einerseits und nachträglichen Überwachungsmaßnahmen des Aufsichtsrats andererseits unterscheiden. Bindungen des Aufsichtsrats im Rahmen von Entscheidungen,

---

bedeutet nur, dass die Entscheidung in der Regel nicht mit Sicherheit vorhergesehen werden kann, nicht aber, dass sie grundsätzlich nicht prognostiziert werden könnte." Und inzident BGH, Urt. v. 23.04.2013 – II ZB 7/09, Rn. 29 ff., AG 2013, 518, 521 – Daimler/Schrempp: Antizipation, ob es sich bei Aufsichtsratsbeschluss um künftig eintretenden Umstand handle, anhand umfassender Würdigung verfügbarer Anhaltspunkte.

497 Zum Streitstand vgl. *J. Koch*, in: Fleischer/Koch/Kropff/Lutter, 50 Jahre AktG, ZGR Sonderheft 19, 2016, S. 65, 77 f. Vgl. im Übrigen Fn. 366 und Fn. 367.

bei denen ihm wie dem Vorstand unternehmerische Ermessensspielräume zukommen, müssen – so lässt sich annehmen – Vorwegbindungen in gleicher Weise zugänglich sein wie Entscheidungen des Vorstands.[498]

Zahlreiche gesellschaftsrechtliche Diskussionen – etwa in Bezug auf statutarische Eignungsvoraussetzungen bei der Vorstandsbestellung[499] oder in Bezug auf satzungsmäßige Regelungen über die Vorstandsvergütung[500] oder die Kreditgewährung an Vorstandsmitglieder[501] – verdeutlichen, dass man im Rahmen der präventiven Überwachung kein generelles und absolutes Verbot von Bindungen, die künftige Entscheidungs- und Handlungsmöglichkeiten des Aufsichtsrats vorab beschränken, annimmt. Zwar beziehen sich die benannten Diskussionen auf die Frage, inwieweit im Wege der Satzung – also durch den Willen der vom Aufsichtsrat verschiedenen Aktionäre – die Entscheidungsfreiheit des Aufsichtsrats eingeschränkt werden kann. Es ist jedoch gezeigt worden, dass das zwingende Aktienrecht auch die Gestaltungsgrenze schuldrechtlicher Vereinbarungen darstellt. Zudem ist dargelegt worden, dass im Fall einer von organexterner Seite auferlegten Bindung nicht nur der Aspekt der Fremdsteuerung problematisch ist, sondern zudem der Gesichtspunkt der Beschneidung von Entscheidungsmacht an sich. Hiermit ist ein Aspekt benannt, der gleichsam bei Selbstbindungen zum Tragen kommt.

Im Rahmen der präventiven Überwachung, bei der dem Aufsichtsrat dem Vorstand vergleichbare unternehmerische Ermessensspielräume zukommen[502], ist es einsichtig, dass eine Vorwegbindung in ähnlicher Weise zulässig sein muss wie beim Vorstand. Die Bindung in Bezug auf eine künftige Entscheidung kann sich als Ausübung von präventivem Überwachungsermessen bzw. – sofern man den Aufsichtsrat im Rahmen der präventiven Überwachung als zweites Leitungsorgan qualifiziert – als Ausübung von Leitungsermessen in der Gegenwart darstellen.

Demgegenüber erweisen sich selbstbeschränkende Bindungen des Aufsichtsrats im Rahmen der nachträglichen Überwachungsaufgabe als problematischer. Bei der nachträglichen Überwachung kommt dem Aufsichtsrat anders als bei der präventiven Überwachung kein unternehmerischer Ermessensspielraum

---

498 So etwa *Schall*, in: Kämmerer/Veil, Übernahme- und Kapitalmarktrecht, 2013, S. 75, 91 f. – in Bezug auf Zustimmungsvorbehalte des Aufsichtsrats.

499 *Mertens/Cahn*, in: KöKo AktG, § 76 Rn. 116, § 84 Rn. 10.

500 Vgl. hierzu etwa *Mertens/Cahn*, in: KöKo AktG, § 84 Rn. 51.

501 Vgl. hierzu etwa *Mertens/Cahn*, in: KöKo AktG, § 89 Rn. 3.

502 BGH, Urt. v. 21.04.1997 – II ZR 175/95, Rn. 25, BGHZ 135, 244, 254 f. = NJW 1997, 1926, 1928 – ARAG.

zu.[503] Zudem sind Tätigkeiten des Aufsichtsrats im Rahmen der nachträglichen Überwachung stärker durch den zu überwachenden – insbesondere bereits eingetretenen – Bezugspunkt geprägt als Tätigkeiten im Rahmen der präventiven Überwachung[504], die der Leitungstätigkeit des Vorstands entsprechen. Die Überlegung, dass sich eine Bindung, die Entscheidungs- und Handlungsmöglichkeiten im Rahmen der künftigen nachträglichen Überwachung einschränkt, als zulässige vorab erfolgende Einwirkung auf Spielräume, die dem Aufsichtsrat im Rahmen der nachträglichen Überwachung zukommen, darstellt, erscheint insgesamt konzeptionell fragwürdig.

Eine Vorabdisposition des Aufsichtsrats im Hinblick auf die Verfolgungsentscheidung könnte unter dem Gesichtspunkt einer Typisierung der Umstände, die der Aufsichtsrat bei seiner Verfolgungsentscheidung voraussichtlich berücksichtigen wird, und einer hierauf basierenden generalisierenden Abwägung in Betracht kommen. Zwar kommen dem Aufsichtsrat nach Ansicht des BGH bei der nachträglichen Überwachung keine unternehmerischen Ermessensspielräume zu. Hat der Aufsichtsrat Schadensersatzansprüche der Gesellschaft gegen ein Vorstandsmitglied festgestellt, so besteht allerdings kein Verfolgungsautomatismus, sondern das ARAG-Urteil belässt Spielräume bei der Entscheidung über Verfolgung oder Nichtverfolgung – wenngleich, wie dargelegt worden ist, die spezifische Rechtsnatur der Spielräume nicht eindeutig zum Ausdruck gelangt und das Ausmaß der Spielräume einer rechtssicheren Klärung entbehrt.

Sofern im Rahmen einer Entscheidung wenigstens Spielräume irgendwelcher Art bestehen[505] – seien es unternehmerische Ermessensspielräume, Beurteilungsspielräume oder sonstige Entscheidungsspielräume[506] –, liegt die

---

503 BGH, Urt. v. 21.04.1997 – II ZR 175/95, Rn. 25, BGHZ 135, 244, 255 = NJW 1997, 1926, 1928 – ARAG.

504 Vgl. insofern auch *Kindler*, ZHR 162 (1998), 101, 111: im Rahmen der nachträglichen Überwachung gegenstandsbezogene – nämlich auf vergangene, abgeschlossene Pflichtverletzung des Vorstands bezogene – Tätigkeit des Aufsichtsrats an Stelle vorausschauend-gestalterischer Partizipation an unternehmerischen Entscheidungen des Vorstands wie bei präventiver Überwachung.

505 Vgl. insofern den Hinweis von *S. Binder*, Grenzen der Vorstandshaftung, 2016, S. 539: Überwachung stehe zwar hinsichtlich des *„Ob“* nicht im Ermessen des Aufsichtsrats, wohl aber hinsichtlich des *„Wie“*.

506 Vgl. insoweit die differenzierende Betrachtung etwa bei *Fleischer*, in: Spindler/Stilz, AktG, § 93 Rn. 69a; *Klöhn/Schmolke*, ZGR 2016, 866, 884 f.: Differenzierung zwischen unternehmerischen Entscheidungen und rechtlich gebundenen Entscheidungen mit Beurteilungs- oder Ermessensspielräumen.

Erwägung, diese Spielräume vorab fruchtbar zu machen und vorab Dispositionen mit Bezügen zu den Spielräumen zu treffen, nicht gänzlich fern.

Hebt man auf das Bestehen von Spielräumen irgendwelcher Art ab, bezüglich derer im Vorfeld der Entscheidung Dispositionen eingegangen werden sollen, so geht hiermit – ähnlich der Diskussion um das Vorwegbindungsverbot beim Vorstand, bei der ein Bedeutungsverlust der Differenzierung zwischen Leitung und Geschäftsführung zu verzeichnen ist – eine Relativierung der Differenzierung zwischen präventiver und nachträglicher Überwachung einher.[507] Es kommt nicht so sehr darauf an, ob der Aufsichtsrat im Rahmen der präventiven oder nachträglichen Überwachung tätig wird, sondern darauf, ob und welche Spielräume er im Rahmen einer Entscheidung hat und ob diese Spielräume einer Vorabdisposition zugänglich sind. Neben der Frage, ob der Aufsichtsrat überhaupt Spielräume hat, ist relevant, ob auf diese Spielräume – in tatsächlicher wie in wertungsmäßiger Hinsicht – bereits vorab verbindlich eingewirkt werden kann.

cc) Verfolgungsentscheidung des Aufsichtsrats: Absolute Unzulässigkeit von selbstbeschränkenden Bindungen?

Hier steht die Frage im Raum, ob auf die Entscheidung des Aufsichtsrats über Verfolgung oder Nichtverfolgung von Schadensersatzansprüchen der Gesellschaft gegen das Vorstandsmitglied vorab verbindlich eingewirkt werden kann. Mit der Verschonungsregelung soll beim Abschluss des Anstellungsvertrags eine Bindung eingegangen werden, die auf die spätere Verfolgungsentscheidung des Aufsichtsrats einwirken soll. Der Abschluss des Anstellungsvertrags gehört der präventiven Überwachungstätigkeit des Aufsichtsrats, genauer dessen Personalkompetenz, an, bei deren Ausübung ihm ein unternehmerischer Ermessensspielraum zukommt. Die im Anstellungsvertrag installierte Bindung bezieht sich wiederum auf die Verfolgungsentscheidung des Aufsichtsrats, die seiner nachträglichen Überwachungsaufgabe zuzuordnen ist und bei der nach Ansicht des BGH kein unternehmerischer Ermessensspielraum bestehen soll.

Eine anstellungsvertragliche Verschonungsregelung mit Bezug zur Verfolgungsentscheidung weist sowohl zur Personalkompetenz des Aufsichtsrats, die der präventiven Überwachung angehört, als auch zur nachträglichen Überwachung einen Bezug auf. Man könnte in Betracht ziehen, eine entsprechende Verschonungsregelung im Sinne der langfristigen Festlegung einer

507 Ohnehin präventive und nachträgliche Überwachung gleichsam als Ausprägung einheitlicher Überwachung evaluierend *Hopt/M. Roth*, in: Großkomm. AktG, § 111 Rn. 67.

„Verfolgungspolitik" durch den Aufsichtsrat auszulegen. Dies ist insofern erwägenswert, als selbst restriktive Stimmen, die im Hinblick auf den Vorstand ein sehr striktes, umfassendes Verbot der Vorwegbindung postulieren, eine langfristige Festlegung der Unternehmenspolitik von diesem Verbot ausnehmen wollen. Zu bedenken ist aber, dass sich die Verschonungsregelung, obgleich sich postulieren ließe, mit ihr würden präventiv-gestalterische, universale, im Unternehmenswohl liegende Ziele verfolgt[508], auf die einzelne Verfolgungsentscheidung des Aufsichtsrats auswirken würde. Der Schwerpunkt der Verschonungsregelung liegt – da eine Bindung des Aufsichtsrats bei der Verfolgungsentscheidung erzielt werden soll – auf der nachträglichen Überwachung. Daher können die starken Reglementierungen, mit denen der BGH die Verfolgungsentscheidung belegt und die eine Einengung der dem Aufsichtsrat zukommenden Spielräume begründen, nicht aus den Augen verloren werden. Zu fragen ist, ob der Aufsichtsrat Bindungen mit Bezug zur späteren Entscheidung über Verfolgung oder Nichtverfolgung eingehen kann, die seine diesbezüglichen Wahlmöglichkeiten beschränken.

Die Verfolgungsentscheidung des Aufsichtsrats könnte Besonderheiten aufweisen, die es angezeigt erscheinen lassen, die Zulässigkeit von selbstbeschränkenden Bindungen in diesem Bereich zu verneinen oder sie jedenfalls an einem sehr strengen Maßstab zu messen. Die Restriktionen des ARAG-Urteils im Hinblick auf die Verfolgungsentscheidung des Aufsichtsrats könnten ein absolutes Verbot von Bindungen dergestalt nahelegen, dass der Aufsichtsrat die Verfolgungsentscheidung nur im Angesicht der konkreten Situation, nachdem der konkrete Haftungsfall eingetreten ist und die konkrete Pflichtverletzung des Vorstandsmitglieds sowie deren Auswirkungen auf das Gesellschaftsvermögen beurteilt werden können, treffen darf.

(1) Innerorganschaftliche Prozesse und spezifische Organpflichten

Im Rahmen der Diskussion um selbstbeschränkende Vereinbarungen des Vorstands sollen gemäß einigen Stimmen organisatorische Strukturen der Gesellschaft[509] sowie spezifische Organhandlungen[510] die Grenze selbstbeschränkender Vereinbarungen darstellen.[511] Teilweise hält man von vornherein nur

---

508 Vgl. nur *Seibt*, NZG 2016, 361, 362, 367: *„Human Resource Signalling"*.

509 *Wellhöfer*, in: Wellhöfer/Peltzer/Müller, Haftung, § 4 Rn. 35.

510 Vgl. *Heß*, Investorenvereinbarungen, 2014, S. 178 ff., 197 ff., 272 f.; *Schall*, in: Kämmerer/Veil, Übernahme- und Kapitalmarktrecht, 2013, S. 75, 93 f., 103 f.

511 Anderer Ansicht aber wohl *Hippeli/Diesing*, AG 2015, 185, 192 f., die mehr oder minder Gleichstellung zwischen langfristiger Festlegung der Unternehmenspolitik einerseits und Vereinbarungen über organisatorische Strukturen, Besetzung von

die langfristige Festlegung der Geschäftspolitik durch den Vorstand im Wege schuldrechtlicher Vereinbarungen für zulässig.[512]

Die Verschonungsregelung nimmt Einfluss auf die Verfolgungsentscheidung des Aufsichtsrats. Die Verfolgungsentscheidung erfordert einerseits die gesellschaftsinterne, organspezifische Überwachung durch den Aufsichtsrat und insofern ein Tätigwerden des Aufsichtsrats als Innenorgan. Die Geltendmachung von Schadensersatzansprüchen gegenüber dem Vorstandsmitglied erfordert andererseits ein Tätigwerden des Aufsichtsrats nach außen und namens der Gesellschaft. Der Verfolgungsentscheidung kommt eine Doppelstellung zu, wie auch der BGH zum Ausdruck bringt, indem er die rechtliche Basis der Verfolgungsentscheidung sowohl in § 111 Abs. 1 AktG (Innenverhältnis) als auch in § 112 AktG (Außenverhältnis) verortet.[513] Angesichts dieser Doppelstellung erscheint es schwierig, ein absolutes Vorwegbindungsverbot im Bereich der Verfolgungsentscheidung damit begründen zu wollen, dass die Verfolgungsentscheidung eine organspezifische nachträgliche Überwachung durch den Aufsichtsrat erfordere. Schließlich ist zu bedenken, dass jede Maßnahme des Aufsichtsrats, die im Außenverhältnis wirksam werden soll, zunächst eines innerorganschaftlichen Entscheidungsprozesses im Aufsichtsrat bedarf, so dass sich die Grenze zwischen innerorganschaftlichem Prozess bzw. Wahrnehmung von Organkompetenzen im Innenverhältnis einerseits und Maßnahme im Außenverhältnis andererseits schwerlich konturieren lässt.

Im Einklang mit dieser Überlegung steht es, dass auch im Rahmen der Diskussion um Vorwegbindungen des Vorstands ein Bedeutungsverlust der Differenzierung zwischen Innen- und Außenverhältnis bzw. zwischen organspezifischen Befugnissen und korporativen Akten einerseits und Geschäftsführungsmaßnahmen anderseits zu verzeichnen ist.[514] In Bezug auf den Aufsichtsrat können keine strengeren Maßstäbe gelten.

Führungspositionen und konkrete Geschäftspolitik andererseits vornehmen: *„Ähnliches gilt in Bezug auf organisatorische Strukturen (…).“*

512 So namentlich *Fleischer*, in: Spindler/Stilz, AktG, § 76 Rn. 59, 75 ff.; *ders.*, in: Fleischer, Hdb. VorstandsR, § 1 Rn. 61; *Wellhöfer*, in: Wellhöfer/Peltzer/Müller, Haftung, § 4 Rn. 35 ff.

513 BGH, Urt. v. 21.04.1997 – II ZR 175/95, Rn. 20, BGHZ 135, 244, 252 = NJW 1997, 1926, 1927 – ARAG.

514 Vgl. etwa *Hippeli/Diesing*, AG 2015, 185, 192 f. Für Möglichkeit einer Bindung im Hinblick auf Stellungnahmepflicht gemäß § 27 Abs. 1 WpÜG etwa *Banerjea*, DB 2003, 1489, 1494 f.; *Rubner*, KSzW 2011, 412, 414 f.; *Seibt/Wunsch*, Der Konzern 2009, 195, 202; *Spindler*, in: MüKo AktG, § 76 Rn. 28; *Wieneke/Schulz*, AG 2016, 809, 813.

(2) Starke Situationsabhängigkeit

Eine weitere Möglichkeit zur Beurteilung der Zulässigkeit von selbstbeschränkenden Vereinbarungen des Aufsichtsrats ist es, die konkrete Situationsgebundenheit der Entscheidung oder Maßnahme, bezüglich der eine Bindung installiert werden soll, in den Blick zu nehmen. Die starke Situationsgebundenheit von Entscheidungen nehmen *Hans-Joachim Mertens* und *Andreas Cahn* zum Anlass, die Zulässigkeit von satzungsmäßigen Regelungen, die das Ermessen von Gesellschaftsorganen in künftigen Entscheidungssituationen zu binden suchen, in Zweifel zu ziehen.[515] Sie betrachten es als kritisch, dass infolge einer Ermessensbindung Wahlmöglichkeiten begrenzt und Entscheidungsspielräume verengt werden und das Treffen der situativ angemessenen Entscheidung erschwert wird.[516]

Es ist bereits aufgezeigt worden, dass aus der aktiengesetzlichen Kompetenznorm § 111 Abs. 1 AktG, die einen konkreten Bezugspunkt – nämlich die Geschäftsführung durch den Vorstand – hat, nicht der generelle Schluss gezogen werden kann, Bindungen, die zu einem Zeitpunkt vereinbart werden, in dem der konkrete Bezugspunkt einer zu treffenden Entscheidung noch nicht feststeht, seien unzulässig. Allerdings ist der Gedanke, dass bestimmte Entscheidungen, die einen konkreten Bezugspunkt haben, frei von Bindungen sein müssen, weil sie nur in dem Zeitpunkt getroffen werden dürfen, in dem der konkrete Bezugspunkt feststeht, nicht gänzlich aus den Augen zu verlieren. In Bezug auf Entscheidungen, die gewissermaßen durch ein konkretes Einzelfallerfordernis im Sinne des Erfordernisses, nur in der aktuellen, konkreten Situation zu entscheiden, geprägt sind, greift ein absolutes Verbot der Vorwegbindung.

Die Verfolgungsentscheidung des Aufsichtsrats ist in tatsächlicher Hinsicht durch eine starke Situationsbezogenheit geprägt. Bevor der Aufsichtsrat über die Geltendmachung von Schadensersatzansprüchen entscheiden kann, muss er den zum Schadensersatz verpflichtenden Tatbestand feststellen und Prozessrisiko sowie Beitreibbarkeit analysieren.[517] Jedenfalls muss der Sachverhalt so weit aufgeklärt sein, dass der Aufsichtsrat auf genügender Tatsachengrundlage über Verfolgung oder Nichtverfolgung entscheiden kann.[518] Den konkreten

---

Für Möglichkeit einer Bindung im Hinblick auf Verpflichtung zu Durchführung von Kapitalerhöhungen etwa *Bungert/Wansleben*, ZIP 2013, 1841, 1844 f.

515 Vgl. *Mertens/Cahn*, in: KöKo AktG, Vorb. § 76 Rn. 10 ff.

516 *Mertens/Cahn*, in: KöKo AktG, Vorb. § 76 Rn. 10.

517 BGH, Urt. v. 21.04.1997 – II ZR 175/95, Rn. 22, BGHZ 135, 244, 253 = NJW 1997, 1926, 1927 – ARAG.

518 Vgl. *Fehrenbach*, AG 2015, 761, 765.

Bezugspunkt der Verfolgungsentscheidung bilden das pflichtwidrige Verhalten des Vorstandsmitglieds und der hierauf basierende Schadensersatzanspruch der Gesellschaft sowie die Prognosen hinsichtlich der Auswirkungen auf das Gesellschaftsvermögen, die eine Anspruchsgeltendmachung mit sich bringen würde. In dem Zeitpunkt, in dem der Anstellungsvertrag geschlossen wird, ist eine konkrete Pflichtverletzung des Vorstandsmitglieds weder bereits eingetreten noch absehbar. Der konkrete Bezugspunkt der Verfolgungsentscheidung steht bei Abschluss des Anstellungsvertrags nicht fest.

Würde der Aufsichtsrat beim Abschluss des Anstellungsvertrags eine Verschonungsregelung vereinbaren, die verbindliche Implikationen für die Verfolgungsentscheidung bereithält, so liegt der Einwand nicht fern, der Aufsichtsrat entscheide in Unkenntnis des konkreten Bezugspunkts der nachträglichen Überwachungstätigkeit und er handle pflichtwidrig. Angesichts der starken Situationsabhängigkeit der Verfolgungsentscheidung erscheinen Bindungen, die Entscheidungs- und Handlungsmöglichkeiten des Aufsichtsrats in der späteren Verfolgungssituation einschränken, problematisch.

(3) Zulässigkeit beschränkender Vereinbarungen trotz starker Situationsangemessenheit der Entscheidung

Die Situationsgebundenheit und Einzelfallbezogenheit einer Entscheidung muss jedoch nicht per se gegen die Zulässigkeit von Bindungen, die künftige Entscheidungen und Handlungen determinieren bzw. die künftige Entscheidungs- und Handlungsmöglichkeiten einschränken, sprechen. Auch stark situationsabhängige Entscheidungen können Vorabbindungen zugänglich sein. Dies vermag ein Rekurs auf das Verwaltungsrecht ebenso zu zeigen wie ein Blick auf Ermessensbeschränkungen von Gesellschaftsorganen, die auf statutarischem[519] oder schuldrechtlichem[520] Weg installiert werden.

(a) Verwaltungsrechtliche Ermessensrichtlinien: Typisierung von Einzelfällen

Die Grundidee, die einer Präjudizierung von Entscheidungen zugrunde liegt, lässt sich unter Rekurs auf das Verwaltungsrecht illustrieren. Behörden erlassen Verwaltungsakte im konkreten Einzelfall.[521] Dass Verwaltungsakte im konkreten Einzelfall erlassen werden, steht einer vorab erfolgenden Lenkung des behördlichen Ermessens im Wege von Ermessensrichtlinien, mit denen eine

---

519 Siehe etwa statutarische Eignungsvoraussetzungen für die Bestellung von Vorstandsmitgliedern.

520 Siehe beispielweise Bindungen in Bezug auf eine Stellungnahme gemäß § 27 Abs. 1 WpÜG.

521 Vgl. nur die Definition in § 35 S. 1 VwVfG: „*(…) zur Regelung eines Einzelfalls (…).*“

Selbstbindung der Verwaltung für künftige Fälle bzw. eine antizipierte Verwaltungspraxis bewirkt wird[522], nicht entgegen.[523] Bei Ermessensrichtlinien werden die entscheidungsrelevanten Aspekte abstrakt und typisiert vorab bedacht sowie gegeneinander abgewogen und auf dieser Grundlage wird eine generalisierte Entscheidung getroffen.[524] Verwaltungsrechtlichen Ermessensrichtlinien liegt der Gedanke der Typisierbarkeit des Einzelfalls zugrunde.[525]

(b) Gesellschaftsrechtliche Ermessensbeschränkungen: Unternehmenswohl und Verhältnismäßigkeit

Betrachtet man die gesellschaftsrechtliche Diskussion um statutarische und schuldrechtliche Ermessensbeschränkungen von Gesellschaftsorganen, die mit einer Beschränkung künftiger Entscheidungs- und Handlungsmöglichkeiten einhergehen, so fällt auf, dass sie nur unter restriktiven Voraussetzungen als zulässig evaluiert werden. Sie müssen nach allgemeiner Ansicht durch das Unternehmensinteresse legitimiert sein und die Beschränkung der künftigen Entscheidungs- und Handlungsmöglichkeiten darf nicht unverhältnismäßig sein.

Auf statutarischer Ebene wird etwa die Zulässigkeit von Eignungsvoraussetzungen für die Bestellung von Vorstandsmitgliedern erörtert. Bei statutarischen Eignungsvoraussetzungen für die Bestellung von Vorstandsmitgliedern werden in der Satzung Kriterien aufgestellt, die das zu bestellende Vorstandsmitglied zu erfüllen hat und die der Aufsichtsrat bei der Bestellung berücksichtigen soll. Die wohl herrschende Auffassung in der Literatur bejaht die Zulässigkeit statutarischer Eignungsvoraussetzungen für die Bestellung von Vorstandsmitgliedern, soweit ein sachlich begründetes Gesellschaftsinteresse besteht und das Entscheidungsermessen des Aufsichtsrats nicht aufgehoben oder unverhältnismäßig eingeschränkt wird.[526] Die Einengung des Auswahlermessens soll nicht

---

522 *Hill/Martini*, in: Hoffmann-Riem/Schmidt-Aßmann/Voßkuhle, Grundlagen des VerwR, Bd. 2, § 34 Rn. 42; *Schönenbroicher*, in: Mann/Sennekamp/Uechtritz, VwVfG, § 40 Rn. 140, 144.

523 Vgl. etwa BVerwG, Urt. v. 22.01.1969 – VI C 52.65, BVerwGE 31, 212 = NJW 1969, 811.

524 Vgl. BVerwG, Urt. v. 22.01.1969 – VI C 52.65, Rn. 50, BVerwGE 31, 212, 213: gleichmäßige Ermessensausübung *„nach generellen Gesichtspunkten"*; *Jestaedt*, in: Ehlers/Pünder, Allg. VerwR, § 11 Rn. 59: *„generelle[n] Ermessensausübung"*; *Schmitz*, in: Stelkens/Bonk/Sachs, VwVfG, § 1 Rn. 215.

525 Zur Typisierbarkeit als Voraussetzung für Ermessensrichtlinien vgl. *Jestaedt*, in: Ehlers/Pünder, Allg. VerwR, § 11 Rn. 59; *Möstl*, in: Ehlers/Pünder, Allg. VerwR, § 19 Rn. 33.

526 *Fleischer*, in: Spindler/Stilz, AktG, § 76 Rn. 126 ff.; *Kort*, in: Großkomm. AktG, § 84 Rn. 47; *Mertens/Cahn*, in: KöKo AktG, § 76 Rn. 116; *Seibt*, in: K. Schmidt/Lutter, AktG, § 76 Rn. 25; *Spindler*, in: MüKo AktG, § 76 Rn. 110; *Weber*, in: Hölters, AktG,

per se unzulässig sein, sondern erst dann, wenn das Ermessen so sehr eingeschränkt wird, dass kein eigener Entscheidungsspielraum des Aufsichtsrats mehr besteht – etwa weil nur noch ein Kandidat oder ein kleiner Kreis an potenziellen Kandidaten verbleibt.[527]

Auf schuldrechtlicher Ebene evaluiert man – insofern kann auf die Diskussion um Investorenvereinbarungen und Business Combination Agreements verwiesen werden –ermessensbeschränkende Vereinbarungen ebenfalls als zulässig, sofern die Bindung im Unternehmenswohl liegt und sie keinen unangemessenen Entscheidungsdruck auf das entscheidende Organ bewirkt.[528]

(c) Abweichungsrecht bzw. Fiduciary Out-Regelung

Schließlich macht man die Zulässigkeit einer künftige Entscheidungs- und Handlungsalternativen einengenden Bindung davon abhängig, dass ein Abweichungs- oder Widerrufsrecht bzw. eine Fiduciary Out-Möglichkeit vorgesehen wird. Die Bindung darf nicht uneingeschränkt bzw. unwiderruflich sein. Es muss sichergestellt sein, dass die der Bindung zugrunde gelegte Typisierung im Einzelfall zutrifft bzw. dass nicht eine Bindung installiert wird, die zu einer mit einer (höherrangigen) Pflichtenbindung konfligierenden Entscheidung verpflichtet.

Bei verwaltungsrechtlichen Ermessensrichtlinien erfolgt – wie bereits erläutert worden ist – auf Basis typisierter Umstände eine generalisierte Ermessensausübung für den typischen bzw. typisierten Einzelfall.[529] Die Behörde bleibt jedoch verpflichtet, den konkreten Einzelfall zu prüfen und unter Berücksichtigung der Besonderheiten des konkreten Falls eine autonome Ermessensentscheidung zu treffen.[530] Da die generalisierte Ermessensausübung nur den typischen Fall betrifft und der konkrete Fall von den antizipierten typischen

§ 84 Rn. 7. Zum Streitstand vgl. *Behme/Zickgraf*, AG 2015, 841, 846 f.; *J. Koch*, in: Hüffer/J. Koch, AktG, § 76 Rn. 60; *Vedder*, in: Grigoleit, AktG, § 76 Rn. 51 ff.

527 *Fleischer*, in: Spindler/Stilz, AktG, § 76 Rn. 126; *Kort*, in: Großkomm. AktG, § 84 Rn. 47; *Mertens/Cahn*, in: Köko AktG, § 76 Rn. 116; *Spindler*, in: MüKo AktG, § 84 Rn. 28. Anderer Ansicht *Hommelhoff*, BB 1977, 322, 326: nicht erst Fehlen echter Wahlfreiheit begründe Unzulässigkeit.

528 *Seibt*, ZIP 2013, 1597, 1601; *ders.*, in: Kämmerer/Veil, Übernahme- und Kapitalmarktrecht, 2013, S. 105, 125 f.;

529 Zur Typisierbarkeit als Voraussetzung für Ermessensrichtlinien vgl. *Jestaedt*, in: Ehlers/Pünder, Allg. VerwR, § 11 Rn. 59; *Möstl*, in: Ehlers/Pünder, Allg. VerwR, § 19 Rn. 33.

530 Vgl. BVerwG, Beschl. v. 01.06.1979 – 6 B 33/79, Rn. 5, NJW 1980, 75; BVerwG, Urt. v. 18.09.1984 – 1 A 4/83, Rn. 41, BVerwGE 70, 127, 142 = NJW 1984, 2775, 2779; *Möstl*, in: Ehlers/Pünder, Allg. VerwR, § 19 Rn. 33 f.; *Schönenbroicher*, in: Mann/Sennekamp/Uechtritz, VwVfG, § 40 Rn. 148.

Gegebenheiten abweichen kann, wird ein Abweichungsrecht für atypische Konstellationen eingeräumt.[531] Es muss auf einer zweiten Stufe das Recht verbleiben, bei Atypizität des konkreten Einzelfalls von der auf der ersten Stufe vorgesehenen Entscheidung abzuweichen.

In Bezug auf statutarische Ermessensbeschränkungen – beispielsweise bezüglich Eignungsvoraussetzungen für die Bestellung von Vorstandsmitgliedern – postuliert man gleichsam, dem Aufsichtsrat müsse das Recht verbleiben, nach eingehender Interessenabwägung von der grundsätzlichen Ermessensbindung abzuweichen.[532]

Ebenso fordert man bei schuldrechtlichen Ermessensbindungen einen Fiduciary Out-Vorbehalt, der zum Abweichen von der grundsätzlichen schuldrechtlichen Bindung berechtigt, wenn das ursprüngliche Unternehmensinteresse, das für die Bindung gesprochen hat, im Entscheidungszeitpunkt entfallen ist[533], bzw. wenn das zuständige Organ im Entscheidungszeitpunkt gegen seine organschaftlichen Pflichten verstoßen würde, bliebe er zu der im Grundsatz vorgegebenen Entscheidung verpflichtet[534].

(d) Implikationen für eine Verschonungsregelung

In Anlehnung an die obigen Ausführungen lässt sich erwägen, ob nicht bestimmte typisierte Konstellationen, in denen der Vorstand pflichtwidrig handelt und die zu einem bestimmten Schaden führen, antizipiert werden können. Auf Basis der antizipierten tatbestandlichen Konstellationen könnte sich die Verfolgungsentscheidung des Aufsichtsrats – wie sich in Erwägung ziehen ließe – antizipieren lassen. Für den Fall, dass dem Vorstandsmitglied lediglich ein leichtes Verschulden vorzuwerfen ist und die volle Inanspruchnahme seine wirtschaftliche Existenz vernichten würde, können im Allgemeinen überzeugende, im Unternehmenswohl liegende Gründe angeführt werden, die gegen eine (vollumfängliche) Anspruchsverfolgung sprechen.[535] Es kann etwa weiterhin ein Interesse

---

531 Vgl. *Jestaedt*, in: Ehlers/Pünder, Allg. VerwR, § 11 Rn. 59; *Maurer*, Allg. VerwR, § 7 Rn. 14 ff., § 24 Rn. 10; *Möstl*, in: Ehlers/Pünder, Allg. VerwR, § 19 Rn. 33 f., § 20 Rn. 22.

532 *Behme/Zickgraf*, AG 2015, 841, 846 f.; *Mertens/Cahn*, in: KöKo AktG, Vorb. § 76 Rn. 11, § 76 Rn. 116, § 84 Rn. 10. Ablehnend bezüglich Abweichungsrechts *J. Koch*, in: Hüffer/J. Koch, AktG, § 76 Rn. 60 – angesichts Relativierung der Satzung.

533 *Seibt*, ZIP 2013, 1597, 1601; *ders.*, in: Kämmerer/Veil, Übernahme- und Kapitalmarktrecht, 2013, S. 105, 126.

534 *Bungert/Wansleben*, ZIP 2013, 1841, 1845; *Herwig*, Leitungsautonomie und Fremdeinfluss, 2014, S. 112 f.; *Rubner*, KSzW 2011, 412, 414.

535 Gänzlich ablehnend bezüglich Berücksichtigungsfähigkeit des Verschuldensgrads bei Verfolgungsentscheidung jedoch *Fischer*, BB 1996, 225, 228; *Heermann*, AG 1998, 201, 207 f.; *Jaeger/Trölitzsch*, ZIP 1995, 1157, 1162.

der Gesellschaft bestehen, das Vorstandsmitglied im Amt zu halten.[536] Zudem kann sich ein (teilweises) Absehen von Anspruchsverfolgung in dem benannten Fall als der Reputation des Unternehmens[537] sowie der Rekrutierung geeigneten Vorstandspersonals[538] zuträglich und dem Arbeitsklima förderlich[539] erweisen.

Es ist zu erwägen, ob der Aufsichtsrat unter Zugrundelegung dieser typisierten Erwägungen – (volle) Inanspruchnahme bei leichtem Verschulden und drohender Existenzvernichtung des Vorstandsmitglieds als nicht im Unternehmenswohl liegend – tendenziell gegen eine (volle) Inanspruchnahme entscheiden wird. In diesem Fall könnte man über eine Bindung des Aufsichtsrats in Bezug auf seine spätere Verfolgungsentscheidung im Sinne einer antizipierten Aufsichtsratspraxis nachdenken.[540]

Die Umsetzbarkeit dieser Überlegungen unterstellt, dürfte der Entscheidungsspielraum des Aufsichtsrats bei seiner Verfolgungsentscheidung aber nicht unverhältnismäßig beschnitten werden. Eine Verschonungsregelung, die den Aufsichtsrat etwa auf ein einziges Entscheidungsergebnis oder auf einen kleinen Kreis an Entscheidungsalternativen beschränkt[541], würde die Entscheidungsmöglichkeiten unverhältnismäßig einschränken, wohingegen Vereinbarungen,

---

536 *Fehrenbach*, AG 2015, 761, 768; *Habersack*, in: FS Hommelhoff, 2012, S. 303, 318. Weiter einschränkend *ders.*, NZG 2016, 321, 323 f.: Behaltensinteresse typischerweise bei bloß fahrlässigem, nicht eigennützigem Fehlverhalten. Zudem *ders.*, in: MüKo AktG, § 111 Rn. 37: zusätzlich subjektives Handeln zum Wohle der Gesellschaft.

537 Vgl. etwa *Reichert*, ZHR 177 (2013), 756, 765: Signalwirkung gegenüber Markt und Allgemeinheit; Steigerung der Reputation am Markt; ebenso *ders.*, ZIP 2016, 1189, 1194.

538 Dies betonend *Seibt/Cziupka*, DB 2014, 1598, 1601 (These 14): Erschwerung künftiger Rekrutierung geeigneten Vorstandspersonals bei schneidigem Rückgriff; ebenso *dies.*, AG 2015, 93, 107. Vgl. auch *Goette*, in: Liber Amicorum M. Winter, 2011, S. 153, 165: sinkende Attraktivität des Vorstandsamts in betreffender Gesellschaft bei rigoroser Verfolgung. Weitergehend *Seibt*, NZG 2016, 361, 362, 367: anstellungsvertragliche Verschonungsklauseln im Sinne eines „*Human Resource Signalling*".

539 So – aber mit Einschränkung auf verdientes Vorstandsmitglied – *Götz*, NJW 1997, 3275, 3277. Ähnlicher Gedanke bei *Reichert*, ZHR 177 (2013), 756, 765: Signalwirkung gegenüber nicht betroffenen Vorstandsmitgliedern; Steigerung der Motivation im Management; ebenso *ders.*, ZIP 2016, 1189, 1194.

540 Vgl. insofern den Formulierungsvorschlag von *Seibt*, NZG 2015, 1097, 1102.

541 Vgl. etwa Formulierungen wie *„Der Aufsichtsrat wird das Vorstandsmitglied [gegebenenfalls unter zu konkretisierenden tatbestandlichen Voraussetzungen] nicht / nur in Höhe von (…) in Anspruch nehmen."*

die einen echten Entscheidungsspielraum belassen[542], nicht aufgrund einer unverhältnismäßigen Einschränkung von Entscheidungsalternativen unzulässig wären.

Weiter müsste – erneut die generelle Zulässigkeit von Vorabbindungen des Aufsichtsrats im Rahmen seiner Verfolgungsentscheidung vorausgesetzt – sichergestellt sein, dass die Möglichkeit zum Abweichen von der grundsätzlichen Ermessensbindung verbleibt, wenn die der Bindung zugrunde gelegte Typisierung des Unternehmensinteresses im Einzelfall nicht zutrifft bzw. wenn die Einhaltung der schuldrechtlichen Bindung einen Verstoß des Aufsichtsrats gegen seine organschaftlichen Pflichten im Innenverhältnis begründen würde.

(4) Entscheidung über Anspruchsverfolgung und Regressreduzierung: Spezifisches Einzelfallerfordernis?

Die Verfolgungsentscheidung des Aufsichtsrats könnte aber per se mit einem – im tatsächlichen, jedenfalls im normativen Bereich zu verankernden – Einzelfallerfordernis einhergehen, das eine Typisierung der im Rahmen der Verfolgungsentscheidung zu berücksichtigenden Umstände und eine hierauf basierende generalisierte Ermessensausübung unzulässig macht. Eine Verschonungsregelung, nach der unter typisierten Voraussetzungen eine (volle) Inanspruchnahme ausscheidet, wäre – da die Prämisse, dass die Umstände des Einzelfalls einer Typisierung zugänglich sind, fehlgeht – unzulässig. Dem Unzulässigkeitsverdikt könnte auch nicht dadurch begegnet werden, dass auf einer zweiten Stufe ein Abweichungsrecht gewährt wird.

(a) Statutarische Ermessensbeschränkungen

Hans-Joachim Mertens und *Andreas Cahn* berücksichtigen bei der Bewertung der Zulässigkeit statutarischer Ermessensbeschränkungen das Maß an Situationsgebundenheit, durch welche die konkrete Entscheidungssituation geprägt ist, und evaluieren eine Ermessensbindung als unzulässig, wenn die Entscheidung vernünftigerweise nur unter Berücksichtigung der konkreten Umstände des Einzelfalls getroffen werden kann.[543]

(b) Verwaltungsrechtliche Ermessensrichtlinien

Auch im Verwaltungsrecht beurteilt man eine generalisierte Ermessensausübung und eine vorab erfolgende Ausfüllung von Ermessensspielräumen im Wege von

---

542 Vgl. etwa Formulierungen wie „*Der Aufsichtsrat wird das Vorstandsmitglied [gegebenenfalls unter zu konkretisierenden tatbestandlichen Voraussetzungen] nur in angemessener Höhe / nicht in existenzvernichtender Höhe in Anspruch nehmen.*"

543 *Mertens/Cahn*, in: KöKo AktG, Vorb. § 76 Rn. 12.

Ermessensrichtlinien nur unter der Voraussetzung, dass die für die Ermessensbetätigung relevanten Erwägungen typisierbar sind, als zulässig.[544] Ermessensrichtlinien müssen in Einklang mit der Norm stehen, die zur Ausübung von Ermessen ermächtigt.[545] Aus der Ermächtigungsnorm kann sich ergeben, dass das Ermessen anhand der konkreten und insoweit nicht typisierbaren Umstände des Einzelfalls ausgeübt werden muss und eine generelle Ermessensausübung im Wege von Ermessensrichtlinien unzulässig ist.[546] In Bezug auf § 15 Abs. 1 VersG, wonach die Behörde eine Versammlung verbieten oder von Auflagen abhängig machen kann, *„wenn nach den zur Zeit des Erlasses der Verfügung erkennbaren Umständen die öffentliche Sicherheit oder Ordnung unmittelbar gefährdet ist"*, lehnt man die Zulässigkeit einer generalisierten Ermessenausübung auf Grundlage typisierter Umstände ab.[547] Angesichts des eindeutigen Erfordernisses, das Ermessen *„nach den zur Zeit des Erlasses der Verfügung erkennbaren Umständen"* auszuüben, evaluiert man Ermessensrichtlinien, welche die Ausübung von Ermessen beim Erlass eines Versammlungsverbots oder beim Erlass von versammlungsbezogenen Auflagen betreffen, als unzulässig.

(c) Entscheidung des Aufsichtsrats über Anspruchsverfolgung und Regressreduzierung

Es ist bereits aufgezeigt worden, dass der Wortlaut von § 111 Abs. 1 AktG, wonach der Aufsichtsrat die Geschäftsführung zu überwachen hat, es nahelegen könnte, dass Entscheidungen des Aufsichtsrats im Zusammenhang mit der Überwachungsaufgabe im Angesicht der konkreten Umstände in der aktuellen Situation zu treffen sind. Doch dieser Befund ist nicht zwingend und in Bereichen, in denen der Aufsichtsrat in vergleichbarer (unternehmerischer) Weise wie der Vorstand handelt, nicht sachgerecht. § 111 Abs. 1 AktG enthält – etwa im Unterschied zu § 15 Abs. 1 VersG – zudem keine explizite zeitliche Begrenzung, die es ausschließen würde, eine im Zusammenhang mit der Überwachungsaufgabe stehende Entscheidung nur in der aktuellen, konkreten Situation zu treffen. Auch das in § 111 Abs. 6 AktG zu verortende Gebot der Höchstpersönlichkeit muss – in Einklang mit der fehlenden Aussagekraft des in § 76 Abs. 1 AktG verankerten Eigenverantwortlichkeitsgebots – nicht zwingend den Schluss

544 Zur Typisierbarkeit als Voraussetzung für Ermessensrichtlinien vgl. *Jestaedt*, in: Ehlers/Pünder, Allg. VerwR, § 11 Rn. 59; *Möstl*, in: Ehlers/Pünder, Allg. VerwR, § 19 Rn. 33.

545 *Maurer*, Allg. VerwR, § 7 Rn. 16; *Schönenbroicher*, in: Mann/Sennekamp/Uechtritz, VwVfG, § 40 Rn. 136; *Stuhlfauth*, in: Obermayer/Funke-Kaiser, VwVfG, § 40 Rn. 41.

546 *Jestaedt*, in: Ehlers/Pünder, Allg. VerwR, § 11 Rn. 59; *Maurer*, Allg. VerwR, § 7 Rn. 15.

547 *Jestaedt*, in: Ehlers/Pünder, Allg. VerwR, § 11 Rn. 59; *Maurer*, Allg. VerwR, § 7 Rn. 16.

gestatten, der Aufsichtsrat könne eine Entscheidung im Zusammenhang mit der Überwachung nur in der konkreten Entscheidungssituation treffen.

Die Entscheidung des Aufsichtsrats, Ansprüche der Gesellschaft gegen das Vorstandsmitglied aus Unternehmenswohlgründen nicht oder nur teilweise zu verfolgen oder aus Fürsorgegesichtspunkten eine Regressreduzierung zu beschließen, ist in tatsächlicher Hinsicht stark einzelfallbezogen. Dies zieht die Zulässigkeit einer generalisierten Ermessensausübung auf Grundlage typisierter Erwägungen jedoch nicht per se in Zweifel. Ein Blick auf die Zulässigkeit statutarischer Eignungsvoraussetzungen für die Bestellung von Vorstandsmitgliedern, die nicht minder von den Anforderungen des Unternehmens im konkreten Bestellungszeitpunkt abhängig ist[548], verdeutlicht dies etwa. Ob die Entscheidung des Aufsichtsrats über die Nichtverfolgung von Ansprüchen bzw. über die Regressreduzierung so stark einzelfallbezogen ist, dass hiermit das Verbot einer (im Unternehmenswohl liegenden) Vorwegbindung bzw. – unter Rekurs auf § 15 Abs. 1 VersG – das Verbot einer generalisierten Ermessensausübung auf typisierter Grundlage korrespondiert, erweist sich als eher im normativen Bereich zu verortende Wertungsfrage.

(aa) Ermessensausübung bei der Verfolgungsentscheidung des Aufsichtsrats (Aussagen des BGH im ARAG-Urteil)

Im ARAG-Urteil finden sich zwei maßgebende Aussagen, welche die Feststellung der in die Entscheidung einzustellenden Belange im kognitiven Erkenntnisbereich und die Abwägung der in die Entscheidung eingestellten Belange im voluntativen Handlungsbereich betreffen. So sagt der BGH aus: *„Dieses Ermessen des Aufsichtsrates kann aber erst dann einsetzen, wenn die gegeneinander abzuwägenden Umstände festgestellt worden sind.“*[549] Und: *„Ferner fehlen Feststellungen dazu, ob gewichtige Gründe des Unternehmenswohls vorliegen, die dem Aufsichtsrat eine Ermessensentscheidung darüber eröffnen, ob er ausnahmsweise von der Geltendmachung der Schadenersatzansprüche absehen will.“*[550]

Den Aussagen des BGH zufolge bedürfe es zunächst im Erkenntnisbereich der Feststellung der für die Abwägung relevanten und der in die Abwägung einzustellenden Gesichtspunkte, bevor im Handlungsbereich die Abwägung erfolgen

548 Ähnlich der Eindruck von *Riegger*, Unternehmenskontrolle, 2002, S. 37: Auswahl der *„im Hinblick auf die konkrete Situation der Gesellschaft optimal qualifizierte(n) Person“*.

549 BGH, Urt. v. 21.04.1997 – II ZR 175/95, Rn. 27, BGHZ 135, 244, 256 = NJW 1997, 1926, 1928 – ARAG.

550 BGH, Urt. v. 21.04.1997 – II ZR 175/95, Rn. 28, BGHZ 135, 244, 256 = NJW 1997, 1926, 1928 – ARAG.

könne. Den Aussagen des BGH, dass ein Ermessen erst *„einsetzen"* könne und die Ermessensentscheidung erst *„eröffne(t)"* sei, nachdem die in die Entscheidung einzustellenden Aspekte *„festgestellt"* worden seien, lässt sich entnehmen, dass der Aufsichtsrat die Verfolgungsentscheidung auf Grundlage der je aktuellen Tatsachen zu treffen hat. Die Formulierungen erinnern an § 15 Abs. 1 VersG, wonach der Verwaltungsakt, mit dem eine Versammlung verboten oder von Auflagen abhängig gemacht wird, *„nach den zur Zeit des Erlasses der Verfügung erkennbaren Umständen"* zu erlassen ist. Die Passagen im ARAG-Urteil lassen den Schluss zu, dass bei der Verfolgungsentscheidung eine generalisierte Ermessensausübung auf Grundlage typisierter Erwägungen – und gar die Einräumung eines schuldrechtlichen Anspruchs auf Basis dieser generalisierten Ermessensausübung – als unzulässig zu evaluieren sind.

Man könnte zwar erwägen, ob nicht der BGH selbst im ARAG-Urteil eine Typisierung vornimmt – und hiermit indirekt eine generalisierte Ermessensausübung zulässt –, indem er aussagt, ein Absehen von Anspruchsverfolgung zur Schonung eines verdienten Vorstandsmitglieds oder unter Berücksichtigung der sozialen Konsequenzen für das Vorstandsmitglieds komme in Betracht, wenn das pflichtwidrige Verhalten nicht allzu schwerwiegend sei, der Schaden für die Gesellschaft verhältnismäßig gering sei und die Folgen für das Vorstandsmitglied einschneidend seien.[551] Versteht man diese vom BGH zugelassene Ausnahme im Sinne einer Typisierung des Unternehmenswohls[552], so müsste sich eine im Wege einer zweistufig konzipierten Verschonungsregelung erfolgende Typisierung gleichsam als zulässig darstellen. Allerdings benennt der BGH an der zitierten Stelle lediglich in nicht abschließender Weise einen möglichen zum Absehen von Verfolgung berechtigenden Ausnahmefall, ohne verbindlich ein Absehen von Verfolgung vorzugeben. Es findet gerade keine generalisierte Ermessensausübung statt, sondern der BGH benennt Aspekte, die geeignet sind, das Ermessen über das Absehen von Anspruchsverfolgung zu eröffnen. Demgegenüber soll die Verschonungsregelung ein bestimmtes Nichtverfolgungsverhalten auf Basis einer antizipierten Ermessensausübung anhand typisierter Erwägungen im Grundsatz verpflichtend vorgeben.

---

551 BGH, Urt. v. 21.04.1997 – II ZR 175/95, Rn. 25, BGHZ 135, 244, 256 = NJW 1997, 1926, 1928 – ARAG.

552 Die Passage im Sinne typisierten Unternehmenswohlbelangs evaluierend *Fehrenbach*, AG 2015, 761, 768. Im Ergebnis ähnlich *Fuchs/Zimmermann*, JZ 2014, 838, 846; *Götz*, NJW 1997, 3275, 3277 – indes einschränkend auf verdientes Vorstandsmitglied.

Im Ergebnis ist im ARAG-Urteil eine normative Einschränkung dergestalt verankert, dass der Aufsichtsrat die Verfolgungsentscheidung nur im konkreten Einzelfall anhand der aktuellen Umstände treffen kann.[553] Typisierte tatbestandliche Konstellationen, die stets und in jedem Fall zu einem Absehen von Verfolgung berechtigen, lassen sich nicht benennen.[554] Zwar wäre es aus rechtspraktischer Sicht vorteilhaft, könnte man die Verfolgungsentscheidung unter typisierten Gesichtspunkten präjudizieren und könnte man argumentieren, der Überwachungsauftrag des Aufsichtsrats sei infolge einer Vorabbindung, die nicht letztverbindlich ist und die mit einem Abweichungsrecht korrespondiert, nicht gefährdet. Allerdings ergibt eine Auslegung des ARAG-Urteils, das sich insofern als Konkretisierung der an die Entscheidungsautonomie des Aufsichtsrats zu stellenden Anforderungen darstellt, dass der BGH die Effektivität des Überwachungsauftrags nur durch eine in der konkreten, aktuellen Entscheidungssituation getroffene Verfolgungsentscheidung als gewahrt evaluiert. Im ARAG-Urteil ist gewissermaßen ein normatives Einzelfallerfordernis in Bezug auf die Verfolgungsentscheidung verankert.

(bb) Unzulässiger Motivationsdruck

Es tritt hinzu, dass der Wortlaut des ARAG-Urteils ein sehr restriktives Verständnis der Pflichten des Aufsichtsrats bei der Entscheidung über Verfolgung oder Nichtverfolgung von Schadensersatzansprüchen der Gesellschaft gegen das Vorstandsmitglied nahelegt. Auch angesichts von Urteilen, die sich dem ARAG-Urteil zeitlich wie inhaltlich anschließen, könnte man – obgleich die Kritik an einem solchen Verständnis bereits aufgezeigt worden ist – ein strenges Regel-Ausnahme-Verhältnis zwischen Verfolgung und Nichtverfolgung annehmen.[555]

---

553 Einzelfallerfordernis ebenfalls hervorhebend *U. Binder/Kraayvanger*, BB 2015, 1219, 1222.

554 Vgl. exemplarisch *P. Scholz*, Existenzvernichtende Haftung von Vorstandsmitgliedern, 2014, S. 120: „*Doch wenn der BGH gewichtige Gründe und eine besondere Rechtfertigung verlangt, so können all jene Umstände nicht herangezogen werden, die typischerweise mit einer Anspruchsverfolgung einhergehen. (…) Die Nichtverfolgung wäre aber nicht mehr die Ausnahme, wenn stets dieselben Allgemeinplätze zu ihrer Rechtfertigung herangezogen werden könnten.*“ Ähnlich *U. Binder/Kraayvanger*, BB 2015, 1219, 1223: „*(…) bleibt es dabei, dass der Aufsichtsrat konkrete, gerade für sein Unternehmen relevante Gründe haben muss, um von einer Anspruchsverfolgung ganz oder teilweise abzusehen. Allein die Höhe des Schadens oder der geringe Grad des Verschuldens reichen als Grund nicht aus (…).*“

555 Noch strenger *J. Koch*, NZG 2014, 934, 937: „*strenge[n] Regressautomatik*“. Ähnlich auch *Bieder*, NZG 2015, 1178, 1181: nur „*minimale[n] Spielräume*“; *Reichert*, ZHR 177 (2013), 756, 761: nach strenger Lesart nur sehr beschränkte Möglichkeit zum Absehen

Zudem ist zu berücksichtigen, dass einige Autoren es negieren, dass ein leichtes Verschulden des Vorstandsmitglieds eine Nichtverfolgung rechtfertigen könne.[556] Weiter lehnt ein Teil der Literatur die Möglichkeit des Aufsichtsrats, von der Verfolgung von Organhaftungsansprüchen abzusehen, im Fall hoher Schäden gänzlich ab[557] und betont die Verpflichtung zur Verfolgung auch bei Schäden existenzvernichtenden Ausmaßes[558].

Zwar ist bereits aufgezeigt worden, dass eine Verengung des Aufsichtsrats bei der Verfolgungsentscheidung auf eine Regelverfolgungspflicht einer am Unternehmenswohl als ausschließlichem Handlungsmaßstab orientierten Entscheidung weichen muss. Auch ist dargestellt worden, dass bei einer Kombination aus leichtem Verschulden und existenzvernichtendem Schadensausmaß durchaus ein (wenigstens teilweises) Absehen von Anspruchsverfolgung im Unternehmenswohl liegen kann. Allerdings geht eine pauschale Annahme dergestalt, dass ein (teilweises) Absehen von Verfolgung bei einem leichten Verschulden in Verbindung mit einem Schaden existenzvernichtenden Ausmaßes stets durch das Unternehmenswohl legitimiert ist, fehl. Es lassen sich keine Formeln benennen, nach denen unter bestimmten typisierten Voraussetzungen stets (teilweise) von einer Verfolgung abgesehen wird oder abzusehen ist.

Würde man unter expliziter Bezugnahme auf die tatbestandlichen Voraussetzungen eines leichten Verschuldens in Verbindung mit einem existenzvernichtenden Schadensausmaß vorgeben, dass der Aufsichtsrat zu Gunsten eines (wenigstens teilweisen) Absehens von Verfolgung entscheiden wird, so stünde – sofern man die Interpretation des ARAG-Urteils im Sinne einer strikten Regel-Ausnahme-Systematik zwischen Verfolgung und Nichtverfolgung zugrunde legt – zumindest in Bezug auf den so tatbestandlich konkretisierten Fall eine

---

von Verfolgung. Gleichsam annehmend, ARAG-Urteil werde im Sinne eines *„Prinzips der Regelverfolgung"* ausgelegt, *Goette*, ZHR 176 (2012), 588, 592; *Reichert*, ZHR 177 (2013), 756, 759; *Sailer-Coceani*, in: Verhandlungen des 70. DJT, Sitzungsbericht, 2014, N 11, 19.

556 Gänzlich ablehnend bezüglich Berücksichtigungsfähigkeit des Verschuldensgrads bei Verfolgungsentscheidung jedoch *Fischer*, BB 1996, 225, 228; *Heermann*, AG 1998, 201, 207 f.; *Jaeger/Trölitzsch*, ZIP 1995, 1157, 1167.

557 So etwa *S. Binder*, Grenzen der Vorstandshaftung, 2016, S. 535; *U. Binder/Kraayvanger*, BB 2015, 1219, 1222; *Hauger/Palzer*, ZGR 2015, 33, 60; *P. Scholz*, Existenzvernichtende Haftung von Vorstandsmitgliedern, 2014, S. 119.

558 So *P. Scholz*, Existenzvernichtende Haftung von Vorstandsmitgliedern, 2014, S. 139, 141.

Umkehr des Regel-Ausnahme-Verhältnisses zu befürchten.[559] Bereits in Bezug auf verwaltungsrechtliche Ermessensrichtlinien ist jedoch anerkannt, dass eine auf ihrem Weg installierte Selbstbindung der Verwaltung nicht zur Umkehr eines gesetzlich angelegten Regel-Ausnahme-Verhältnisses führen darf.[560]

Zwar ließe sich die Verpflichtung des Aufsichtsrats, – unter konkretisierten tatbestandlichen Voraussetzungen – eine bestimmte Verfolgungsentscheidung zu treffen, unter den Vorbehalt stellen, dass der Aufsichtsrat zu einer Verfolgungsentscheidung des vorgegebenen Inhalts nur verpflichtet ist, wenn das Treffen der Entscheidung im maßgebenden Entscheidungszeitpunkt keinen Verstoß gegen seine organschaftlichen Pflichten begründet. Auf diese Weise könnte sichergestellt werden, dass der Aufsichtsrat die vorgegebene Entscheidung nur zu treffen hat, wenn er nach dem ARAG-Urteil zur Nichtverfolgung berechtigt ist. Der Gefahr einer Umkehr des Regel-Ausnahme-Verhältnisses würde – so könnte man erwägen – auf diese Weise begegnet.

Eine Verschonungsregelung, die bestimmte tatbestandliche Konstellationen in Bezug nimmt und im Fall ihres Eintretens eine Entscheidungsrechtsfolge verlangt, die – sofern man eine Regelverfolgungspflicht annimmt – im Grundsatz nicht, jedenfalls aber erst im Angesichts der konkreten, aktuellen Umstände des Einzelfalls getroffen werden darf, würde die Gefahr eines unzulässigen Motivationsdrucks auf den Aufsichtsrat begründen.[561] Denn eine entsprechende Verschonungsregelung würde insinuieren, dass die vorgegebene Entscheidung den – unter Zugrundelegung der gültigen Rechtslage geltenden – Regelfall darstellt. Dass ein Vorbehalt vorgesehen wird, der zur vollumfänglichen Verfolgung berechtigt, wenn im konkreten Entscheidungszeitpunkt festgestellt wird, dass kein Ausnahmefall im Sinne des ARAG-Urteils vorliegt, vermag hieran nichts zu

---

559 Umkehr des Regel-Ausnahme-Verhältnisses befürchtend *Habersack*, NZG 2015, 1297, 1299.

560 BVerwG, Urt. v. 14.03.1985 – 5 C 145/83, Rn. 20, BVerwGE 71, 139, 148 = NVwZ 1986, 48, 50; BVerwG, Urt. v. 26.09.1991 – 5 C 61/88, Rn. 14, BVerwGE 89, 87, 90 = NVwZ 1992, 571, 572: keine Umkehr der *„Grundsatz-Ausnahme-Systematik"*; *Schönenbroicher*, in: Mann/Sennekamp/Uechtritz, VwVfG, § 40 Rn. 136.

561 Vgl. hierzu auch – indes in Bezug auf rechtsgeschäftliche Bindungen des Aufsichtsratsmitglieds an Weisung eines Dritten – die Überlegung von *Steinert*, Investorenvereinbarung, 2014, S. 168: *„Bei der Frage, was im Unternehmensinteresse liegt, handelt es sich um eine sehr weite und unbestimmte Ermessensentscheidung, welche im Nachhinein nur schwer überprüfbar ist. Es könnte kaum nachvollzogen werden, ob das gebundene Aufsichtsratsmitglied nun eine eigene Entscheidung getroffen hat, alle relevanten ermessensleitenden Gesichtspunkte in seine Entscheidung hat einfließen lassen oder sich nur von den Weisungen des Weisungsberechtigten hat leiten lassen."*

ändern. Das Hervorheben bestimmter tatbestandlicher Voraussetzungen in der Verschonungsregelung spricht auch gerade dafür, dass eine Ermessenslenkung für bestimmte tatbestandlichen Konstellationen intendiert ist.

Ein unzulässiger Motivationsdruck scheidet jedoch aus, wenn lediglich ein deklaratorischer – inhaltlich zutreffender – Hinweis auf die geltende Rechtslage erfolgt[562] oder wenn keine Bindung in Richtung eines bestimmten Erfolgs installiert wird, sondern lediglich in nicht abschließender Weise die potenziell zur Nichtverfolgung berechtigenden Interessen und Belange enumeriert werden[563] bzw. eine Verpflichtung des Aufsichtsrats zur Prüfung der Zulässigkeit einer Nichtverfolgung[564] – ohne hiermit ein bestimmtes Entscheidungsergebnis zu präjudizieren – vorgegeben wird. Entsprechende Regelungen sind als zulässig zu evaluieren, soweit sie keinen unzutreffenden Eindruck von der geltenden Rechtslage vermitteln, sie keinen unzulässigen Motivationsdruck auf den Aufsichtsrat begründen und die ausschließliche Verpflichtung des Aufsichtsrats auf das Unternehmenswohl nicht konterkariert wird[565].

(cc) Fürsorgepflichtbasierte Regressreduzierung und Wertungen der privilegierten Arbeitnehmerhaftung

Würde man eine fürsorgepflichtbasierte Regressreduzierung anerkennen, so hätte der Aufsichtsrat die Verfolgungsentscheidung unter Berücksichtigung der Fürsorgepflicht der Gesellschaft gegenüber dem Vorstandsmitglied zu treffen. Eine Regressreduzierung aus fürsorgepflichtbasierten Erwägungen weist einen

562 Vgl. die Formulierung im dritten Kapitel unter B. V.: „*Der Aufsichtsrat wird von einer Anspruchsverfolgung absehen, soweit eine Ausnahme im Sinne des ARAG-Urteils vorliegt und soweit eine Nichtverfolgung im Unternehmenswohl liegt.*"

563 Vgl. die Formulierung im dritten Kapitel unter B. VI. 1.: „*Der Aufsichtsrat wird bei seiner Entscheidung über die Verfolgung von Schadensersatzansprüchen der Gesellschaft gegen das Vorstandsmitglied im Zusammenhang mit dessen Tätigkeit als Vorstandsmitglied für die Gesellschaft insbesondere die folgenden Aspekte berücksichtigen: (...).*"

564 Vgl. die Formulierung im dritten Kapitel unter B. VI. 2.: „*Hat das Vorstandsmitglied den Schaden fahrlässig herbeigeführt und weist der Schaden ein solches Ausmaß auf, dass die vollumfängliche Geltendmachung des Schadensersatzanspruchs die wirtschaftliche Existenz des Vorstandsmitglieds vernichtet würde, so wird der Aufsichtsrat eingehend prüfen, ob aufgrund von (im Unternehmenswohl liegenden) Umständen des Einzelfalls ein gänzliches oder teilweises Absehen von Anspruchsverfolgung in Betracht kommt.*"

565 Vgl. die entsprechend einschränkende Formulierung im dritten Kapitel unter B. VI. 3.: „*Der Aufsichtsrat ist bei seiner Entscheidung über Verfolgung und Nichtverfolgung von Schadensersatzansprüchen der Gesellschaft gegen das Vorstandsmitglied im Zusammenhang mit dessen Tätigkeit als Vorstandsmitglied für die Gesellschaft ausschließlich dem Unternehmenswohl verpflichtet.*"

Zusammenhang mit der Überwachungsaufgabe des Aufsichtsrats auf. Es fragt sich – die Anerkennung einer durch die Wertungen der privilegierten Arbeitnehmerhaftung zu konturierenden fürsorgepflichtbasierten Regressreduzierung vorausgesetzt –, ob die Entscheidung über eine fürsorgepflichtbasierte Regressreduzierung einer Vorwegbindung im Sinne einer vorweg erfolgenden Typisierung der fürsorgepflichtbasierten Erwägungen und einer hierauf basierenden generalisierten Ermessensausübung zugänglich ist oder hier ein entsprechendes Vorwegbindungsverbot eingreift wie bei der Entscheidung über Verfolgung oder Nichtverfolgung auf Grundlage des ARAG-Urteils.

Den Urteilen des BAG zur privilegierten Arbeitnehmerhaftung, deren Wertungen beim fürsorgepflichtbasierten Regressreduzierungsansatz Berücksichtigung finden sollen, lassen sich Aussagen entnehmen, die der Aussage des BGH im ARAG-Urteil, das Ermessen des Aufsichtsrats könne erst einsetzen, nachdem die gegeneinander abzuwägenden Umstände festgestellt worden sind, ähneln. So hat das BAG in Bezug auf summenmäßige Haftungshöchstgrenzen ausgesagt: „*Es ist dem Tatrichter – dann aber unter Zugrundelegung der Rechtsprechung des BAG – nach Abwägung aller Umstände unbenommen, zu dem Ergebnis zu gelangen, im Einzelfalle sei es dem Arbeitnehmer nur zumutbar, in Höhe von drei Bruttomonatsgehältern zu haften.*“[566] Und: „*Die Entscheidung ist nach Abwägung aller Umstände des Einzelfalls zu treffen. Eine feste, summenmäßig beschränkte Obergrenze der Haftung gibt es nicht, sie festzulegen wäre dem Gesetzgeber vorbehalten.*“[567] Die zitierten Urteile beziehen sich lediglich auf summenmäßige Haftungshöchstgrenzen. Solche dürften nach der Ansicht des BAG nicht im Vorfeld feststehen, sondern die konkrete Summe der Inanspruchnahme sei im jeweiligen Einzelfall festzusetzen. Es lässt sich zunächst einmal die Schlussfolgerung ziehen, dass die arbeitsgerichtliche Rechtsprechung eine vorab erfolgende Festsetzung von Höchstsummen als unzulässig bewertet. Jedenfalls eine Verschonungsregelung, die auf Basis einer Fürsorgepflicht und unter Berücksichtigung der Wertungen der privilegierten Arbeitnehmerhaftung eine bestimmte Höhe der Inanspruchnahme vorgibt, müsste demnach als unzulässig evaluiert werden.[568]

---

566 BAG, Urt. v. 15.11.2012 – 8 AZR 705/11, Rn. 29, DB 2013, 705, 706.

567 BAG, Urt. v. 28.10.2010 – 8 AZR 418/09, Rn. 25, NJW 2011, 1096, 1098.

568 Vgl. etwa Formulierungen wie „*Der Aufsichtsrat wird das Vorstandsmitglied nur in Höhe von (…) / nur bis zur Höhe von (…) in Anspruch nehmen, wenn (…), wenn nur ein leichtes Verschulden vorliegt und die Inanspruchnahme zu einer Vernichtung der wirtschaftlichen Existenz des Vorstandsmitglieds führen würde.*“

Weiter hat das BAG ausgesagt: „*Ob sie [eine Entlastung des Arbeitnehmers] in Frage kommt und wie weit sie zu gehen hat, ist nach einer Abwägung zu entscheiden, die grundsätzlich dem Tatrichter nach Feststellung aller dafür maßgebenden Umstände obliegt (§§ 286, 287 ZPO).*“[569] Und: „*Ob eine Entlastung des Arbeitnehmers in Betracht kommt und wie weit sie zu gehen hat, ist aufgrund einer Abwägung zu entscheiden, die der Tatrichter nach Feststellung aller dafür maßgebenden Umstände (§ 286 ZPO) nach § 287 ZPO vornehmen muss.*“[570] Diesen Aussagen kann entnommen werden, dass nicht nur die konkrete Höhe der Haftungsprivilegierung, sondern auch das Ob der Haftungsprivilegierung nicht im Vorfeld feststehen darf. Die zitierten Passagen legen nahe, dass die generelle Entscheidung über die Regressreduzierung erst im Angesicht der konkreten Haftungssituation getroffen werden darf.

An den Urteilen der arbeitsgerichtlichen Rechtsprechung wird insgesamt deutlich, dass die Grundsätze zur beschränkten Arbeitnehmerhaftung – außer bei Vorsatz[571], aber selbst bei grober Fahrlässigkeit[572] und gröbster Fahrlässigkeit[573] – eine Existenzvernichtung des Arbeitnehmers ausschließen sollen.[574] So führt das BAG aus: „*Dabei hat das Landesarbeitsgericht allerdings darauf hingewiesen, daß (sic) der Beklagte angesichts seiner Einkommensmöglichkeiten nicht auf Dauer in seiner wirtschaftlichen Existenz gefährdet werden dürfe. (…) Diese Ausführungen (…) sind (…) revisionsrechtlich nicht zu beanstanden.*“[575] In ähnlicher Weise lässt sich den Landesarbeitsgerichten ein Grundsatz der Vermeidung einer Existenzvernichtung des Arbeitnehmers entnehmen, wenn es etwa heißt: „*Die Annahme grober Fahrlässigkeit schließt für sich jedoch keineswegs aus, zur Vermeidung existenzgefährdender Rechtsfolgen eine Haftungsobergrenze einzuziehen (…).*“[576] Oder: „*Der Haftungsbetrag ist zudem nicht so hoch, dass eine Existenzvernichtung des Beklagten anzunehmen wäre.*“[577]

569 BAG, Urt. v. 28.10.2010 – 8 AZR 418/09, Rn. 25, NJW 2011, 1096, 1098.

570 BAG, Urt. v. 18.01.2007 – 8 AZR 250/06, Rn. 41, NZA 2007, 1230, 1235.

571 Vgl. BAG, Urt. v. 15.11.2012 – 8 AZR 705/11, Rn. 25, DB 2013, 705; LAG Düsseldorf, Urt. v. 27.11.2015 – 14 Sa 800/15, Rn. 326, WuW 2016, 251.

572 Vgl. BAG, Urt. v. 12.10.1989 – 8 AZR 276/88, BAGE 63, 127 = NJW 1990, 468; BAG, Urt. v. 12.11.1998 – 8 AZR 221/97, BAGE 90, 148 = NJW 1999, 966; BAG, Urt. v. 28.10.2010 – 8 AZR 418/09, Rn. 25, NJW 2011, 1096, 1098; BAG, Urt. v. 15.11.2012 – 8 AZR 705/11, DB 2013, 705; LAG Köln, Urt. v. 19.03.2008 – 7 Sa 1037/07, Rn. 38 ff.

573 Vgl. BAG, Urt. v. 28.10.2010 – 8 AZR 418/09, Rn. 23, NJW 2011, 1096, 1098.

574 Ebenfalls Existenzvernichtungsschutz als Grundgedanken privilegierter Arbeitnehmerhaftung evaluierend *Hübsch*, BB 1998, 690, 695; *ders.*, NZA-RR 1999, 393, 395.

575 BAG, Urt. v. 23.01.1997 – 8 AZR 893/95, Rn. 24 f., NZA 1998, 140, 141.

576 LAG Köln, Urt. v. 19.03.2008 – 7 Sa 1037/07, Rn. 38.

577 LAG Niedersachsen, Urt. v. 27.05.2009 – 17 Sa 1424/08, Rn. 24, VersR 2010, 1599, 1600.

Die Anerkennung einer fürsorgepflichtbasierten Regressreduzierung unterstellt, sprechen keine überzeugenden Gründe dagegen, die drohende Existenzgefährdung des Vorstandsmitglieds – ein hohes Schadensausmaß allein vermag nicht zu genügen[578], insbesondere nicht im Fall genügender finanzieller Leistungskraft des Vorstandsmitglieds – auch als Grenze von dessen Inanspruchnahme einzuordnen.[579] Dies kann jedenfalls bei einem leichten Verschulden gelten.[580] Eine Verschonungsregelung, nach der das Vorstandsmitglied unabhängig von seiner tatsächlichen persönlichen Leistungsfähigkeit und trotz einer größeren finanziellen Leistungsfähigkeit nicht oder nur begrenzt in Anspruch genommen wird, müsste man – da erst die drohende Vernichtung der wirtschaftlichen Existenz die maßgebende Grenze markiert – als unzulässig evaluieren.[581]

(5) Fazit zum Einzelfallerfordernis bei der Verfolgungsentscheidung

Es ist zwischen den Anforderungen an eine Verschonungsregelung, bei der lediglich das geltende ARAG-Urteil zugrunde gelegt wird, und einer solchen, die einen fürsorgepflichtbasierten Regressreduzierungsansatz zur Grundlage hat, zu differenzieren.

---

578 Vgl. ebenso *Brommer*, Beschränkung der Vorstandsinnenhaftung, 2015, S. 277.

579 Für generelles Konzept des Existenzvernichtungsschutzes *P. Scholz*, Existenzvernichtende Haftung von Vorstandsmitgliedern, 2014, S. 227 ff. Einige Vertreter der fürsorgepflichtbasierten Regressreduzierung sprechen zwar von „*Einzelfallkorrektur*" – so etwa *Brommer*, Beschränkung der Vorstandsinnenhaftung, 2015, S. 71; *J. Koch*, in: Liber Amicorum M. Winter, 2011, S. 327, 344 f.; *Rust*, ZWeR 2015, 299, 311 –, scheinen aber gleichsam wenigstens generalisierbaren, nämlich Schadenssumme und Verschuldensgrad zum Ausgangspunkt nehmenden Schutz vor existenzvernichtenden Haftungsgefahren vor Augen zu haben. Demgegenüber – was mit generellem Schutzcharakter fürsorgepflichtbasierter Regressreduzierung kaum in Einklang zu bringen ist – Einredeerfordernis annehmend *Casper*, ZHR 176 (2012), 617, 639; *Mack*, Die Regresshaftung von Vorstandsmitgliedern, 2015, S. 228 ff.

580 Für fürsorgepflichtbasierte Regressreduzierung bei leichter und mittlerer Fahrlässigkeit *J. Koch*, in: Liber Amicorum M. Winter, 2011, S. 327, 345. Demgegenüber für fürsorgepflichtbasierte Regressreduzierung auch bei grober Fahrlässigkeit *P. Scholz*, Existenzvernichtende Haftung von Vorstandsmitgliedern, 2014, S. 308 ff.

581 Als unzulässig müsste man daher die folgende Formulierung einordnen: „*Der Aufsichtsrat wird das Vorstandsmitglied [in jedem Fall und ohne weitere tatbestandliche Voraussetzungen] nicht / nur in Höhe von (…) / nur bis zur Höhe von (…) in Anspruch nehmen (…).*"

(a) ARAG-Urteil: Konkrete Einzelfallbetrachtung

Angesichts der Ausführungen des BGH im ARAG-Urteil, das Ermessen des Aufsichtsrats könne erst *„einsetzen"* und die Ermessensentscheidung sei erst *„eröffne(t)"*, nachdem die in die Verfolgungsentscheidung einzustellenden Aspekte *„festgestellt"* worden seien, ist davon auszugehen, dass der Aufsichtsrat seine Verfolgungsentscheidung anhand der konkreten Umstände des jeweiligen Einzelfalls zu treffen hat und dass nicht im Vorfeld eine generalisierte Entscheidung auf Basis typisierter Umstände getroffen werden darf. Erst recht kann kein schuldrechtlicher Anspruch auf eine bestimmte Verfolgungsentscheidung auf Basis typisierter tatbestandlicher Erwägungen und Abwägungen sowie einer generalisierten Ermessensausübung eingeräumt werden.

(b) Fürsorgepflichtbasierte Regressreduzierung: Existenzvernichtungsschutz (bei geringem Verschulden)

Unter Zugrundelegung eines fürsorgepflichtbasierten Regressreduzierungsansatzes bestünde hingegen im Grundsatz die Möglichkeit, die Verfolgungsentscheidung des Aufsichtsrats dergestalt zu präjudizieren, dass das Vorstandsmitglied – wenigstens bei einem leichten Verschulden – nicht in existenzgefährdender Höhe in Anspruch genommen wird.

(c) Konstitutiver Anspruch aufgrund nicht anerkannter Regressreduzierungsfigur?

Problematisch ist aber, dass die fürsorgepflichtbasierte Regressreduzierung, die durch die Wertungen der arbeitsrechtlichen Grundsätze zur privilegierten Arbeitnehmerhaftung zu konturieren sein soll, nicht anerkannt ist. Einer Verschonungsregelung, die eine fürsorgepflichtbasierte Regressreduzierung als gegebenes Recht betrachtet und die in antizipierter Weise vorgibt, dass der Aufsichtsrat Ansprüche der Gesellschaft gegen das Vorstandsmitglied nicht in existenzvernichtender Höhe geltend machen wird, käme ein konstitutiver Charakter zu.

Würde im Anstellungsvertrag eine fürsorgepflichtbasierte Verschonungsregelung verankert werden, so bestünde – sofern die höchstrichterliche Rechtsprechung im Zeitpunkt der Verfolgungsentscheidung eine fürsorgepflichtbasierte Regressreduzierung abgelehnt hat, was den Verweis auf eine unklare Rechtslage problematisch gestaltet[582] – die Gefahr einer mit den organschaftlichen Pflichten

582 Vgl. *Buck-Heeb*, BB 2016, 1347, 1355: unklare Rechtslage, wenigstens solange keine höchstrichterliche Entscheidung. Zum Abweichen von höchstrichterlicher Rechtsprechung durch den Vorstand vgl. aber *Hopt/Roth*, in: Großkomm. AktG, § 93 Rn. 138.

des Aufsichtsrats konfligierenden schuldrechtlichen Verpflichtung. Zwar könnte sich dieser Gefahr mit einer Fiduciary Out-Regelung begegnen lassen, wonach die Verpflichtung des Aufsichtsrats zu einer bestimmten Verfolgungsentscheidung entfallen soll, wenn die höchstrichterliche Rechtsprechung im Zeitpunkt der Anspruchsgeltendmachung eine fürsorgepflichtbasierte Regressreduzierung abgelehnt hat.

Aber auch zuvor kann kein schuldrechtlicher Anspruch auf eine fürsorgepflichtbasierte Regressreduzierung eingeräumt werden. Schließlich sprechen die überzeugenden Gründe dafür, eine fürsorgepflichtbasierte Regressreduzierung nicht anzuerkennen. Eine schuldrechtliche Vereinbarung über eine fürsorgepflichtbasierte Regressreduzierung würde sich im Ergebnis als unzulässiger privatautonomer Versuch einer Haftungsbeschränkung darstellen, die angesichts der unbeschränkten Haftungsanordnung bei jeder Verschuldensform gemäß § 93 Abs. 2 S. 1 AktG und der Restriktionen in Bezug auf Verzichte über Organhaftungsansprüche gemäß § 93 Abs. 4 S. 3 AktG nicht zulässig ist.

Im Ergebnis ist damit festzuhalten, dass die Verfolgungsentscheidung vor dem Hintergrund, dass sie nur in der konkreten Entscheidungssituation getroffen werden kann, keinen vorab erfolgenden Vereinbarungen, mit denen die Entscheidungsmöglichkeiten im Rahmen der Verfolgungsentscheidung eingeengt werden, zugänglich ist.

3. *Entscheidung in aktueller Aufsichtsratsbesetzung*

Eng verbunden mit dem soeben dargestellten Gebot, dass nur in der aktuellen Entscheidungssituation auf der aktuellen Beschlussgrundlage entschieden werden soll, ist das Gebot, dass in der konkreten Situation nur das jeweilige Organ in der im Entscheidungszeitpunkt aktuellen Besetzung entscheiden soll.[583] Dieses Postulat findet sich auch spezifisch in Bezug auf den Aufsichtsrat.[584]

Wäre ein Gebot der Entscheidung des Organs in seiner jeweiligen Zusammensetzung anzuerkennen, so müssten Bindungen, die beim Abschluss des

---

583 In Bezug auf Vorstand *Fleischer*, ZIP 2003, 1, 10; *Heptner*, Einschränkungen der Leitungsmacht, 2013, S. 93; *Hüffer*, in: FS Schwark, 2009, S. 185, 196; *Mertens/Cahn*, in: KöKo AktG, § 76 Rn. 47; *Wellhöfer*, in: Wellhöfer/Peltzer/Müller, Haftung, § 4 Rn. 36. Allgemein in Bezug auf Gesellschaftsorgane *Mertens/Cahn*, in: KöKo AktG, § 84 Rn. 43: *„Hier gilt das eine Selbstbindung ausschließende Prinzip der Entschließungsfreiheit des Organs in seiner jeweiligen Zusammensetzung (…).“*

584 *Heß*, Investorenvereinbarungen, 2014, S. 136; *Steinert*, Investorenvereinbarung, 2013, S. 145, 165.

Anstellungsvertrags installiert werden und die bei der Verfolgungsentscheidung Berücksichtigung finden sollen, – auch aus diesem Grund – als unzulässig evaluiert werden. Denn die Aufsichtsratsmitglieder, welche die Verschonung im Anstellungsvertrag vereinbaren, wären – angesichts der im Zeitraum zwischen Abschluss des Anstellungsvertrags und Verfolgungsentscheidung wahrscheinlichen Wechsel in den Aufsichtsratsämtern[585] – nicht mit den Aufsichtsratsmitgliedern identisch, die über die Verfolgung entscheiden. Eine Vorabbindung der Aufsichtsratsmitglieder, die sich im Zeitpunkt der Verfolgungsentscheidung im Aufsichtsrat befinden, durch eine Vereinbarung der Aufsichtsratsmitglieder, mit denen der Aufsichtsrat im Zeitpunkt des Abschlusses des Anstellungsvertrags besetzt gewesen ist, wäre problematisch.

a) Verbot von Fremdsteuerung und Fremdbeeinflussung durch gesellschaftsfremde Dritte und aufsichtsratsexterne Organe

Dass der Aufsichtsrat selbst zu entscheiden und ein ihm zukommendes Ermessen selbst auszuüben hat, wird im Verhältnis zu anderen Gesellschaftsorganen und gegenüber gesellschaftsfremden Dritten besonders deutlich. Der Aufsichtsrat darf nicht fremdbestimmt oder fremdbeeinflusst sein und nicht der Bestimmung oder Beeinflussung durch andere Organe oder gesellschaftsfremde Dritte unterliegen. Weisungsrechte, Zustimmungsvorbehalte und verbindliche Vorschlagsrechte sind nicht nur unter dem Aspekt der Beschneidung von Entscheidungsmacht, sondern zudem unter dem Gesichtspunkt der Fremdbestimmung kritisch. Unverbindliche, aber institutionalisierte Vorschlagsrechte werden, obgleich sie nicht mit einer Fremdbestimmung einhergehen, wenigstens angesichts einer drohenden Fremdbeeinflussung und einer Einwirkung auf den Motivationsprozess im Aufsichtsrat kritisch betrachtet.[586]

Die Determinierung oder Beeinflussung von Entscheidungen des Aufsichtsrats konfligiert mit den Entscheidungsgrundsätzen im Aufsichtsrat. Das Gebot der Höchstpersönlichkeit schließt nicht nur eine Übertragung von Aufsichtsratsaufgaben an andere Organe oder Dritte aus, sondern es ist so umfassend zu verstehen, dass auch fremde Beeinflussungen, die einen unzulässigen

---

585 Vgl. § 102 AktG zur Amtszeit von Aufsichtsratsmitgliedern, der zehnjährige Verjährungsfrist von Organhaftungsansprüchen bei börsennotierten Gesellschaften gemäß § 93 Abs. 6 AktG gegenübersteht.

586 So etwa von *Hommelhoff*, BB 1977, 322, 324 f.; *Krieger*, Personalentscheidungen des Aufsichtsrats, 1981, S. 51 f.; *Mertens/Cahn*, in: KöKo AktG, § 84 Rn. 9; *Zöllner*, DB 1976, 1766, 1767 f. Nicht ganz entschlossen, aber tendenziell wohl auch *H.P. Westermann*, in: FS Hommelhoff, 2012, S. 1319, 1325.

Entscheidungsdruck auslösen, unzulässig sind. Gegen die Zulässigkeit fremdbestimmender oder fremdbeeinflussender Maßnahmen lässt sich weiter die Unabhängigkeit des Aufsichtsrats ins Feld führen[587], die neben der institutionellen Abgrenzung gegenüber anderen Organen[588] in materieller Hinsicht einen freien Willensbildungsprozess verlangt[589]. Zudem ist die Kollegialverfassung des Aufsichtsrats, die eine Entscheidungsfindung und Beschlussfassung im Wege gemeinsamen Meinungsaustauschs erfordert, unvereinbar mit einer Präjudizierung durch fremde Vorgaben.[590] Die etwaige Verfolgung von Partikularinteressen – eine entsprechende Gefahr geht mit Fremdbestimmungen und -beeinflussungen einher – würde schließlich in Konflikt mit der ausschließlichen Verpflichtung des Aufsichtsrats auf das Unternehmensinteresse geraten.[591]

b) Keine Bindung durch Beschlussfassung früheren Aufsichtsrats

Bezöge sich das Gebot der eigenen Entscheidungsfindung auf die jeweiligen Mitglieder und nicht auf das Organ als solches – wäre das Gebot der eigenen Entscheidungsfindung demnach mitglieder- und nicht organbezogen zu verstehen –, so müsste man es grundsätzlich als unwirksam betrachten, wenn ein späterer Aufsichtsrat in seiner dann gegebenen Besetzung an eine von einem früheren Aufsichtsrat in seiner damaligen Besetzung eingegangene Verpflichtung gebunden werden soll.

Um zu begründen, dass der Aufsichtsrat in einer neuen Besetzung nicht durch die Beschlussfassung des Aufsichtsrats in einer früheren Besetzung gebunden sein darf, bedarf es eines größeren Aufwands als zur Beantwortung der Frage, warum der Aufsichtsrat nicht durch andere Organe oder Dritte gebunden sein darf. Schließlich ist der Aufsichtsrat[592] und sind seine Mitglieder[593] stets

587 So auch – indes im Hinblick auf Weisungen – *Raiser*, ZGR 1978, 391, 395.

588 *Raiser*, ZGR 1978, 391, 395.

589 *Heß*, Investorenvereinbarungen, 2014, S. 126; *U.H. Schneider*, ZGR 1977, 335, 338 f.

590 Mit Kollegialverfassung gegen Zulässigkeit von Weisungen gegenüber Aufsichtsrat argumentierend *Raiser*, ZGR 1978, 391, 394 f.

591 Vgl. auch – in Bezug auf Aufträge von Aufsichtsratsmitgliedern – *Kropff*, in: FS Huber, 2006, S. 841, 844 ff.

592 *Baums*, ZHR 180 (2016), 697, 702; *Habersack*, in: MüKo AktG, Vorb. § 95 Rn. 13; *Hoffmann-Becking*, NZG 2014, 801, 802; *Hopt/M. Roth*, in: Großkomm. AktG, § 111 Rn. 103; *Kremer/v. Werder*, AG 2013, 340, 341; *Mertens/Cahn*, in: KöKo AktG, Vorb. § 95 Rn. 12.

593 Vgl. BVerfG, Urt. v. 07.11.1972 – 1 BvR 338/68, Rn. 30, BVerfGE 34, 103, 112 = WM 1973, 162, 163; BGH, Urt. v. 29.01.1962 – II ZR 1/61, Rn. 32, BGHZ 36, 296, 306;

ausschließlich dem Unternehmensinteresse verpflichtet, so dass eine Diskrepanz zum Unternehmenswohl weniger evident ist als bei einer Fremdbestimmung oder -beeinflussung durch gesellschaftsexterne Dritte. Zudem droht die Kompetenzordnung und innerorganschaftliche Machtbalance zwischen den Organen nicht – wie bei einer Fremdbestimmung oder -beeinflussung durch andere Gesellschaftsorgane – aus den Fugen zu geraten, verbleibt die Beschlussfassung schließlich im Organ Aufsichtsrat.

Allerdings adressiert der Grundsatz der Höchstpersönlichkeit das individuelle Aufsichtsratsmitglied.[594] Dem Gebot der Unabhängigkeit kommt ebenfalls – neben seiner institutionellen Komponente[595] – eine individuelle Komponente dergestalt zu, dass er sich an das einzelne Aufsichtsratsmitglied richtet.[596] Schließlich legt die Kollegialverfassung des Aufsichtsrats nahe, dass Aufsichtsratsentscheidungen im Diskurs der aktuellen Mitglieder zustande kommen. Wären die aktuellen Aufsichtsratsmitglieder bereits durch die Beschlussfassung früherer Aufsichtsratsmitglieder gebunden, so könnten kein Diskurs der Aufsichtsratsmitglieder und kein Austausch der individuell gebildeten Meinungen im Rahmen der Beschlussfassung erfolgen. Schließlich ist in Bezug auf das Unternehmensinteresse hervorzuheben, dass dieses im aktuellen Einzelfall anhand der dann gegebenen Umstände zu eruieren ist.[597] Die Entscheidungsgrundsätze, die das Entscheidungsverfahren im Aufsichtsrat prägen, legen nahe, dass die Bindung eines späteren Aufsichtsrats an die Beschlussfassung eines früheren Aufsichtsrats, der in einer anderen Besetzung konstituiert gewesen ist, problematisch ist.

Habersack, in: MüKo AktG, § 111 Rn. 17; *Leyens*, Information des Aufsichtsrats, 2006, S. 239; *E. Vetter*, in: *Marsch-Barner/Schäfer*, Hdb. börsennotierte AG, § 29 Rn. 5, 7.

594 Vgl. *Habersack*, in: MüKo AktG, § 111 Rn. 132 ff.; *Hopt/M. Roth*, in: Großkomm. AktG, § 111 Rn. 38; *Krieger*, Personalentscheidungen des Aufsichtsrats, 1981, S. 42; ebenso *Mertens/Cahn*, in: KöKo AktG, § 111 Rn. 119, die aber zudem Adressierung des Höchstpersönlichkeitsgebots an Gesamtaufsichtsrat annehmen.

595 Vgl. *Raiser*, ZGR 1978, 391, 395.

596 Vgl. etwa *Hoffmann-Becking*, NZG 2014, 801, 802 ff.; *U.H. Schneider*, ZGR 1977, 335, 338 f.

597 Vgl. *Kremer/v. Werder*, AG 2013, 340, 341; *Kropff*, in: FS Huber, 2006, S. 841, 844 ff.; *Kunze*, ZHR 144 (1980), 100, 116 f.; *Mertens*, ZGR 1977, 270, 276; *ders./Cahn*, in: KöKo AktG, Vorb. § 95 Rn. 13; *Raisch*, in: FS Hefermehl, 1976, S. 347, 357; *Raiser*, in: FS R. Schmidt, 1976, S. 101, 108; *ders.*, ZGR 1978, 391, 397; *Semler*, Leitung und Überwachung, 1996, Rn. 51.

c) Bindung des Aufsichtsrats durch Beschlussfassung früheren Aufsichtsrats

Die Bindung eines späteren Aufsichtsrats durch die Beschlussfassung eines früheren Aufsichtsrats in einer anderen Besetzung ist jedoch nicht durchweg ausgeschlossen. Denkbar könnte es sein, dass lediglich das, was ein jeder Aufsichtsrat ohnehin entscheiden wird, deklaratorisch festgelegt wird. Weiter kommt die Bindung eines späteren Aufsichtsrats durch einen früheren Aufsichtsrat, der eine vertretbare unternehmerische Entscheidung für die Gesellschaft getroffen hat[598], in Betracht, wobei hervorzuheben ist, dass die Unvertretbarkeit der Entscheidung nicht deren Unwirksamkeit, sondern lediglich eine Schadensersatzpflicht gegenüber der Gesellschaft zur Folge hätte[599]. Schließlich kann die im Rahmen von Investorenvereinbarungen und Business Combination Agreements auftretende Überlegung, dass eine die Gesellschaft als Schuldnerin treffende Bindung installiert wird, die aber intern von einem Organ umzusetzen ist, fruchtbar gemacht werden.

aa) Lediglich deklaratorische „Bindung“

Es ist denkbar, dass der Aufsichtsrat aufgrund seiner originären Pflichtenbindung in einer bestimmten Weise entscheiden muss. Sollte bereits vorab feststehen, dass der Aufsichtsrat in einer bestimmten Weise entscheiden wird bzw. entscheiden muss, so sprechen keine Einwände dagegen, diese Entscheidung deklaratorisch festzulegen. Es würde sich um keine echte schuldrechtlich auferlegte Bindung handeln, sondern um eine Bindung, die der Aufsichtsrat bereits originär zu berücksichtigen hat und die lediglich deklaratorisch benannt wird. Allerdings lässt sich – abgesehen von der Grenze drohender Existenzvernichtung bei einem leichten Verschulden, sofern man eine so ausgestaltete fürsorgepflichtbasierte Regressreduzierung anerkennt – keine allgemeingültige Aussage treffen, wonach der Aufsichtsrat in bestimmten Konstellationen in einer bestimmten Weise – nämlich zu Gunsten einer (teilweisen) Nichtverfolgung oder Regressreduzierung – entscheiden wird. Einer Bindung des Aufsichtsrats im Hinblick auf seine Entscheidung zur (Nicht-)Verfolgung oder Regressreduzierung käme nicht nur ein deklaratorischer, sondern darüber hinaus ein konstitutiver Charakter zu.

---

598 Vgl. – indes in Bezug auf den Vorstand – *Heß*, Investorenvereinbarungen, 2014, S. 181: Bindung des Vorstands durch eine von früherem Vorstand eingegangene vertretbare Bindung.

599 Vgl. etwa – indes in Bezug auf den Vorstand – *Herwig*, Leitungsautonomie und Fremdeinfluss, 2014, S. 157 ff.

Einen lediglich deklaratorischen Gehalt hätte hingegen eine Vereinbarung, wonach der Aufsichtsrat von einer Anspruchsverfolgung absehen wird, soweit eine Ausnahme im Sinne des ARAG-Urteils vorliegt und soweit eine Nichtverfolgung im Unternehmenswohl liegt.[600] Ein deklaratorischer Charakter käme auch einer Vereinbarung zu, bei der lediglich – in nicht abschließender und den Motivationsprozess im Aufsichtsrat nicht unzulässig beeinflussender Weise – enumeriert wird, welche im Einklang mit der geltenden Rechtslage berücksichtigungsfähigen Aspekte der Aufsichtsrat bei seiner Verfolgungsentscheidung einbeziehen wird.[601] Weiter kann – erneut unter dem Vorbehalt, dass nicht ein unzulässiger Motivationsdruck auf den Aufsichtsrat bewirkt wird – die ohnehin bestehende Verpflichtung zur Prüfung, ob eine Nichtverfolgung in Betracht kommt, hervorgehoben werden.[602] Um ein dahingehendes Missverständnis, der Aufsichtsrat werde zu einer bestimmten Entscheidung verpflichtet, zu vermeiden, dürfte aber die ausschließliche Verpflichtung des Aufsichtsrats auf das Unternehmenswohl zu betonen sein.[603]

bb) Bindungswirkung eines Handelns gemäß § 116 S. 1 i.V.m. § 93 Abs. 1 S. 2 AktG

Handelt ein Aufsichtsrat für die Gesellschaft nach außen und trifft er für sie eine unternehmerische Entscheidung, so ist dieses Handeln verbindlich.[604] Allerdings kann angesichts des konkreten Einzelfallerfordernisses, mit dem die Verfolgungsentscheidung behaftet ist, nicht mit der Wirkung, dass eine entsprechende Vereinbarung für einen späteren Aufsichtsrat verbindlich sein würde, auf den unternehmerischen Charakter der Entscheidung des Aufsichtsrats über den Abschluss des Anstellungsvertrags mit dem Vorstandsmitglied und die Vereinbarung der Verschonungsregelung im Anstellungsvertrag verwiesen werden.

600 Vgl. die Formulierung im dritten Kapitel unter B. V.

601 Vgl. die Formulierung im dritten Kapitel unter B. VI. 1.

602 Vgl. die Formulierung im dritten Kapitel unter B. VI. 2.

603 Vgl. die Formulierung im dritten Kapitel unter B. VI. 3.

604 Vgl. – indes in Bezug auf den Vorstand – *Heß*, Investorenvereinbarungen, 2014, S. 181: kein „*Reset*“ infolge Vorstandswechsels.

cc) Verpflichtung der Gesellschaft und interne Zuständigkeit des Aufsichtsrats

Im Rahmen der Diskussion um Vorwegbindungen des Vorstands erkennt eine umstrittene Ansicht es – unter gewissen Voraussetzungen[605] – an, dass für die Gesellschaft eine Bindung eingegangen werden kann, die das für die Umsetzung der Bindung intern zuständige Organ bei seiner Beschlussfassung zu berücksichtigen hat.[606] Wollte man diese Überlegung in Bezug auf den Vorstand anerkennen, so spräche nichts dagegen, sie auch im Hinblick auf den Aufsichtsrat fruchtbar zu machen.

Ergibt sich jedoch – wie bei der Verfolgungsentscheidung – aus der Eigenart der Entscheidung, dass sie lediglich in der konkreten Situation anhand der aktuellen Umstände getroffen werden darf, so geht hiermit einher, dass nur das Organ in seiner aktuellen Besetzung entscheiden darf und es nicht bereits durch die Beschlussfassung des formal selben, aber im Zeitpunkt des Eingehens der Bindung in anderer Besetzung konstituierten Organs gebunden sein darf. Das Erfordernis einer konkreten Einzelfallbetrachtung, das im Sinne des Verbots einer generalisierten Ermessensausübung auf Grundlage typisierter Erwägungen auszulegen ist, korrespondiert mit dem Gebot, dass die Verfolgungsentscheidung nur durch die Aufsichtsratsmitglieder, mit denen der Aufsichtsrat im Zeitpunkt der Anspruchsverfolgung konkret besetzt ist, getroffen werden darf.

d) Aufsichtsratsbezogene Bindungen mit Wirkungen im Außenverhältnis

Aufsichtsratsbezogene Bindungen, die im Außenverhältnis Wirksamkeit entfalten sollen, erweisen sich weiter unter dem Punkt des Verpflichtungssubjekts als problematisch.

---

605 Beispielsweise unter der Voraussetzung der Zustimmung bzw. Mitwirkung des Organs, das gebunden werden soll. Vgl. OLG München, Beschl. v. 14.12.2011 – 7 AktG 3/11, Rn. 52 f., AG 2012, 260, 262 – WET; *Kiem*, AG 2009, 301, 307 f.; *Weber-Rey/Reps*, ZGR 2013, 597, 625. Dagegen *Heß*, Investorenvereinbarungen, 2014, S. 260 f. Zudem unter der Voraussetzung, dass kein unangemessener Entscheidungsdruck auf das Organ ausgeübt wird. Vgl. *Seibt*, ZIP 2013, 1597, 1601; *ders.*, in: Übernahme- und Kapitalmarktrecht, 2013, S. 105, 125 f.

606 Vgl. *Arens*, Vertragliche Einflussrechte, 2014, S. 18 f.; *Kiefner*, ZHR 178 (2014), 547, 571. Anderer Ansicht *Heß*, Investorenvereinbarungen, 2014, S. 178 ff.; *Schall*, in: Kämmerer/Veil, Übernahme- und Kapitalmarktrecht, 2013, S. 75, 90 f., 104.

aa) Mangelnde Verpflichtungsfähigkeit des Aufsichtsrats im Außenverhältnis

Die Verschonungsregelung betrifft – da das Vorstandsmitglied sowohl beim Abschluss des Anstellungsvertrags[607] als auch bei der Anspruchsverfolgung[608] in seiner persönlichen Rechtsstellung betroffen ist – das Außenverhältnis. Insofern ist problematisch, dass der Aufsichtsrat als Innenorgan konzipiert ist[609], was seine Rechtsfähigkeit und Verpflichtungsfähigkeit im Außenverhältnis in Frage stellt[610].

bb) Verpflichtung der Gesellschaft und interne Zuständigkeit des Aufsichtsrats

In Bezug auf Vereinbarungen, die den Vorstand adressieren und die ihn zu einer bestimmten Maßnahme verpflichten sollen, vertritt man zum Teil, eine entsprechende Vereinbarung könne so ausgelegt werden, dass die Verpflichtung als solche die Gesellschaft treffe und lediglich die Umsetzung der Verpflichtung aufgrund der internen Kompetenzordnung und Zuständigkeitsverteilung in der Gesellschaft durch das intern zuständige Organ zu erfolgen habe.[611]

Ob eine Verschonungsregelung, die sich auf die Verfolgungsentscheidung des Aufsichtsrats auswirkt, einer Auslegung in der Weise zugänglich ist, dass die Aktiengesellschaft, die Gläubigerin des Schadensersatzanspruchs ist, Schuldnerin der Verschonungsverpflichtung ist und der Aufsichtsrat die Verschonung stellvertretend für sie umzusetzen hat, wäre einer Klärung bedürftig. Eine solche kann aber – da eine entsprechende Vereinbarung per se unzulässig ist, weil die Entscheidung nur im jeweils aktuellen, konkreten Einzelfall getroffen werden kann – offenbleiben.

cc) Mangelnde Dispositionsbefugnis der einzelnen Aufsichtsratsmitglieder

Die aktiengesetzlichen Befugnisse sind grundsätzlich nicht den einzelnen Aufsichtsratsmitgliedern zugewiesen, sondern dem Aufsichtsrat in seiner

---

607 *Deckert*, AG 1994, 457, 458 – indes in Bezug auf das Aufsichtsratsmitglied.

608 *Schürnbrand*, Organschaft im Recht der privaten Verbände, 2007, S. 360.

609 *v. Falkenhausen*, ZIP 2015, 956; *Huthmacher*, Pflichten und Haftung der Aufsichtsratsmitglieder, 2014, S. 107; *Lutter/Krieger/Verse*, Rechte und Pflichten des AR, § 1 Rn. 40; *Spindler*, in: MüKo AktG, Vorb. § 76 Rn. 55.

610 *Heß*, Investorenvereinbarungen, 2014, S. 14 f., 129; *Steinert*, Investorenvereinbarung, 2013, S. 143, 163.

611 *Arens*, Vertragliche Einflussrechte, 2014, S. 18 f.; *Kiefner*, ZHR 178 (2014), 547, 571.

Gesamtheit.[612] Die Verfolgung von Schadensersatzansprüchen der Gesellschaft gegen das Vorstandsmitglied bedarf eines Beschlusses des Gesamtaufsichtsrats.[613] Die aktienrechtlichen Kompetenzen und Befugnisse sind dem Aufsichtsratsmitglied nur in seiner Funktion als Mitglied des Organs Aufsichtsrat zugewiesen und sie stehen ihm nicht als selbständiger Rechtsträger zu.[614] Man spricht insofern von Organrechten.[615]

Vor diesem Hintergrund vertritt man zum Teil – gleichsam wie in Bezug auf den Vorstand –, Aufsichtsratsmitgliedern fehle es an der Dispositionsbefugnis, Vereinbarungen zu treffen, mit denen sie sich hinsichtlich künftiger Entscheidungen verbindlich festlegen.[616] Ohne entscheiden zu müssen, ob Aufsichtsratsmitglieder der Dispositionsbefugnis im Hinblick auf Vereinbarungen entbehren, mit denen eine Bindung in Bezug auf die Ausübung ihres Stimmrechts im Rahmen von Ermessens- und Beurteilungsspielräumen erzielt werden soll[617], fehlt

---

612 *Habersack*, in: MüKo AktG, § 111 Rn. 17; *Hopt/M. Roth*, in: Großkomm. AktG, § 111 Rn. 108; *Mertens/Cahn*, in: KöKo AktG, § 111 Rn. 13; *E. Vetter*, in: *Marsch-Barner/Schäfer*, Hdb. börsennotierte AG, § 26 Rn. 2. Spezifisch in Bezug auf die Überwachungsaufgabe OLG Frankfurt, Beschl. v. 01.10.2007 - 20 W 141/07, LS 2, AG 2008, 456; *Drygala*, in: K. Schmidt/Lutter, AktG, § 111 Rn. 6; *Habersack*, in: MüKo AktG, § 111 Rn. 18; *J. Koch*, in: Hüffer/J. Koch, AktG, § 111 Rn. 17; *Lutter/Krieger/Verse*, Rechte und Pflichten des AR, § 2 Rn. 69; *Spindler*, in: Spindler/Stilz, AktG, § 111 Rn. 30.

613 *Habersack*, in: MüKo AktG, § 111 Rn. 34; *v. Schenck*, in: Semler/v. Schenck, Arbeitshdb. für AR-Mitglieder, § 7 Rn. 342 f.

614 *Habersack*, in: MüKo AktG, Vorb. § 95 Rn. 4, § 111 Rn. 17; *Lutter/Krieger/Verse*, Rechte und Pflichten des AR, § 1 Rn. 43; *Mertens/Cahn*, in: KöKo AktG, Vorb. § 76 Rn. 3.

615 *Habersack*, in: MüKo AktG, Vorb. § 95 Rn. 4, § 111 Rn. 17. Zu Organrechten vgl. allgemein *Schürnbrand*, Organschaft im Recht der privaten Verbände, 2007, S. 374 ff.

616 *Heß*, Investorenvereinbarungen, 2014, S. 199; *Schall*, in: Kämmerer/Veil, Übernahme- und Kapitalmarktrecht, 2013, S. 75, 90 f., 93 f., 104.

617 Zulässigkeit einer über einzelnes Organmitglied herbeigeführten Verpflichtung annehmend *Seibt*, in: Kämmerer/Veil, Übernahme- und Kapitalmarktrecht, 2013, S. 105, 128: *„zulässige, faktische Ermessenssteuerung im Rahmen bestehender Beurteilungsspielräume"* – in Bezug auf Aufsichtsratsmitglieder. Ähnlich *Habersack*, in: Handelsblatt online vom 07.08.2009 (http://www.handelsblatt.com/unternehmen/industrie/schaeffler-conti-investorenvereinbarung-als-rettungsanker/v_detail_tab_print/3234446.html; zuletzt abgerufen am 11.01.2017): *„Sollten an der Investorenvereinbarung amtierende Aufsichtsratsmitglieder beteiligt sein, so erscheint es allerdings nicht ausgeschlossen, dass diese sich hinsichtlich der Ausübung ihres Stimmrechts im Aufsichtsrat binden, soweit sich dies innerhalb einer Beurteilungs- oder Ermessensspielraums des Aufsichtsrats bewegt."* Offener auch *Hoffmann-Becking*, NZG 2014, 801, 807: *„Sollten wir deshalb den Bereich der Ermessensentscheidung für externe schuldrechtliche Bindungen*

es in Bezug auf die Verfolgungsentscheidung zumindest insofern an der Dispositionsbefugnis, als die Verfolgungsentscheidung mit dem Erfordernis, dass sie nur in der aktuellen, konkreten Situation getroffen werden darf, behaftet ist. Angesichts dessen kann der Aufsichtsrat vor Eintritt der konkreten Entscheidungssituation nicht eine Bindung eingehen, die ein späterer, anders besetzter Aufsichtsrat zu berücksichtigen hätte. Weiter kann der mit den Aufsichtsratsmitgliedern, die konkret über Verfolgung oder Nichtverfolgung zu entscheiden haben, besetzte Aufsichtsrat nicht vor Eintritt der Verfolgungssituation eine Bindung in Bezug auf die Verfolgungsentscheidung eingehen.

4. Fazit zu Verschonungsregelungen vor dem Hintergrund der Entscheidungsautonomie des Aufsichtsrats

In der Verfolgungsentscheidung des Aufsichtsrats ist gewissermaßen ein Einzelfallerfordernis verankert. Der Aufsichtsrat hat die Entscheidung über Verfolgung oder Nichtverfolgung von Schadensersatzansprüchen der Gesellschaft gegen Vorstandsmitglieder, wie sich dem ARAG-Urteil entnehmen lässt, anhand der konkreten Umstände des Einzelfalls zu treffen. Dementsprechend sind Bindungen, welche die Verfolgungsentscheidung im Vorfeld verbindlich präjudizieren, unzulässig.

Lediglich auf Basis einer Fürsorgepflicht der Gesellschaft in Verbindung mit den Wertungen der privilegierten Arbeitnehmerhaftung käme es in Betracht, eine Grenze dergestalt zu verankern, dass das Vorstandsmitglied – bei einem bloß leichten Verschulden – nicht in existenzvernichtender Höhe in Anspruch genommen wird. Handelte es sich bei der fürsorgepflichtbasierten Regressreduzierung um eine anerkannte Figur, so hätte eine entsprechende anstellungsvertragliche Vereinbarung einen lediglich deklaratorischen Gehalt. Allerdings stellt eine fürsorgepflichtbasierte Regressreduzierung kein anerkanntes Recht dar und einer entsprechenden Vereinbarung, die im Sinne des Versuchs einer unzulässigen privatautonomen Haftungsbeschränkung einzuordnen wäre, käme ein konstitutiver Charakter zu. Die Einräumung eines Anspruchs des Vorstandsmitglieds auf ein bestimmtes Anspruchsverfolgungsverhalten des Aufsichtsrats erweist sich als nicht zulässig.

Unter dem Gesichtspunkt, dass die Entscheidungsautonomie des Aufsichtsrats nicht tangiert sein darf, ist es jedoch relativ unproblematisch, wenn lediglich deklaratorisch wiedergegeben wird, dass der Aufsichtsrat von einer Verfolgung

---

freigeben? (…) Ich kann das hier nicht vertiefen, habe aber den Eindruck, dass das Thema sorgfältiger durchleuchtet werden sollte."

(ganz oder teilweise) absehen wird bzw. er sich zu Gunsten einer Regressreduzierung entscheiden wird, soweit dies in Einklang mit dem ARAG-Urteil bzw. mit der ausschließlichen Verpflichtung des Aufsichtsrats auf das Unternehmenswohl steht[618], oder wenn in nicht abschließender Weise enumeriert wird, welche Aspekte bei der Verfolgungsentscheidung berücksichtigt werden[619], ohne eine Bindung in Bezug auf das Entscheidungsergebnis zu installieren. Auch die Hervorhebung, dass bei einem Zusammentreffen von leichtem Verschulden und existenzvernichtendem Schadensausmaß besonders geprüft wird, ob von einer Verfolgung (teilweise) abgesehen werden kann[620], ist zulässig, sofern nicht eine Verpflichtung zu einer bestimmten Entscheidung statuiert oder ein unzulässiger Motivationsdruck erzeugt wird. Der Aufsichtsrat muss bei seiner Verfolgungsentscheidung frei bleiben und darf insofern nur an das Unternehmenswohl gebunden sein, was besonders hervorgehoben werden sollte.[621]

D. Restriktionen gemäß § 93 Abs. 4 S. 3 AktG

Eine weitere Problematik, mit der man konfrontiert ist, will man im Anstellungsvertrag eine Verschonungsregelung installieren, die sich auf die Verfolgungsentscheidung des Aufsichtsrats bezieht und die gegebenenfalls sogar die Inanspruchnahme des Vorstandsmitglieds durch den Aufsichtsrat begrenzen soll, ist die Frage, ob und inwieweit die Implikationen von § 93 Abs. 4 S. 3 AktG Berücksichtigung finden müssen. § 93 Abs. 4 S. 3 AktG wäre zu berücksichtigen, wenn die anstellungsvertragliche Verschonung einen Verzicht oder eine verzichtsähnliche Rechtshandlung darstellte. § 93 Abs. 4 S. 3 AktG könnte hingegen unbeachtet bleiben, wenn die Verschonungsklausel einer rein tatsächlichen Nichtgeltendmachung des Anspruchs gleichzustellen wäre.

I. Sinn und Zweck von § 93 Abs. 4 S. 3 AktG

Gemäß § 93 Abs. 4 S. 3 AktG kann die Gesellschaft erst drei Jahre nach der Entstehung des Anspruchs und nur dann auf Ersatzansprüche verzichten oder sich über sie vergleichen, wenn die Hauptversammlung zustimmt und nicht eine Minderheit, deren Anteile zusammen den zehnten Teil des Grundkapitals erreichen, zur Niederschrift Widerspruch erhebt. Rechtsgeschäfte, die entgegen den

618 Vgl. die Formulierung im dritten Kapitel unter B. V.
619 Vgl. die Formulierung im dritten Kapitel unter B. VI. 1.
620 Vgl. die Formulierung im dritten Kapitel unter B. VI. 2.
621 Vgl. die Formulierung im dritten Kapitel unter B. VI. 3.

Vorgaben von § 93 Abs. 4 S. 3 AktG vorgenommen werden, sind nichtig.[622] § 93 Abs. 4 S. 3 AktG erfasst jeden auf der Organstellung des Vorstandsmitglieds beruhenden Schadensersatzanspruch der Gesellschaft gegen ein Vorstandsmitglied ungeachtet seiner Rechtsgrundlage.[623] Der Sinn und Zweck von Dreijahresfrist, Hauptversammlungszustimmung und Ausbleiben eines Minderheitenvetos sollen nur kurz dargestellt werden. Zumindest die Dreijahresfrist erfährt im vierten Kapitel noch eine ausführliche Erörterung.

Dem Erfordernis, dass drei Jahre nach Anspruchsentstehung abgelaufen sein müssen, bevor im Wege von Verzicht auf oder Vergleich über Organhaftungsansprüche der Gesellschaft disponiert werden kann, liegt die Überlegung zugrunde, dass Schadensersatzansprüche nicht aufgegeben werden sollen, bevor Schadensausmaß und Pflichtverletzung hinreichend überschaubar sind.[624] Hiervon geht das Aktiengesetz unter typisierender Betrachtung nach Ablauf von drei Jahren aus.[625]

Das Erfordernis der Zustimmung der Hauptversammlung in Bezug auf Verzichte und Vergleiche der Gesellschaft über Organhaftungsansprüche dient dazu, kollegialen Rücksichtnahmen und einer wechselseitigen Enthaftung der Verwaltung zu begegnen.[626]

---

622 *Fleischer*, in: Spindler/Stilz, AktG, § 93 Rn. 288; *J. Koch*, in: Hüffer/J. Koch, AktG, § 93 Rn. 76; *Mertens/Cahn*, in: KöKo AktG, § 93 Rn. 174; *Spindler*, in: MüKo AktG, § 93 Rn. 254.

623 *Fleischer*, in: Spindler/Stilz, AktG, § 93 Rn. 285; *Mertens/Cahn*, in: KöKo AktG, § 93 Rn. 167.

624 Abschätzbarkeit des Schadens hervorhebend *Hölters*, in: Hölters, AktG, § 93 Rn 311; *Hopt/M. Roth*, in: Großkomm. AktG, § 93 Rn. 518; *J. Koch*, in: Hüffer/J. Koch, AktG, § 93 Rn. 76; *Krieger/Sailer-Coceani*, in: K. Schmidt/Lutter, AktG, § 93 Rn. 65; *v. Schenck*, in: Semler/v. Schenck, Der AR, § 116 Rn. 612; *Thomas*, Die Haftungsfreistellung von Organmitgliedern, 2010, S. 148; *Thümmel*, Persönliche Haftung von Managern und Aufsichtsräten, Rn. 342; *K. Zimmermann*, in: FS Duden, 1977, S. 773, 774. Vgl. auch bereits Begr. RegE bei *Kropff*, AktG 1965, S. 123: *„abschließendes Bild über die Auswirkungen der schädigenden Handlung"*. Zugleich auf Abschätzbarkeit der Pflichtverletzung abhebend *Hasselbach/Seibel*, AG 2008, 770, 772; *Mertens*, in: FS Fleck, 1977, 209, 210; *ders./Cahn*, in: KöKo AktG, § 93 Rn. 164; *Wilsing*, in: FS Maier-Reimer, 2010, S. 889, 895; *M. Zimmermann*, DB 2008, 687, 688.

625 Skeptisch bezüglich entsprechender typisierender Annahme *Harbarth*, in: Liber Amicorum M. Winter, 2011, S. 215, 227 ff.

626 BGH, Urt. v. 08.07.2014 – II ZR 174/13, Rn. 20, BGHZ 202, 26, 33 = NZG 2014, 1058, 1060 – Plambeck; *Fleischer*, in: Spindler/Stilz, AktG, § 93 Rn. 278; *Haas/Wigand*, in: Krieger/Schneider, Hdb. Managerhaftung, § 16 Rn. 70; *Harbarth*, in: Liber Amicorum M. Winter, 2011, S. 215, 227; *Hasselbach/Seibel*, AG 2008, 770, 772; *Hölters*, in: Hölters, AktG, § 93 Rn. 306; *Hopt/M. Roth*, in: Großkomm. AktG, § 93 Rn. 506;

Dem Erfordernis, dass nicht eine Minderheit, deren Anteile zusammen den zehnten Teil des Grundkapitals erreichen, zur Niederschrift Widerspruch erhebt, liegt der Gedanke des Minderheitenschutzes zugrunde. Die Minderheitsaktionäre sollen die Möglichkeit beibehalten, Ersatzansprüche der Gesellschaft im Wege eines Klagezulassungsverfahrens geltend machen zu können.[627] Die Möglichkeit des Minderheitenvetos verwirklicht einen institutionalisierten Minderheitenschutz.[628]

II. Erfasste Rechtshandlungen: Verzicht, Vergleich, sonstige gleichstehende Rechtshandlungen

Neben rechtlich-formellem Verzicht und Vergleich, die § 93 Abs. 4 S. 3 AktG bereits dem Wortlaut gemäß erfasst, unterstellt man – unter zu konkretisierenden Voraussetzungen – auch sonstige Rechtshandlungen den Restriktionen von § 93 Abs. 4 S. 3 AktG.

1. Verzicht und Vergleich

Unter den Begriff des Verzichts fallen sowohl Erlass einer Verbindlichkeit gemäß § 397 Abs. 1 AktG als auch negatives Schuldanerkenntnis gemäß § 397 Abs. 2 AktG.[629] Mit dem Begriff des Vergleichs erfasst § 93 Abs. 4 S. 3 AktG einen gerichtlichen wie außergerichtlichen Vergleich gemäß § 779 Abs. 1 BGB.[630]

J. Koch, in: Hüffer/J. Koch, AktG, § 93 Rn. 78; *Mertens*, in: FS Fleck, 1988, S. 209, 210; *ders./Cahn*, in: KöKo AktG, § 93 Rn. 161; *Spindler*, in: MüKo AktG, § 93 Rn. 252; *Wigand*, Verzicht, Vergleich und sonstige Haftungsbeschränkungen, 2012, S. 338; *K. Zimmermann*, in: FS Duden, 1977, S. 773, 774.

627 *Fleischer*, in: Spindler/Stilz, AktG, § 93 Rn. 280; *Hölters*, in: Hölters, AktG, § 93 Rn. 315; *Hopt/M. Roth*, in: Großkomm. AktG, § 93 Rn. 514; *Mertens*, in: FS Fleck, 1988, S. 209, 210.

628 *Bayer/P. Scholz*, ZIP 2015, 149, 150; *Dietz-Vellmer*, NZG 2011, 248, 252. Im Ergebnis auch *Fleischer*, AG 2015, 133, 137: abschließende Berücksichtigung des Minderheitenschutzes über § 93 Abs. 4 S. 3 AktG.

629 *Fleischer*, in: Spindler/Stilz, AktG, § 93 Rn. 286; *Harbarth*, in: Liber Amicorum M. Winter, 2011, S. 215, 224; *Hölters*, in: Hölters, AktG, § 93 Rn. 308; *Hopt/M. Roth*, in: Großkomm. AktG, § 93 Rn. 527; *Krieger/Sailer-Coceani*, in: K. Schmidt/Lutter, AktG, § 93 Rn. 64; *Mertens/Cahn*, in: KöKo AktG, § 93 Rn. 170; *Spindler*, in: MüKo AktG, § 93 Rn. 250.

630 *Hölters*, in: Hölters, AktG, § 93 Rn. 308; *Hopt/M. Roth*, in: Großkomm. AktG, § 93 Rn. 527; *Mertens/Cahn*, in: KöKo AktG, § 93 Rn. 170; *Spindler*, in: MüKo AktG, § 93 Rn. 250. Zu weiteren erfassten Vergleichsformen siehe *Harbarth*, in: Liber Amicorum M. Winter, 2011, S. 215, 224; *Krieger/Sailer-Coceani*, in: K. Schmidt/Lutter, AktG, § 93

Ein Verzicht ist dadurch gekennzeichnet, dass der Anspruch, auf den man verzichtet, erlischt.[631] Bei einem Teilverzicht, den § 93 Abs. 4 S. 3 AktG ebenfalls umfasst[632], erlischt der Anspruch nicht vollumfänglich, sondern teilweise. Infolge eines Vergleichs tritt eine höhenmäßige Reduzierung des Anspruchs ein.[633] Sowohl beim Verzicht als auch beim Vergleich erfolgt in gewisser Weise ein Nachgeben in Bezug auf den Forderungsbetrag und beide Rechtshandlungen führen zu einem (wenigstens teilweisen) Aufgeben der Forderung.[634] Während ein Verzicht stets eine Verfügung impliziert[635], enthält ein Vergleich zumindest regelmäßig verfügende Elemente[636].

2. *Sonstige gleichstehende Rechtshandlungen*

Über den Wortlaut von § 93 Abs. 4 S. 3 AktG hinaus, der lediglich rechtlich-formellen Verzicht und Vergleich umfasst, erweitern Literatur und Rechtsprechung den Anwendungsbereich der Norm.

a) *Materielle Betrachtung oder methodisches Vorgehen*

Will man die Rechtshandlungen, die über den Wortlaut von § 93 Abs. 4 S. 3 AktG hinaus an dieser Norm zu messen sein sollen, konturieren, so kann man mit der herrschenden Auffassung eine materielle Betrachtung bemühen oder man kann methodisch im Wege von teleologischer Reduktion und Analogiebildung vorgehen.

aa) Materielle Betrachtung: Abheben auf wirtschaftliche Äquivalenz

Die herrschende Auffassung nimmt eine materielle Betrachtung vor und beurteilt Rechtshandlungen als verzichtsähnlich, die wirtschaftlich betrachtet einem Verzicht oder Vergleich entsprechen.[637] Dieser herrschende Ansatz sieht

---

Rn. 64: Prozessvergleich gemäß §§ 794 Abs. 1 Nr. 1, 1053 ZPO und Anwaltsvergleich gemäß §§ 796a ff. ZPO.

631 *Hölters*, in: Hölters, AktG, § 93 Rn. 308.

632 *Fleischer*, in: Spindler/Stilz, AktG, § 93 Rn. 286; *Hölters*, in: Hölters, AktG, § 93 Rn. 308.

633 *Hölters*, in: Hölters, AktG, § 93 Rn. 308.

634 *Eßwein*, Privatautonome Gestaltung der Vorstandshaftung, 2015, S. 97, 105, 106 f.

635 *Schlüter*, in: MüKo BGB, § 397 Rn. 6; *Schulze*, in: Schulze, BGB, § 397 Rn. 4.

636 Vgl. *Habersack*, in: MüKo BGB, § 779 Rn. 31 ff.; *Marburger*, in: Staudinger, BGB, § 779 Rn. 40 ff.; *Schulze*, in: Schulze, BGB, § 779 Rn. 1.

637 OLG München, Urt. v. 30.03.2017 – 23 U 3159/16, Rn. 38: „*Rechtsgeschäfte mit vergleichbaren wirtschaftlichen Folgen*"; *Fleischer*, in: Spindler/Stilz, AktG, § 93 Rn. 287: „*Rechtshandlungen, die tatsächlich wie ein Verzicht oder Vergleich wirken*";

sich angesichts seiner mangelnden methodischen Fundierung und Konturierung Kritik ausgesetzt.[638]

bb) Teleologische Reduktion im Hinblick auf den Vergleich und Analogiebildung im Hinblick auf den Verzicht

Ein methodisch abgesichertes Vorgehen im Wege von Analogiebildung und teleologischer Reduktion schlägt *Kilian Konstantin Eßwein* vor.[639] Das Vergleichsmerkmal sei mittels einer teleologischen Reduktion zu konturieren.[640] Ein gegenseitiges Nachgeben im Sinne eines Vergleichs liege nur vor, wenn

---

ders., WM 2005, 909, 918: *„Rechtshandlungen, die wie ein Verzicht oder Vergleich wirken"*; *Hasselbach/Seibel*, AG 2008, 770, 772: *„wirtschaftlich gleichkommen"*; *Haßler*, AG 2016, 388, 391: *„wirtschaftlich gleichkommen"*; *Hirte/Stoll*, ZIP 2010, 253, 254: *„jedes Verhalten, das im wirtschaftlichen Ergebnis zu einem Verlust des Anspruchs der Gesellschaft führen kann"*; *Hölters*, in: Hölters, AktG, § 93 Rn. 309: *„Rechtshandlungen, die sich wie ein Verzicht oder Vergleich auswirken"*; *Hopt/M. Roth*, in: Großkomm. AktG, § 93 Rn. 528: *„alle sonstigen von seiten der Gesellschaft vorgenommenen und auf Abschluss oder Schmälerung des Anspruchs gerichteten Rechtshandlungen"*; *J. Koch*, in: Hüffer/J. Koch, AktG, § 93 Rn. 77: *„Rechtsgeschäfte mit vergleichbaren wirtschaftlichen Folgen"*; *Krieger/Sailer-Coceani*, in: K. Schmidt/Lutter, AktG, § 93 Rn. 64: *„wirtschaftlich gleichkommen"*; *Mertens/Cahn*, in: KöKo AktG, § 93 Rn. 171: *„wirtschaftlich einem Verzicht oder Vergleich entsprechen"*; *Rahlmeyer/Fassbach*, GWR 2015, 331, 335: *„wirtschaftlich entsprechen"*; *v. Schenck*, in: Semler/v. Schenck, Der AR, § 116 Rn. 618: *„alle sonstigen Rechtshandlungen, die auf Ausschluss oder Schmälerung eines Anspruchs der Gesellschaft gerichtet sind"*; *Schnorbus/Klormann*, NZG 2015, 938, 944: *„wirtschaftlich entsprechen"*; *Seyfarth*, VorstandsR, § 23 Rn. 129: *„wirtschaftlich entsprechen"*; *Spindler*, in: MüKo AktG, § 93 Rn. 261: *„alle wirtschaftlich einem Verzicht entsprechenden Maßnahmen"*; *Wigand*, Verzicht, Vergleich und sonstige Haftungsbeschränkungen, 2012, S. 330: *„wirtschaftlich vergleichbare Regelungen"*. Ähnlich – auf Kriterium der Umgehung, das heißt auf Erreichen desselben Erfolgs über eine vom Wortlaut nicht erfasste Gestaltung – abhebend OLG Düsseldorf, Urt. v. 17.11.1988 – 8 U 52/88, AG 1989, 361, 362: *„wertungsmäßig (…) gleichzustellen"*. Ebenso – im Rahmen von § 9b GmbHG – *Herrler*, in: MüKo GmbHG, § 9b Rn. 17: *„funktional vergleichbar"*.

638 Vgl. die Kritik bei *Eßwein*, Privatautonome Gestaltung der Vorstandshaftung, 2015, S. 91 ff.; *Harbarth*, in: Liber Amicorum M. Winter, 2011, S. 215, 224.

639 In die Richtung ebenfalls *Harbarth*, in: Liber Amicorum M. Winter, 2011, S. 215, 224 ff.

640 *Eßwein*, Privatautonome Gestaltung der Vorstandshaftung, 2015, S. 100 ff. In Richtung einer Konturierung des Anwendungsbereichs von § 93 Abs. 4 S. 3 AktG mittels teleologischer Reduktion ebenfalls *Harbarth*, in: Liber Amicorum M. Winter, 2011, S. 215, 224 ff.

das Nachgeben zu einer Minderung des Gesellschaftsvermögens führe.[641] Der Verzicht sei in Einzelfällen einer Analogie zugänglich.[642] Es müsse ein verzichtsähnlicher Charakter vorliegen, wobei kennzeichnendes Kriterium des Verzichts das (wenigstens teilweise) Aufgeben der Forderung im Wege der Verfügung sei.[643]

Den Ausgangspunkt dieses Ansatzes bildet die Überlegung, dass § 93 Abs. 4 S. 3 AktG nicht sämtlichen vermögensrelevanten Dispositionen ein Hindernis bereite, sondern die Norm zunächst einmal vermögensschmälernde Dispositionen, welche die Forderung gemäß § 93 Abs. 2 AktG in ihrem Bestand betreffen, in den Blick nimmt.[644]

b) *Stundung und pactum de non petendo als verzichtsähnliche Rechtshandlungen*

Nach weitverbreiteter Auffassung in Rechtsprechung und Schrifttum sind Stundung[645] und pactum de non petendo bzw. Stillhalteabkommen[646] dem Verdikt der Verzichtsähnlichkeit ausgesetzt mit der Folge ihrer Unwirksamkeit vor Ablauf von drei Jahren.

641 *Eßwein*, Privatautonome Gestaltung der Vorstandshaftung, 2015, S. 100 ff.

642 *Eßwein*, Privatautonome Gestaltung der Vorstandshaftung, 2015, S. 102 ff.

643 *Eßwein*, Privatautonome Gestaltung der Vorstandshaftung, 2015, S. 105.

644 Vgl. *Eßwein*, Privatautonome Gestaltung der Vorstandshaftung, 2014, S. 97, 103 f.

645 OLG Düsseldorf, Urt. v. 17.11.1988 – 8 U 52/88, AG 1989, 361, 362; *Fleischer*, in: Spindler/Stilz, AktG, § 93 Rn. 287; *Hopt/M. Roth*, in: Großkomm. AktG, § 93 Rn. 528; *J. Koch*, in: Hüffer/J. Koch, AktG, § 93 Rn. 77; *Krieger/Sailer-Coceani*, in: K. Schmidt/Lutter, AktG, § 93 Rn. 64; *Mertens/Cahn*, in: KöKo AktG, § 93 Rn. 171; *Spindler*, in: MüKo AktG, § 93 Rn. 261. In Bezug auf § 302 AktG: *Altmeppen*, in: MüKo AktG, § 302 Rn. 74; *Emmerich*, in: Emmerich/Habersack, Aktien- und GmbH-Konzernrecht, § 302 Rn. 40c; *Krieger*, in: MüHdbGesR AG, § 71 Rn. 76. In Bezug auf § 50 AktG: *Pentz*, in: MüKo AktG, § 50 Rn. 13. In Bezug auf § 9b GmbHG: *Fastrich*, in: Baumbach/Hueck, GmbHG, § 9b Rn. 2.

646 *Fleischer*, in: Spindler/Stilz, AktG, § 93 Rn. 287; *Hopt/M. Roth*, in: Großkomm. AktG, § 93 Rn. 528; *J. Koch*, in: Hüffer/J. Koch, AktG, § 93 Rn. 77; *Mertens/Cahn*, in: KöKo AktG, § 93 Rn. 171. In Bezug auf § 302 AktG: *Emmerich*, in: Emmerich/Habersack, Aktien- und GmbH-Konzernrecht, § 302 Rn. 40d. In Bezug auf § 9b GmbHG: *Herrler*, in: MüKo GmbHG, § 9b Rn. 17.

aa) Stundung und pactum de non petendo

Bei der Stundung wird die Fälligkeit einer Forderung, also der Zeitpunkt, ab dem der Gläubiger die Leistung verlangen kann[647], hinausgeschoben.[648] Solange die Forderung nicht fällig ist, ist der Schuldner berechtigt, die Leistung zu verweigern, und der Gläubiger kann sie nicht durchsetzen. Die Stundung wirkt sich auf den Leistungszeitpunkt aus. Da die Stundung nur Auswirkung auf die Fälligkeit hat, die Erfüllbarkeit aber unangetastet lässt[649], kann der Schuldner auch vor Fälligkeit erfüllen.[650] Der Gläubiger kann hingegen nicht vorher die Leistung fordern.

Bei einem pactum de non petendo bzw. einem Stillhalteabkommen wird eine rechtsgeschäftliche Vereinbarung über die zeitweise Nichtgeltendmachung des Anspruchs getroffen.[651] Der Schuldner soll vorübergehend zur Leistungsverweigerung berechtigt sein.[652] Ihm wird die Möglichkeit an die Hand gegeben, vorübergehend ein Prozesshindernis geltend zu machen.[653] Der Gläubiger ist demgegenüber gehindert, seine Forderung jederzeit durchzusetzen.[654]

bb) Irrelevanz der Verjährungshemmung

Sowohl infolge von Stundung als auch infolge von pactum de non petendo tritt eine Hemmung der Verjährung nach Maßgabe von § 205 BGB ein.[655] Die

---

647 Zur Definition der Fälligkeit vgl. BGH, Urt. v. 01.02.2007 – III ZR 159/06, Rn. 16, MDR 2007, 826.

648 BGH, Urt. v. 24.10.1990 – VIII ZR 305/89, Rn. 12, NJW-RR 1991, 822; BGH, Beschl. v. 25.03.1998 – VIII ZR 298/97, Rn. 10, NJW 1998, 2060, 2061; BGH, Urt. v. 06.04.2000 – IX ZR 2/98, Rn. 23, NJW 2000, 2580, 2582; *Grothe*, in: MüKo BGB, § 205 Rn. 3.

649 BGH, Beschl. v. 25.03.1998 – VIII ZR 298/97, Rn. 10, NJW 1998, 2060, 2061; BGH, Urt. v. 06.04.2000 – IX ZR 2/98, Rn. 23, NJW 2000, 2580, 2582.

650 Vgl. § 271 Abs. 2 BGB.

651 Vgl. BGH, Urt. v. 29.01.2014 – XII ZB 303/13, Rn. 48, NJW 2014, 1101, 1106; *Grothe*, in: MüKo BGB, § 205 Rn. 5; *Krüger*, in: MüKo BGB, § 271 Rn. 18.

652 BGH, Urt. v. 28.11.1972 – VI ZR 126/71, Rn. 23, NJW 1973, 316, 317; BGH, Urt. v. 21.02.1983 – VIII ZR 4/82, Rn. 21, NJW 1983, 2496, 2497; BGH, Urt. v. 14.11.1991 – IX ZR 31/91, Rn. 14, NJW 1992, 836; BGH, Urt. v. 23.04.1998 – III ZR 7/97, Rn. 28, NJW 1998, 2274, 2277; BGH, Urt. v. 27.01.1999 – XII ZR 113/97, Rn. 21, NJW 1999, 1101, 1103; *Grothe*, in: MüKo BGB, § 205 Rn. 5.

653 BGH, Urt. v. 27.01.1999 – XII ZR 113/97, Rn. 21, NJW 1999, 1101, 1103.

654 *Grothe*, in: MüKo BGB, § 205 Rn. 5. Vgl. auch BGH, Urt. v. 23.04.1998 – III ZR 7/97, Rn. 28, NJW 1998, 2274, 2277: Verlust der *„Möglichkeit eines jederzeitigen Weiterbetreibens des Verfahrens“*.

655 Für die Stundung: *Grothe*, in: MüKo BGB, § 205 Rn. 3 f. Für das pactum de non petendo: *ders.*, in: MüKo BGB, § 205 Rn. 5 ff.

Verjährungshemmung infolge von Stundung und pactum de non petendo hindert jedoch nicht daran, dass beide Rechtshandlungen als verzichtsähnlich eingeordnet werden.[656]

cc) Bezug zur Geltendmachung statt zum Bestand des Anspruchs

Stundung und pactum de non petendo führen anders als der Verzicht nicht zum Erlöschen der Forderung, sondern sie wirken sich lediglich auf den Zeitpunkt, ab dem der Anspruch geltend gemacht werden kann, aus. Während der Gläubiger bei Verzicht und Vergleich den Anspruch als solchen (ganz oder teilweise) verliert, verliert er im Fall von Stundung und pactum de non petendo nicht den Anspruch an sich, sondern die Möglichkeit, den Anspruch (jederzeit) geltend zu machen. Die herrschende Auffassung lässt es für die Einordnung einer Rechtshandlung als verzichtsähnlich genügen, dass die Anspruchsgeltendmachung betroffen ist, und es ist nicht erforderlich, dass der Anspruch – wie bei Verzicht und Vergleich – in seinem Bestand tangiert wird.[657]

dd) Einrede bzw. Leistungsverweigerungsrecht des Schuldners

Bei der Einordnung einer Rechtshandlung als verzichtsähnlich nimmt es die Rechtsprechung in den Blick, dass eine Einrede bzw. ein Leistungsverweigerungsrecht des Schuldners gegenüber dem Anspruch des Gläubigers begründet wird. In Bezug auf die Gleichstellung eines pactum de non petendo mit einem Verzicht führt der BGH etwa exemplarisch aus: „*Ein sogenanntes pactum de non petendo, d.h. die Verpflichtung oder das Versprechen, Trennungsunterhalt [einen Anspruch] nicht geltend zu machen, berührt zwar den Bestand des Unterhaltsanspruches [des Anspruches] nicht, doch begründet dieses eine Einrede gegen den Unterhaltsanspruch [gegen den Anspruch], die wirtschaftlich zu dem gleichen Ergebnis führt wie ein Unterhaltsverzicht [wie ein Verzicht auf den Anspruch]. Die ganz herrschende Meinung sieht daher in einem pactum de non petendo zu Recht ein unzulässiges und daher unwirksames Umgehungsgeschäft.*“[658] Nach Ansicht

---

656 Hierauf gleichsam verweisend *Tröger*, ZHR 179 (2015), 453, 478.

657 Dies ebenfalls – in Bezug auf § 9b GmbHG – hervorhebend *Herrler*, in: MüKo GmbHG, § 9b Rn. 17.

658 Vgl. insofern – in Bezug auf einen Verzicht auf Trennungsunterhalt gemäß §§ 1361 Abs. 4 S. 4, 1360a Abs. 3 i.V.m. § 1614 BGB – BGH, Urt. v. 29.01.2014 – XII ZB 303/13, Rn. 48, NJW 2014, 1101, 1106 und BGH, Urt. v. 30.09.2015 – XII ZB 1/15, Rn. 13, NJW 2015, 3715, 3716: obgleich fehlende Einwirkung auf Bestand des (Unterhalts-) Anspruchs betont wird, erfolgt Einordnung als verzichtsähnlich.

der Rechtsprechung führe eine Einrede, die an der Durchsetzung des Anspruchs hindert, zum selben wirtschaftlichen Ergebnis wie eine Vereinbarung, die den Anspruch in seinem materiellen Bestand aufhebt.[659]

ee) Dauerhaftes oder vorübergehendes Hindernis für die Geltendmachung

Bei der Qualifizierung einer Rechtshandlung als verzichtsähnlich soll es nach überwiegender Ansicht keinen Unterschied begründen, ob das Hemmnis für die Möglichkeit der Anspruchsgeltendmachung einen langen bzw. dauerhaften Zeitraum oder nur einen kurzen Zeitraum umfasst.[660] Bereits der vorübergehende und nicht erst der dauerhafte Verlust der Möglichkeit, den Anspruch durchzusetzen, soll die Verzichtsähnlichkeit einer Rechtshandlung begründen. Das Verzichts- und Vergleichsverbot soll sämtliche Rechtsgeschäfte erfassen, die dazu führen, dass der Ersatzanspruch *„dauerhaft oder vorübergehend nicht erfolgreich geltend gemacht werden kann“*.[661] Einem im Hinblick auf die Sperrfrist gemäß § 205 HGB a.F. ergangenen Urteil des RG zufolge sei *„(…) jede Bindung der Aktiengesellschaft, durch welche sie gehindert wird, die Ansprüche aus der Gründerhaftung jederzeit geltend zu machen, unzulässig (…)“*.[662] Auch eine *„zwischenzeitliche, nur bedingte Bindung der Gesellschaft“* sei nicht zulässig.[663] Dass der konkrete Zeitraum, während dessen der Anspruch nicht geltend gemacht werden kann, bei der Bestimmung der Verzichtsähnlichkeit einer Rechtshandlung nicht maßgebend sein soll, könnte so auszulegen sein, dass man, wenn man

---

659 Vgl. hierzu auch OLG München, Urt. v. 30.03.2017 – 23 U 3159/16, Rn. 39 in Bezug auf eine Schiedsgutachtervereinbarung: Schiedsgutachtervereinbarung führe dazu, *„(…) dass eine vor Vorliegen des Gutachtens erhobene Klage als derzeit unbegründet abgewiesen würde.“*

660 In Bezug auf § 9b GmbHG bzw. § 302 Abs. 3 S. 2 AktG: *Dachner*, Der Abwendungsvergleich, 2013, S. 96 f.; *Herrler*, in: MüKo GmbHG, § 9b Rn. 17: *„dauerhaft oder vorübergehend“*; *Tebben*, in: Michalski, GmbHG, § 9b Rn. 3: *„Eine generelle Unterscheidung zwischen einer langfristigen oder einer nur kurzzeitigen Stundung ist nicht sinnvoll.“* Anderer Ansicht *Bärenz/Fragel*, in: FS Görg, 2010, S. 13, 19: kurzzeitige, bis zu dreiwöchige Stundung sei nicht vom Verbot erfasst; *Veil*, in: Scholz, GmbHG, § 9b Rn. 6: Gleichstellung nur, sofern *„nicht nur für einen kurzen Zeitraum wirkend[en]“* bzw. nur bei längerfristigem Hinausschieben der Fälligkeit.

661 So – in Bezug auf § 9b Abs. 1 S. 1 GmbHG – *Herrler*, in: MüKo GmbHG, § 9b Rn. 17: maßgebend sei, ob Anspruch *„(…) dauerhaft oder vorübergehend nicht erfolgreich geltend gemacht werden kann.“*

662 RG, Urt. v. 19.05.1931 – II 434/30, RGZ 133, 33, 38.

663 RG, Urt. v. 19.05.1931 – II 434/30, RGZ 133, 33, 38.

die sachliche Reichweite des (temporären) Verzichts- und Vergleichsverbots bestimmt, bereits der Dispositionsfreiheit des Gläubigers über den Anspruch eine Bedeutung beimisst.

c) Eigene Position

Um einen effektiven Schutz vor Umgehungen des temporären Verzichts- und Vergleichsverbots gemäß § 93 Abs. 4 S. 3 AktG zu gewähren, kann der verzichtsähnliche Charakter von Rechtshandlungen, die sich auf die Anspruchsgeltendmachung beziehen, nicht mit einem Hinweis darauf, sie beträfen nicht den Anspruch in seinem Bestand, abgelehnt werden. Auch Rechtshandlungen, die sich lediglich auf die Anspruchsgeltendmachung beziehen, können als verzichtsähnlich zu qualifizieren sein mit der Folge, dass die Restriktionen von § 93 Abs. 4 S. 3 AktG entsprechend Berücksichtigung finden müssen.

Im Sinne einer sachgerechten Eingrenzung muss die Rechtshandlung, deren Verzichtsähnlichkeit in Frage steht, in ihren Auswirkungen auf den Anspruch mit einem Verzicht oder Vergleich, in deren Folge es jeweils zu einem Erlöschen der Forderung kommt, komparabel sein. Eine entsprechende Komparabilität könnte man jedenfalls annehmen, wenn die Rechtshandlung auf den dauerhaften Ausschluss oder die dauerhafte Minderung des Anspruchs gerichtet wäre.[664] Eine Vereinbarung, wonach die Anspruchsgeltendmachung dauerhaft und unwiderruflich ausgeschlossen sein soll, müsste als verzichtsähnlich eingeordnet werden. Demgegenüber erweist sich eine – nicht nach dem konkreten Geltungszeitraum differenzierende und ungeachtet beachtlicher Unternehmenswohlgründe, die für Stundung oder pactum de non petendo sprechen

---

664 Gleiche Einschränkung bei *S. Binder*, Grenzen der Vorstandshaftung, 2016, S. 189: *„(…) jedwede Verfügung oder sonstige Rechtshandlung der Gesellschaft, die zum Ausschluss oder zu einer Minderung eines bestehenden oder künftigen Schadensersatzanspruchs führt (…)“*; im Folgenden aber auch Einbußen bezüglich prozessualer Geltendmachung als genügend erachtend; *Hopt/M. Roth*, in: Großkomm. AktG, § 93 Rn. 528: *„alle sonstigen von seiten der Gesellschaft vorgenommenen und auf Ausschluss oder Schmälerung des Anspruchs gerichteten Rechtshandlungen“*; *v. Schenck*, in: Semler/v. Schenck, Der AR, § 116 Rn. 618: *„alle sonstigen Rechtshandlungen, die auf Ausschluss oder Schmälerung eines Anspruchs der Gesellschaft gerichtet sind“*. Ähnlich *Schnorbus/Klormann*, NZG 2015, 938, 944: *„Rechtshandlungen (…), die also letztlich die Anspruchsverfolgung in der Zukunft faktisch ausschließen“*. Im Ergebnis ähnelt dies der von *Eßwein*, Privatautonome Gestaltung der Vorstandshaftung, 2015, S. 102 ff. vorgeschlagenen Analogiebildung hinsichtlich des Verzichts.

mögen, erfolgende – pauschale Qualifizierung von Stundung und pactum de non petendo als verzichtsähnlich nicht als angemessen.[665]

Etwas anderes, nämlich auch solche Rechtshandlungen § 93 Abs. 4 S. 3 AktG zu unterstellen, die nicht die Anspruchsgeltendmachung dauerhaft unmöglich machen und die insofern auch unter wirtschaftlicher Betrachtung nicht mit einer rechtsvernichtenden Verfügung, welche die Forderung dauerhaft zum Erlöschen bringt, vergleichbar sind, könnte sich nur ergeben, wenn der Schutzzweck von § 93 Abs. 4 S. 3 AktG bereits infolge einer Rechtshandlung, welche die Anspruchsgeltendmachung nur temporär hemmt, tangiert wäre. Es könnte der jeweilige Schutzzweck der Norm, die ein (temporäres) Verzichts- und Vergleichsverbot begründet, in den Blick zu nehmen sein. § 302 Abs. 3 S. 1 AktG, der wie § 93 Abs. 4 S. 3 AktG ein temporäres Verzichts- und Vergleichsverbot begründet, verfolgt beispielsweise den Zweck, dem Tochterunternehmen, das gemäß § 302 Abs. 1 AktG einen Verlustausgleichsanspruch gegen die Muttergesellschaft hat, einen kontinuierlichen Zufluss an liquiden Mitteln zu sichern.[666] Vor dem Hintergrund der Kontinuität des Liquiditätszuflusses ist es einsichtig, dass sich bereits eine temporäre Stundung als problematisch erweisen kann. § 93 Abs. 4 S. 3 AktG hat hingegen nicht zum Zweck, einen kontinuierlichen geldwerten Zufluss sicherzustellen, sondern die Norm dient der punktuellen Absicherung des Schadensersatzanspruchs gemäß § 93 Abs. 2 S. 1 AktG. Selbst wenn auch § 93 Abs. 4 S. 3 AktG – zumindest in Bezug auf die konkrete Schadensersatzforderung[667] – der Sicherung des Gesellschaftsvermögens zu dienen bestimmt ist[668], ist in Zweifel zu ziehen, ob eine jegliche Disposition mit Bezug zum Anspruch oder nicht vielmehr erst eine ungerechtfertigte bzw. kompensationslose Vermögensminderung den Schutzzweck von § 93 Abs. 4 S. 3 AktG in

---

665 Vgl. auch die Kritik bezüglich dieses Beispiels der Stundung bei *Eßwein*, Privatautonome Gestaltung der Vorstandshaftung, 2015, S. 92, 93, 100 f.: vor allem wird an Einordnung der Stundung als verzichtsähnlich Kritik geübt, wenn Zinsen marktüblich sind, da dann keine Gefahr für Gesellschaftsvermögen bestehe. Insofern ebenfalls differenzierend *v. Schenck*, in: Semler/v. Schenck, Der AR, § 116 Rn. 624: angemessene Verzinsung und Sicherstellung des Anspruchs könnten Qualifizierung der Stundung als Teilverzicht ausschließen.

666 Zum Sinn und Zweck von § 302 Abs. 3 S. 2 AktG – insbesondere in Abgrenzung zu § 93 Abs. 4 S. 3 AktG – vgl. *Dachner*, Der Abwendungsvergleich, 2013, S. 80 ff., 96.

667 Zu dieser Eingrenzung siehe *Eßwein*, Privatautonome Gestaltung der Vorstandshaftung, 2015, S. 96: „*Sicherung des Gesellschaftsvermögens in Bezug auf den Schadensersatzanspruch*".

668 So etwa *Mertens/Cahn*, in: KöKo AktG, § 93 Rn. 170.

der Weise zu aktivieren vermag, dass die Disposition nicht vor Ablauf von drei Jahren erfolgen darf und sie der Zustimmung der Hauptversammlung bedarf. Dafür, auf eine vermögensmäßige Minderung oder Gefährdung abzuheben, spricht auch ein Blick auf die Konstellation, dass der Schadensersatzanspruch gemäß § 93 Abs. 2 S. 1 AktG an einen nicht den Kautelen des § 93 Abs. 4 S. 3 AktG unterliegenden Dritten abgetreten wird. Die Zulässigkeit einer solchen Abtretungskonstruktion steht in der Literatur unter dem Gesichtspunkt einer eventuellen Umgehung von § 93 Abs. 4 S. 3 AktG in Frage. Zur Abgrenzung, ob die Abtretung eine zulässige privatautonome Gestaltung oder eine unzulässige Umgehung von § 93 Abs. 4 S. 3 AktG darstellt[669], will die Literatur den Wert der für den abgetretenen Anspruch entrichteten Gegenleistung in den Blick nehmen. Jedenfalls im Fall einer unentgeltlichen Abtretung nimmt sie eine Umgehung an[670], regelmäßig aber nicht bei einer Abtretung zum tatsächlichen Wert bzw. bei einer Abtretung gegen eine vollwertige Gegenleistung[671].

Ungeachtet der Bedenken gegen eine allzu umfassende Gleichstellung von Rechtshandlungen, die sich auf die Anspruchsgeltendmachung beziehen, mit rechtsvernichtenden Rechtshandlungen lässt es sich, will man in der Rechtspraxis Möglichkeiten einer Verschonung des Vorstandsmitglieds im Haftungsfall eruieren, nicht vermeiden, die Vorgaben der (höchstrichterlichen) Rechtsprechung beachten zu müssen. Der BGH evaluiert bereits den Umstand, dass eine Einrede bzw. ein Leistungsverweigerungsrecht gegenüber dem Anspruch begründet wird, als problematisch.[672] Nicht nur den dauerhaften, sondern bereits den

---

669 Generell kritisch gegenüber Vereinbarkeit einer Abtretung des Schadensersatzanspruchs mit § 93 Abs. 4 S. 3 AktG hingegen *Brommer*, Beschränkung der Vorstandsinnenhaftung, 2015, S. 170 ff.

670 *Hopt/M. Roth*, in: Großkomm. AktG, § 93 Rn. 530; *Lange*, D&O-Versicherung, § 19 Fn. 54; *Spindler*, in: MüKo AktG, § 93 Rn. 263; *Weller/Rahlmeyer*, GWR 2014, 167, 169; *K. Zimmermann*, in: FS Duden, 1977, S. 773, 783.

671 Vgl. *Fleischer*, AG 2015, 133, 139: *„vollwertige Gegenleistung"*; *Habersack*, in: FS Hommelhoff, 2012, S. 303, 316: *„adäquate Gegenleistung"*, die sich nach dem *„wirtschaftlichen Wert"* bestimme; *Hopt/M. Roth*, in: Großkomm. AktG, § 93 Rn. 530: *„vollwertige Gegenleistung"*; *Krieger/Sailer-Coceani*, in: K. Schmidt/Lutter, AktG, § 93 Rn. 64: *„vollwertige Gegenleistung"*; *Lange*, D&O-Versicherung, § 19 Fn. 54: *„angemessener Gegenwert"*; *v. Schenck*, in: Semler/v. Schenck, Der AR, § 116 Rn. 626: *„vollwertige Gegenleistung"*; *Spindler*, in: MüKo AktG, § 93 Rn. 263: *„vollwertiger Ersatz"*. Ebenso – in Bezug auf § 9b GmbHG – *Schmidt-Leithoff*, in: Rowedder/Schmidt-Leithoff, GmbHG, § 9b Rn. 8: *„hinreichende Gegenleistung"*; *Ulmer/Habersack*, in: Ulmer/Habersack/Löbbe, GmbHG, § 9b Rn. 12: *„vollwertige Gegenleistung"*.

672 Siehe BGH, Urt. v. 29.01.2014 – XII ZB 303/13, Rn. 48, NJW 2014, 1101, 1106; BGH, Urt. v. 30.09.2015 – XII ZB 1/15, Rn. 13, NJW 2015, 3715, 3716.

„befristeten Verzicht“ auf die Anspruchsgeltendmachung aufgrund eines pactum de non petendo betrachtet er als unzulässige Umgehung.[673] Die Rechtsprechung sieht den Schutzzweck von § 93 Abs. 4 S. 3 AktG nicht erst tangiert, wenn eine konkrete Gefahr für das Gesellschaftsvermögen droht, sondern sie bezieht die Dispositionsfreiheit des Anspruchsinhabers in Bezug auf die Anspruchsgeltendmachung ein. Gemäß einem Urteil des RG aus dem Jahre 1931 soll *„(...) jede Bindung der Aktiengesellschaft, durch welche sie gehindert wird, die Ansprüche (...) jederzeit geltend zu machen, unzulässig (...)“* sein.[674]

Es ist weniger davon auszugehen, dass die Dispositionsfreiheit des Anspruchsinhabers über den Anspruch für sich genommen einen um seiner selbst willen zu schützenden Belang darstellen kann, soll die Verzichtsähnlichkeit einer Rechtshandlung bestimmt werden. Der Schutz der Dispositionsfreiheit vor Bindungen, welche die Möglichkeit der jederzeitigen Anspruchsgeltendmachung hindern, könnte jedoch im Zusammenhang mit abstrakten Gefahren für das Gesellschaftsvermögen zu betrachten sein. Eine Beschränkung der Dispositionsfreiheit über die Anspruchsgeltendmachung könnte die Vermutung oder den Anschein einer drohenden Vermögensgefährdung nahelegen. Es erscheint, als wollten Rechtsprechung und Literatur einen möglichst großzügigen Einzugsbereich für Rechtshandlungen, die einen Bezug zur Anspruchsgeltendmachung aufweisen, etablieren, um einen weitgehenden Schutz vor Umgehungen, die eine Gefahr für das Gesellschaftsvermögen begründen können, zu errichten.

III. Abgrenzung zur tatsächlichen Nichtgeltendmachung

Von einem Verzicht auf den Anspruch und einer verzichtsähnlichen Rechtshandlung ist die rein tatsächliche Nichtgeltendmachung des Anspruchs abzugrenzen. Sieht der Aufsichtsrat lediglich – in Einklang mit den Vorgaben des ARAG-Urteils – von einer Anspruchsgeltendmachung gegenüber dem Vorstandsmitglied ab und lässt er den Anspruch der Gesellschaft verjähren, wird zwar faktisch dasselbe Resultat, nämlich Schmälerung des Gesellschaftsvermögens und Nichtwiederauffüllung des infolge der Pflichtverletzung geschmälerten Gesellschaftsvermögens, erreicht. Dennoch stellt die rein tatsächliche

---

673 Für das pactum de non petendo: BGH, Urt. v. 23.04.1998 – III ZR 7/97, Rn. 28, NJW 1998, 2274, 2277; BGH, Urt. v. 27.01.1999 – XII ZR 113/97, Rn. 21, NJW 1999, 1101, 1103. Für die Stundung: *Emmerich*, in: Emmerich/Habersack, Aktien- und GmbH-Konzernrecht, § 302 Rn. 40c: *„temporäre(r) Verzicht auf den Ausgleichsanspruch“*.

674 RG, Urt. v. 19.05.1931 – II 434/30, RGZ 133, 33, 38.

Nichtgeltendmachung – sofern sie ein bloßes Aufsichtsratsinternum bleibt[675] und die Entscheidung zu Gunsten einer Nichtverfolgung reversibel ist[676] – keinen Verzicht und keine an § 93 Abs. 4 S. 3 AktG zu messende verzichtsähnliche Rechtshandlung dar.[677] Den Gefahren, die eine rein tatsächlichen Nichtgeltendmachung für die Aktionärsinteressen begründet, sind §§ 147, 148 AktG zu begegnen bestimmt.[678] Zwischen tatsächlicher Nichtgeltendmachung und rechtlichem Verzicht bestehen erhebliche qualitative Unterschiede, die gegen eine Gleichstellung sprechen.

1. *Faktisches Näheverhältnis zur Begründung von Regelverfolgungspflicht und Ermessensbeschränkung*

Sowohl die (dauerhafte) tatsächliche Nichtgeltendmachung als auch der Verzicht führen zu einer Schmälerung des Gesellschaftsvermögens. Das Absehen von einer voraussichtlich aussichtsreichen Anspruchsverfolgung kommt „*(…) einem Anspruchsverzicht der Gesellschaft außerordentlich nahe (…)*“[679] und es besteht insofern ein faktisches Näheverhältnis. Ungeachtet des Näheverhältnisses ist der BGH im ARAG-Urteil jedoch nicht so weit gegangen, die Nichtverfolgung von Organhaftungsansprüchen den Voraussetzungen des § 93 Abs. 4 S. 3 AktG zu unterstellen. Ebenso hat das LG Düsseldorf, das in erster Instanz mit dem ARAG-Fall befasst war, § 93 Abs. 4 S. 3 AktG lediglich in Bezug

---

675 Auf Internbleiben der Entscheidung abhebend *Hasselbach/Seibel*, AG 2008, 770, 773; *Reichert*, in: FS Hommelhoff, 2012, S. 907, 918; *Schnorbus/Klormann*, NZG 2015, 938, 944.

676 Erfordernis der Reversibilität der Entscheidung betonend *S. Binder*, Grenzen der Vorstandshaftung, 2016, S. 180 f.; *Hasselbach/Seibel*, AG 2008, 770, 773; *Schnorbus/Klormann*, NZG 2015, 938, 944.

677 *Bieder*, NZG 2015, 1178, 1183; *S. Binder*, Grenzen der Vorstandshaftung, 2016, S. 180 ff.; *Casper*, ZHR 176 (2012), 617, 644; *Fuchs/Zimmermann*, JZ 2014, 838, 845; *Goette*, ZHR 176 (2012), 588, 597 ff.; *Habersack*, NZG 2015, 1297, 1299 f.; *Hasselbach/Seibel*, AG 2008, 770, 772 f.; *Paefgen*, AG 2008, 761, 765, *Reichert*, in: FS Hommelhoff, 2012, S. 907, 917 ff; *ders.*, ZHR 177 (2013), 756, 770; *Seibt/Cziupka*, DB 2014, 1598, 1601 (These 15); *dies.*, AG 2015, 93, 107; *M. Zimmermann*, DB 2008, 687, 688. Anderer Ansicht *Brommer*, Beschränkung der Vorstandsinnenhaftung, 2015, S. 173 ff.

678 *Casper*, ZHR 176 (2012), 617, 644 f.; *Reichert*, in: FS Hommelhoff, 2012, S. 907, 919 f.; *Thümmel*, Persönliche Haftung von Managern und Aufsichtsräten, Rn. 340; *Wilsing*, in: FS Maier-Reimer, 2010, S. 889, 896 f.

679 BGH, Urt. v. 21.04.1997 – II ZR 175/95, Rn. 26, BGHZ 135, 244, 256 = NJW 1997, 1926, 1928 – ARAG.

genommen, um darauf zu verweisen, dass die Anspruchsverfolgung nicht der Beliebigkeit unterliege und diesbezüglich kein freies Ermessen bestehe.[680] Die faktische Nähe der Nichtgeltendmachung zum Verzicht und die Einschränkung der Möglichkeit, auf Organhaftungsansprüche zu verzichten, gemäß § 93 Abs. 4 S. 3 AktG nehmen Rechtsprechung und Literatur lediglich zum Anlass, um die Regelverfolgungspflicht des Aufsichtsrats und die Begrenzung des dem Aufsichtsrat bei der Verfolgungsentscheidung zustehenden Ermessens zu fundieren.[681]

2. *Passives Verjährenlassen statt aktiven Angriffs auf den Anspruch*

Ein rechtlich-formeller Verzicht auf den Anspruch und ein Unterlassen der Anspruchsgeltendmachung unterscheiden sich in ihrer Angriffsgerichtetheit in Bezug auf den Anspruch. Während der Verzicht einen aktiven Angriff auf den Anspruch darstellt, beschränkt sich die Nichtgeltendmachung auf ein passives Unterlassen der Geltendmachung. Nicht eine aktive Handlung führt zur endgültigen Vermögenseinbuße der Gesellschaft, sondern erst die Verjährung des Anspruchs.[682] Die Differenzierung zwischen passivem Verhalten und aktiver Leistung erachtet der BGH, wie ein Urteil, das sich mit der Schädigung des Gesellschaftsvermögens infolge der Übernahme einer Geldsanktion des Vorstandsmitglieds durch die Gesellschaft befasste, zeigt, als relevant.[683]

680 LG Düsseldorf, Urt. v. 14.03.1994 – 32 O 158/92, AG 1994, 328, 329 – ARAG.

681 So etwa BGH, Urt. v. 21.04.1997 – II ZR 175/95, Rn. 26, BGHZ 135, 244, 256 = NJW 1997, 1926, 1928 – ARAG; LG Düsseldorf, Urt. v. 14.03.1994 – 32 O 158/92, AG 1994, 328, 329 – ARAG; *Habersack*, in: MüKo AktG, § 111 Rn. 35, *Henze*, NJW 1998, 3309, 3311; *J. Koch*, AG 2009, 93, 101. Kritisch bezüglich mit § 93 Abs. 4 S. 3 AktG zu begründender Regelverfolgungspflicht *Paefgen*, AG 2008, 761, 765; *ders.*, AG 2014, 554, 573.

682 Vgl. im Ergebnis ähnlich *Schnorbus/Klormann*, NZG 2015, 938, 944; *Zimmermann*, DB 2008, 687, 688.

683 Vgl. BGH, Urt. v. 08.07.2014 – II ZR 174/13, Rn. 19, BGHZ 202, 26, 32 = NZG 2014, 1058, 1059 – Plambeck: „*Die in der Übernahme der Sanktion liegende Schädigung der Gesellschaft geht über das einem Aufsichtsrat in Ausnahmefällen zum Wohl der Gesellschaft mögliche Absehen von der Verfolgung von Schadensersatzansprüchen hinaus. Sie beschränkt sich nicht in passivem Verhalten, sondern enthält eine aktive Leistung der Gesellschaft.*" Unterstreichung nicht im Originaltext. Ähnlich bereits *Dreher*, in: FS Konzen, 2006, S. 85, 101. Kritisch bezüglich dieser Differenzierung *Tröger*, ZHR 179 (2015), 453, 479.

3. *Eintritt endgültiger Vermögenseinbuße*

Weiter besteht ein Unterschied darin, wann und wodurch der Gesellschaft eine endgültige Vermögenseinbuße entsteht.[684] Ein rechtlich-formeller Verzicht führt direkt – nämlich im Wege einer Verfügung – zum Erlöschen der Forderung und zu einer endgültigen Vermögenseinbuße. Demgegenüber lässt die rein tatsächliche Nichtgeltendmachung den Bestand des Anspruchs von vornherein unberührt und bis zum Verjährungseintritt auch seine Durchsetzbarkeit. Es wird keine zum unmittelbaren Erlöschen des Anspruchs führende Verfügung über den Anspruch getroffen. Erst der vom Parteiwillen unbeeinflusste Ablauf der Verjährungsfrist mündet in die Undurchsetzbarkeit des Anspruchs und bis zum Eintritt der Verjährung besteht die hypothetische Möglichkeit, den Anspruch geltend zu machen und eine endgültige Vermögenseinbuße abzuwenden.[685]

4. *Vertrauen in Nichtinanspruchnahme: Internum statt rechtsverbindlicher Erklärung nach außen*

Schließlich bestehen Unterschiede in Bezug auf das Vertrauen des Schuldners in das Ausbleiben seiner Inanspruchnahme. Gibt der Aufsichtsrat namens der Gesellschaft eine rechtsverbindliche Erklärung gegenüber dem Vorstandsmitglied ab, auf den Anspruch zu verzichten, so ist diese Entscheidung im Grundsatz irreversibel. Macht der Aufsichtsrat den Anspruch lediglich nicht geltend, wird hingegen kein Vertrauenstatbestand zu Gunsten des Vorstandsmitglieds geschaffen, der es in die Lage versetzt, einer Inanspruchnahme durch den Aufsichtsrat eine Einrede entgegenzuhalten.[686]

---

684 Auf Eintritt dauerhafter Vermögenseinbuße abhebend BGH, Urt. v. 08.07.2014 – II ZR 174/13, Rn. 19, BGHZ 202, 26, 32 = NZG 2014, 1058, 1059 – Plambeck: „*Sie [die Übernahme einer Geldsanktion] führt ähnlich einem Verzicht auf Schadensersatzansprüche, zu dem nach der ausdrücklichen gesetzlichen Regelung die Zustimmung der Hauptversammlung erforderlich ist, zu einer dauerhaften Vermögenseinbuße der Gesellschaft.*"

685 Vgl. im Ergebnis ähnlich *Schnorbus/Klormann*, NZG 2015, 938, 944; *Zimmermann*, DB 2008, 687, 688.

686 Zur Differenzierung anhand des Kriteriums des Vertrauenstatbestands bzw. zur Differenzierung zwischen rechtsverbindlicher, außenwirksamer Erklärung und Internum vgl. ausführlich *Schnorbus/Klormann*, NZG 2015, 938, 944. Ebenso bei reinem Internum Verzichtsähnlichkeit negierend *Hasselbach/Seibel*, AG 2008, 770, 773; *Reichert*, in: FS Hommelhoff, 2012, S. 907, 918.

5. *Reversibilität der Nichtverfolgung: Möglichkeit der einseitigen Entscheidung zu Gunsten Anspruchsgeltendmachung*

Erklärt der Aufsichtsrat namens der Gesellschaft einen Verzicht auf den Anspruch, so begibt er sich der Option, den Anspruch künftig geltend zu machen. Macht er den Anspruch rein tatsächlich nicht geltend, ohne rechtlich bindende Erklärungen über die Nichtinanspruchnahme abzugeben, so kann er den Anspruch bis zum Verjährungseintritt noch geltend machen.[687] Bis zum Verjährungseintritt kann er auf neu eintretende Erkenntnisse, die eine Anspruchsrealisierung gebieten, reagieren und sich einseitig entscheiden, den Anspruch doch noch geltend zu machen.[688]

IV. Verschonungsregelung

Eine Klausel, die auf die Verfolgungsentscheidung des Aufsichtsrats Einfluss zu nehmen sucht und nach der das Vorstandsmitglied in einem späteren Haftungsfall – unter bestimmten tatbestandlichen Voraussetzungen – gegebenenfalls von einer Haftung verschont werden soll, indem es etwa nur in Höhe eines bestimmten Betrags in Anspruch genommen werden oder ihm in einer bestimmten Höhe Privatvermögen belassen werden soll, könnte – unterstellt man die soeben negierte Zulässigkeit einer entsprechenden Verschonungsklausel für die Zwecke der folgenden Untersuchung – an den Voraussetzungen des § 93 Abs. 4 S. 3 AktG zu messen sein. Dies wäre der Fall, wenn die Verschonungsvereinbarung in sachlicher Hinsicht dem Anwendungsbereich von § 93 Abs. 4 S. 3 AktG unterfiele.

1. *Kein rechtlich-formeller Verzicht*

Ein Verzicht im rechtlichen-formellen Sinn führt zum Erlöschen der Forderung und er betrifft die Forderung in ihrem Bestand. Eine Vereinbarung, wonach das Vorstandsmitglied nicht in voller Höhe des entstandenen Schadens in Anspruch genommen wird, lässt den Bestand des Schadensersatzanspruchs unberührt und

---

687 Reversibilität der Entscheidung für Nichteinordnung als verzichtsähnlich betonend *S. Binder*, Grenzen der Vorstandshaftung, 2016, S. 180 f.; *Hasselbach/Seibel*, AG 2008, 770, 773; *Schnorbus/Klormann*, NZG 2015, 938, 944.

688 Zur Bedeutsamkeit der Reversibilität der Nichtverfolgungsentscheidung bei Auftreten neuer, eine abweichende Entscheidung gebietender Erkenntnisse siehe *Habersack*, NZG 2016, 321, 326; *Hasselbach/Seibel*, AG 2008, 770, 773.

bezieht sich lediglich auf seine Geltendmachung. Eine solche Vereinbarung stellt keinen rechtlich-formellen Verzicht dar.[689]

2. *Verzichtsähnliche Rechtshandlung oder wertungsmäßig tatsächliche Nichtgeltendmachung?*

Eine Vereinbarung, die den Aufsichtsrat bei seiner Verfolgungsentscheidung zu binden und die Inanspruchnahme des Vorstandsmitglieds im Haftungsfall zu begrenzen sucht, könnte als verzichtsähnliche Rechtshandlung einzuordnen sein.

a) Bezug zur Geltendmachung des Anspruchs

Eine Vereinbarung, die sich auf die Verfolgungsentscheidung des Aufsichtsrats auswirkt, stellt einen expliziten Bezug zum Anspruch der Gesellschaft her. Die Verschonungsregelung zielt darauf ab, die Anspruchsgeltendmachung zu begrenzen. Zwar wirkt sie sich nicht auf den Bestand des Anspruchs aus, sondern sie betrifft nur seine Geltendmachung. Indes steht dies der Einordnung als verzichtsähnlich generell nicht entgegen.

b) Rechtsverbindliche Erklärung nach außen und Vertrauenstatbestand bzw. Einrede

Problematisch könnte sein, dass die Nichtgeltendmachung in rechtsverbindlicher Form vereinbart werden soll. Vereinbart der Aufsichtsrat im Anstellungsvertrag mit dem Vorstandsmitglied, im Haftungsfall den Schadensersatzanspruch der Gesellschaft nur begrenzt geltend zu machen, so liegt nicht mehr nur ein Aufsichtsratsinternum vor. Die rechtsverbindliche Vereinbarung im Außenverhältnis würde zu Gunsten des Vorstandsmitglieds einen Vertrauenstatbestand dahingehend schaffen, dass die Anspruchsgeltendmachung im Haftungsfall den anstellungsvertraglich fixierten Inhalten folgen wird. Das Vorstandsmitglied würde eine Einrede gegenüber einer von den anstellungsvertraglichen Inhalten abweichenden Inanspruchnahme erhalten.[690]

---

689 Ähnlich *Seibt*, NZG 2016, 361, 365: keine pauschale Vereinbarung eines Erlassvertrags im Voraus.

690 Sollte die Klausel so formuliert sein, dass der Aufsichtsrat nur einen bestimmten Betrag geltend machen wird oder er dem Vorstandsmitglied einen bestimmten Vermögensbetrag belassen wird, so entsteht beim Vorstandsmitglied ein auf einen bestimmten Betrag konkretisiertes Vertrauen; beschränkt sich die Vereinbarung darauf, dass das Vorstandsmitglied nicht in voller Höhe in Anspruch genommen wird,

Dass der Umstand, dass eine Einrede zu Gunsten des Schuldners gegenüber einer Inanspruchnahme statuiert wird, es nach Ansicht der Rechtsprechung rechtfertigen soll, einer Rechtshandlung verzichtsähnliche Wirkungen beizumessen, ist bereits aufgezeigt worden. Auch *Mathias Habersack* hebt bei seinem Unzulässigkeitsverdikt in Bezug auf eine in der Praxis vorgeschlagene Verschonungsklausel[691] darauf ab, dass eine solche Klausel nicht nur rein deklaratorischen Charakter habe und das Vorstandsmitglied in die Lage versetzt werde, dem Aufsichtsrat einwendungsweise dessen Versprechen über die Nichtinanspruchnahme entgegenzusetzen.[692]

aa) Ungerechtfertigter Anspruch auf bestimmtes Verfolgungsverhalten bzw. konstitutive Einrede

Die Verzichtsähnlichkeit kann man jedenfalls ohne Umwege bejahen, wenn dem Vorstandsmitglied rechtsverbindlich in Aussicht gestellt wird, dass es – ohne diese Rechtsfolge an einschränkende tatbestandliche Voraussetzungen zu knüpfen – gar nicht oder jedenfalls nur in beschränkter Höhe in Anspruch genommen wird.[693] In diesem Fall würde die Anspruchsgeltendmachung dauerhaft – ganz oder wenigstens zum Teil – ausgeschlossen. Eine ohne tatbestandliche Einschränkungen formulierte Klausel würde auch eingreifen, wenn der Aufsichtsrat im Entscheidungszeitpunkt nicht nach geltendem Recht zum Absehen von Verfolgung berechtigt ist. Die Klausel würde dem Vorstandsmitglied gewissermaßen eine konstitutive Einrede gegenüber einer Inanspruchnahme, die im Entscheidungszeitpunkt der Pflichtenbindung des Aufsichtsrats entspricht, verschaffen, und das Vorstandsmitglied würde einen ungerechtfertigten Anspruch auf ein ihm nicht zustehendes und dem Aufsichtsrat nicht gestattetes Verfolgungsverhalten erhalten. Eine entsprechende Klausel, die sich im Ergebnis als unzulässige privatautonome Haftungsbegrenzung darstellen würde, würde erhebliche vermögensgefährdende bzw. sogar -schädigende Implikationen für

---

entsteht ein im Hinblick auf das Entscheidungsergebnis diffuseres und kein auf einen konkreten Betrag fixiertes Vertrauen.

691 Zum Formulierungsvorschlag von *Seibt* siehe NZG 2015, 1097, 1102.

692 Vgl. *Habersack*, NZG 2015, 1297, 1299 f.

693 Vgl. die Formulierungen im dritten Kapitel unter B. II.: „*Der Aufsichtsrat wird das Vorstandsmitglied über den von der D&O-Versicherung gedeckten und tatsächlich beglichenen Betrag hinaus nicht / nicht in voller Höhe / nur in Höhe von (…) / nur bis zur Höhe von (…) / nur in angemessener Höhe / nicht in existenzvernichtender Höhe in Anspruch nehmen.*“

das Gesellschaftsvermögen begründen und sie würde sich als verzichtsähnlich darstellen.

bb) Wertungsmäßige Nähe zur tatsächlichen Nichtgeltendmachung bzw. deklaratorische Einrede?

Die tatsächliche Nichtgeltendmachung von Ansprüchen stellt, wie aufgezeigt worden ist, für sich genommen keinen Verzicht dar und ist auch nicht als verzichtsähnliche Rechtshandlung zu qualifizieren. Das ARAG-Urteil belässt Spielräume zum Absehen von Anspruchsverfolgung. Zudem nehmen zahlreiche Stimmen in der Literatur eine Regressreduzierung auf Grundlage einer Fürsorgepflicht der Gesellschaft an. Eine Verschonungsregelung, nach der das Vorstandsmitglied unter konkretisierten tatbestandlichen Voraussetzungen, die in Einklang mit dem ARAG-Urteil bzw. – seine Anerkennung unterstellt – mit dem fürsorgepflichtbasierten Regressreduzierungsansatz formuliert sind, nicht in Anspruch genommen wird[694], könnte wertungsmäßig einer tatsächlichen Nichtgeltendmachung gleichstehen.[695] Dem Vorstandsmitglied würde nicht ein ungerechtfertigter Anspruch auf ein bestimmtes Verfolgungsverhalten des Aufsichtsrats verschafft werden, sondern die Verschonungsregelung würde lediglich – so könnte man argumentieren – die tatbestandlichen Voraussetzungen normieren, unter denen sich der Aufsichtsrat auf Basis des ARAG-Urteils bzw. auf Grundlage einer Fürsorgepflicht der Gesellschaft zu einer Nichtverfolgung entscheiden wird. Einer solchen Regelung käme – wie sich weiter überlegen ließe – lediglich ein deklaratorischer Charakter zu und der Umstand, dass dem Vorstandsmitglied eine Einrede verschafft wird, würde sich als bloßer Reflex der ohnehin bestehenden Rechtslage darstellen. Die Einrede wäre gewissermaßen lediglich deklaratorischer Natur. Vorausgesetzt, es gelänge, tatbestandlich nur Fälle zu erfassen, die den Aufsichtsrat im tatsächlichen Entscheidungszeitpunkt zum Absehen von Anspruchsverfolgung in Einklang mit dem ARAG-Urteil bzw. mit dem fürsorgepflichtbasierten Regressreduzierungsansatz berechtigen,

---

694 Vgl. die Formulierungen im dritten Kapitel unter B. III.: „*Der Aufsichtsrat wird das Vorstandsmitglied über den von der D&O-Versicherung gedeckten und tatsächlich beglichenen Betrag hinaus nicht / nicht in voller Höhe / nur in Höhe von (…) / nur bis zur Höhe von (…) / nur in angemessener Höhe / nicht in existenzvernichtender Höhe in Anspruch nehmen, wenn (…), z.B. nur ein leichtes Verschulden vorliegt und die Inanspruchnahme zu einer Vernichtung der wirtschaftlichen Existenz des Vorstandsmitglieds führen würde.*“

695 Dies annehmend *Seibt*, NZG 2016, 361, 364 f.

so ließe sich in der Tat einwenden, die Regelung sei deklaratorischer Natur und ihr komme kein verzichtsähnlicher Charakter zu.

cc) Bindung im Rahmen der Vertretbarkeit

Das Verdikt der Verzichtsähnlichkeit läge fern, träfe der Aufsichtsrat nach Eintritt des Haftungsfalls eine im Rahmen der Vertretbarkeit liegende Verfolgungsentscheidung. Es würde kaum erwogen werden, eine vertretbare Verfolgungsentscheidung stelle einen Verzicht oder eine verzichtsähnliche Rechtshandlung, die zu einem Vermögensschaden der Gesellschaft führt, dar. Dem Aufsichtsrat würde nicht entgegengehalten, er hätte eine andere vertretbare Verfolgungsentscheidung – nämlich die Entscheidung, den Anspruch in größerer Höhe geltend zu machen – treffen müssen. Die fehlende Verzichtsähnlichkeit einer vertretbaren Verfolgungsentscheidung liegt darin begründet, dass die Nichtgeltendmachung des Anspruchs in einer größeren, ebenso vertretbaren Höhe ein – im Rahmen der Vertretbarkeit zulässiges – passives, tatsächliches Unterlassen einer höheren Inanspruchnahme darstellt.

Fraglich ist, ob die Vorabbindung des Aufsichtsrats im Rahmen der Vertretbarkeit bzw. ein Verzicht auf vertretbare Entscheidungsalternativen als verzichtsähnlich einzuordnen ist. Würde sich der Aufsichtsrat im Rahmen der Vertretbarkeit binden, so würde er sich nicht der Möglichkeit der Anspruchsgeltendmachung an sich begeben, sondern – bei bestehenbleibender Möglichkeit der Anspruchsgeltendmachung – lediglich anderer vertretbarer Entscheidungsalternativen im Zeitpunkt der Verfolgungsentscheidung. Entscheidend ist, ob die Gesellschaft nicht nur ein Recht auf den Schadensersatzanspruch selbst haben muss, sondern auch ein Recht darauf, dass der Aufsichtsrat, der den Anspruch für sie geltend macht, ihn in jeder vertretbaren Höhe muss geltend machen können und er eine jede vertretbare Verfolgungsentscheidung muss treffen können. Es ließe sich erwägen, ob eine Verzichtsähnlichkeit nur ausgeschlossen sein kann, wenn der Aufsichtsrat sämtliche Entscheidungsmöglichkeiten in Bezug auf den Anspruch, insbesondere im Hinblick auf die Höhe des geltend zu machenden Anspruchs, beibehält. Die Frage ist, ob der Schutzzweck von § 93 Abs. 4 S. 3 AktG darauf gerichtet sein kann, die Entscheidungsautonomie des mit der Anspruchsverfolgung betrauten Organs in Bezug auf den geschützten Anspruch zu sichern.

Der Schutzzweck von § 93 Abs. 4 S. 3 AktG besteht darin, eine in Bezug auf eine konkrete Forderung erfolgende Schmälerung des Gesellschaftsvermögens auszuschließen.[696] Vor dem Hintergrund des vermögensmäßigen Schutzzwecks

---

696 Bezug zu konkreter Forderung hervorhebend *Eßwein*, Privatautonome Gestaltung der Vorstandshaftung, 2015, S. 96: *„Sicherung des Gesellschaftsvermögens in Bezug auf den Schadensersatzanspruch"*.

von § 93 Abs. 4 S. 3 AktG müssen Erwägungen in Bezug auf den Entscheidungsspielraum des Aufsichtsrats für sich genommen unbeachtlich sein, sofern die Einengung des Entscheidungsspielraums nicht mit einer Vermögensgefährdung korrespondiert. Würde der Aufsichtsrat im Zeitpunkt der Verfolgungsentscheidung den Anspruch in einer anderen vertretbaren Höhe geltend machen und würde das Vorstandsmitglied dem Aufsichtsrat aufgrund der anstellungsvertraglichen Verschonungsregelung einredeweise entgegenhalten können, er dürfe es nur in der fixierten anderen vertretbaren Höhe in Anspruch nehmen, so fällt – die Vertretbarkeit der Verfolgungsentscheidung im Entscheidungszeitpunkt vorausgesetzt – weniger eine drohende Vermögensgefährdung als eine Einschränkung des Entscheidungsspielraums des Aufsichtsrats ins Auge. Zwar muss dem mit der Verfolgung betrauten Organ nach Ansicht des RG die jederzeitige Anspruchsgeltendmachung möglich sein.[697] Allerdings ist hiermit nicht zugleich ausgesagt, dass dem Entscheidungsträger in der konkreten Entscheidungssituation sämtliche Entscheidungsalternativen offenstehen müssen. Eine Bindung im Rahmen der Vertretbarkeit würde die jederzeitige Geltendmachung – eines insofern vertretbaren Betrags – nicht hindern. Die Aussagen des RG – das heißt das Gebot einer jederzeitigen Möglichkeit zur Anspruchsgeltendmachung und das Verbot einer zwischenzeitlichen, bedingten Bindung – könnten die Interpretation zulassen, dass es dem Gericht eher auf den Zeitpunkt der Anspruchsgeltendmachung angekommen ist und es eine Verzögerung der Anspruchsgeltendmachung hat ausschließen wollen, ohne die Möglichkeit einer Disposition über den Anspruch im Rahmen bestehender Entscheidungsspielräume zu restringieren.

Im Ergebnis sprechen überzeugende Argumente dafür, eine Bindung im Rahmen der Vertretbarkeit – sofern die Vertretbarkeit der Entscheidung in der konkreten Entscheidungssituation tatsächlich gesichert ist – für sich genommen nicht als verzichtsähnlich einzuordnen.

dd) Sicherung der Pflichtgemäßheit der Verfolgungsentscheidung bzw. (fehlende) Generalisierbarkeit der Verfolgungsentscheidung

Es ist aber noch zu berücksichtigen, dass die Spielräume, die das ARAG-Urteil zum Absehen von Verfolgung belässt, sehr eng gezogen sind und sich im Übrigen nicht rechtssicher eruieren lassen. Geringes Verschulden und existenzvernichtendes Schadensausmaß genügen nach einer Ansicht überhaupt nicht, um den Aufsichtsrat zu einem Absehen von Verfolgung zu berechtigen. Jedenfalls

697 RG, Urt. v. 19.05.1931 – II 434/30, RGZ 133, 33, 38.

kann die Nichtverfolgungsentscheidung nur auf Grundlage der Umstände des Einzelfalls getroffen werden. Die Fürsorgepflicht, die eher in generalisierbarer Weise bei einem geringen Verschulden zum Absehen von Verfolgung in existenzvernichtender Höhe berechtigen könnte, stellt wiederum kein anerkanntes Regressreduzierungsinstitut dar. Würde man die Verpflichtung des Aufsichtsrats statuieren, unter den tatbestandlichen Voraussetzungen eines leichten Verschuldens und eines existenzvernichtenden Schadensausmaßes von einer Anspruchsverfolgung ganz oder teilweise abzusehen, so bestünde eine große Gefahr, dass der Aufsichtsrat zu einer Verfolgungsentscheidung verpflichtet wird, die er im Entscheidungszeitpunkt nicht zu treffen berechtigt ist. Eine entsprechende Verschonungsregelung würde nicht nur die interne Entscheidungsautonomie des Aufsichtsrats berühren und sich mit dessen organschaftlichen Pflichten in Konflikt setzen, sondern sie würde zugleich das Gesellschaftsvermögen tangieren.

Um sicherzugehen, dass nur eine Bindung des Aufsichtsrats im Rahmen der Vertretbarkeit begründet wird und um den vermögensmäßigen Gefahren einer Verschonungsregelung, die unter typisierten tatbestandlichen Voraussetzungen zu einer Nichtverfolgung verpflichten soll, zu begegnen, könnte eine Abweichungsmöglichkeit des Aufsichtsrats vorbehalten werden.[698] Mit Hilfe eines Widerrufsvorbehalts bzw. einer Fiduciary Out-Regelung könnte es dem Aufsichtsrat ermöglicht werden, von der grundsätzlich vorgegebenen Entscheidung abzuweichen und eine Vermögenseinbuße, die in der aktuellen Entscheidungssituation infolge einer Nichtverfolgung konkret drohen würde, abzuwenden. Für den Fall, dass der Aufsichtsrat dem Vorstandsmitglied – in der konkreten Haftungssituation – eine Nichtverfolgung in Aussicht stellt, schlägt man einen vertrauenszerstörenden Vorbehalt vor, der eingreifen soll, wenn sich die Sachlage und bzw. oder die Rechtslage verändert.[699] Weiter könnte man eine Fiduciary Out-Regelung in Erwägung ziehen, nach welcher der Aufsichtsrat die schuldrechtlich vorgesehene Entscheidung nicht zu treffen verpflichtet ist, soweit sich dies im Entscheidungszeitpunkt als mit seinen Organpflichten nicht

698 Vgl. die Formulierung im dritten Kapitel unter B. IV.: „*Hieran ist der Aufsichtsrat nicht gebunden, wenn die besonderen Umstände des Haftungsfalls eine andere Entscheidung zwingend gebieten und der Aufsichtsrat ansonsten gegen seine Pflichten im Innenverhältnis verstoßen würde.*“

699 Zu – vertrauenszerstörenden – Widerrufsvorbehalten bzw. Fiduciary Out-Vorbehalten vgl. *Schnorbus/Klormann*, NZG 2015, 938, 944. Zum Erfordernis der Reversibilität der Nichtverfolgungsentscheidung bei Auftreten neuer Tatsachen und bzw. oder neuer Erkenntnisse siehe *Habersack*, NZG 2016, 321, 326; *Hasselbach/Seibel*, AG 2008, 770, 773.

vereinbar darstellt. Über eine solche Fiduciary Out-Regelung könnte – so ließe sich überlegen – eine Kollision zwischen der schuldrechtlichen Verpflichtung des Aufsichtsrats zur (teilweisen) Nichtverfolgung und seiner organschaftlichen Verpflichtung, die Verfolgungsentscheidung in Einklang mit dem geltenden Recht zu treffen, vermieden werden und es ließe sich den vermögensmäßigen Gefahren der Verschonungsklausel begegnen.

Es ist jedoch aufgezeigt worden, dass der zum Absehen von Verfolgung berechtigende Tatbestand einer Typisierung per se nicht zugänglich ist und dass der Aufsichtsrat die Verfolgungsentscheidung in der konkret vorliegenden Situation zu treffen hat. Weiter ist die Gefahr für den Motivationsprozess des Aufsichtsrats dargelegt worden, die sich ergibt, wenn für bestimmte tatbestandliche Konstellationen – etwa leichtes Verschulden und existenzvernichtendes Schadensausmaß – eine Nichtverfolgungsentscheidung vorgegeben wird, zu welcher der Aufsichtsrat nach dem ARAG-Urteil grundsätzlich nicht berechtigt ist und zu welcher er zwar unter Zugrundelegung eines fürsorgepflichtbasierten Regressreduzierungsansatzes berechtigt wäre, der aber nicht anerkannt ist. Angesichts der fehlenden Typisierbarkeit des zum Absehen von Verfolgung berechtigenden Sachverhalts und der mangelnden Generalisierbarkeit der Verfolgungsentscheidung sowie angesichts der Gefahr, dass eine Verschonungsregelung einen unzulässigen Motivationsdruck auf den Entscheidungsprozess im Aufsichtsrat bewirken könnte, was eine Gefahr für das Gesellschaftsvermögen implizieren würde, liegt die Verzichtsähnlichkeit einer entsprechenden Verschonungsregelung nahe.

Zwar kann der Schutzzweck von § 93 Abs. 4 S. 3 AktG nicht generell im Sinne eines Schutzes der Dispositionsfreiheit der mit der Anspruchsverfolgung betrauten Verwaltungsorgane auszulegen sein, sondern es muss eine – zumindest abstrakte – Vermögensgefahr hinzutreten. Allerdings ergibt sich die Vermögensgefahr im Fall von Verschonungsklauseln, die eine Präjudizierung der Verfolgungsentscheidung des Aufsichtsrats unter Zugrundelegung typisierter Erwägungen zu erreichen suchen, daraus, dass die Verfolgungsentscheidung einer Generalisierung nicht zugänglich ist und dass eine Typisierung der zum Absehen von Verfolgung berechtigenden Umstände fehlgeht. Die Verfolgungsentscheidung kann nur im konkreten Einzelfall getroffen werden und sie ist einer Vorabbindung nicht zugänglich. Eine Verschonungsregelung, welche etwa bestimmte tatbestandliche Voraussetzungen – wie leichtes Verschulden und existenzvernichtendes Schadensausmaß – in den Fokus rückt und welche die Entscheidung zu Gunsten einer (teilweisen) Nichtverfolgung im Fall ihrer Verwirklichung als grundsätzlich zu treffende Entscheidung vorgibt, würde auf den Entscheidungsprozess im Aufsichtsrat unzulässig einwirken. Diese Erwägungen rechtfertigen es, einer Verschonungsregelung eine das Gesellschaftsvermögen gefährdende Wirkung beizumessen und sie als verzichtsähnliche Rechtshandlung einzuordnen.

V. Zustimmung der Hauptversammlung vor Eintritt des Haftungsfalls?

Eine vor dem Eintritt des Haftungsfalls installierte, unter bestimmten tatbestandlichen Voraussetzungen eingreifende Verpflichtung des Aufsichtsrats zum (teilweisen) Absehen von Verfolgung muss als verzichtsähnlich eingeordnet werden. Die Einordnung einer Rechtshandlung als im Sinne von § 93 Abs. 4 S. 3 AktG verzichtsähnlich hat eigentlich zur Folge, dass die Restriktionen des § 93 Abs. 4 S. 3 AktG Beachtung finden müssen. Im Hinblick auf eine Verschonungsregelung, die vor dem Eintritt des Haftungsfalls und in Unkenntnis des konkreten Haftungsfalls vereinbart wird, erweisen sich zwei Restriktionen des § 93 Abs. 4 S. 3 AktG als problematisch – die Dreijahresfrist und die Zustimmung der Hauptversammlung.

§ 93 Abs. 4 S. 3 AktG geht seinem Wortlaut zufolge davon aus, dass der Schadensersatzanspruch bereits entstanden ist („*nach der Entstehung des Anspruchs*").[700] Wird die Verschonungsregelung im Anstellungsvertrag vereinbart, ist der Schadensersatzanspruch der Gesellschaft gegen das Vorstandsmitglied noch nicht entstanden. Der Dreijahresfrist, deren Ablauf abgewartet werden muss, bevor die Zustimmung der Hauptversammlung eingeholt werden kann, mangelt es an einem Anknüpfungspunkt.[701]

Insofern stellt sich die Frage, ob eine vor Entstehung des Schadensersatzanspruchs getroffene Disposition über diesen überhaupt § 93 Abs. 4 S. 3 AktG unterfallen kann. Daraus, dass sich § 93 Abs. 4 S. 3 AktG seinem Wortlaut gemäß auf Schadensersatzansprüche bezieht, die bereits entstanden sind, könnte sich ergeben, dass die Kautelen von § 93 Abs. 4 S. 3 AktG auf Dispositionen über den Schadensersatzanspruch vor dessen Entstehung keine Berücksichtigung

---

700 Gleichsame Auslegung bei *S. Binder*, Grenzen der Vorstandshaftung, 2016, S. 210; *Brommer*, Beschränkung der Vorstandsinnenhaftung, 2015, S. 155; *P. Scholz*, Existenzvernichtende Haftung von Vorstandsmitgliedern, 2014, S. 284. Inzident *Grigoleit/Tomasic*, in: Grigoleit, AktG, § 93 Rn. 72: „*situative(n) Haftungsdispositionen*". Ebenfalls inzident *Spindler*, in: MüKo AktG, § 93 Rn. 250 ff.: „*Nachträglicher Ausschluss der Ersatzpflicht*".

701 Ähnlich *S. Binder*, Grenzen der Vorstandshaftung, 2016, S. 210: kein Beginn des Fristlaufs.

finden müssen und uneingeschränkt zulässig sind. Allerdings verdeutlicht eine Gesamtschau der den Anspruch gemäß § 93 Abs. 2 S. 1 AktG flankierenden Grundsätze, dass das Aktiengesetz diesen umfassend – insbesondere durch die Zuweisung der Entscheidungsbefugnis über vermögensrelevante Dispositionen an die Hauptversammlung[702] – zu sichern intendiert. Die fehlende Inbezugnahme von Dispositionen über künftige Ansprüche durch § 93 Abs. 4 S. 3 AktG kann daher nicht den Schluss gestatten, solche Dispositionen seien uneingeschränkt zulässig.

Der Sinn und Zweck der Dreijahresfrist, der darin besteht, dass über Schadensersatzansprüche nicht soll disponiert werden können, wenn das Ausmaß von Pflichtverletzung und Schaden nicht hinreichend überschaubar ist, trifft auf Dispositionen, die vor der Entstehung des Anspruchs über diesen getroffen werden, ebenso zu.[703] Ist der Schaden nicht einmal entstanden, so kann auch das Ausmaß von Pflichtverletzung und Schaden nicht überblickt werden. Infolge der antizipierten Disposition über einen noch nicht entstandenen Schadensersatzanspruch wird für das Gesellschaftsvermögen ebenso eine Gefahr begründet wie infolge einer – unter typisierter Betrachtung – verfrühten Disposition über einen entstandenen Schadensersatzanspruch.

Fraglich ist, ob die antizipierte Disposition über einen künftigen Anspruch der Zustimmung der Hauptversammlung gemäß § 93 Abs. 4 S. 3 AktG überhaupt zugänglich sein kann. Die Zustimmung würde sich nicht auf einen gegenwärtigen, konkreten Haftungsfall und auf eine konkrete Pflichtverletzung des Vorstandsmitglieds beziehen. Es ist sehr fraglich, ob die Hauptversammlung im Angesicht künftiger Pflichtverletzungen und künftiger Schadensersatzansprüche, die weder hinsichtlich ihres Eintritts bzw. Bestands noch hinsichtlich ihres Umfangs feststehen, eine Zustimmung erteilen kann[704] bzw. ob die Zustimmung

---

702 Vgl. hierzu *Eßwein*, Privatautonome Gestaltung der Vorstandshaftung, 2015, S. 102 ff., der aus systematischem Kontext der in § 93 Abs. 4 AktG enthaltenen Tatbestände überzeugend schlussfolgert, Dispositionsbefugnis in Bezug auf Haftungsanspruch sei generell Hauptversammlung zugeordnet.

703 Noch weitergehend *S. Binder*, Grenzen der Vorstandshaftung, 2016, S. 211: *„erst recht"* Konflikt mit Schutzzweck.

704 Skeptisch bezüglich Zustimmungsmöglichkeit – da konkreter Anspruch fehle und Pflichtverletzung in Zukunft liege – *Habersack*, NZG 2015, 1297, 1300. Möglichkeit der Hauptversammlungszustimmung in Bezug auf die von *Seibt* vorgeschlagene Halbvermögensschutzklausel implizierend *Wettich*, AG 2016, 60, 66: *„Die Klausel wird dementsprechend jedenfalls ohne entsprechende Billigung durch die Hauptversammlung im aktienrechtlichen Schrifttum als de lege lata unzulässig abgelehnt."* Ebenfalls für

auf abstrakter Basis erteilt werden kann und sie sich insofern auf die abstrakten Gefahren einer Verschonungsregelung beziehen kann[705]. Der Wortlaut von § 93 Abs. 4 S. 3 AktG („*nach der Entstehung des Anspruchs*") sowie der Sinn und Zweck der Dreijahresfrist (vermögensrelevante Dispositionen erst bei Überblickbarkeit der Tatsachengrundlage) sprechen dafür, die Zustimmungsfähigkeit in Bezug auf Dispositionen, die einen noch nicht entstandenen Schadensersatzanspruch betreffen, abzulehnen.[706]

Neben § 93 Abs. 4 S. 3 AktG als Grundlage für die Zustimmung könnte man – da der Abschluss des Anstellungsvertrags mit dem Vorstandsmitglied in die originäre Geschäftsführungskompetenz des Aufsichtsrats fällt – über eine Vorlage an die Hauptversammlung analog § 119 Abs. 2 AktG nachdenken.[707] Allerdings würde sich die im ersten Zugriff als Geschäftsführungsmaßnahme des Aufsichtsrats darstellende Vereinbarung der Verschonungsregelung im Anstellungsvertrag auf einen späteren Schadensersatzanspruch der Gesellschaft beziehen. Die Restriktionen, die das Aktiengesetz im Hinblick auf vermögensrelevante Dispositionen mit Bezug zu Schadensersatzansprüchen der Gesellschaft statuiert, können auch nicht vermittels eines Umwegs über § 119 Abs. 2 AktG in den Hintergrund gedrängt werden.

Dass man die Zustimmungsfähigkeit einer Verschonungsregelung ablehnen muss, ergibt sich noch unter einem weiteren Gesichtspunkt. Es ist aufgezeigt worden, dass die Verfolgungsentscheidung des Aufsichtsrats nur im konkreten

---

Zustimmungsfähigkeit einer sich auf künftige Schadensfälle beziehenden Verschonungsklausel *Seibt*, in: Börsen-Zeitung v. 12.09.2015, S. 13: Hinweis auf Billigung einer entsprechenden Haftungsregelung – indes in Bezug auf Haftung des Aufsichtsrats – durch Hauptversammlung der SCG Energy AG.

705 Möglichkeit abstrakter Zustimmung in Bezug auf abstrakte Gefahren – indes in Bezug auf statutarische Schiedsklausel – annehmend *P. Scholz/Weiß*, AG 2015, 523, 529. Zur Schiedsfähigkeit von Organhaftungsansprüchen vgl. *Bauer/C. Arnold/Kramer*, AG 2014, 677, 681 f.; *Habersack/Wasserbäch*, AG 2016, 2, 12 mit umfangreichen Nachweisen; *H.P. Westermann*, ZGR 2017, 38, 48 ff.

706 Vgl. ähnlich *S. Binder*, Grenzen der Vorstandshaftung, 2016, S. 211 f.

707 Für analoge Anwendung von § 119 Abs. 2 AktG bei originärer Geschäftsführungskompetenz des Aufsichtsrats *Fischbach*, ZIP 2013, 1153, 1155 f.; *Schüppen*, ZIP 2010, 905, 909 f. Gänzlich ablehnend *Dietz-Vellmer*, NZG 2014, 721, 724. Zur analogen Anwendung von § 119 Abs. 2 AktG im Rahmen der Verfolgungsentscheidung des Aufsichtsrats in konkretem Haftungsfall siehe *Habersack*, NZG 2016, 321, 326 f. mit umfangreichen Nachweisen. Ähnlich – für Übertragung von Untersuchung und Anspruchsgeltendmachung gegen Vorstandsmitglied auf Hauptversammlung in Anlehnung an § 119 Abs. 2 AktG – *Haarmann/Weiß*, BB 2014, 2115, 2123.

Einzelfall getroffen werden kann. Eine Zustimmung der Hauptversammlung vermag einer Vereinbarung, die auf Basis typisierter Erwägungen und einer generalisierten Ermessensausübung eine bestimmte Verfolgungsentscheidung vorgibt, nicht zur Wirksamkeit zu verhelfen. Im Ergebnis scheitert die Zustimmungsfähigkeit der Verschonungsregelung bereits daran, dass die Verfolgungsentscheidung des Aufsichtsrats mit dem strikt zu verstehenden Erfordernis einer konkreten Einzelfallbetrachtung einhergeht, das jegliche Dispositionen über den Schadensersatzanspruch, die vor dessen Entstehung getroffen werden und die den Aufsichtsrat bei seiner Verfolgungsentscheidung zu binden suchen, unzulässig macht.

VI. Alternative Gestaltung einer Verschonungsregelung

Als Alternative zu einer Verschonungsregelung, die verbindlich eine bestimmte Verfolgungsentscheidung vorgibt, kommen Vereinbarungen in Betracht, die das Ergebnis der Verfolgungsentscheidung unangetastet lassen. Solche Vereinbarungen wären nicht gleichsam vom Verdikt der Verzichtsähnlichkeit betroffen.

1. Deklaratorischer Hinweis auf Rechtslage

Eine Verzichtsähnlichkeit liegt gänzlich fern, erfolgt im Anstellungsvertrag lediglich ein deklaratorischer Hinweis auf die Rechtslage.[708] Dem Vorstandsmitglied wird in diesem Fall kein Anspruch auf ein bestimmtes Verfolgungsverhalten und keine hiermit korrespondierende Einrede eingeräumt.

2. Keine Bindung in Richtung eines bestimmten Erfolgs

Um die Verzichtsähnlichkeit einer anstellungsvertraglichen Regelung, die Implikationen für die Entscheidung des Aufsichtsrats über die Verfolgung von Schadensersatzansprüchen der Gesellschaft gegen das Vorstandsmitglied haben soll, zu vermeiden, ist es bedeutsam, keine Bindung in Bezug auf das Entscheidungsergebnis zu begründen. Es darf nicht dergestalt auf den Weg der Entscheidungsfindung eingewirkt werden, dass im Ergebnis doch das Entscheidungsergebnis präjudiziert wird.

Eine Verzichtsähnlichkeit ist zu verneinen, wenn im Anstellungsvertrag bloß die zum Absehen von Anspruchsverfolgung berechtigenden Interessen und Belange – ihre Berücksichtigungsfähigkeit muss in Einklang mit der geltenden

---

708 Vgl. die Formulierung im dritten Kapitel unter B. V.

Rechtslage stehen – benannt werden.[709] Gleichsam hat eine Regelung, die zur besonderen Prüfung verpflichtet, ob von Verfolgung abgesehen werden kann[710], keine verzichtsähnlichen Wirkungen.

E. Unbeschränkte Haftung bei jeder Verschuldensform

Vorstandsmitglieder, die ihre Pflichten verletzen, haften gemäß § 93 Abs. 2 S. 1 AktG höhenmäßig unbeschränkt (Totalkompensation) bei jeder Form von Verschulden (omnis culpa). Anstellungsvertragliche Regelungen, welche die Inanspruchnahme des Vorstandsmitglieds – generell oder unter konkretisierten tatbestandlichen Voraussetzungen – ausschließen oder beschränken, könnten sich bereits zu dieser Haftungsanordnung in Konflikt setzen.[711]

I. § 93 Abs. 2 S. 1 als zwingendes Recht

Die Problematik von Konstruktionen, welche die Vorstandshaftung zu vermeiden oder einzugrenzen suchen, rührt daher, dass die Haftung in § 93 Abs. 2 S. 1 AktG zwingendes Recht ist.[712] Eine Abänderung ist weder auf statutarischem noch auf vertraglichem Weg möglich.[713] Der zwingende Charakter von § 93 AktG erstreckt sich auf sämtliche Teilaspekte[714], insbesondere die Aspekte der Totalkompensation und der verschuldensformunabhängigen Haftung.

II. Unzulässigkeit von Haftungsbeschränkungen nach geltendem Recht

Ein vieldiskutiertes gesellschaftsrechtliches Thema betrifft die Zulässigkeit von Haftungsbeschränkungen im Bereich der Vorstandshaftung. Auf dem 70. Deutschen Juristentag, der im Jahr 2014 getagt hat, hat man sich im Zuge der

---

709 Vgl. die Formulierung im dritten Kapitel unter B. VI. 1.

710 Vgl. die Formulierung im dritten Kapitel unter B. VI. 2.

711 Unvereinbarkeit mit Totalkompensation annehmend *Habersack*, NZG 2015, 1297, 1299.

712 *Hopt/M. Roth*, in: Großkomm. AktG, § 93 Rn. 47; *J. Koch*, in: Hüffer/J. Koch, AktG, § 93 Rn. 2; *Krieger/Sailer-Coceani*, in: K. Schmidt/Lutter, AktG, § 93 Rn. 3; *Mertens/Cahn*, in: KöKo AktG, § 93 Rn. 8; *Spindler*, in: MüKo AktG, § 93 Rn. 11.

713 *Fleischer*, in: Spindler/Stilz, AktG, § 93 Rn. 3; *Habersack*, ZHR 177 (2013), 782, 794; *Hopt/M. Roth*, in: Großkomm. AktG, § 93 Rn. 47; *J. Koch*, in: Hüffer/J. Koch, AktG, § 93 Rn. 2.

714 *Fleischer*, in: Spindler/Stilz, AktG, § 93 Rn. 3; *Schug*, Risikoeinschränkung und -transfer in der Vorstandshaftung, 2010, S. 95 ff.

Diskussion um eine Reform der Vorstandshaftung mit der Zulässigkeit von Haftungsbeschränkungen – es kommen Haftungshöchstsummen und Abmilderungen des Sorgfaltsmaßstabs in Betracht – de lege lata auseinandergesetzt.[715] Während Haftungshöchstgrenzen dazu führen, dass nicht in voller Höhe des entstandenen Schadens gehaftet wird, sondern lediglich in Höhe eines zuvor festgesetzten Betrags, haben Abmilderungen des Sorgfaltsmaßstabs zur Folge, dass nur bei bestimmten Verschuldensformen, etwa nur bei grober Fahrlässigkeit oder aber nicht bei leichten Verschuldensformen wie leichter Fahrlässigkeit, gehaftet wird.[716]

Im Gegensatz zu privatautonomen Haftungsbeschränkungen zu Gunsten des GmbH-Geschäftsführers, die prinzipiell – innerhalb im Einzelnen umstrittener Grenzen[717] – zulässig sind[718], erweist sich eine solche privatautonome Gestaltung in der Aktiengesellschaft als problematisch. Abmilderungen des Sorgfaltsmaßstabs sind angesichts des in § 93 Abs. 1 S. 1 AktG kodifizierten Sorgfaltsmaßstabs und der in § 93 Abs. 2 S. 1 AktG angeordneten Haftung bei jeder Form von Verschulden problematisch.[719] Haftungshöchstsummen konfligieren mit dem Grundsatz der Totalkompensation in § 93 Abs. 2 S. 1 AktG.[720] Weiter befürchtet man im Hinblick auf Haftungshöchstsummen einen Konflikt zu § 93 Abs. 4 S. 3 AktG, der die Verzichtsmöglichkeit über Organhaftungsansprüche der Gesellschaft einschränkt.[721] Im Ergebnis negiert die herrschende Auffassung

---

715 Vgl. nur *Bachmann*, Verhandlungen des 70. DJT, Gutachten, 2014, E 5, 58 ff.

716 Vgl. etwa *Thümmel*, Persönliche Haftung von Managern und Aufsichtsräten, Rn. 349.

717 Zumindest generelle Haftungsfreistellung – vgl. *Zöllner/Noack*, in: Baumbach/Hueck, GmbHG, § 43 Rn. 46 – sowie Befreiung von gläubigerschützender Haftung gemäß § 43 Abs. 3 GmbHG – vgl. *Haas/Ziemons*, in: Michalski, GmbHG, § 43 Rn. 10 – sind unzulässig.

718 Vgl. umfassend *Fleischer*, in: MüKo GmbHG, § 43 Rn. 298 ff.; *ders.*, BB 2011, 2435 ff.; *Kleindiek*, in: Lutter/Hommelhoff, GmbHG, § 43 Rn. 60 ff.; *U.H. Schneider*, in: Scholz, GmbHG, § 43 Rn. 258 ff.; *R. Werner*, GmbHR 2014, 792 ff.

719 *Brommer*, Beschränkung der Vorstandsinnenhaftung, 2015, S. 178 ff.; *Fleischer*, WM 2005, 909, 914; *Hopt/M. Roth*, in: Großkomm. AktG, § 93 Rn. 47 f.; *Paefgen*, AG 2014, 554, 570; *Spindler*, in: MüKo AktG, § 93 Rn. 27.

720 *Fleischer*, in: Spindler/Stilz, AktG, § 93 Rn. 4; *Paefgen*, AG 2014, 554, 569. Anderer Ansicht *Grunewald*, AG 2013, 813, 815 f., die sich zwar auf § 93 Abs. 4 S. 3 AktG bezieht, aber nur § 93 Abs. 2 AktG meinen kann. Hierzu ablehnend *S. Binder*, Grenzen der Vorstandshaftung, 2016, S. 190 ff.; *Brommer*, Beschränkung der Vorstandsinnenhaftung, 2015, S. 181 ff.; *P. Scholz*, Existenzvernichtende Haftung von Vorstandsmitgliedern, 2014, S. 108 f.

721 *S. Binder*, Grenzen der Vorstandshaftung, 2016, S. 190 ff; *Oltmanns*, Geschäftsleiterhaftung und unternehmerisches Ermessen, S. 348; *Wettich*, AG 2017, 60, 66.

die Zulässigkeit von Haftungshöchstgrenzen und Sorgfaltsabmilderungen auf Basis des geltenden Rechts.[722] Statutarische Haftungsbeschränkungen werden als unzulässige Abweichung im Sinne von § 23 Abs. 5 S. 1 AktG evaluiert, die über eine zulässige Ergänzung im Sinne von § 23 Abs. 5 S. 2 AktG hinausgehen.[723] Neben statutarischen Haftungsbeschränkungen sind schuldrechtliche, etwa anstellungsvertragliche, Haftungsbeschränkungen – das zwingende Recht stellt auch eine Gestaltungsgrenze für schuldrechtliche Vereinbarungen dar – vom Unzulässigkeitsverdikt betroffen.[724]

Eine Verschonungsregelung, die sich lediglich auf die Rechtsfolge der Inanspruchnahme bezieht und die dazu führt, dass der Aufsichtsrat das Vorstandsmitglied ungeachtet der konkreten tatbestandlichen Konstellation des Haftungsfalls nicht oder nur in beschränkter Höhe in Anspruch nimmt[725], stellt sich im wirtschaftlichen Ergebnis als unzulässige Haftungshöchstsumme dar. Selbst wenn man die höhenmäßige Haftungsbegrenzung von tatbestandlichen Voraussetzungen – beispielsweise einem leichten Verschulden – abhängig machte[726], würde sich die Regelung noch als unzulässige Haftungshöchstsumme und unzulässige Abmilderung des Sorgfaltsmaßstabs erweisen.

Zwar bezöge sich eine Verschonungsregelung, die auf die Anspruchsverfolgung durch den Aufsichtsrat einzuwirken sucht, lediglich auf die Anspruchsgeltendmachung und nicht auf den Haftungsanspruch in seinem materiellen Bestand. Den Minderheitsaktionären verbliebe die Möglichkeit, von den Rechten aus §§ 147 f. AktG Gebrauch zu machen und den Anspruch zu verfolgen.[727]

---

722 In Bezug auf Haftungshöchstsummen etwa *Fleischer*, in: Spindler/Stilz, AktG, § 93 Rn. 4; *ders.*, WM 2005, 909, 915; *ders.*, ZIP 2014, 1305 f. Anderer Ansicht *Grunewald*, AG 2013, 813, 816: kein Konflikt mit § 93 Abs. 4 S. 3 AktG, da Anspruch von vornherein nur in beschränkter Höhe entstehe. In Bezug auf Abmilderungen des Sorgfaltsmaßstabs etwa *Fleischer*, WM 2005, 909, 914. Insgesamt *S. Binder*, Grenzen der Vorstandshaftung, 2015, S. 189 ff., 487.

723 In Bezug auf Veränderungen des Haftungsmaßstabs etwa *Hopt/M. Roth*, in: Großkomm. AktG, § 93 Rn. 47. In Bezug auf Haftungshöchstsummen etwa *Fleischer*, in: Spindler/Stilz, AktG, § 93 Rn. 4; *P. Scholz*, Existenzvernichtende Haftung von Vorstandsmitgliedern, 2014, S. 108 ff.

724 *Fleischer*, in: Spindler/Stilz, AktG, § 93 Rn. 3; *ders.*, WM 2005, 909, 914; *Hopt/M. Roth*, in: Großkomm. AktG, § 93 Rn. 47; *J. Koch*, in: Hüffer/J. Koch, AktG, § 93 Rn. 2; *Krieger/Sailer-Coceani*, in: K. Schmidt/Lutter, AktG, § 93 Rn. 3; *Mertens/Cahn*, in: KöKo AktG, § 93 Rn. 8. Anderer Ansicht *Hoffmann*, NJW 2012, 1393, 1395.

725 Vgl. die Formulierungen im dritten Kapitel unter B. II.

726 Siehe die Formulierungen im dritten Kapitel unter B. III.

727 Daher skeptisch bezüglich Praktikabilität einer Verschonungsregelung *Habersack*, NZG 2015, 1297, 1299.

Allerdings würde sich eine Regelung, die verbindlich und ohne Abweichungsmöglichkeit die Geltendmachung des Anspruchs – entweder stets in jedem Haftungsfall oder nur unter bestimmten tatbestandlichen Voraussetzungen – beschränkt, im wirtschaftlichen Ergebnis wie eine Beschränkung des Anspruchs an sich auswirken.

III. Kein Verstoß gegen § 93 Abs. 2 S. 1 AktG bei Nichtverfolgung in Einklang mit ARAG-Vorgaben und bei zwingender fürsorgepflichtbasierter Regressreduzierung

Ein Absehen von Anspruchsverfolgung, das im Einklang mit dem ARAG-Urteil steht, konfligiert nicht mit § 93 Abs. 2 S. 1 AktG. Das Gleiche würde für eine fürsorgepflichtbasierte Regressreduzierung gelten, sofern sich eine solche auf zwingende gesetzliche Wertungen stützen könnte und auf Basis des geltenden Rechts anzuerkennen wäre.

Zwar ließe sich überlegen, im Rahmen einer anstellungsvertraglichen Verschonungsregelung die Spielräume, die das ARAG-Urteil zum Absehen von Verfolgung belässt, fruchtbar zu machen mit der Folge, dass – wie sich in Erwägung ziehen ließe – gleichsam kein Verstoß gegen § 93 Abs. 2 S. 1 AktG vorliegen könnte. Allerdings ist aufgezeigt worden, dass das ARAG-Urteil die Entscheidung über Verfolgung und Nichtverfolgung an die Umstände des konkreten, aktuellen Einzelfalls knüpft. Die zum Absehen von Anspruchsverfolgung berechtigenden Umstände sind einer vorab erfolgenden Typisierung nicht zugänglich und eine Generalisierung der Verfolgungsentscheidung kommt nicht in Betracht.

Eine fürsorgepflichtbasierte Regressreduzierung könnte zwar einer existenzvernichtenden Haftungsgefahr des Vorstandsmitglieds – wenigstens bei leichtem Verschulden – begegnen. Allerdings ist die fürsorgepflichtbasierte Regressreduzierung nicht anerkannt und es bestehen solche Zweifel an der Überzeugungskraft des Ansatzes, dass sich eine anstellungsvertragliche Verschonungsregelung, die verbindlich und rechtssicher in Einklang mit geltendem Recht eine Abmilderung der Folgen der Vorstandsinnenhaftung in Aussicht zu stellen sucht, hierauf nicht stützen kann.

Im Ergebnis setzt sich eine Verschonungsregelung, die über die Verfolgungsentscheidung des Aufsichtsrats eine Abmilderung der Folgen der Vorstandsinnenhaftung – im Rahmen der Spielräume, die das ARAG-Urteil belässt, oder auf der Basis einer fürsorgepflichtbasierten Regressreduzierung – zu Gunsten des Vorstandsmitglieds zu erreichen sucht, in Konflikt mit der Haftungsanordnung in § 93 Abs. 2 S. 1 AktG.

Viertes Kapitel: Selbstbeschränkende Vereinbarungen des Aufsichtsrats mit Bezug zur Entscheidung über einen Haftungsvergleich zwischen Gesellschaft und Vorstandsmitglied

Da eine verbindliche Einflussnahme auf das Ergebnis der Verfolgungsentscheidung des Aufsichtsrats nicht möglich ist, sind alternative Gestaltungsmöglichkeiten, welche die Gefahr einer existenzvernichtenden Vorstandshaftung zu begrenzen helfen, zu eruieren. Neben der Verfolgungsentscheidung des Aufsichtsrats könnte die Entscheidung des Aufsichtsrats über einen Haftungsvergleich zwischen Gesellschaft und Vorstandsmitglied als Anknüpfungspunkt für eine anstellungsvertragliche Verschonungsregelung fungieren. Wie bei der Verfolgung von Schadensersatzansprüchen der Gesellschaft gegen das Vorstandsmitglied vertritt der Aufsichtsrat die Gesellschaft beim Vergleich über Schadensersatzansprüche der Gesellschaft gegen das Vorstandsmitglied.

Anstellungsvertragliche Regelungen, die einen Vergleich zwischen Gesellschaft und Vorstandsmitglied betreffen und einen solchen zu initiieren suchen, könnten einen Beitrag leisten, im Haftungsfall eine endgültige Streitbeilegung zu erreichen. Ein Vergleich versetzt die Parteien in die Lage, den Haftungsfall vollständig und rechtssicher zu beenden. Nach der Zustimmung durch die Hauptversammlung – den Ablauf der Dreijahresfrist und das Ausbleiben eines Minderheitenvetos vorausgesetzt – wäre der Vergleich im Grundsatz abweichungsresistent[728], wohingegen eine Nichtverfolgungsentscheidung einer Revision durch den Aufsichtsrat eher zugänglich bliebe[729]. Eine anstellungsvertragliche Regelung, die einen Vergleich im Haftungsfall einzuleiten sucht, könnte, indem sie in antizipierter Weise auf zu erwartende Streitigkeiten oder Ungewissheiten

728 Zu den engen Voraussetzungen an die nachträgliche Anpassung eines geschlossenen Vergleichs vgl. BGH, Urt. v. 12.02.2008 – VI ZR 154/07, Rn. 9 ff., NJW-RR 2008, 649, 650 ff.; BGH, Urt. v. 16.09.2008 – VI ZR 296/07, Rn. 13, NJW-RR 2008, 1716 f.; *Lange*, D&O-Versicherung, § 19 Rn. 10.

729 Vgl. *Habersack*, NZG 2016, 321, 326; *Hasselbach/Seibel*, AG 2008, 770, 773.

reagiert, weiter zu einer effizienten Verfahrensgestaltung beitragen. Eine Verschonungsregelung, die beim Vergleich an Stelle der Verfolgungsentscheidung ansetzt, hat zudem den Vorteil, dass angesichts des Zustimmungserfordernisses der Hauptversammlung gemäß § 93 Abs. 4 S. 3 AktG eine Mitwirkung der Hauptversammlung gewährleistet wird mit der Folge, dass der Vorwurf einer intendierten Enthaftung des Vorstands aufgrund unsachlicher Rücksichtnahmen des Aufsichtsrats fernliegt. Zudem könnte eine vergleichsbezogene Regelung im Anstellungsvertrag den Mangel des Vorstandsmitglieds an Befugnissen, im Haftungsfall die Beendigung einer streitigen Auseinandersetzung aktiv zu initiieren[730], zu kompensieren helfen. Das Vorstandsmitglied würde in gewissen Grenzen prognostizieren können, wie der Aufsichtsrat in einem Haftungsfall verfahren wird, und die Gesellschaft könnte bereits beim Abschluss des Anstellungsvertrags in gewissem Umfang die Bereitschaft zeigen und das Signal setzen, Vorstandsmitglieder nicht in jedem Fall bis zur Vernichtung der wirtschaftlichen Existenz in Anspruch zu nehmen und keine rigorose, schonungslose Verfolgungspolitik zu betreiben.

An der Sinnhaftigkeit anstellungsvertraglicher Regelungen, die auf einen Vergleich im Haftungsfall hinzuwirken suchen, könnte man zweifeln, bedenkt man, dass mit dem Zustimmungserfordernis der Hauptversammlung bezüglich des Vergleichs – wenngleich keine Gerichtsöffentlichkeit – eine Aktionärsöffentlichkeit im Hinblick auf den Haftungssachverhalt einhergeht.[731] Ist der Haftungssachverhalt bereits publik, so besteht aber – wie noch zu zeigen sein wird – regelmäßig ein Interesse an einem Vergleich.[732] Einer etwaigen Reputationsgefahr für das Vorstandsmitglied infolge eines Vergleichs lässt sich weiter begegnen, indem man in der Vergleichsvereinbarung – wie in der Praxis üblich[733] – hervorhebt, dass mit dem Vergleich keine Feststellung einer Pflichtwidrigkeit verbunden ist.

---

730 Vgl. hierzu *Krieger*, in: Krieger/U.H. Schneider, Hdb. Managerhaftung, § 3 Rn. 47: Aufsichtsrat müsse sich nicht außergerichtliches Vorverfahren zur Erörterung von Sachverhalts- und Rechtsfragen aufzwingen lassen.

731 Ebenfalls auf Hauptversammlungsöffentlichkeit eines Vergleichs hinweisend *Bayer/P. Scholz*, ZIP 2015, 149, 154; *Schnorbus/Ganzer*, WM 2015, 1877, 1883; *Semler*, AG 2005, 321, 322.

732 Vgl. auch *Schnorbus/Ganzer*, WM 2015, 1877, 1883.

733 Siehe etwa § 1 der Vergleichsvereinbarung gemäß der Einladung zur ordentlichen Hauptversammlung der MAN SE am 15.05.2014, S. 44 (http://www.corporate.man.eu/man/media/de/content_medien/doc/global_corporate_website_1/investor_relations_1/hv/2014_8/man_hv_2014_einberufung_einschl__tagesordnung.pdf; zuletzt abgerufen am 29.12.2016): *„Diese selbständige Verpflichtung zur Zahlung*

Jedenfalls dürfte die mit einem Vergleich verbundene etwaige Reputationsgefahr im Ergebnis weniger einschneidend einzustufen sein als eine unbeschränkte Haftungsgefahr.

Die Untersuchung, welche Regelungen mit Bezug zu einem Vergleich über Schadensersatzansprüche der Gesellschaft gegen das Vorstandsmitglied in den Anstellungsvertrag aufgenommen werden können, erfordert ein Augenmerk auf verschiedenen Aspekten. So sind zunächst einmal die allgemeinen Vergleichsvoraussetzungen gemäß § 779 Abs. 1 BGB in den Blick zu nehmen. Weiter ist die Pflichtenbindung des Aufsichtsrats beim Abschluss des Vergleichs und bei den Verhandlungen über dessen Inhalt zu eruieren. Aus § 93 Abs. 4 S. 3 AktG ergeben sich schließlich spezifische formale Voraussetzungen für einen Vergleich über Organhaftungsansprüche der Gesellschaft. Schließlich ist von Bedeutung, ob und inwieweit unter dem Gesichtspunkt der Entscheidungsautonomie des Aufsichtsrats vor Eintritt des Haftungsfalls Regelungen getroffen werden können, die sich auf einen Haftungsvergleich zwischen Gesellschaft und Vorstandsmitglied beziehen und einen solchen zu initiieren suchen.

A. Einvernehmliche Regelung der Vorstandshaftung im Wege eines Vergleichs

Zunächst ist kurz darzulegen, welche Interessen von Gesellschaft und Vorstandsmitglied für die einvernehmliche Beilegung eines Streits über Organhaftungsansprüche im Wege eines Haftungsvergleichs allgemein sprechen mögen, und wie ein Haftungsvergleich zwischen Gesellschaft und Vorstandsmitglied prozedural abläuft.

I. Interesse der Parteien an einem Vergleich an Stelle einer Anspruchsverfolgung

Es können im Allgemeinen vielfältige Aspekte für einen Vergleich über Organhaftungsansprüche der Gesellschaft gegen das Vorstandsmitglied an Stelle einer Anspruchsverfolgung sprechen, die an dieser Stelle nur beispielhaft und nicht abschließend aufgezeigt werden sollen.

---

des Eigenbetrages beinhaltet kein Anerkenntnis seitens Herrn S. hinsichtlich möglicher Verletzungen seiner Pflichten hinsichtlich seiner Tätigkeit als Mitglied des Vorstands (…).“

1. *Vermeidung langandauernden Prozesses*

Ist der Sachverhalt streitig und nur schwer aufklärbar, so kann den Parteien daran gelegen sein, einen langandauernden Rechtsstreit über mehrere Instanzen zu vermeiden.[734] Die Durchsetzbarkeit des Schadensersatzanspruchs kann von vornherein zweifelhaft sein, etwa weil der Haftungsfall in sachlicher und bzw. oder rechtlicher Hinsicht umstritten ist und Einwendungen sowie Einreden bestehen.[735] Ein Vergleich kann sich als rationale Reaktion auf ein antizipiertes Prozessrisiko darstellen.[736]

---

734 Vgl. die Einladung zur ordentlichen Hauptversammlung der Siemens AG am 26.01.2010, S. 42 (http://www.siemens.com/investor/pool/de/investor_relations/events/hauptversammlung/2010/einladung_hv2010_d.pdf; zuletzt abgerufen am 29.12.2016): *„Die Gesellschaft und Herr Dr. B. wollen langjährige Streitigkeiten über die geltend gemachten Ansprüche im beiderseitigen Interesse vermeiden (…).“* Vgl. zudem die Einladung zur ordentlichen Hauptversammlung der Deutsche Telekom AG am 12.05.2011, S. 21 (https://www.telekom.com/de/investor-relations/details/einladung-zur-ordentlichen-hauptversammlung--334918; zuletzt abgerufen am 29.12.2016): *„Die Gesellschaft und Herr. R. wollen langjährige Streitigkeiten über die geltend gemachten Ansprüche im beiderseitigen Interesse vermeiden und zu einer einvernehmlichen Regelung kommen.“* Vgl. weiter die Einladung zur ordentlichen Hauptversammlung der Conergy AG am 12.06.2013, S. 2 (http://cag-abwicklungsgesellschaft.de/Content/pdf/Einladung.pdf; zuletzt abgerufen am 29.12.2016): *„Aufsichtsrat und Vorstand der Gesellschaft sind der Überzeugung, dass mit Rücksicht auf die voraussichtliche Verfahrensdauer und die Höhe des Streitwerts eine einvernehmliche Regelung der geltend gemachten Ersatzansprüche einer streitigen gerichtlichen Durchsetzung vorzuziehen ist.“*

735 Vgl. die Einladung zur ordentlichen Hauptversammlung der MAN SE am 15.05.2014, S. 19, in der auf Komplexität der Sach- und Rechtsfragen, Wahrscheinlichkeit von Einreden und Einwendungen und daruf, dass Ausurteilung nur hinsichtlich höhenmäßig unbestimmten Teils zu erwarten sei, abgehoben wird (http://www.corporate.man.eu/man/media/de/content_medien/doc/global_corporate_website_1/investor_relations_1/hv/2014_8/man_hv_2014_einberufung_einschl__tagesordnung.pdf; zuletzt abgerufen am 29.12.2016).

736 Vgl. in dem Zusammenhang die Einladung zur ordentlichen Hauptversammlung der Conergy AG am 12.06.2013, S. 2, in der angemerkt wird, dass Gesellschaft im Fall des Unterliegens Verteidigungskosten des Vorstands zu ersetzen hätte (http://cag-abwicklungsgesellschaft.de/Content/pdf/Einladung.pdf; zuletzt abgerufen am 29.12.2016).

2. *Vermeidung von Kosten*

Zudem können die Verfahrenskosten gegen eine Anspruchsverfolgung sprechen.[737] Die Kosten eines Verfahrens würden das Gesellschaftsvermögen belasten und bei langandauernden gerichtlichen Auseinandersetzungen dazu führen, dass finanzielle und immaterielle Ressourcen, da sie für die Prozessführung aufgewandt werden müssen, nicht für andere Belange des Unternehmens zur Verfügung stehen.[738] Zudem können hohe Verfahrenskosten die Deckungssumme der D&O-Versicherung aufzehren[739], die noch für andere Schadensfälle zur Verfügung stehen soll. Der Aspekt einer effizienten Allokation von Ressourcen kann daher für einen Vergleich an Stelle einer Anspruchsverfolgung sprechen.

3. *Reaktion auf begrenzte persönliche Leistungsfähigkeit des Vorstandsmitglieds*

Weiter kann es sich unter dem Gesichtspunkt der begrenzten persönlichen Leistungsfähigkeit des Vorstandsmitglieds als vorteilhaft darstellen, an Stelle einer Anspruchsverfolgung einen Vergleich zu schließen.[740] Infolge der Begrenztheit

---

737 Vgl. auch *Cahn*, Vergleichsverbote, 1996, S. 3 f., 145.

738 Vgl. etwa die Einladung zur ordentlichen Hauptversammlung der Conergy AG am 12.06.2013, S. 2 (http://cag-abwicklungsgesellschaft.de/Content/pdf/Einladung.pdf; zuletzt abgerufen am 29.12.2016).

739 Vgl. etwa die Einladung zur ordentlichen Hauptversammlung der MAN SE am 15.05.2014, S. 25 (http://www.corporate.man.eu/man/media/de/content_medien/doc/global_corporate_website_1/investor_relations_1/hv/2014_8/man_hv_2014_einberufung_einschl__tagesordnung.pdf; zuletzt abgerufen am 29.12.2016).

740 Vgl. auch *Cahn*, Vergleichsverbote, 1996, S. 4. Den Aspekt der Aufzehrung des Privatvermögens des Vorstandsmitglieds bezieht die Conergy AG vor dem Hintergrund der Schmälerung der zur Verfügung stehenden Haftungsmasse ein und nicht als eigenständigen personenwohlbezogenen Aspekt. Vgl. die Einladung zur ordentlichen Hauptversammlung der Conergy AG am 12.06.2013, S. 2 (http://cag-abwicklungsgesellschaft.de/Content/pdf/Einladung.pdf; zuletzt abgerufen am 29.12.2016): „*Es wäre zudem nicht gesichert, ob nicht schon die Kosten der gerichtlichen Durchsetzung einen erheblichen Teil derjenigen Vermögenswerte aufzehren, die auf Seiten der früheren Vorstände als Haftungsmasse zur Verfügung stehen.*" Demgegenüber evaluiert die Siemens AG die infolge einer Anspruchsgeltendmachung drohende Existenzvernichtung des Vorstandsmitglieds für sich genommen als einen den Vergleich rechtfertigenden Belang. Vgl. die Einladung zur ordentlichen Hauptversammlung der Siemens AG am 26.01.2010, S. 30 (http://www.siemens.com/investor/pool/de/investor_relations/events/hauptversammlung/2010/einladung_hv2010_d.pdf; zuletzt abgerufen am 29.12.2016): „*Der Gesellschaft stehen gegen die ehemaligen Organmitglieder (…)*

der privaten finanziellen Mittel vermag das Vorstandsmitglied bei exorbitanten Schadenssummen regelmäßig nur einen geringen Teil des Schadens zu begleichen. Angesichts von Verfahrenskosten, welche die finanziellen Mittel des Vorstandsmitglieds zusätzlich belasten, würde der Betrag, den die Gesellschaft ersetzt verlangen kann, weiter reduziert. Dementsprechend kann eine an den finanziellen Mitteln des Vorstandsmitglieds zehrende gerichtliche Anspruchsverfolgung unter dem Aspekt des Kompensationsinteresses der Gesellschaft kritisch zu evaluieren sein.

4. *Wahrung der Reputation*

Schließlich kann die Vermeidung eines Prozesses unter dem Gesichtspunkt der Reputation sinnvoll sein. Das Unternehmen wird vielfach an der Wahrung eines nicht durch Haftungsprozesse geprägten Images interessiert sein.[741] Obgleich die Publizitätsproblematik angesichts des Zustimmungserfordernisses der Hauptversammlung in Bezug auf den Vergleich nicht gänzlich behoben wird[742], kann die Gefahr eines Reputationsverlusts durch einen frühzeitigen einvernehmlichen Vergleich doch wenigstens abgemildert werden.

Im Ergebnis können erhebliche Belange und Interessen der Gesellschaft – und selbstredend auch des Vorstandsmitglieds – dafür sprechen, einen Vergleich über Organhaftungsansprüche einer gerichtlichen Anspruchsverfolgung vorzuziehen.

II. Verfahren beim Vergleich über Organhaftungsansprüche

Der Vergleich zwischen Aktiengesellschaft und Vorstandsmitglied über Organhaftungsansprüche folgt einem durch das Aktiengesetz bestimmten,

---

Schadensersatzansprüche zu, die deren finanzielle Leistungsfähigkeit bei Weitem übersteigen und im Falle ihrer Durchsetzung die wirtschaftliche Existenz der Betroffenen vernichten würden. Aufsichtsrat und Vorstand würden das – insbesondere in Anbetracht der unbestrittenen Verdienste der ehemaligen Organmitglieder – für unangemessen halten."

741 Zum Interesse der Gesellschaft an einem nicht durch Haftungsprozesse geprägten Image vgl. *Cahn*, Vergleichsverbote, 1996, S. 3. Vgl. auch die Einladung zur ordentlichen Hauptversammlung der Conergy AG am 12.06.2013, S. 2, in der auf Wahrung des öffentlichen Bilds der Gesellschaft abgehoben wird (http://cag-abwicklungsgesellschaft.de/Content/pdf/Einladung.pdf; zuletzt abgerufen am 29.12.2016).

742 Vgl. auch *Bayer/P. Scholz*, ZIP 2015, 149, 154; *Schnorbus/Ganzer*, WM 2015, 1877, 1883; *Semler*, AG 2005, 321, 322. Daher insgesamt kritisch bezüglich Beteiligung der Hauptversammlung am Vergleich *K. Zimmermann*, in: FS Duden, 1977, S. 773, 774. Für Festhalten am Zustimmungserfordernis hingegen *Fleischer*, AG 2015, 133, 137.

insbesondere einem durch die Implikationen von § 93 Abs. 4 S. 3 AktG geprägten, prozeduralen Ablauf.

1. Verhandlungs- und Abschlusskompetenz des Aufsichtsrats

Bei den Verhandlungen über den Vergleich[743] und bei seinem Abschluss[744] vertritt der Aufsichtsrat die Gesellschaft. Der Aufsichtsrat verhandelt namens der Gesellschaft mit dem Vorstandsmitglied über Abschluss und Inhalt des Vergleichs und schließt den Vergleich für die Gesellschaft mit dem Vorstandsmitglied ab.

2. Letztentscheidungsbefugnis der Hauptversammlung

Gemäß § 124 Abs. 3 S. 1 AktG hat der Aufsichtsrat der Hauptversammlung zu jedem Gegenstand der Tagesordnung, über den die Hauptversammlung beschließen soll, Vorschläge zur Beschlussfassung zu machen. Auch im Hinblick auf den Vergleich zwischen Gesellschaft und Vorstandsmitglied über Organhaftungsansprüche, für dessen Wirksamkeit es gemäß § 93 Abs. 4 S. 3 AktG der Zustimmung der Hauptversammlung bedarf, unterbreitet er der Hauptversammlung einen Vorschlag zur Beschlussfassung. Gemäß § 124 Abs. 2 S. 3 AktG hat der Aufsichtsrat zudem den wesentlichen Inhalt des Vergleichs zwischen Gesellschaft und Vorstandsmitglied bekanntzumachen. Fasst die Hauptversammlung einen zustimmenden Beschluss und widerspricht nicht eine Minderheit von zehn Prozent des Grundkapitals, so sind – den Ablauf der Dreijahresfrist vorausgesetzt – die Voraussetzungen von § 93 Abs. 4 S. 3 AktG erfüllt und der Umsetzung des Vergleichs stehen keine rechtlichen Hindernisse entgegen.[745]

---

743 *Cahn*, in: FS Hoffmann-Becking, 2013, S. 247, 255; *Dietz-Vellmer*, NZG 2011, 248, 250; *Fleischer*, AG 2015, 133, 135; *Mertens/Cahn*, in: KöKo AktG, § 112 Rn. 38.

744 *Cahn*, in: FS Hoffmann-Becking, 2013, S. 247, 255; *Dietz-Vellmer*, NZG 2011, 248, 249, 250; *Hasselbach*, DB 2010, 2037, 2038; *Mertens/Cahn*, in: KöKo AktG, § 112 Rn. 38; *Spindler*, in: MüKo AktG, § 93 AktG Rn. 251.

745 Mit der gesetzlichen Regelung in § 93 Abs. 4 S. 3 AktG steht es in Einklang, dass man die Umsetzung des Vergleichs in der Praxis zum Teil unter die aufschiebenden Bedingungen der Zustimmung der Hauptversammlung und des Ausbleibens eines Minderheitenvetos stellt. Vgl. etwa die Einladung zur ordentlichen Hauptversammlung der Deutsche Telekom AG am 12.05.2011, S. 23 (https://www.telekom.com/de/investor-relations/details/einladung-zur-ordentlichen-hauptversammlung--334918; zuletzt abgerufen am 29.12.2016).

3. *Materielle Bedeutung von Aufsichtsrat und Hauptversammlung beim Vergleich*

Das Aktiengesetz überträgt die Letztentscheidungsbefugnis über den Vergleich der Hauptversammlung, in der die Aktionäre als wirtschaftliche Eigentümer der Aktiengesellschaft[746] ihre Rechte geltend machen.[747] Dies könnte den Schluss gestatten, dass der Hauptversammlung beim Vergleich die wesentlichen substanziellen Befugnisse zukommen. Die Letztentscheidungsbefugnis der Hauptversammlung darf allerdings nicht den Blick darauf verschließen, dass der Aufsichtsrat eine signifikante Bedeutung bei der Vorbereitung des Vergleichs – insbesondere in seiner Funktion als Informationsintermediär gegenüber der Hauptversammlung – einnimmt und den Vergleichsverhandlungen, die er stellvertretend für die Gesellschaft führt, eine wesentliche materielle Bedeutung für den Vergleichsinhalt zukommt. Der Beschlussvorschlag des Aufsichtsrats gegenüber der Hauptversammlung entfaltet schließlich in der Praxis regelmäßig eine erhebliche faktische Präjudizwirkung.[748]

B. Konzeptionen von vergleichsbezogenen Regelungen

Für eine Regelung, die sich auf einen Vergleich der Gesellschaft mit dem Vorstandsmitglied über Organhaftungsansprüche im Haftungsfall bezieht, kommen verschiedene Ansatzpunkte in Betracht: der Abschluss des Vergleichs, der Vorschlag des Aufsichtsrats gegenüber der Hauptversammlung bezüglich ihrer Beschlussfassung über den Vergleich oder die Verhandlungen zum Vergleich.

I. Einbeziehung der D&O-Versicherung

Ebenso wie bei einer vor Eintritt des Haftungsfalls erfolgenden Vereinbarung, die sich auf die Verfolgungsentscheidung des Aufsichtsrats bezieht, darf bei einer Regelung, die einen Vergleich der Gesellschaft mit dem Vorstandsmitglied über Organhaftungsansprüche betrifft, die D&O-Versicherung nicht aus den Augen gelassen werden. In der Praxis erfolgt im Sinne einer rechtssicheren,

---

746 BGH, Urt. v. 08.07.2014 – II ZR 174/13, Rn. 20, BGHZ 202, 26, 32 = NZG 2014, 1058, 1060 – Plambeck: *„Das Vermögen der Gesellschaft steht wirtschaftlich aber nicht dem Aufsichtsrat, sondern den Aktionären zu (…).“*

747 So auch *Reichert*, ZHR 177 (2013), 756, 770; *Weller/Rahlmeyer*, GWR 2014, 167, 168.

748 Zur faktischen Präjudizwirkung von Beschlussvorschlägen der Verwaltungsorgane gegenüber der Hauptversammlung siehe *G.H. Roth/Wörle*, ZGR 2004, 565, 577 f.; *Weber-Rey/Reps*, ZGR 2013, 597, 625.

endgültigen Streitbeilegung neben dem Haftungsvergleich zwischen Gesellschaft und Vorstandsmitglied zugleich ein Deckungsvergleich zwischen Gesellschaft und D&O-Versicherung bzw. es wird ein dreiseitiger Haftungs- und Deckungsvergleich geschlossen.[749] Es sollte demnach in Erwägung gezogen werden, Vereinbarungen, die einen Haftungsvergleich zwischen Gesellschaft und Vorstandsmitglied betreffen, durch eine Verpflichtung zu flankieren, wonach zugleich ein Deckungsvergleich zu initiieren ist bzw. wonach ein Haftungs- und Deckungsvergleich unter Einbeziehung der D&O-Versicherung anzustreben ist. Weiter erscheint vor dem Hintergrund, dass Vereinbarungen, die Einfluss auf die haftungsrechtliche Situation haben, kritisch evaluiert werden[750], eine Abstimmung mit der D&O-Versicherung im Vorfeld der Vereinbarung haftungsvergleichsbezogener Regelungen empfehlenswert.

II. Regelungen mit Bezug zum Abschluss des Vergleichs

Es kommen Regelungen in Betracht, die sich auf den Abschluss des Vergleichs durch den Aufsichtsrat beziehen. Eine entsprechende Regelung wäre so auszulegen, dass der Aufsichtsrat namens der Gesellschaft eine bestimmte Willenserklärung im Hinblick auf den Abschluss des Vergleichs abzugeben hat. Es kann differenziert werden, ob die Regelung bereits den späteren Vergleichsinhalt vorgibt oder ob sie lediglich das Ob eines inhaltlich – beispielsweise im Rahmen der Angemessenheit – zu konkretisierenden Vergleichs betrifft.

> *„Der Aufsichtsrat wird mit dem Vorstandsmitglied [unter zu benennenden Voraussetzungen] einen Vergleich über Schadensersatzansprüche der Gesellschaft gegen das Vorstandsmitglied mit dem folgenden Inhalt schließen: (…).“*
> *„Der Aufsichtsrat wird mit dem Vorstandsmitglied [unter zu benennenden Voraussetzungen] einen (angemessenen) Vergleich über Schadensersatzansprüche der Gesellschaft gegen das Vorstandsmitglied schließen.“*

Die Regelung könnte auch so formuliert werden, dass der Aufsichtsrat dem Vorstandsmitglied – unter zu konkretisierenden Voraussetzungen – einen verbindlichen Vorschlag zum Abschluss eines Vergleichs unterbreiten wird.

---

749 Vgl. hierzu umfassend *Lange*, D&O-Versicherung, § 19 Rn. 104 ff.

750 Vgl. *Dietz-Vellmer*, NZG 2011, 248, 253, der Erfordernis einer Zustimmung der Versicherung bezüglich Handlungen der versicherten Person, die haftungsrechtliche Situation präjudizieren oder beeinflussen, annimmt.

„Der Aufsichtsrat wird dem Vorstandsmitglied [unter zu benennenden Voraussetzungen] einen Vorschlag zu einem Vergleich folgenden Inhalts machen."
„Der Aufsichtsrat wird dem Vorstandsmitglied [unter zu benennenden Voraussetzungen] einen (angemessenen) Vorschlag zu einem Vergleich machen."

III. Regelungen mit Bezug zum Beschlussvorschlag des Aufsichtsrats gegenüber der Hauptversammlung

Weiter sind Regelungen denkbar, welche sich nicht auf die vom Aufsichtsrat namens der Gesellschaft abzugebende Willenserklärung beziehen, sondern welche die Befugnis und Pflicht des Aufsichtsrats gemäß § 124 Abs. 3 S. 1 AktG, der Hauptversammlung einen Beschlussvorschlag zu unterbreiten, betreffen.

„Der Aufsichtsrat wird der Hauptversammlung [unter zu benennenden Voraussetzungen] die Zustimmung zu einem Vergleich über Schadensersatzansprüche der Gesellschaft gegen das Vorstandsmitglied folgenden Inhalts vorschlagen: (…)."
„Der Aufsichtsrat wird der Hauptversammlung [unter zu benennenden Voraussetzungen] die Zustimmung zu einem (angemessenen) Vergleich über Schadensersatzansprüche der Gesellschaft gegen das Vorstandsmitglied vorschlagen."

IV. Regelungen mit Bezug zu den Vergleichsverhandlungen

Zudem können Regelungen erwogen werden, welche die vergleichseinleitenden Verhandlungen betreffen. Eine unter bestimmten Voraussetzungen zu Verhandlungen verpflichtende Regelung etwa ließe das Ergebnis der Verhandlungen offen und wäre nicht darauf gerichtet, ein Präjudiz im Hinblick auf Inhalt oder Abschluss eines Vergleichs zu begründen. Sollten die – unter bestimmten Voraussetzungen verpflichtend vorgegebenen – Verhandlungen gelingen, könnte der Aufsichtsrat die Anspruchsverfolgung bis zum Ablauf der Dreijahresfrist zurückstellen und anschließend den Vergleich initiieren.

„Der Aufsichtsrat wird mit dem Vorstandsmitglied [unter zu benennenden Voraussetzungen] über den Abschluss eines (angemessenen) Vergleichs verhandeln."

V. Deklaratorischer Hinweis auf Vergleichsbereitschaft

Schließlich kommen Regelungen in Betracht, die lediglich deklaratorische Feststellungen darüber enthalten, unter welchen Voraussetzungen der Aufsichtsrat zu einem Vergleich namens der Gesellschaft bereit sein wird, bzw. die eine grundsätzliche Absicht des Aufsichtsrats, in bestimmten Fällen einen Vergleich zu initiieren, konkretisieren, ohne dem Vorstandsmitglied einen Anspruch einzuräumen.

„Der Aufsichtsrat wird einen Vergleich zwischen Gesellschaft und Vorstandsmitglied über Ansprüche der Gesellschaft gegen das Vorstandsmitglied, die aus der Vorstandstätigkeit resultieren, [unter zu konkretisierenden Voraussetzungen, die im Unternehmenswohl liegen; z.B. bei einer Kombination aus leichtem Verschulden und existenzvernichtendem Schadensausmaß] in Betracht ziehen."

VI. Problematische Aspekte

Die Frage ist, welcher Grad an Einfluss bereits vorweg im Anstellungsvertrag auf einen Vergleich zwischen Gesellschaft und Vorstandsmitglied über Organhaftungsansprüche genommen werden kann. Verzichts- und Vergleichshandlungen vor Ablauf der Dreijahresfrist gemäß § 93 Abs. 4 S. 3 AktG sind sehr kritisch zu evaluieren. Zudem ist fraglich, ob und inwieweit unter dem Gesichtspunkt der Entscheidungsautonomie des Aufsichtsrats in Unkenntnis des konkreten Haftungsfalls Regelungen mit Bezug zur Haftung getroffen werden dürfen.

C. Allgemeine Vergleichsvoraussetzungen gemäß § 779 BGB

Aus § 779 BGB ergeben sich allgemeine Voraussetzungen, die im Rahmen eines Vergleichs zu beachten sind.

I. Streit oder Ungewissheit der Parteien gemäß § 779 BGB

Ein Vergleich ist gemäß § 779 Abs. 1 BGB ein Vertrag, durch den ein Streit zwischen Parteien oder eine Ungewissheit über ein Rechtsverhältnis im Wege gegenseitigen Nachgebens beseitigt wird. Streit und Ungewissheit können sowohl in tatsächlicher als auch in rechtlicher Hinsicht bestehen.[751] Im Hinblick auf den Streit oder die Ungewissheit ist die subjektive Auffassung der Parteien und nicht die objektive Rechtslage maßgebend.[752] Ein Streit ist dadurch gekennzeichnet, dass die Parteien ernstlich entgegengesetzte Positionen einnehmen.[753] Eine Ungewissheit ist dadurch charakterisiert, dass die Parteien etwas nicht wissen oder aber sie etwas für ungewiss halten[754] bzw. zumindest eine Partei unsicher

---

751 *Schulze*, in: Schulze, BGB, § 779 Rn. 4; *Stadler*, in: Jauernig, BGB, § 779 Rn. 7 – in Bezug auf Ungewissheit; *Staudinger*, in: Schulze, BGB, § 779 Rn. 4.

752 *Giesler*, in: Dauner-Lieb/Langen, BGB-Schuldrecht, § 779 Rn. 15 f.; *Habersack*, in: MüKo BGB, § 779 Rn. 24; *Schulze*, in: Schulze, BGB, § 779 Rn. 4; *Staudinger*, in: Schulze, BGB, § 779 Rn. 4.

753 *Giesler*, in: Dauner-Lieb/Langen, BGB-Schuldrecht, § 779 Rn. 15; *Habersack*, in: MüKo BGB, § 779 Rn. 24; *Stadler*, in: Jauernig, BGB, § 779 Rn. 6.

754 *Giesler*, in: Dauner-Lieb/Langen, BGB-Schuldrecht, § 779 Rn. 16; *H. F. Müller*, in: Erman, BGB, § 779 Rn. 15.

ist und die andere Partei von der Unsicherheit Kenntnis hat[755]. Im Hinblick auf den Streit zwischen den Parteien ist es unerheblich, wenn ein Gericht sofort eine Entscheidung hätte treffen können, und hinsichtlich der Ungewissheit ist es irrelevant, wenn eine über mehr Wissen verfügende Person sofort Klarheit hätte schaffen können.[756] Soweit ein rechtskräftiges Urteil vorliegt, sind Streit und Ungewissheit jedoch ausgeschlossen.[757]

1. Streit im Rahmen der Vorstandshaftung

Steht die Organhaftung des Vorstandsmitglieds im Raum, so liegen Streitigkeiten, die oftmals auf Ungewissheiten in tatsächlicher Hinsicht zurückzuführen sind, sehr nahe. Die Gesellschaft wird regelmäßig eine schuldhafte, schadensherbeiführende Pflichtverletzung des Vorstandsmitglieds zu behaupten suchen, während das Vorstandsmitglied Pflichtverletzung und Verschulden abzustreiten versuchen wird.[758] Zudem kann der Bestand von Einwendungen und Einreden streitig sein.[759] Die Aufklärung von Sachverhalt und Schadenshöhe gestaltet sich in der Praxis sehr schwierig. Angesichts der regelmäßigen Beweisschwierigkeiten

---

755 *Habersack*, in: MüKo BGB, § 779 Rn. 24.

756 *Giesler*, in: Dauner-Lieb/Langen, BGB-Schuldrecht, § 779 Rn. 15 f.; *H. F. Müller*, in: Erman, BGB, § 779 Rn. 15.

757 *Habersack*, in: MüKo BGB, § 779 Rn. 24.

758 Vgl. etwa die Einladung zur außerordentlichen Hauptversammlung der Constantin Medien AG am 15./16.12.2009, S. 8 (http://www.constantin-medien.de/dasat/images/3/100973-to-neu-constantinmedien1109-web.pdf; zuletzt abgerufen am 29.12.2016): *„Dies vorangestellt, schließen die Parteien zur Beilegung unterschiedlicher Auffassungen bezüglich Haftung und Deckung folgende Vereinbarung: (…).“* Vgl. zudem die Einladung zur ordentlichen Hauptversammlung der Siemens AG am 26.01.2010, S. 47 (http://www.siemens.com/investor/pool/de/investor_relations/events/hauptversammlung/2010/einladung_hv2010_d.pdf; zuletzt abgerufen am 29.12.2016): *„Die Gesellschaft wirft Herrn Prof. F. vor, die Gesellschaft durch den Abschluss der Rahmenvereinbarung und die Veranlassung von Zahlungen geschädigt und seine Pflichten als Vorstandsmitglied verletzt zu haben. (…) Herr Prof. F. weist diese Anschuldigungen zurück und meint insbesondere, dass ihm allenfalls eine fahrlässig unterlassene Kontrolle (…) vorgeworfen werden könne. Im Übrigen sei der Gesellschaft bei einer rein wirtschaftlichen Betrachtungsweise kein Schaden entstanden (…).“*

759 Vgl. auch die Einladung zur ordentlichen Hauptversammlung der MAN SE am 15.05.2014, S. 19 (http://www.corporate.man.eu/man/media/de/content_medien/doc/global_corporate_website_1/investor_relations_1/hv/2014_8/man_hv_2014_einberufung_einschl__tagesordnung.pdf; zuletzt abgerufen am 29.12.2016).

der Parteien bezüglich des Haftungssachverhalts erscheint ein Streit im Rahmen der Vorstandshaftung gewissermaßen *„vorprogrammiert“*.[760]

2. Ungewissheit im Rahmen der Vorstandshaftung

Auch Ungewissheiten im Zusammenhang mit der Vorstandshaftung sind denkbar. Nachdem die oftmals mit Streit einhergehenden Ungewissheiten in tatsächlicher Hinsicht aufgezeigt worden sind, ist das Augenmerk auf den Aspekt der rechtlichen Ungewissheit zu richten.

a) Anforderungen an die rechtliche Ungewissheit gemäß § 779 Abs. 1 BGB

Gegenstand der Ungewissheit können Bestand und Umfang eines Anspruchs sein.[761] Zudem kann die künftige Rechtsentwicklung der Ungewissheit unterliegen.[762] An den Bestand einer Ungewissheit stellt die Rechtsprechung überaus strenge Anforderungen. Die Ungewissheit, bezüglich derer im Grundsatz die subjektive Perspektive maßgebend sein soll, wird einer gewissen Objektivierung unterzogen. Bezüglich dessen, was der geltenden Rechtslage entspricht, müssen *„ernsthaft Streit oder Zweifel“*[763] bestehen. Die Rechtsunsicherheit muss begründet sein.[764] Die per Vergleich zu regelnden Inhalte dürfen nur den Bereich betreffen, *„(…) der bei objektiver Beurteilung ernstlich zweifelhaft sein kann.“*[765] Zudem müssen die Parteien in subjektiver Hinsicht in dem gemeinsamen Bewusstsein der Ungewissheit der Rechtslage, die durch den Vergleich überwunden werden soll, handeln.[766] Es darf nicht nur formal ein Vergleich über

760 Ähnlichen Eindruck hat *S. Binder*, Grenzen der Vorstandshaftung, 2016, S. 209: regelmäßig Streit und Ungewissheit angesichts antizipierbarer Beweisprobleme in zahlreichen Fällen der Vorstandshaftung.

761 BGH, Urt. v. 06.12.2011 – II ZR 149/10, Rn. 23, BGHZ 191, 364, 374 = NZG 2012, 69, 72 – Babcock-Borsig: *„(…) Unklarheit, ob und in welchem Umfang ein Anspruch besteht (…)“*.

762 *Giesler*, in: Dauner-Lieb/Langen, BGB-Schuldrecht, § 779 Rn. 17; *Habersack*, in: MüKo BGB, § 779 Rn. 24; *H. F. Müller*, in: Erman, BGB, § 779 Rn. 18.

763 BGH, Urt. v. 22.09.2011 – IX ZR 1/11, Rn. 12, WM 2011, 2108, 2109 – in Bezug auf Anerkenntnis.

764 *Habersack*, in: MüKo BGB, § 779 Rn. 9 – in Bezug auf Befreiungsverbot gemäß § 66 Abs. 1 AktG und § 19 Abs. 2 GmbHG.

765 BGH, Urt. v. 09.11.2006 – IX ZR 285/03, Rn. 17, WM 2007, 708, 710. Beinahe gleichlautend BGH, Urt. v. 22.09.2011 – IX ZR 1/11, Rn. 12, WM 2011, 2108, 2109; BGH, Urt. v. 06.12.2011 – II ZR 149/10, Rn. 23, BGHZ 191, 364, 374 = NZG 2012, 69, 72 – Babcock-Borsig.

766 BVerwG, Urt. v. 14.02.1975 – IV C 79.73, Rn. 27, NJW 1975, 1751.

einen materiell unbestreitbaren Anspruch vorliegen[767], sondern es muss – da es sich sonst um eine Befreiung oder einen Erlass unter dem Vorwand eines Vergleichs handelte – ein echter Vergleich, der aufgrund der Ungewissheit über die Sach- oder Rechtslage erfolgt, geschlossen werden.[768] Die Parteien müssen weiter annehmen, dem zwischen ihnen bestehenden Rechtsverhältnis infolge des Vergleichs keinen anderen Inhalt zu geben, als ihm bei korrekter Auslegung des Gesetzes zukommen würde.[769] Unter diesen restriktiven Voraussetzungen soll ein Vergleich ungeachtet eines *„Widerspruchs zu zwingendem Recht"* möglich sein.[770] Dem Vergleich werde in diesen engen Grenzen das *„Privileg gesteigerter Unempfindlichkeit gegenüber Gesetzesverletzungen"* zuteil und er könne insoweit von der geltenden Gesetzeslage dispensieren.[771]

b) Rechtliche Ungewissheit in Bezug auf fürsorgepflichtbasierte Regressreduzierung

Die Literatur diskutiert seit langer Zeit kontrovers die Frage nach Bestand und Umfang von Organhaftungsansprüchen der Aktiengesellschaft gegen Vorstandsmitglieder und rechtspolitisches Erfordernis sowie methodische Möglichkeit einer Regressbegrenzung. Daraus, dass die Frage des Innenregresses eine solch langanhaltende und streitige Diskussionen erfährt und in der (höchstrichterlichen) Rechtsprechung bislang keine abschließende Bewertung – insbesondere in Hinsicht auf eine fürsorgepflichtbasierte Regressreduzierung – erfolgt ist[772], könnte sich ergeben, dass Bestand bzw. Umfang des Innenregressanspruchs rechtlich ungewiss sind.

Es ließe sich die Position einnehmen, § 93 Abs. 2 S. 1 AktG gestatte seinem Wortlaut gemäß – in inhaltlicher wie in höhenmäßiger Hinsicht – keine Begrenzung des ersatzfähigen Schadens und verlange eindeutig eine Totalkompensation. Für Streitigkeiten oder Ungewissheiten bezüglich des Bestands und Umfangs von Organhaftungsansprüchen verbliebe kein Raum. Für eine eindeutige an Stelle

767 OLG Frankfurt, Urt. v. 06.07.2010 – 5 U 205/07, Rn. 89, AG 2010, 793, 795.

768 BGH, Urt. v. 06.12.2011 – II ZR 149/10, Rn. 23, BGHZ 191, 364, 374 = NZG 2012, 69, 72 – Babcock-Borsig; *Priester*, AG 2012, 525, 526.

769 BGH, Urt. v. 22.09.2011 – IX ZR 1/11, Rn. 12, WM 2011, 2108, 2109.

770 BGH, Urt. v. 22.09.2011 – IX ZR 1/11, Rn. 12, WM 2011, 2108, 2109. Ähnlich BGH, Urt. v. 09.11.2006 – IX ZR 285/03, Rn. 17, WM 2007, 708, 710.

771 BVerwG, Urt. v. 14.11.1975 – IV C 84.73, Rn. 27, NJW 1976, 686, 687.

772 In diesem Fall dürfte Bestehen unklarer Rechtslage schwierig zu bejahen sein. Vgl. *Buck-Heeb*, BB 2016, 1347, 1355: unklare Rechtslage, wenigstens solange keine höchstrichterliche Entscheidung.

einer umstrittenen oder unsicheren Rechtslage könnte auch sprechen, dass die in der Literatur geführte Diskussion um eine Reduzierung der Innenhaftungssumme in der Rechtsprechung bislang wenig Anklang gefunden hat. Die Innenregressfähigkeit exorbitant hoher Schadenssummen ist in der Rechtsprechung bisher lediglich im Zusammenhang mit Kartellbußgeldern durch die Arbeitsgerichte in Frage gestellt worden.[773] Die Begrenzung bzw. der Ausschluss des Innenregresses ist hier jedoch mit spezifisch auf das Kartellbußgeld bezogenen Aspekten begründet worden[774], während ein allgemeiner, auf Treue- oder Fürsorgepflichten der Gesellschaft abhebender Ansatz explizit von der Begründung ausgenommen worden ist[775]. Indes haben sich die für Organhaftungsklagen zuständigen ordentlichen Gerichte bislang nicht zur Begrenzung des Innenregresses aufgrund fürsorgepflichtbasierter Erwägungen geäußert.[776] Ob hiermit die Negation einer Regressbeschränkung zweifelsfrei zum Ausdruck gelangt ist, lässt sich aber in Frage stellen.[777] Es kann nicht letztverbindlich prognostiziert werden, ob die höchstrichterliche Rechtsprechung schlussendlich nicht doch eine Regressreduzierung befürworten wird.[778] Ferner ist für die Beurteilung, ob eine unsichere oder zweifelhafte Rechtslage besteht, – obgleich die organschaftliche Pflichtenbindung regelmäßig die Berücksichtigung höchstrichterlicher Rechtsprechung einschließt[779] – weniger das Fehlen höchstrichterlicher

---

773 Vgl. ArbG Essen, Urt. v. 19.12.2013 – 1 Ca 657/13, NZKart 2014, 193; LAG Düsseldorf, Teilurt. v. 20.01.2015 – 16 Sa 459/14, GmbHR 2015, 480.

774 ArbG Essen, Urt. v. 19.12.2013 – 1 Ca 657/13, NZKart 2014, 193: Begrenzung des Innenregresses entsprechend Bußgeldrahmen für natürliche Personen in § 81 Abs. 4 S. 1 GWB. LAG Düsseldorf, Teilurt. v. 20.01.2015 – 16 Sa 459/14, Rn. 165 ff., GmbHR 2015, 480, 482: Ausschluss des Innenregresses wegen Repressions- und Präventionsfunktion des Unternehmens-Kartellbußgelds.

775 Vgl. LAG Düsseldorf, Teilurt. v. 20.01.2015 – 16 Sa 459/14, Rn. 152 ff., GmbHR 2015, 480, 482.

776 Vgl. insofern LG München I, Urt. v. 10.12.2013 – 5 HK O 1387/10, NZG 2014, 345 – Neubürger und BGH, Urt. v. 08.07.2014 – II ZR 174/13, BGHZ 202, 26 = NZG 2014, 1058 – Plambeck.

777 Ablehnend *Seibt*, NZG 2016, 361, 366 f. Dem Plambeck-Urteil demgegenüber Nichtanerkennung fürsorgepflichtbasierter Regressreduzierung entnehmend *Habersack*, NZG 2015, 1297, 1298 f.

778 Rechtssichere Prognostizierbarkeit von Rechtsprechung negierend *Fleischer*, DB 2014, 345, 349; *Goette*, in: FS Hoffmann-Becking, 2013, S. 377, 381.

779 Vgl. *Buck-Heeb*, BB 2016, 1347, 1352; *Strohn*, CCZ 2013, 177, 183. Zum Abweichen von höchstrichterlicher Rechtsprechung durch den Vorstand vgl. aber *Hopt/Roth*, in: Großkomm. AktG, § 93 Rn. 138.

Rechtsprechung als das Vorliegen eines ernsthaften Meinungsstreits über die Rechtslage relevant.[780] Höchstrichterliche Rechtsprechung kann – insbesondere, wenn sie einen langen Zeitraum zurückliegt – durch ernsthafte Diskussionen im Schrifttum erheblich in Zweifel gezogen werden.[781]

Das sehr disparate Meinungsbild in der Literatur bezüglich einer Begrenzung des organschaftlichen Regresses weist angesichts der Anzahl der Vertreter in der Literatur, die eine Regressreduzierung befürworten, und angesichts der vorgebrachten Argumente eine solche quantitative wie qualitative Dimension auf, dass ernsthafte Zweifel an der Rechtslage durchaus angenommen werden können. Dies gilt selbst dann, wenn man die strenge Pflichtenbindung der Gesellschaftsorgane in der Aktiengesellschaft – insbesondere hinsichtlich des Verhaltens bei unklarer Rechtslage[782] – einbezieht. Neben der objektivierten Perspektive dergestalt, dass eine zweifelhafte Rechtslage muss angenommen werden dürfen, müssen die Parteien, wenn sie einen Vergleich schließen, subjektiv in dem Bewusstsein der unklaren Rechtslage agieren.

Im Ergebnis ist festzuhalten, dass es durchaus in die Überlegungen des Aufsichtsrats, ob ein Vergleich zwischen Gesellschaft und Vorstandsmitglied über Organhaftungsansprüche geschlossen wird, einfließen kann, wenn der für die Aktiengesellschaft handelnde Aufsichtsrat und das Vorstandsmitglied einvernehmlich – in Einklang mit einer erheblichen Strömung in der Literatur – eine von Rechts wegen erforderliche bzw. gebotene Regressreduzierung annehmen.

3. *Fazit zu Streit oder Ungewissheit über ein Rechtsverhältnis*

Steht die Haftung von Vorstandsmitgliedern im Raum, so können Streitigkeiten und Ungewissheiten bezüglich des Haftungssachverhalts und bezüglich der Rechtslage regelmäßig antizipiert werden. Selbst wenn man negieren wollte, dass die Diskussion um eine fürsorgepflichtbasierte Regressreduzierung eine rechtliche Ungewissheit zu konstituieren vermag, und man von einer eindeutigen Rechtslage dergestalt, dass § 93 Abs. 2 S. 1 AktG eine Totalkompensation bei jeder Verschuldensform verlangt, ausgehen wollte, verbliebe es regelmäßig in tatsächlicher Hinsicht bei Unsicherheiten – etwa hinsichtlich der Pflichtverletzung

---

780 BGH, Urt. v. 07.12.2010 – XI ZR 348/09, Rn. 21, NJW 2011, 1278, 1279.

781 Vgl. *Löwisch/Feldmann*, in: Staudinger, BGB, § 286 Rn. 166.

782 Zu den Pflichten des Vorstands bei unklarer Rechtslage vgl. BGH, Urt. v. 20.09.2011 – II ZR 234/09, Rn. 18, NZG 2011, 1271 – Ision; *Buck-Heeb*, BB 2013, 2247 ff.; *Fleischer*, in: Spindler/Stilz, AktG, § 93 Rn. 35 ff.; *Gottschalk/Weng*, GWR 2013, 243 ff.; *Holle*, AG 2016, 270 ff.; *Spindler*, in: MüKo AktG, § 93 Rn. 76 ff.

und ihrer Kausalität – und hierauf basierenden Streitigkeiten. Ist der Eintritt dieser für den Vergleich konstitutiven Merkmale für den Fall, dass ein von § 93 Abs. 2 S. 1 AktG erfasster Haftungssachverhalt eintritt, bereits vorab absehbar, so verdeutlicht dies ein Interesse daran, Schritte, die einen Vergleich im Haftungsfall zu initiieren helfen, bereits zuvor zu bedenken und Regelungen, die einen Vergleich im Haftungsfall in die Wege zu leiten suchen, vorweg zu vereinbaren.

II. Gegenseitiges Nachgeben

§ 779 BGB setzt voraus, dass der Streit oder die Ungewissheit im Wege gegenseitigen Nachgebens beseitigt wird. Das Erfordernis gegenseitigen Nachgebens ist weit auszulegen.[783] Es genügen wechselseitige Zugeständnisse irgendwelcher Art.[784] Im Rahmen des Vergleichs über Organhaftungsansprüche der Gesellschaft erfolgen Zugeständnisse im vermögensrelevanten Bereich mit Bezug zur Forderung aus § 93 Abs. 2 S. 1 AktG, die eine Gefahr für das Gesellschaftsvermögen begründen.[785] Das gegenseitige Nachgeben muss zudem in der Ungewissheit oder in dem Streit der Parteien begründet liegen.[786]

D. Pflichtenbindung des Aufsichtsrats bei einem Vergleich über Organhaftungsansprüche

Der Aufsichtsrat unterliegt – wie generell bei der Wahrnehmung seiner aktiengesetzlichen Befugnisse und Pflichten – bei einem Vergleich über Ansprüche der Gesellschaft einer organschaftlichen Pflichtenbindung. Vergleicht sich der Aufsichtsrat namens der Gesellschaft über Organhaftungsansprüche der Gesellschaft gegen das Vorstandsmitglied, so kommt der Verpflichtung des Aufsichtsrats zur Wahrung des Unternehmenswohls und des Gesellschaftsvermögens eine wesentliche Bedeutung zu. Wie beim Absehen von Anspruchsverfolgung – bei der Verfolgungsentscheidung tritt die Verpflichtung des Aufsichtsrats, das Gesellschaftsvermögen zu wahren, wie gezeigt worden ist, sehr deutlich

---

783 *Giesler*, in: Dauner-Lieb/Langen, BGB-Schuldrecht, § 779 Rn. 18; *Habersack*, in: MüKo BGB, § 779 Rn. 26; *H. F. Müller*, in: Erman, BGB, § 779 Rn. 19.

784 BGH, Urt. v. 31.01.1963 – III ZR 117/62, Rn. 13, BGHZ 39, 60, 62 f.; BGH, Urt. v. 13.04.1970 – III ZR 75/69, Rn. 43, NJW 1970, 1122, 1124; *Habersack*, in: MüKo BGB, § 779 Rn. 26; *Schulze*, in: Schulze, BGB, § 779 Rn. 5; *Staudinger*, in: Schulze, BGB, § 779 Rn. 5.

785 Vgl. *Eßwein*, Privatautonome Gestaltung der Vorstandshaftung, 2015, S. 100 ff.

786 Vgl. BGH, Urt. v. 09.11.2006 – IX ZR 285/03, Rn. 16 f., WM 2007, 708, 710 – in Bezug auf Ungewissheit.

hervor – disponiert der Aufsichtsrat über das Vermögen der Gesellschaft. Angesichts der vermögensrelevanten Implikationen von sowohl Nichtverfolgung als auch Vergleich ist das Verhältnis zwischen Absehen von Verfolgung und Vergleich in den Blick zu nehmen. Es lässt sich in Erwägung ziehen, die in Bezug auf die Nichtverfolgung etablierten ARAG-Grundsätze auch beim Vergleich zur Anwendung gelangen zu lassen. Der Klärung bedarf es, welche Pflichten den Aufsichtsrat beim Vergleich treffen, und ob die Entscheidung des Aufsichtsrats über den Vergleich zwischen Gesellschaft und Vorstandsmitglied über Organhaftungsansprüche als unternehmerische Entscheidung zu qualifizieren ist – mit der Folge, dass die Business Judgment Rule gemäß § 116 S. 1 i.V.m. § 93 Abs. 1 S. 2 AktG Anwendung findet – oder ob dem Aufsichtsrat diesbezüglich ein gänzlich freies Ermessen zuzusprechen ist.

I. Verhältnis zwischen Anspruchsverfolgung und Vergleich

Vor dem Hintergrund des ARAG-Urteils, das vielfach im Sinne einer grundsätzlichen Verfolgungspflicht des Aufsichtsrats ausgelegt wird, könnte in Frage zu stellen sein, ob der Aufsichtsrat überhaupt jemals berechtigt sein kann, einen Vergleich über Organhaftungsansprüche der Gesellschaft gegen das Vorstandsmitglied zu schließen. Die Existenz von § 93 Abs. 4 S. 3 AktG verdeutlicht aber, dass dem Aufsichtsrat die Möglichkeit eines Vergleichs offenstehen muss. Mit dem Vergleich gibt das Aktiengesetz dem Aufsichtsrat eine weitere, äquivalente Option neben Verfolgung und – gegebenenfalls teilweiser – Nichtverfolgung an die Hand.[787]

Ein Vergleich ermöglicht es den Parteien, Kompromisse einzugehen. Kompromisse in Bezug auf die Schadensersatzforderung gehen jedoch mit Gefahren für das Gesellschaftsvermögen einher, denen die restringierenden Voraussetzungen von § 93 Abs. 4 S. 3 AktG, insbesondere die Letztentscheidungsbefugnis der Hauptversammlung, zu begegnen bestimmt sind.[788]

Das Recht des Aufsichtsrats zum Abschluss eines Vergleichs über Organhaftungsansprüche der Gesellschaft gegen Vorstandsmitglieder dispensiert nicht von der Aufgabe des Aufsichtsrats zur nachträglichen Überwachung, sondern der Aufsichtsrat hat Indizien für ein pflichtwidriges organschaftliches Verhalten des Vorstandsmitglieds grundsätzlich nachzugehen.[789] Er hat das im ARAG-Urteil

---

787 Ebenso *Schnorbus/Ganzer*, WM 2015, 1877, 1883: *„gleichberechtigte dritte Alternative"*. Vgl. auch *Fleischer*, AG 2015, 133, 135.

788 Vgl. auch *Fleischer*, AG 2015, 133, 135.

789 Ebenso *Bayer/P. Scholz*, ZIP 2015, 149, 152. Vgl. auch *Schnorbus/Ganzer*, WM 2015, 1877, 1882.

etablierte, den Erkenntnisbereich betreffende Prüfprogramm zu vollziehen.[790] Dies hängt damit zusammen, dass erst dann über Schadensersatzansprüche disponiert werden kann, wenn das Ausmaß von Pflichtverletzung und Schaden hinreichend überblickbar ist.[791] Hat der Aufsichtsrat festgestellt, dass durchsetzbare Ansprüche bestehen, so ist seine grundsätzliche Verfolgungspflicht nicht im Sinne eines Verbots der Aufnahme von Vergleichsgesprächen auszulegen.[792] Ungeachtet einer positiven Prozesskostenanalyse ist der Aufsichtsrat nicht zur unbedingten Anspruchsverfolgung (in vollem Umfang) verpflichtet.[793] Ein Vergleich kommt in Betracht, wenn weder eine Verfolgung noch eine Nichtverfolgung zwingend ist. Angesichts der Rechtsunsicherheit, die das ARAG-Urteil in Bezug auf das Absehen von Anspruchsverfolgung belässt, dürften die Fälle, in denen der Aufsichtsrat kaum zu beurteilen vermag, ob er in Einklang mit dem ARAG-Urteil von einer Verfolgung absehen darf, zahlreich sein.

Leitet der Aufsichtsrat einen Vergleich in die Wege, so darf er das potenzielle Scheitern des Vergleichs, etwa weil die Hauptversammlung – was in der Praxis eher selten vorkommen wird[794] – ihre Zustimmung verweigert oder weil eine Aktionärsminderheit ihr Veto einlegt, nicht aus den Augen verlieren. Er muss die Option zur Anspruchsverfolgung vorbehalten und verjährungssichernde Maßnahmen treffen, etwa Verjährungsverzichtserklärungen einholen oder Zurückbehaltungsrechte ausüben.[795] Solange die

790 Vgl. auch *Fleischer*, AG 2015, 133, 146; *Schnorbus/Ganzer*, WM 2015, 1877, 1882.

791 Vgl. in diesem Zusammenhang die Nachweise in Bezug auf die Dreijahresfrist gemäß § 93 Abs. 4 S. 3 AktG, deren Sinn und Zweck unter anderem darin liegt, dass Verzichte und Vergleiche nicht möglich sein sollen, bevor Ausmaß von Schaden und Pflichtverletzung hinreichend überschaubar ist, in Fn. 624.

792 Vgl. auch *Krieger*, in: Krieger/U.H. Schneider, Hdb. Managerhaftung, § 3 Rn. 48: Aufnahme von Vergleichsgesprächen unabhängig von grundsätzlicher Verfolgungspflicht nach dem ARAG-Urteil.

793 So auch *Fleischer*, AG 2015, 133, 135.

794 Zur faktischen Präjudizwirkung von Beschlussvorschlägen der Verwaltungsorgane gegenüber der Hauptversammlung siehe *G.H. Roth/Wörle*, ZGR 2004, 565, 577 f.; *Weber-Rey/Reps*, ZGR 2013, 597, 625.

795 *Krieger*, in: Krieger/U.H. Schneider, Hdb. Managerhaftung, § 3 Rn. 48; *ders./Sailer-Coceani*, in: K. Schmidt/Lutter, AktG, § 93 Rn. 46; *Lutter/Krieger/Verse*, Rechte und Pflichten des AR, § 7 Rn. 450. Zum Verjährungsverzicht im Hinblick auf Organhaftungsansprüche vgl. *Schwab*, NZG 2013, 521, 526 f. Zur Verjährungsverzichtsvereinbarung mit dem Vorstandsmitglied vgl. ausführlich *Schnorbus/Klormann*, NZG 2015, 938 ff. Die Verpflichtung des Aufsichtsrats zu verjährungssichernden Maßnahmen relativierend *Reichert*, ZIP 2016, 1189, 1196.

Vergleichsverhandlungen andauern, kann der Aufsichtsrat die Schadensersatzklage zurückstellen.[796]

II. Bindung des Aufsichtsrats an die Vorgaben des ARAG-Urteils beim Vergleich?

In der Literatur postuliert man vereinzelt, auf einen Verzicht der Gesellschaft auf Organhaftungsansprüche gegen das Vorstandsmitglied seien die im ARAG-Urteil in Bezug auf die Verfolgungsentscheidung des Aufsichtsrats etablierten Grundsätze anzuwenden.[797] Die ARAG-Rechtsprechung soll insofern auf den Verzicht der Gesellschaft auf Organhaftungsansprüche gegen das Vorstandsmitglied zu übertragen sein, als lediglich in dem engen Umfang, in dem der Aufsichtsrat ausnahmsweise von einer Verfolgung absehen kann, auf einen Anspruch verzichtet werden dürfe. Dies ergebe sich aus einem Erst-recht-Schluss: Seien bereits auf die rein tatsächliche Nichtgeltendmachung die strengen ARAG-Grundsätze anzuwenden, so müsse dies erst recht für einen rechtlich wirkenden Verzicht gelten.

1. Übertragung der für einen Verzicht etablierten Forderung auf einen Vergleich

Die These einer entsprechenden Anwendung der ARAG-Grundsätze ist ursprünglich in Bezug auf den Verzicht auf Schadensersatzansprüche etabliert worden. Eine gleichlautende Diskussion ließe sich in Bezug auf Vergleiche der Gesellschaft führen.

a) (Nähe-)Verhältnis zwischen Verzicht und Vergleich

Verzicht und Vergleich stehen in einer gewissen rechtlichen Nähebeziehung zueinander, wie bereits in der gemeinsamen Nennung in § 93 Abs. 4 S. 3 AktG zum Ausdruck gelangt. Die von § 93 Abs. 4 S. 3 AktG erfassten Verzichte und Vergleiche haben gemeinsam, dass sie eine Gefahr für das Gesellschaftsvermögen begründen.[798] Zwar kann der Verzicht als die speziellere und limitierte

---

796 *Krieger*, in: Krieger/U.H. Schneider, Hdb. Managerhaftung, § 3 Rn. 48; *ders./Sailer-Coceani*, in: K. Schmidt/Lutter, AktG, § 93 Rn. 46.

797 Namentlich *Hasselbach*, DB 2010, 2037, 2040 ff.; *ders.*, NZG 2016, 890, 891.

798 Zum prägenden Merkmal der Gefährdung des Gesellschaftsvermögens infolge von Vergleich oder Verzicht im Rahmen von § 93 Abs. 4 S. 3 AktG vgl. *Eßwein*, Privatautonome Gestaltung der Vorstandshaftung, 2015, S. 100 ff.

Rechtshandlung eingeordnet werden, während der Vergleich umfassender und genereller ist.[799] Indes lässt sich ein Vergleich auch als Teilverzicht qualifizieren[800], jedenfalls aber kann in einem Vergleich ein Verzicht vereinbart werden[801]. Zwischen Verzicht und Vergleich bestehen demnach Konvergenzen.

b) Rechtshandlung statt rein tatsächlicher Handlung

Eine entsprechende Anwendung der ARAG-Grundsätze auf den Verzicht begründet man damit, dass der Verzicht auf Ansprüche über die bloße Nichtgeltendmachung von Ansprüchen noch hinausgehe.[802] Damit ist angesprochen, dass die Nichtgeltendmachung eine rein tatsächliche Handlung darstellt, während der Verzicht rechtlich wirkt. Beim Verzicht wird eine Verfügung getroffen, die unmittelbar zum Erlöschen des Anspruchs führt.[803] Die passive Nichtgeltendmachung[804] bis zum Verjährungseintritt lässt den Anspruch hingegen rechtlich unberührt. Bis zum Verjährungseintritt verbleibt die hypothetische Möglichkeit, den Anspruch geltend zu machen, und erst der Eintritt der Verjährung führt zur Undurchsetzbarkeit des Anspruchs und zu einer endgültigen Vermögenseinbuße.[805] Erfolgt keine rechtsverbindliche, außenwirksame Erklärung über die Nichtgeltendmachung[806] und bleibt die Möglichkeit, den Anspruch einseitig

---

799 So auch *Eßwein*, Privatautonome Gestaltung der Vorstandshaftung, 2015, S. 96. Umfassend zum Verhältnis zwischen Verzicht und Vergleich vgl. *ders.*, Privatautonome Gestaltung der Vorstandshaftung, 2015, S. 94 ff.

800 *Dietz-Vellmer*, NZG 2011, 248, 251. Kritisch bezüglich solcher Interpretation *Eßwein*, Privatautonome Gestaltung der Vorstandshaftung, 2015, S. 95.

801 Siehe etwa BGH, Urt. v. 08.05.2003 – VII ZR 216/02, NJW 2003, 2448. Dies ebenfalls annehmend *Eßwein*, Privatautonome Gestaltung der Vorstandshaftung, 2015, S. 94.

802 *Hasselbach*, DB 2010, 2037, 2040.

803 *Schulze*, in: Schulze, BGB, § 397 Rn. 4; *M. Zimmermann*, DB 2008, 687, 688.

804 Der Differenzierung zwischen aktiver Leistung und passivem Unterlassen Bedeutung beimessend BGH, Urt. v. 08.07.2014 – II ZR 174/13, Rn. 19, BGHZ 202, 26, 32 = NZG 2014, 1058, 1059 – Plambeck. Ähnlich bereits *Dreher*, in: FS Konzen, 2006, S. 85, 101. Kritisch bezüglich Differenzierung *Tröger*, ZHR 179 (2015), 453, 479.

805 Vgl. ähnlich *Schnorbus/Klormann*, NZG 2015, 938, 944; *Zimmermann*, DB 2008, 687, 688.

806 Zur Differenzierung anhand des Kriteriums des Vertrauenstatbestands bzw. zur Differenzierung zwischen rechtsverbindlicher, außenwirksamer Erklärung und Internum vgl. ausführlich *Schnorbus/Klormann*, NZG 2015, 938, 944. Ebenso bei reinem Internum Verzichtsähnlichkeit negierend *Hasselbach/Seibel*, AG 2008, 770, 773; *Reichert*, in: FS Hommelhoff, 2012, S. 907, 918.

geltend zu machen, bestehen[807], so ist die Gleichstellung einer Rechtshandlung mit einem Verzicht nicht gerechtfertigt.

Die Wirkungen eines Vergleichs gehen ebenfalls über die Wirkungen einer tatsächlichen Nichtgeltendmachung hinaus und der Vergleich wirkt ebenso nicht nur in rein tatsächlicher, sondern darüber hinaus in rechtlicher Hinsicht.[808] Daher liegt es nahe, die im Hinblick auf Verzichte geführte Diskussion um eine entsprechende Anwendung der ARAG-Grundsätze gleichsam in Bezug auf Vergleiche der Gesellschaft über Schadensersatzansprüche gegen das Vorstandsmitglied zu übertragen.[809]

2. *Methodische Korrektheit der Übertragung der ARAG-Grundsätze auf Verzichte und Vergleiche*

Es ist jedoch nicht überzeugend, die in Bezug auf die Anspruchsverfolgung etablierten ARAG-Grundsätze auf Verzichte und Vergleiche über Organhaftungsansprüche zu transferieren.

a) *Unvereinbarkeit binärer Verfolgungsentscheidung mit gegenseitigem Nachgeben beim Vergleich*

Die Anwendung der ARAG-Grundsätze auf die Entscheidung des Aufsichtsrats über einen Vergleich evaluiert man bereits aufgrund der verschiedenen Konzeptionen von *„digital"* ausgerichteter Verfolgungsentscheidung einerseits und Entscheidung über einen – mit gegenseitigem Nachgeben verbundenen – Vergleich andererseits als problematisch.[810] Interpretiert man das ARAG-Urteil in der Weise, dass der Aufsichtsrat zur Inanspruchnahme des Vorstandsmitglieds in der im Unternehmenswohl liegenden Höhe verpflichtet ist und nimmt man nicht eine *„Alles-oder-Nichts-Verfolgungsentscheidung"* an, so könnte die Kritik einer konzeptionellen Inadäquanz unangebracht sein. Indes lässt sich eine am Unternehmenswohl orientierte, höhenmäßig begrenzte Anspruchsgeltendmachung

---

807 Auf Reversibilität der Entscheidung bei Nichteinordnung als verzichtsähnlich abhebend *S. Binder*, Grenzen der Vorstandshaftung, 2016, S. 180 f.; *Hasselbach/Seibel*, AG 2008, 770, 773; *Schnorbus/Klormann*, NZG 2015, 938, 944.

808 Zu den rechtlichen Wirkungen eines Vergleichs vgl. *Habersack*, in: MüKo BGB, § 779 Rn. 31 ff.

809 Die These *Hasselbachs* bezüglich entsprechender Anwendung der ARAG-Grundsätze ebenfalls auf Vergleiche übertragend *Dietz-Vellmer*, NZG 2011, 248, 251.

810 *Dietz-Vellmer*, NZG 2011, 248, 251.

angesichts der insoweit bestehenden Pflichtenbindung des Aufsichtsrats dennoch nicht als Nachgeben im Sinne eines Zugeständnisses einordnen.[811]

b) Drohende Umgehung der Hauptversammlung

Einzubeziehen ist ferner, dass der BGH die Legitimation für die strengen Voraussetzungen für ein Absehen von Verfolgung in dem faktischen Näheverhältnis zwischen Nichtverfolgung und Verzicht erblickt. Die grundsätzliche Verfolgungspflicht und die hiermit einhergehende Ermessensbegrenzung begründet er damit, dass das Absehen von Verfolgung einem Verzicht der Gesellschaft auf den Anspruch außerordentlich nahe komme.[812] Auch das in erster Instanz mit dem ARAG-Sachverhalt befasste LG Düsseldorf hatte unter Verweis auf § 93 Abs. 4 S. 3 AktG eine Ermessensbeschränkung des Aufsichtsrats angenommen.[813] Will der Aufsichtsrat namens der Gesellschaft auf Schadensersatzansprüche gegen das Vorstandsmitglied verzichten, so bedarf es wegen § 93 Abs. 4 S. 3 AktG der Zustimmung der Hauptversammlung. Über das Zustimmungserfordernis der Hauptversammlung ist sichergestellt, dass vermögensmindernde Dispositionen über Organhaftungsansprüche durch die Letztentscheidung der Aktionäre als den wirtschaftlichen Eigentümern der Gesellschaft legitimiert sind. Intendiert der Aufsichtsrat hingegen sogleich einen Verzicht oder Vergleich, so mangelt es, da die Mitwirkung der Hauptversammlung über § 93 Abs. 4 S. 3 AktG gewahrt bleibt, an der Legitimation für eine entsprechende Anwendung der ARAG-Grundsätze.[814]

---

811 Ähnlicher Gedanke – da insofern Fehlen von Wahlfreiheit angesprochen ist – bei *Wilsing*, in: FS Haarmann, 2015, S. 257, 276: kein Nachgeben, wenn Grenze der Nichtverfolgung bei persönlicher Leistungsfähigkeit des Vorstandsmitglieds liegt. Darauf abhebend, dass ARAG-Urteil Ausnahmen von Verfolgung zulasse, *Hasselbach*, NZG 2016, 890, 891.

812 BGH, Urt. v. 21.04.1997 – II ZR 175/95, Rn. 26, BGHZ 135, 244, 256 = NJW 1997, 1926, 1928 – ARAG. Gleichsam für eine mit § 93 Abs. 4 S. 3 AktG zu legitimierende Regelverfolgungspflicht *Habersack*, in: MüKo AktG, § 111 Rn. 35; *Henze*, NJW 1998, 3309, 3311; *J. Koch*, AG 2009, 93, 101. Kritisch *Paefgen*, AG 2008, 761, 765; *ders.*, AG 2014, 554, 573.

813 LG Düsseldorf, Urt. v. 14.03.1994 – 32 O 158/92, ZIP 1994, 628, 630 – ARAG: *„Die Entscheidung [über die Verfolgung] unterliegt somit nicht der Beliebigkeit, sondern einem aus der Sache heraus folgenden, eingegrenzten und nicht freien Ermessen. Dies zeigt schon die gesetzliche Regelung [§ 93 Abs. 4 S. 3 AktG].“*

814 Ebenfalls ablehnend bezüglich Anwendung der ARAG-Grundsätze auf Verzichte und Vergleiche und dies mit Mitwirkungserfordernis der Hauptversammlung begründend *Dietz-Vellmer*, NZG 2011, 248, 250 f.; *Fleischer*, in: Spindler/Stilz, AktG, § 93 Rn. 278;

c) § 93 Abs. 4 S. 3 AktG als abschließende Regelung

Das Aktiengesetz statuiert keine geschriebenen Voraussetzungen für die rein tatsächliche Nichtgeltendmachung von Organhaftungsansprüchen der Gesellschaft. Zur Vermeidung einer faktischen Umgehung der Hauptversammlungskompetenz hat der BGH materielle Voraussetzungen in Bezug auf die Nichtgeltendmachung aufgestellt. Für Verzichte auf und Vergleiche über Organhaftungsansprüche hält § 93 Abs. 4 S. 3 AktG hingegen eine explizite gesetzliche Normierung bereit, welche die Dispositionsbefugnis über Organhaftungsansprüche einschränkt und welche eine Mitsprache der Hauptversammlung sichert. § 93 Abs. 4 S. 3 AktG ist als abschließende Regelung in Bezug auf Verzichte und Vergleiche über Organhaftungsansprüche der Gesellschaft zu verstehen und die für die Nichtverfolgung konzipierten ARAG-Grundsätze sind angesichts des abschließenden Charakters von § 93 Abs. 4 S. 3 AktG nicht auf Vergleiche und Verzichte der Gesellschaft über Organhaftungsansprüche zur Anwendung zu bringen.[815]

d) Fazit zur Übertragung der ARAG-Grundsätze auf den Vergleich

Die Übertragung der sich auf die (Nicht-)Verfolgung von Organhaftungsansprüchen der Gesellschaft beziehenden ARAG-Grundsätze auf Verzichte und Vergleiche der Gesellschaft über Organhaftungsansprüche ist abzulehnen.[816] Hat sich der Aufsichtsrat für einen Vergleich an Stelle einer Verfolgung entschieden, so gelangen die ARAG-Grundsätze erst zur Anwendung, wenn der Vergleich fehlgeschlagen ist, etwa weil die Hauptversammlung nicht zugestimmt hat oder weil eine Minderheit ihr Veto eingelegt hat.[817] Im Verhältnis zwischen

---

ders., AG 2015, 133, 135; *Haßler*, AG 2016, 388, 391; *J. Koch*, in: Hüffer/J. Koch, AktG, § 93 Rn. 76; *Krieger/Sailer-Coceani*, in: K. Schmidt/Lutter, AktG, § 93 Rn. 67; *Wilsing*, in: FS Haarmann, 2015, S. 257, 277.

815 Im Ergebnis auch *Konrads*, ZWeR 2016, 429, 436 f.: keine Erweiterung von § 93 Abs. 4 S. 3 AktG um ungeschriebenes Tatbestandsmerkmal bei Fehlen ersichtlicher Regelungslücke. Sowie *Reichert*, in: FS Hommelhoff, 2012, S. 907, 912: ausweislich § 93 Abs. 4 S. 3 AktG keine Abhängigkeit des Verzichts von überwiegenden Unternehmenswohlgründen. Und *Wilsing*, in: FS Haarmann, 2015, S. 257, 276: Fehlen materieller Einschränkungen in § 93 Abs. 4 S. 3 AktG.

816 Entsprechende Anwendung der ARAG-Grundsätze ebenso ablehnend *U. Binder/Kraayvanger*, BB 2015, 1219, 1223; *Seibt/Cziupka*, DB 2014, 1598, 1601 (These 15); *dies.*, AG 2015, 93, 107 mit Fn. 178. Siehe im Übrigen die bereits benannten ablehnenden Nachweise in Fn. 814 und Fn. 815.

817 Vgl. auch *Fleischer*, AG 2015, 133, 135.

Verfolgung einerseits und Verzicht sowie Vergleich andererseits besteht eine strenge Alternativität.[818]

III. Rechtsnatur der Entscheidung des Aufsichtsrats über den Vergleich

Die Rechtsnatur der Entscheidung des Aufsichtsrats über einen Vergleich zwischen Gesellschaft und Vorstandsmitglied über Organhaftungsansprüche und die Pflichten des Aufsichtsrats bei der Entscheidung über einen solchen Vergleich sowie die Anforderungen, die an eine diesbezügliche Enthaftung des Aufsichtsrats zu stellen sind, hängen miteinander zusammen.

1. Unternehmerische Entscheidung

Die herrschende Auffassung qualifiziert die Entscheidung des Aufsichtsrats über einen Vergleich der Gesellschaft über Schadensersatzansprüche als unternehmerische Entscheidung.[819] Man spricht zum Teil von einer *„unternehmerische(n) Entscheidung par excellence"*[820]. Insbesondere hebt man hervor, dass der Aufsichtsrat Prognosen in Bezug auf die Auswirkungen von streitiger Anspruchsdurchsetzung und Vergleich zu treffen habe und er anhand unternehmerischer Gesichtspunkte zu entscheiden habe.[821] Die in der Praxis gewählten Formulierungen, wenn mit dem Vorstand ein Vergleich über Organhaftungsansprüche geschlossen wird, legen nahe, dass man die Entscheidung über den Vergleich hier ebenfalls als unternehmerische Abwägungsentscheidung einordnet.[822]

---

818 *Wilsing*, in: FS Haarmann, 2015, S. 257, 277: *„strikte(s) Alternativitätsverhältnis"*.

819 *Dietz-Vellmer*, NZG 2011, 248, 251; *Fleischer*, in: Spindler/Stilz, AktG, § 93 Rn. 68, 91a; *ders.*, AG 2015, 133, 145; *Hasselbach*, NZG 2016, 890, 891; *Hirte/Stoll*, ZIP 2010, 253, 259; *J. Koch*, in: Hüffer/J. Koch, AktG, § 93 Rn. 16, 18, 76; *Lange*, D&O-Versicherung, § 19 Rn. 39; *Makatsch*, CCZ 2015, 127, 128; *Schnorbus/Ganzer*, WM 2015, 1877, 1883; *Wilsing*, in: FS Haarmann, 2015, S. 257, 291 f. Ablehnend *Bayer/P. Scholz*, ZIP 2015, 149, 152 f.

820 So namentlich *Fleischer*, AG 2015, 133, 145.

821 Vgl. *Fleischer*, in: Spindler/Stilz, AktG, § 93 Rn. 91a; *ders.*, AG 2015, 133, 145; *J. Koch*, in: Hüffer/J. Koch, AktG, § 93 Rn. 18; *Wilsing*, in: FS Haarmann, 2015, S. 257, 291 f.

822 Vgl. etwa die Einladung zur ordentlichen Hauptversammlung der MAN SE am 15.05.2014, S. 29 (http://www.corporate.man.eu/man/media/de/content_medien/doc/global_corporate_website_1/investor_relations_1/hv/2014_8/man_hv_2014_einberufung_einschl__tagesordnung.pdf; zuletzt abgerufen am 29.12.2016): *„Damit überwiegt in der Gesamtschau nach Auffassung des Vorstands und Aufsichtsrats das Interesse der Gesellschaft, die rechtliche Aufarbeitung (...) durch die unter den Tagesordnungspunkten 5 und 6 zur Abstimmung vorgelegten Vereinbarungen abzuschließen."* Oder die

Die Qualifizierung der Vergleichsentscheidung als unternehmerische Entscheidung hätte zur Folge, dass eine Enthaftung des Aufsichtsrats an den Voraussetzungen des § 116 S. 1 i.V.m. § 93 Abs. 1 S. 2 AktG zu messen wäre. Der Aufsichtsrat müsste insbesondere annehmen dürfen, zum Wohle der Gesellschaft zu handeln. Das Merkmal des Handelns zum Wohle der Gesellschaft ist insofern bedeutsam, als auch bei einem Vergleich der Gesellschaft mit dem Vorstandsmitglied über Organhaftungsansprüche die Frage auftritt, ob und inwieweit der Aufsichtsrat individuellen Belangen und Interessen des Vorstandsmitglieds Raum geben darf.

2. Freies Ermessen

Walter Bayer und *Philipp Scholz* lehnen es hingegen ab, die Entscheidung des Aufsichtsrats über den Vergleich zwischen Gesellschaft und Vorstandsmitglied über Organhaftungsansprüche als unternehmerische Entscheidung zu qualifizieren.[823] Nach ihrer Ansicht soll dem Aufsichtsrat bei seiner Vergleichsentscheidung ein mit weitgehenden Entscheidungsspielräumen verbundenes freies Ermessen in Bezug auf den Vergleich zustehen.[824] Begründet wird der Ansatz mit der Dispositionsbefugnis der Hauptversammlung als wirtschaftlicher Eigentümerin der Gesellschaft einerseits sowie der Letztentscheidungsbefugnis der Hauptversammlung und der fehlenden rechtlichen Präjudizierung ihres Beschlusses durch den Beschlussvorschlag des Aufsichtsrats andererseits.[825] Dem Aufsichtsrat müsse es gestattet sein, der Hauptversammlung jeglichen Verzicht oder Vergleich, den sie selbst aufgrund ihrer Freiheit zur Selbstschädigung beschließen könne, vorzulegen. Im Ergebnis plädieren sie dafür, dem Aufsichtsrat

---

Einladung zur ordentlichen Hauptversammlung der Conergy AG am 12.06.2013, S. 2 (http://cag-abwicklungsgesellschaft.de/Content/pdf/Einladung.pdf; zuletzt abgerufen am 29.12.2016): „*Unter Abwägung dieser und aller weiteren Gesichtspunkte liegt eine vergleichsweise Beendigung des Rechtsstreits im Interesse der Gesellschaft.*“

823 *Bayer/P. Scholz*, ZIP 2015, 149, 152.

824 Vgl. *Bayer/P. Scholz*, ZIP 2015, 149, 152. Zustimmend – insoweit, als Aufsichtsrat weites Ermessen haben müsse – *Seibt/Cziupka*, AG 2015, 93, 107 mit Fn. 178. Ebenfalls auf mutmaßlichen Hauptversammlungswillen bzw. dessen Antizipierbarkeit – indes als Abwägungsaspekt im Rahmen der Abwägungsentscheidung über einen Vergleich – abhebend *Wilsing*, in: FS Haarmann, 2015, S. 257, 285 f. Gleichfalls Hauptversammlungsspielräumen Relevanz bei Vergleichsentscheidung des Aufsichtsrats beimessend *U. Binder/Kraayvanger*, BB 2015, 1219, 1223; *J. Koch*, in: Hüffer/J. Koch, AktG, § 93 Rn. 76.

825 *Bayer/P. Scholz*, ZIP 2015, 149, 152.

die inhaltlichen Entscheidungsfreiräume zuzugestehen, die der Hauptversammlung zukommen, was eine Verfügung zu Lasten des Gesellschaftsvermögens einschließt. Hiermit geht einher, dass der Aufsichtsrat auch Aspekte soll berücksichtigen können, die das Unternehmenswohl nicht, jedenfalls nicht direkt betreffen – etwa die Verschonung eines verdienten Vorstandsmitglieds, eine Diskrepanz zwischen Verschulden und Schadensausmaß sowie den Umstand, dass nicht unwesentliche Teile der Literatur bei einer drohenden Existenzvernichtung des Vorstandsmitglieds eine Reduzierung der Regresssumme annehmen.[826] Eine Einschränkung soll das dem Aufsichtsrat zuzugestehende weite Ermessen aber dadurch finden, dass der Aufsichtsrat mit der Billigung seines Vorschlags durch die Hauptversammlung müsse rechnen können.[827] Schließlich müsse der Aufsichtsrat auf wohlinformierter Grundlage handeln.[828]

3. *Eigene Position*

Ob die Vergleichsentscheidung des Aufsichtsrats als unternehmerische Entscheidung oder als im freien Ermessen des Aufsichtsrats stehend zu qualifizieren ist, hat – wenigstens im ersten Zugriff – Auswirkungen darauf, welche Entscheidungsspielräume dem Aufsichtsrat bei seiner Entscheidung über einen Vergleich zwischen Gesellschaft und Vorstandsmitglied über Organhaftungsansprüche zukommen und welche Aspekte er beim Vergleich berücksichtigen darf. Nimmt man ein freies – lediglich durch die antizipierte Billigung durch die Hauptversammlung begrenztes – Ermessen des Aufsichtsrats an, so ließe sich die Vergleichsentscheidung leicht unter Einbeziehung einer Vielzahl von Aspekten – auch solchen, deren Bezug zum Unternehmenswohl dem ersten Anschein gemäß fraglich ist – treffen.

a) *Qualifizierung als unternehmerische Entscheidung*

Eine unternehmerische Entscheidung ist dadurch gekennzeichnet, dass – in Abgrenzung zu einer rechtlich gebundenen Entscheidung – eine bewusste Wahl zwischen Handlungsalternativen zu treffen ist.[829] Weiter ist unter Unsicherheit

---

826 *Bayer/P. Scholz*, ZIP 2015, 149, 152 f.

827 *Bayer/P. Scholz*, ZIP 2015, 149, 152. Ebenfalls Antizipierbarkeit des Hauptversammlungswillens fordernd *Wilsing*, in: FS Haarmann, 2015, S. 257, 285 f.

828 *Bayer/P. Scholz*, ZIP 2015, 149, 152.

829 *Dauner-Lieb*, in: Henssler/Strohn, GesR, § 93 Rn. 20; *Fleischer*, in: Spindler/Stilz, AktG, § 93 Rn. 67; *ders.*, in: FS Wiedemann, 2002, S. 827, 830 f.; *Krieger/Sailer-Coceani*, in: K. Schmidt/Lutter, AktG, § 93 Rn. 15.

über den Situationsausgang zu entscheiden.[830] Den Maßstab der unternehmerischen Entscheidung bilden unternehmerische Zweckmäßigkeitserwägungen.[831]

Bei der Entscheidung über den Abschluss eines Vergleichs handelt es sich nicht um eine rechtlich gebundene Entscheidung. Dem Aufsichtsrat steht mehr als eine Handlungsoption zur Verfügung, wie sich bereits aus dem Merkmal des gegenseitigen Nachgebens, das Zugeständnisse irgendwelcher Art erfordert, aber nicht ein konkretes Handeln aufgibt, ergibt.[832] Die Entscheidung über den Vergleich erfordert Prognosen im Hinblick auf die unsicheren Auswirkungen haftungsbezogener Handlungsoptionen auf das Gesellschaftsvermögen.[833] Der Aufsichtsrat hat die Klageaussichten im Fall einer Anspruchsverfolgung zu prognostizieren, er hat eine Prognose darüber zu treffen, wie sich Anspruchsverfolgung und Vergleich jeweils auf Gesellschaft und Gesellschaftsvermögen auswirken würden, und er hat beide Varianten gegeneinander abzuwägen.[834] Die Entscheidung über den Vergleich hat der Aufsichtsrat unter unternehmerischen Aspekten zu treffen.[835]

Nach alledem überzeugt es, die Entscheidung des Aufsichtsrats über einen Vergleich zwischen Gesellschaft und Vorstandsmitglied über Organhaftungsansprüche – im Einklang mit der herrschenden Auffassung und der Einschätzung der Praxis – als unternehmerische Entscheidung zu evaluieren.

b) Auswirkung der Qualifikation der Vergleichsentscheidung auf Entscheidungsspielräume des Aufsichtsrats

Die Qualifikation der Vergleichsentscheidung des Aufsichtsrats als unternehmerische Entscheidung oder als im freien Ermessen stehend hat – wenigstens im ersten Zugriff – Einfluss auf die Entscheidungsspielräume des Aufsichtsrats bei der Vergleichsentscheidung und auf die Voraussetzungen für eine Enthaftung. Die Einordnung der Vergleichsentscheidung als unternehmerische Entscheidung würde es auf den ersten Blick schwieriger als die Zubilligung freien

---

830 *Dauner-Lieb*, in: Henssler/Strohn, GesR, § 93 Rn. 20; *J. Koch*, in: Hüffer/J. Koch, AktG, § 93 Rn. 18; *Schäfer*, ZIP 2005, 1253, 1256. Einschränkend *Spindler*, NZG 2005, 865, 871.

831 *Krieger/Sailer-Coceani*, in: K. Schmidt/Lutter, AktG, § 93 Rn. 15.

832 *Fleischer*, AG 2015, 133, 145.

833 Unsicherheit der Vergleichsentscheidung hervorhebend *J. Koch*, in: Hüffer/J. Koch, AktG, § 93 Rn. 18.

834 Vgl. ausführlich *Fleischer*, in: Spindler/Stilz, AktG, § 93 Rn. 91a; *ders.*, AG 2015, 133, 136, 145 ff.

835 *Fleischer*, AG 2015, 133, 145 ff.

Ermessens gestalten, Aspekte einzubeziehen, deren Bezug zum Unternehmenswohl wenig evident oder fraglich ist.

Indes ist bereits an dieser Stelle darauf hinzuweisen, dass die Qualifizierung der Vergleichsentscheidung als unternehmerische Entscheidung oder als im freien Ermessen stehende Entscheidung nicht notwendig einen Unterschied für die Entscheidungsspielräume des Aufsichtsrats und für seine Enthaftung begründen muss. Auch *Walter Bayer* und *Philipp Scholz* ziehen dem freien Ermessen, das dem Aufsichtsrat nach ihrer Auffassung zustehen soll, Schranken, indem sie fordern, der Aufsichtsrat müsse mit der Billigung durch die Hauptversammlung rechnen können. Sie haben nicht ein willkürliches Ermessen vor Augen, sondern wollen den Willen der Hauptversammlung einbezogen wissen.

Vor dem Hintergrund, dass der Wille der Hauptversammlung letztverbindlich das Unternehmenswohl konkretisiert[836], liegt es nahe, das Unternehmenswohl auch als einbezogen zu betrachten, wenn mit der Billigung durch die Hauptversammlung gerechnet werden kann. Der Wille der Hauptversammlung, den *Walter Bayer* und *Philipp Scholz* als begrenzendes Kriterium im Rahmen des dem Aufsichtsrat nach ihrer Auffassung zukommenden freien Ermessens evaluieren, kann auch, wenn die Vergleichsentscheidung als unternehmerische Entscheidung qualifiziert wird, Berücksichtigung finden, nämlich als Konkretisierung dessen, was im Unternehmenswohl liegt, und kann in gewisser Weise einer Erweiterung der Entscheidungsspielräume des Aufsichtsrats den Weg bereiten.[837]

Legt man diese Überlegungen zugrunde, so kann festgehalten werden, dass die Qualifizierung der Vergleichsentscheidung als unternehmerische Entscheidung oder als zwar im freien Ermessen stehende, aber durch die antizipierte Billigung der Hauptversammlung begrenzte Entscheidung weniger praktische Relevanz hat, als es zunächst Anschein nimmt. Angesichts dessen, dass die Vergleichsentscheidung sämtliche Kriterien einer unternehmerischen Entscheidung erfüllt, ist es aber überzeugender, die Entscheidung des Aufsichtsrats über einen Vergleich zwischen Gesellschaft und Vorstandsmitglied – wie auch die Entscheidung über einen Vergleich der Gesellschaft mit sonstigen Schuldnern, bezüglich dessen kein Zustimmungserfordernis der Hauptversammlung besteht – der festen Kategorie der unternehmerischen Entscheidung zuzuordnen. Der Rekurs auf die Kategorie eines freien, durch die antizipierte Billigung durch die Hauptversammlung begrenzten Ermessens erweist sich als nicht erforderlich.

836 *Wilsing*, in: FS Haarmann, 2015, S. 257, 277 ff., 285.

837 Hierzu sogleich im vierten Kapitel unter D. IV. 2. c).

IV. Sorgfaltsmaßstab des Aufsichtsrats beim Vergleich

Von großer Bedeutung – insbesondere für die Haftung der Aufsichtsratsmitglieder – ist, welcher Sorgfaltsmaßstab dem Aufsichtsrat bei seiner Entscheidung über den Vergleich über Organhaftungsansprüche auferlegt ist. Die strengen Vorgaben des ARAG-Urteils, die in Bezug auf die Verfolgungsentscheidung gelten, finden, wie bereits erläutert worden ist, keine Anwendung im Rahmen der Entscheidung über den Vergleich. Weiter ist die Entscheidung des Aufsichtsrats über den Vergleich als unternehmerische Entscheidung zu qualifizieren. Von Relevanz ist insbesondere, wie sich die Verpflichtung des Aufsichtsrats auf das Unternehmenswohl, wenn er über Abschluss und Inhalt eines Vergleichs über Organhaftungsansprüche entscheidet, darstellt und welche Aspekte er berücksichtigen darf.

1. (Originäre) Pflichtenbindung des Aufsichtsrats

Bei der Entscheidung über den Vergleich zwischen Gesellschaft und Vorstandsmitglied über Organhaftungsansprüche trifft den Aufsichtsrat ein originäres Pflichtenprogramm, das unter Zugrundelegung der ihn selbst treffenden Aufgaben und Funktionen zu analysieren ist.[838] Die Pflichten des Aufsichtsrats bei der Entscheidung über den Vergleich sind ex ante zu bestimmen.[839] Derivative, von der Hauptversammlung abgeleitete Bindungen können den Aufsichtsrat jedenfalls insofern nicht treffen, als der Hauptversammlung als wirtschaftliche Eigentümerin der Gesellschaft eine umfassende – unter dem Vorbehalt der Wahrung der Gläubigerinteressen stehende[840] und höchstens unter dem Gesichtspunkt

---

838 Für originäres Pflichtenprogramm wohl auch *Schnorbus/Ganzer*, WM 2015, 1877, 1883: „*(…) nicht ersichtlich, weshalb der Aufsichtsrat berechtigt sein soll, einen für die Gesellschaft schädlichen Vergleichsschluss zu initiieren, nur weil den Aktionären das Recht zusteht (…).*" Anderer Ansicht *Bayer/P. Scholz*, ZIP 2015, 149, 152: dem Aufsichtsrat seien bei Vergleich Ermessensspielräume zuzugestehen, die ebenso weit reichten wie die der Hauptversammlung.

839 Ähnlich *Bayer/P. Scholz*, ZIP 2015, 149, 152: Scheitern des Vergleichs infolge unterbliebener Hauptversammlungszustimmung oder infolge Minderheitenvetos lasse nicht Schluss auf Pflichtwidrigkeit des Aufsichtsrats zu; *Wilsing*, in: FS Haarmann, 2015, S. 257, 281: Beurteilung des Pflichtenmaßstabs des Aufsichtsrats ex ante; ex post-Beurteilung nach Hauptversammlungszustimmung nicht genügend.

840 Vgl. BGH, Urt. v. 08.07.2014 – II ZR 174/13, Rn. 20, BGHZ 202, 26, 32 f. = NZG 2014, 1058, 1060 – Plambeck.

des Rechtsmissbrauchs einzuschränkende[841] – Freiheit im Hinblick auf den Vergleich zukommt.[842]

a) *Allgemeiner Sorgfaltsmaßstab gemäß § 93 Abs. 1 S. 1 AktG*

Über § 116 S. 1 AktG findet der allgemeine Sorgfaltsmaßstab gemäß § 93 Abs. 1 S. 1 AktG auch auf den Aufsichtsrat Anwendung. Der Aufsichtsrat hat bei der Überwachung die Sorgfalt eines ordentlichen und gewissenhaften *„Überwachers"* anzuwenden.[843] Dieser allgemeine Sorgfaltsmaßstab gilt auch bei der Entscheidung des Aufsichtsrats über den Vergleich der Gesellschaft mit dem Vorstandsmitglied über Organhaftungsansprüche.[844]

b) *Treuhänderische Pflichtenbindung des Aufsichtsrats*

Entscheidet sich der Aufsichtsrat für einen Vergleich an Stelle einer vollumfänglichen Geltendmachung von Schadensersatzansprüchen, so liegt die Gefahr eines Konflikts mit seiner treuhänderischen Bindung – angesichts des in einem Vergleich enthaltenen Teilverzichts – stets nahe.[845] Der Aufsichtsrat ist *„Verwalter fremden Vermögens"*[846]. Wie der Vorstand[847] hat er eine treuhänderische Verantwortung in Bezug auf das Gesellschaftsvermögen[848]. Die zivilrechtliche Vermögensverantwortung des Aufsichtsrats korrespondiert mit einer strafrechtlichen Vermögensbetreuungspflicht[849] und die ungerechtfertigte Preisgabe von

---

841 *Dietz-Vellmer*, NZG 2011, 248, 252. Ebenfalls in Richtung Missbrauchskontrolle *Fleischer*, ZIP 2014, 1305, 1308.

842 Vgl. BGH, Urt. v. 08.07.2014 – II ZR 174/13, Rn. 20, BGHZ 202, 26, 32 f. = NZG 2014, 1058, 1060 – Plambeck; OLG Düsseldorf, Urt. v. 05.07.2012 – I-6 U 69/11, Rn. 89, NZG 2013, 546, 548; *Bayer/P. Scholz*, ZIP 2015, 149, 151.

843 *P. Doralt/W. Doralt*, in: Semler/v. Schenck, Arbeitshdb. für AR-Mitglieder, § 14 Rn. 70; *Kling*, DZWiR 2005, 45, 46; *E. Vetter*, in: *Marsch-Barner/Schäfer*, Hdb. börsennotierte AG, § 29 Rn. 55.

844 Vgl. etwa *Wilsing*, in: FS Haarmann, 2015, S. 257, 281.

845 Ähnlich *Wilsing*, in: FS Haarmann, 2015, S. 260, 281: Spannungsverhältnis eines Vergleichs mit Vermögensbetreuungspflicht des Aufsichtsrats, da Vergleich Verzicht auf vollständigen Schadensersatz impliziere.

846 *Raiser*, NJW 1996, 552, 554.

847 Zur Vermögensverantwortung und Vermögensbetreuungspflicht des Vorstands vgl. *Fleischer*, AG 2015, 133, 144 f.

848 Hervorhebend, dass sich Treuhandstellung – indes des Vorstands – auf Aktiengesellschaft und deren Vermögen und nicht auf Aktionäre bezieht, *Faßbender*, NZG 2015, 501, 506; *Kort*, AG 2012, 605, 606.

849 Vgl. ausführlich – indes in Bezug auf Vorstand – *Fleischer*, AG 2015, 133, 144 f.

Vermögenswerten der Gesellschaft durch den Aufsichtsrat ist über § 266 StGB strafbewehrt[850].

Dass die auf das wirtschaftliche Eigentum der Aktionäre bezogenen Funktionen und Aufgaben dem Vorstand und dem Aufsichtsrat zum Schutz der Aktionärsinteressen und des Gesellschaftsvermögens lediglich unter der Prämisse treuhänderischer Wahrnehmung zugeordnet sind, ist auf die folgende, mit dem Begriff *„Principal-Agent-Problematik"*[851] zu bezeichnende strukturelle Besonderheit in der Aktiengesellschaft zurückzuführen: Die Aktionäre, die sich im Forum Hauptversammlung zur Wahrnehmung ihrer Rechte vereinen, sind zwar die wirtschaftlichen Eigentümer der Gesellschaft. Aufgrund ihrer Vielzahl und angesichts des Streubesitzes, in dem sich die Aktien befinden, sind die Aktionäre jedoch nicht imstande, sämtliche eigentümerzugehörigen Befugnisse selbst auszuüben. Zur Lösung des Spannungsverhältnisses, das sich daraus ergibt, dass die Aktionäre zwar die wirtschaftlichen Eigentümer der Gesellschaft sind, sie aber die eigentümerzugehörigen Befugnisse aufgrund struktureller Gegebenheiten nicht selbst ausüben können, wird im dualistischen System der Aktiengesellschaft die Leitung der Gesellschaft auf den Vorstand übertragen (§ 76 Abs. 1 AktG), während zur Überwachung der ordnungsgemäßen Geschäftsleitung der Aufsichtsrat zuständig ist (§ 111 Abs. 1 AktG).

Die Entscheidung über einen Vergleich über Ansprüche der Gesellschaft hat der Aufsichtsrat unter Berücksichtigung seiner treuhänderischen Bindung zu treffen.[852] Die treuhänderische Vermögensverantwortung untersagt es dem Aufsichtsrat, gänzlich frei und ungebunden über das Gesellschaftsvermögen zu disponieren und das Gesellschaftsvermögen grundlos bzw. kompensationslos zu mindern.[853] Der Aufsichtsrat darf – wie man entsprechend vertritt – keinen

---

850 Vgl. nur BGH, Urt. v. 21.12.2005 – 3 StR 470/04, BGHSt 50, 331 = NJW 2006, 522 – Mannesmann: Untreue des Aufsichtsrats durch Bewilligung kompensationsloser Anerkennungsprämie zu Gunsten des Vorstandsmitglieds.

851 Zum Principal-Agent-Konflikt vgl. allgemein *A. Arnold*, Die Steuerung des Vorstandshandelns, 2007, S. 13 ff.; *M. Roth*, Unternehmerisches Ermessen, 2001, S. 21 ff., 30 ff. Grundlegend *Berle/Means*, The Modern Corporation and Private Property, 1932.

852 Ähnlich *Hirte/Stoll*, ZIP 2010, 253, 256: *„Pflicht zur Wahrung der Vermögensinteressen der Gesellschaft"*; *Wilsing*, in: FS Haarmann, 2015, S. 257, 280 ff.: Handeln des Aufsichtsrats zum Wohle der Gesellschaft und unter Berücksichtigung seiner Vermögensbetreuungspflicht.

853 Ähnlich *Hirte/Stoll*, ZIP 2010, 253, 256: *„keine beliebigen Zugeständnisse"*; *Lange*, D&O-Versicherung, § 19 Rn. 39: *„keine beliebigen (willkürlichen) Zugeständnisse"* und keine Verschleuderung von Gesellschaftsvermögen; *Schnorbus/Ganzer*, WM 2015, 1877, 1883: kein grundloser, gesellschaftsschädigender Verzicht; *Spindler*, in: MüKo AktG, § 93 Rn. 70: keine Verschwendung von Gesellschaftsvermögen.

„ungerechtfertigten Verzicht“ im Gewand eines Vergleichs erklären.[854] Nähme man allein die treuhänderische Bindung des Aufsichtsrats in den Blick, so würde sich die Berücksichtigung von Aspekten zu Gunsten des Vorstandsmitglieds im Rahmen des Vergleichs als kaum minder problematisch darstellen denn im Rahmen der Verfolgungsentscheidung. Der Aufsichtsrat könnte bei seiner Vergleichsentscheidung schwerlich Aspekte berücksichtigen, deren Bezug zum Unternehmenswohl nicht (direkt) ersichtlich ist.

2. (Weitergehende) Spielräume des Aufsichtsrats bei seiner unternehmerischen Entscheidung über den Vergleich

Wie bei der Verfolgungsentscheidung stellt sich bei der Vergleichsentscheidung des Aufsichtsrats die Frage, ob und inwieweit er Aspekte, die nicht in (direktem) Bezug zum Unternehmenswohl stehen, insbesondere individuelle Aspekte des Vorstandsmitglieds – etwa dessen begrenzte finanzielle Leistungsfähigkeit, das Interesse an seiner Verschonung oder Fürsorgeerwägungen –, berücksichtigen darf. Bei der Entscheidung über den Vergleich kommen dem Aufsichtsrat – die Nichtanwendung der ARAG-Grundsätze bei der Vergleichsentscheidung ist bereits erörtert worden – weitergehende Spielräume zu als bei der Verfolgungsentscheidung.

Die Erweiterung der Entscheidungsspielräume des Aufsichtsrats bei seiner unternehmerischen Entscheidung über den Vergleich ergibt sich unter mehreren Gesichtspunkten, die im Folgenden näher aufgezeigt werden sollen. Bereits die allgemeinen Vergleichsvoraussetzungen gemäß § 779 Abs. 1 BGB implizieren größere Entscheidungsspielräume zu Gunsten des Aufsichtsrats. Zudem ist die Entscheidung des Aufsichtsrats über den Vergleich nicht durch eine typisierende Gleichsetzung von Unternehmenswohl und Kompensationsinteresse sowie eine Regelverfolgungspflicht vorgeprägt. Schließlich kommt dem Willen der Hauptversammlung, worauf bereits kurz verwiesen worden ist, eine Bedeutung für die Reichweite der Entscheidungsspielräume des Aufsichtsrats beim Vergleich zu.

a) Allgemeine Vergleichsmerkmale gemäß § 779 Abs. 1 BGB

Bereits aus den allgemeinen, für einen Vergleich konstitutiven Merkmalen gemäß § 779 Abs. 1 BGB ergeben sich Spielräume zu Gunsten des Aufsichtsrats bei seiner Entscheidung über den Vergleich über Organhaftungsansprüche.

---

854 *Stancke*, WuW 2015, 822, 832.

aa) Rechtliche Ungewissheit

Der Vergleich eröffnet die Möglichkeit, bei Unsicherheit der Rechtslage in gewissen Grenzen eine vom zwingenden Recht abweichende privatautonome Regelung zu treffen. Eine rechtliche Ungewissheit lässt sich insofern annehmen, als nicht gesichert ist, ob bei einer infolge der Haftung gemäß § 93 Abs. 2 S. 1 AktG drohenden Vernichtung der wirtschaftlichen Existenz des Vorstandsmitglieds eine Regressreduzierung de lege lata erforderlich bzw. geboten ist. Den Schutz vor einer Vernichtung der persönlichen wirtschaftlichen Grundlage erkennt der fürsorgepflichtbasierte Regressreduzierungsansatz als einen um seiner selbst willen zu verfolgenden und vom Unternehmenswohl verschiedenen Belang an. Der Aspekt des Schutzes vor einer drohenden Existenzvernichtung des Vorstandsmitglieds kann bei der Entscheidung des Aufsichtsrats über einen Vergleich insoweit Berücksichtigung finden, als – schließlich fehlt es an höchstrichterlicher Rechtsprechung, die eine fürsorgepflichtbasierte Regressreduzierung explizit negieren würde[855], und es besteht in der Literatur diesbezüglich ein sehr disparates, ausdifferenziertes Meinungsbild[856] – eine rechtliche Ungewissheit im Sinne von § 779 Abs. 1 BGB vorliegt. Das allgemeine Vergleichsmerkmal der Ungewissheit in § 779 Abs. 1 BGB kann insofern gewissermaßen als Einfallstor für persönliche Belange des Vorstandsmitglieds, die in keinen bzw. keinem unmittelbaren Bezug zum Unternehmenswohl stehen, fungieren.[857]

bb) Gegenseitiges Nachgeben

Wollte man eine rechtliche Ungewissheit im Sinne von § 779 Abs. 1 BGB bzw. eine unklare Rechtslage unter Verweis auf die klare Haftungsanordnung in § 93 Abs. 2 S. 1 AktG ablehnen, so könnte ein weiteres in § 779 Abs. 1 BGB benanntes Tatbestandsmerkmal – das des gegenseitigen Nachgebens – zu Gunsten größerer Entscheidungsspielräume des Aufsichtsrats in Bezug genommen werden. Bei der Entscheidung über den Vergleich kommt der Verpflichtung des Aufsichtsrats

---

855 In diesem Fall dürfte Bestehen unklarer Rechtslage schwierig zu bejahen sein. Vgl. *Buck-Heeb*, BB 2016, 1347, 1355: unklare Rechtslage, wenigstens solange keine höchstrichterliche Entscheidung.

856 Auf Vorliegen ernsthaften Meinungsstreits über Rechtslage denn allein auf Fehlen höchstrichterlicher Rechtsprechung abhebend BGH, Urt. v. 07.12.2010 – XI ZR 348/09, Rn. 21, NJW 2011, 1278, 1279.

857 Im Ergebnis auch – indes nicht mit Vergleichsmerkmal der *„Ungewissheit"* gemäß § 779 Abs. 1 BGB argumentierend – *Bayer/Scholz*, ZIP 2015, 149, 153: Berücksichtigung der Ansicht, dass de lege lata Regressreduzierungserfordernis bestehe, im Rahmen des Vergleichs; zudem *Wilsing*, in: FS Haarmann, 2015, S. 257, 283 ff.

zur Wahrung von Unternehmenswohl und Gesellschaftsvermögen eine signifikante Bedeutung zu. Die treuhänderische Vermögensverantwortung kann den Aufsichtsrat jedoch nicht verpflichten, auf einem Vergleichsbetrag zu bestehen, der dem Vorstandsmitglied finanzielle Mittel lediglich in Höhe der Pfändungsfreigrenze belässt.[858] Ein Vergleich ist durch Zweiseitigkeit und wechselseitige Kompromisse geprägt und er steht unter dem Vorbehalt des Einverständnisses beider Parteien. Das Vorstandsmitglied muss mit dem Vergleich – einschließlich der Vergleichssumme – einverstanden sein. Der Aufsichtsrat kann den Vergleichsbetrag nicht einseitig festsetzen, sondern es erfolgt eine Preisbildung via Verhandlung, womit einhergeht, dass sich nicht ein einziger korrekter Vergleichsbetrag eruieren lässt.[859] Eine mit der Vermögensbetreuungspflicht des Aufsichtsrats zu begründende Verpflichtung, einen Vergleichsbetrag durchzusetzen, der dem Vorstandsmitglied finanzielle Möglichkeiten lediglich in Höhe der Pfändungsfreigrenze belässt, würde einen Vergleich zwischen Gesellschaft und Vorstandsmitglied faktisch unmöglich machen.[860] Im Ergebnis muss der Aufsichtsrat der (vermögensmäßigen) Position der Gesellschaft beim Vergleich zwar möglichst weit zur Geltung verhelfen.[861] Er kann aber nicht gehindert sein, sich – vermögensbezogenen – Kompromissen zu verschließen, wenn eine Beendigung des Streits im Gesamtinteresse der Gesellschaft liegt.[862]

b) *Autonome, unvoreingenommene Bestimmung des Unternehmenswohls: Keine Vorprägung der Vergleichsentscheidung durch das Kompensationsinteresse*

Wie bei der Verfolgungsentscheidung bildet das Unternehmenswohl den maßgebenden Orientierungspunkt auch bei der Entscheidung des Aufsichtsrats über

858 So aber *Hoffmann*, NJW 2012, 1393, 1394. Ähnlich streng – in Bezug auf Abwendungsvergleich – *Hirte/Stoll*, ZIP 2010, 253, 256: fiktive Insolvenzquote als Vergleichsuntergrenze.

859 Vgl. auch *Dietz-Vellmer*, NZG 2011, 248, 251: *„Einen ‚richtigen' Vergleichsbetrag gibt es dabei nicht (…).“*

860 So auch *Dietz-Vellmer*, NZG 2011, 248, 251. Ebenfalls ablehnend *Schnorbus/Ganzer*, WM 2015, 1877, 1880, 1882 f. Wohl auch ablehnend *Lange*, D&O-Versicherung, § 19 Rn. 41 mit Fn. 56.

861 Vgl. auch *Schnorbus/Ganzer*, WM 2015, 1877, 1880, 1883: Erfordernis der *„Vereinbarung einer signifikanten Zahlung“*.

862 Ähnlicher Gedanke bei *Lange*, D&O-Versicherung, § 19 Rn. 39: Aufgabe juristisch weitgehend gesicherter Positionen, wenn durch besondere Aspekte des Unternehmensinteresses gerechtfertigt.

einen Vergleich. Bei der Verfolgungsentscheidung ist das Unternehmenswohl jedoch infolge der restringierenden Vorgaben des ARAG-Urteils in der Weise vorgeprägt, dass es typisierend mit dem Kompensationsinteresse gleichgesetzt wird. Die typisierende Definition des Unternehmenswohls scheint der BGH zur Grundlage für eine regelmäßige Verpflichtung des Aufsichtsrats, Ansprüche der Gesellschaft gegen das Vorstandsmitglied geltend zu machen, zu nehmen. Will der Aufsichtsrat von einer Anspruchsverfolgung absehen, so ist ihm dies zwar nicht gänzlich verwehrt – das ARAG-Urteil fordert insofern keinen Regressautomatismus –, er ist aber einem besonderen Begründungsaufwand ausgesetzt. Zwar vermag ein großer Begründungsaufwand für sich genommen nicht ins Feld geführt zu werden, will man auf die faktischen Hemmnisse, die einer Anspruchsgeltendmachung durch den Aufsichtsrat entgegenstehen mögen, verweisen. Allerding belässt das ARAG-Urteil erhebliche Rechtsunsicherheit im Hinblick auf die zum Absehen von Verfolgung berechtigenden Umstände, die geeignet ist, die dem Aufsichtsrat belassenen Spielräume faktisch zu verkürzen.

Bei seiner Entscheidung über den Vergleich kann der Aufsichtsrat frei von den strengen Vorgaben des ARAG-Urteils entscheiden. Die Vergleichsentscheidung hat zwar ebenso wie die Verfolgungsentscheidung das Unternehmenswohl zum Orientierungspunkt. Allerdings ist das Unternehmenswohl im Rahmen der Vergleichsentscheidung nicht durch eine typisierende Gleichsetzung mit dem Kompensationsinteresse vorgeprägt.[863] Dem Aufsichtsrat kommt bei der Entscheidung über den Vergleich ein unvoreingenommener, nicht durch typisierende Gleichsetzungen und regelmäßige Handlungspflichten eingeengter Entscheidungsspielraum zu. Seine Befugnis, das Unternehmenswohl im Wege einer autonomen, nicht vorgeprägten Entscheidung zu bestimmen, ist nicht angetastet. Der Aufsichtsrat kann Nachteile für das Gesellschaftsvermögen, die sekundär oder mittelbar mit einer Anspruchsverfolgung einhergehen würden – etwa drohende Reputationsverluste des Unternehmens –, unbefangen berücksichtigen.[864] Er kann das langfristige Wohl des Unternehmens an Stelle der kurzfristigen Kompensation erlittener Schäden in den Blick nehmen und darauf abheben, ob infolge des Vergleichs im Ergebnis der wirtschaftliche Vorteil der

---

863 Ähnlich *Wilsing*, in: FS Haarmann, 2015, S. 257, 282, der in Bezug auf die Verfolgungsentscheidung von einer sich in Richtung Verfolgung neigenden „*Waagschale*“ spricht.

864 Noch weitergehend *Wilsing*, in: FS Haarmann, 2015, S. 257, 282: Einstellung abstrakter Berücksichtigung von Aspekten in Abwägung, ohne dass es zwingend Nachweises konkreter Nachteile für Unternehmen bedürfte. Demgegenüber – überzeugend – auf konkrete Situation abhebend *Bayer/Scholz*, ZIP 2015, 149, 152.

Gesellschaft gewahrt wird.[865] Der Aufsichtsrat muss schlussendlich in der vertretbaren Überzeugung handeln, der Vergleich wirke sich in der Summe zum wirtschaftlichen Vorteil der Gesellschaft aus.[866]

Überdies ist in Erinnerung zu rufen, dass der BGH die restringierenden Vorgaben im Hinblick auf die Verfolgungsentscheidung in dem Fehlen einer Mitwirkung der Hauptversammlung bei der Verfolgungsentscheidung legitimiert sieht. Hierbei handelt es sich um einen Aspekt, der bei der Vergleichsentscheidung angesichts des Zustimmungserfordernisses der Hauptversammlung gemäß § 93 Abs. 4 S. 3 AktG entfällt. Im Rahmen der Vergleichsentscheidung vermittelt die Hauptversammlungszustimmung ein Korrektiv und bietet Gewähr für die inhaltliche Richtigkeit der Vergleichsentscheidung.[867]

c) *Bedeutung der Zustimmung der Hauptversammlung gemäß § 93 Abs. 4 S. 3 AktG für den Pflichtenmaßstab des Aufsichtsrats*

Der Hauptversammlung kommen im Hinblick auf Verzichte und Vergleiche der Gesellschaft über Organhaftungsansprüche eine freie Dispositionsbefugnis und eine Letztentscheidungsbefugnis zu. Zwar können die weitgehenden Befugnisse der Hauptversammlung nicht dergestalt auf den Aufsichtsrat übertragen werden, dass sie ihm selbst und aus eigenem Recht zustünden.[868] Denn anders als die Hauptversammlung, die wirtschaftliche Eigentümerin der Aktiengesellschaft ist, übt der Aufsichtsrat die ihm zugewiesenen Befugnisse lediglich treuhänderisch aus. Dennoch haben freie Dispositionsbefugnis und Letztentscheidungsbefugnis der Hauptversammlung eine Bedeutung für die Spielräume, die dem Aufsichtsrat bei seiner Entscheidung über den Vergleich zukommen.[869]

---

865 Vgl. auch *Wilsing*, in: FS Haarmann, 2015, S. 257, 292: Vergleich müsse insgesamt im Unternehmenswohl liegen.

866 Vgl. auch *Bayer/Scholz*, ZIP 2015, 149, 152: *„nachvollziehbare Gründe zur Rechtfertigung des Vergleichs"* in konkreter Situation; *Wilsing*, in: FS Haarmann, 2015, S. 257, 282: *„vertretbare[n] Überzeugung"* des Aufsichtsrats von letztendlicher Vorteilhaftigkeit des Vergleichs für Gesellschaft.

867 Zur legitimierenden Wirkung des Hauptversammlungswillens und zur Bedeutung der Hauptversammlungszustimmung für die Enthaftung des Aufsichtsrats sogleich im vierten Kapitel unter D. V.

868 Vgl. ähnlich *Schnorbus/Ganzer*, WM 2015, 1877, 1883. Anderer Ansicht *Bayer/P. Scholz*, ZIP 2015, 149, 152: Ermessensspielräume des Aufsichtsrats beim Vergleich genauso umfänglich wie die der Hauptversammlung.

869 Dispositions- und Letztentscheidungsbefugnis der Hauptversammlung ebenfalls – wenngleich in unterschiedlicher Ausgestaltung – bei Identifizierung von Entscheidungsspielräumen und Pflichtenmaßstab des Aufsichtsrats beim Vergleich

aa) Freie Dispositionsbefugnis der Hauptversammlung

Aus § 93 Abs. 4 S. 3 AktG, der für die Wirksamkeit von Verzicht und Vergleich über Organhaftungsansprüche die Zustimmung der Hauptversammlung erfordert, ist zu schließen, dass der Hauptversammlung die materielle Letztentscheidungsbefugnis über Verzicht und Vergleich zukommt. Die Wirksamkeit des vom Aufsichtsrat ausgehandelten und abgeschlossenen Vergleichs steht und fällt mit der Zustimmung der Hauptversammlung.

Die Zuweisung der materiellen Letztentscheidungsbefugnis über die Wirksamkeit von Dispositionen, die das Gesellschaftsvermögen mindern, an die Hauptversammlung ist damit zu begründen, dass die Aktionäre, die im Forum Hauptversammlung ihre Rechte wahrnehmen (vgl. § 118 Abs. 1 S. 1 AktG), die wirtschaftlichen Eigentümer der Aktiengesellschaft sind. Der Eigentümer darf mit den ihm gehörenden Sachen grundsätzlich nach freiem Belieben verfahren und er ist im Grundsatz frei darin, durch Dispositionen den Wert seines Eigentums zu mindern.[870] Demnach muss die Hauptversammlung als wirtschaftliche Eigentümerin der Aktiengesellschaft die Entscheidungskompetenz bezüglich der gemäß § 93 Abs. 4 S. 3 AktG erforderlichen Zustimmung zu vermögensminderndem Verzicht und Vergleich grundsätzlich frei ausüben können. Dies betont auch das OLG Düsseldorf, wenn es feststellt: „*Anders als die Organe der Gesellschaft, welche die Pflichtverletzungen anderer Organmitglieder nach den Grundsätzen der sogenannten ARAG/Garmenbeck-Entscheidung des BGH zumindest im Grundsatz stets zu verfolgen haben, ist vielmehr die Hauptversammlung im Grundsatz in der Entscheidung frei, ob sie eine derartige Verfolgung im wirtschaftlichen Gesamtinteresse der Gesellschaft für geboten hält. Wie nicht zuletzt aus der Vorschrift des § 93 Absatz IV 3 AktG deutlich wird, kann die Hauptversammlung auf eine derartige Verfolgung von Ersatzansprüchen gegen ihre Organmitglieder im Ergebnis sogar vollständig verzichten und ist insoweit lediglich gehalten, auf die Interessen von Minderheitsgesellschaftern in der gebotenen Weise Rücksicht zu nehmen.*“[871]

Den Aktionären kommt – unter dem Vorbehalt, dass Gläubigerinteressen nicht tangiert werden[872], – das Recht zu, das Gesellschaftsvermögen zu schmälern

---

berücksichtigend *Bayer/P. Scholz*, ZIP 2015, 149, 152; *U. Binder/Kraayvanger*, BB 2015, 1219, 1223; *J. Koch*, in: Hüffer/J. Koch, AktG, § 93 Rn. 76; *Seibt/Cziupka*, AG 2015, 93, 107 mit Fn. 178; *Wilsing*, in: FS Haarmann, 2015, S. 257, 283, 285 f.

870 Vgl. etwa § 903 S. 1 BGB als inhaltliche Ausgestaltung der Eigentumsgarantie gemäß Art. 14 Abs. 1 GG.

871 OLG Düsseldorf, Urt. v. 05.07.2012 – I-6 U 69/11, Rn. 89, NZG 2013, 546, 548.

872 Siehe § 93 Abs. 5 S. 3 AktG.

und die Aktiengesellschaft – und damit letztlich sich selbst – zu schädigen, wie auch der BGH hervorhebt: *„Das Vermögen der Gesellschaft steht wirtschaftlich (…) nicht dem Aufsichtsrat, sondern den Aktionären zu, so dass diese berufen sind, eine (…) Selbstschädigung zu beschließen, soweit der Schutz der Gesellschaftsgläubiger gewahrt bleibt.“*[873] Im Ergebnis ist die Hauptversammlung im Hinblick auf ihre Entscheidung über die Zustimmung zu Verzicht und Vergleich keinen inhaltlichen Bindungen unterworfen.[874] Insbesondere liegt es im Rahmen der Befugnisse der Hauptversammlung, aus Fürsorgeerwägungen eine Verschonung des Vorstandsmitglieds zu beschließen.

bb) Inhaltliche Richtigkeitsgewähr bei einem Beschluss der Hauptversammlung

In Bezug auf Hauptversammlungsbeschlüsse erfolgt keine generelle materielle Beschlusskontrolle, sondern eine solche kommt nur im Hinblick auf Grundlagenbeschlüsse, die in Minderheitenrechte eingreifen, in Betracht.[875] Liegt einem gesetzgeberischen Eingriff bereits eine abschließende Abwägung zugrunde, so beschränkt sich die Prüfung auf eine Missbrauchskontrolle.[876]

Der Hauptversammlungsbeschluss über die Zustimmung zu Verzicht bzw. Vergleich gemäß § 93 Abs. 4 S. 3 AktG stellt keinen in die Rechte der Minderheit eingreifenden Grundlagenbeschluss dar.[877] Jedenfalls gewährt die Möglichkeit eines Minderheitenvetos einen institutionalisierten bzw. abschließenden Minderheitenschutz.[878] Dementsprechend unterliegt der Hauptversammlungsbeschluss gemäß § 93 Abs. 4 S. 3 AktG keiner materiellen Beschlusskontrolle und

873 BGH, Urt. v. 08.07.2014 – II ZR 174/13, Rn. 20, BGHZ 202, 26, 32 f. = NZG 2014, 1058, 1060 – Plambeck.

874 *Bayer/P. Scholz*, ZIP 2015, 149, 152; *Dietz-Vellmer*, NZG 2011, 248, 252; *Hasselbach*, DB 2010, 2037, 2042; *ders.*, NZG 2016, 890, 891.

875 Vgl. umfassend *Hüffer/Schäfer*, in: MüKo AktG, § 243 Rn. 47 ff.; *Würthwein*, in: Spindler/Stilz, AktG, § 243 Rn. 165 ff.

876 *Dietz-Vellmer*, NZG 2011, 248, 252; *Hüffer/Schäfer*, in: MüKo AktG, § 243 Rn. 63; *Würthwein*, in: Spindler/Stilz, AktG, § 243 Rn. 177.

877 *Bayer/P. Scholz*, ZIP 2015, 149, 150; *Dietz-Vellmer*, NZG 2011, 248, 252; *Fleischer*, AG 2015, 133, 137; *J. Koch*, in: Hüffer/J. Koch, AktG, § 93 Rn. 78. In die Richtung auch *Hasselbach*, DB 2010, 2037, 2042: regelmäßig gleiche Betroffenheit aller Aktionäre infolge Vergleichs.

878 *Bayer/P. Scholz*, ZIP 2015, 149, 150; *Dietz-Vellmer*, NZG 2011, 248, 252; *Fleischer*, AG 2015, 133, 137.

er bedarf keiner sachlichen Rechtfertigung.[879] Die Zustimmung der Hauptversammlung begründet eine hinreichende Gewähr für die inhaltliche Richtigkeit von Verzicht und Vergleich über Organhaftungsansprüche der Gesellschaft.[880] Die Überprüfung ist auf eine Missbrauchskontrolle beschränkt.[881]

cc) Keine Befugnis der Hauptversammlung zur Initiierung eines ihrem Willen entsprechenden Vergleichs

Obgleich die Hauptversammlung die Letztentscheidungsbefugnis über den Vergleich hat und ihre Zustimmung einen Vergleich letztverbindlich als im Unternehmenswohl liegend konkretisiert, hat sie keine Befugnis, den Vergleich von sich aus zu initiieren, sondern sie ist auf das Aktivwerden des Aufsichtsrats angewiesen. Zu Lasten der Hauptversammlung besteht ein Mangel an Aktivbefugnissen im Hinblick auf den Abschluss des Vergleichs.[882] Zudem führt nicht die Hauptversammlung die den Vergleich betreffenden Verhandlungen, sondern der Aufsichtsrat. Schlägt der Aufsichtsrat der Hauptversammlung einen Vergleich vor, so kommt der Hauptversammlung ein Zustimmungsrecht zu. Die Zustimmung bezieht sich sowohl auf das Ob des Vergleichs als auch auf dessen Inhalt.[883] Die Hauptversammlung ist im Grundsatz darauf beschränkt, dem Vorschlag des Aufsichtsrats entweder zuzustimmen oder ihn abzulehnen, ohne jedoch – vom Antragsrecht der Aktionäre abgesehen[884] – direkte inhaltliche Einwirkungsmöglichkeiten zu haben.

Mit den weitgehenden Eigentümerbefugnissen der Hauptversammlung, die mit ihrem wirtschaftlichen Eigentum grundsätzlich nach freiem Willen verfahren kann, korrespondieren keine Befugnisse, entsprechende Dispositionen aus eigener Macht und auf eigene Veranlassung zu treffen. Die Hauptversammlung entbehrt einer Handhabe, einen ihrem Willen entsprechenden Vergleich selbständig in die Wege zu leiten, und sie ist – nimmt man das Antragsrecht der

---

879 *Bayer/P. Scholz*, ZIP 2015, 149, 150; *Dietz-Vellmer*, NZG 2011, 248, 252; *Fleischer*, ZIP 2014, 1305, 1308; *ders.*, AG 2015, 133, 137; *Hopt/M. Roth*, in: Großkomm. AktG, § 93 Rn. 507; *J. Koch*, in: Hüffer/J. Koch, AktG, § 93 Rn. 78.

880 Gleichsam *Bayer/P. Scholz*, ZIP 2015, 149, 154.

881 Für Missbrauchskontrolle des Hauptversammlungsbeschlusses im Rahmen von § 93 Abs. 4 S. 3 AktG *Dietz-Vellmer*, NZG 2011, 248, 252; in die Richtung auch *Fleischer*, ZIP 2014, 1305, 1308.

882 Gleichsam Mangel an Aktivbefugnissen der Hauptversammlung betonend *Bayer/P. Scholz*, ZIP 2015, 149, 152.

883 *Cahn*, in: Spindler/Stilz, AktG, § 66 Rn. 16.

884 Auf Antragsrecht der Aktionäre verweisend *Schnorbus/Ganzer*, WM 2015, 1877, 1883.

Aktionäre beiseite – darauf beschränkt, einem ihrem Willen nicht entsprechenden Vorschlag des Aufsichtsrats die Zustimmung zu versagen.

dd) Berücksichtigung eines antizipierten Willens der Hauptversammlung

Es liegt – auch im Sinne einer Verfahrensvereinfachung – nahe, von vornherein den (mutmaßlichen) Willen der Hauptversammlung in die Entscheidung des Aufsichtsrats über den Vergleich einzubeziehen. Berücksichtigt man von Anbeginn den (mutmaßlichen) Willen der Hauptversammlung, so kann vermieden werden, dass die Aktionäre, sollte ein Vergleichsvorschlag nicht in ihrem Sinne sein, eigene Anträge stellen, um auf einen ihrem Willen entsprechenden Vergleich hinzuwirken.

Über den Aspekt der Verfahrensvereinfachung hinaus spricht ein erheblicher normativer Aspekt dafür, von vornherein den Willen der Hauptversammlung bei der Entscheidung des Aufsichtsrats über den Vergleich einzubeziehen. Begründet die Zustimmung der Hauptversammlung die materielle Richtigkeit einer Entscheidung, die sich mindernd auf das Gesellschaftsvermögen auswirkt, und konkretisiert die Zustimmung der Hauptversammlung letztverbindlich das Unternehmenswohl, so muss es zulässig und geboten sein, bereits im Vorfeld den (mutmaßlichen) Willen der Hauptversammlung zu beachten. Der (mutmaßliche) Wille der Hauptversammlung ist für die Pflichten des Aufsichtsrats bei der Vergleichsentscheidung von Relevanz. Da die Hauptversammlung eine weitgehende Dispositionsbefugnis in Bezug auf das Gesellschaftsvermögen hat und ein Hauptversammlungsbeschluss die materielle Richtigkeit in sich trägt, die Hauptversammlung aber bei einem Vergleich über Organhaftungsansprüche wegen ihrer organisatorischen Abhängigkeit von einem Tätigwerden des Aufsichtsrats ihrem Willen nicht von vornherein Geltung verschaffen kann, ist es eingängig, dass der Aufsichtsrat – ohne dem Vorwurf einer Verletzung seiner treuhänderischen Bindungen ausgesetzt zu sein – die Möglichkeit haben muss, einen Vergleich auszuhandeln und der Hauptversammlung vorzuschlagen, der deren antizipiertem Willen entspricht.[885]

Da es auf den (mutmaßlichen) Willen der Hauptversammlung ankommt, ist es aber erforderlich, dass der Aufsichtsrat in der echten und vertretbaren

885 Ebenfalls – obgleich in unterschiedlicher Form – für Berücksichtigung des Hauptversammlungswillens *Bayer/P. Scholz*, ZIP 2015, 149, 152; *U. Binder/Kraayvanger*, BB 2015, 1219, 1223; *J. Koch*, in: Hüffer/J. Koch, AktG, § 93 Rn. 76; *Seibt/Cziupka*, AG 2015, 93, 107 mit Fn. 178; *Wilsing*, in: FS Haarmann, 2015, S. 257, 285 f.

Überzeugung handelt, den Willen der Hauptversammlung zu verwirklichen.[886] Es sollten tatsächliche Anhaltspunkte für einen entsprechenden Hauptversammlungswillen bestehen.[887] Einer Beschlussfassung der Hauptversammlung in der Vergangenheit kann eine gewichtige Indizwirkung für einen gegenwärtigen Willen der Hauptversammlung zukommen.[888] Im Ergebnis ist anzunehmen, dass der Aufsichtsrat seinen Pflichten gerecht wird, wenn er auf sorgfältiger Grundlage antizipiert, dass die Hauptversammlung mit einem bestimmten Vergleichsvorschlag einverstanden sein wird, und wenn er in dem guten Glauben und in der vertretbaren Überzeugung, den Hauptversammlungswillen zu verwirklichen, handelt. Ein erkennbarer Wille oder eine erkennbare Bereitschaft der Hauptversammlung, mit einem bestimmten Vergleichsinhalt einverstanden zu sein, vermag dergestalt auf die Pflichtenbindung des Aufsichtsrats einzuwirken, dass er bei seiner Entscheidung über den Vergleich auch Aspekte berücksichtigen kann, welche die Hauptversammlung (erkennbar) berücksichtigt wissen möchte, deren Berücksichtigung ihn ohne entsprechenden Hauptversammlungswillen aber dem Vorwurf eines Verstoßes gegen seine treuhänderischen Pflichten aussetzen würde.

Entscheidet sich der Aufsichtsrat auf der Basis eines antizipierten Willens der Hauptversammlung für einen Vergleichsinhalt, dessen Zulässigkeit angesichts seiner originären treuhänderischen Pflichtenbindung als problematisch einzustufen wäre, so liegt nicht eine echte Reduzierung des Pflichtenprogramms des Aufsichtsrats oder ein Dispens von seiner treuhänderischen Pflichtenbindung vor. Vielmehr wird der Aufsichtsrat seinen Pflichten als *„Sachwalter der Aktionärsinteressen“*[889] gerade gerecht, indem er dem (antizipierten) Willen der Hauptversammlung von vornherein Gewicht beimisst und ihm Geltung verschafft. Es erfolgt eine Antizipation und eine vorwegnehmende Realisierung des maßgeblichen (mutmaßlichen) Eigentümerwillens bzw. ein Handeln des Aufsichtsrats in Einklang mit dem (mutmaßlichen) Eigentümerwillen. Da die Zustimmung der Hauptversammlung zu dem Vergleich gemäß § 93 Abs. 4 S. 3 AktG letztverbindlich das Unternehmenswohl konkretisiert, ist es schlüssig, den antizipierten (mutmaßlichen) Willen der Hauptversammlung von vornherein als einen

886 Ähnlich *Bayer/P. Scholz*, ZIP 2015, 149, 152: Aufsichtsrat müsse mit Billigung durch Hauptversammlung rechnen können; *Wilsing*, in: FS Haarmann, 2015, S. 257, 285 f.: Zustimmung der Hauptversammlung müsse als realistische Möglichkeit erscheinen.

887 In die Richtung auch *Wilsing*, in: FS Haarmann, 2015, S. 257, 285 f.

888 *Wilsing*, in: FS Haarmann, 2015, S. 257, 286.

889 *Kindler*, ZHR 162 (1998), 101, 114.

Aspekt des Unternehmenswohls, den der Aufsichtsrat bei seiner unternehmerischen Entscheidung über den Vergleich einzubeziehen hat, einzuordnen.[890]

ee) Pflichtgemäße Herbeiführung des Hauptversammlungsbeschlusses

Einschränkend muss aber gefordert werden, dass der Aufsichtsrat der Hauptversammlung die Gesichtspunkte, die für eine ordnungsgemäße Willensbildung relevant sind, – der wesentliche Inhalt des Vergleichs ist wegen § 124 Abs. 2 S. 3 AktG ohnehin bekanntzumachen – vollständig und korrekt offenlegt.[891]

Aus der Übertragung von Leitungs- und Überwachungsbefugnissen an die Organe Vorstand und Aufsichtsrat folgt ein Mangel der Hauptversammlung an Nähe zum Unternehmensgeschehen. Vorstand und Aufsichtsrat sind die *„direkt vor Ort"* agierenden Organe. Zu Lasten der Hauptversammlung besteht angesichts ihrer Ferne zu den Gesellschaftsinterna ein Informationsdefizit. Die Hauptversammlung verfügt nicht über die Möglichkeit, unabhängig vom Aufsichtsrat die für den Vergleich erforderlichen Informationen zu erlangen. Sie ist auf eine Kompensation der zu ihren Lasten bestehenden Informationsasymmetrie angewiesen und die Aktionäre sind bei der Ausübung ihrer Eigentümerbefugnisse von einer Information durch den Aufsichtsrat, dem insofern eine

---

890 Ebenfalls mutmaßlichen Hauptversammlungswillen als Abwägungsaspekt im Rahmen insoweit unternehmerischer Vergleichsentscheidung einordnend *Wilsing*, in: FS Haarmann, 2015, S. 257, 285 f. Demgegenüber angesichts Dispositionsbefugnis und Letztentscheidungsbefugnis der Hauptversammlung freies Ermessen des Aufsichtsrats bezüglich Vergleichs annehmend *Bayer/P. Scholz*, ZIP 2015, 149, 152. Nicht ganz eindeutig hinsichtlich genauer Ausgestaltung des Aufsichtsratsermessens, aber im Ergebnis ebenso oder ähnlich *U. Binder/Kraayvanger*, BB 2015, 1219, 1223: *„Da der Aufsichtsrat die Entscheidung in die Hände der Hauptversammlung legt, die frei darin ist, für oder gegen einen Anspruchsverzicht zu entscheiden, ist eine so enge Bindung des Aufsichtsrats nicht angebracht."*; *J. Koch*, in: Hüffer/J. Koch, AktG, § 93 Rn. 76: *„Stattdessen gilt BJR, die hier dahingehend zu modifizieren ist, dass AR sich bei seinen Vorschlägen inhaltlich an weiten Entscheidungsspielräumen der HV orientieren."*; *Seibt/Cziupka*, AG 2015, 93, 107 mit Fn. 178.

891 Vgl. zum Inhalt der Information *Bayer/P. Scholz*, ZIP 2015, 149, 153: Sachverhalt und tragende Beweggründe; *Fleischer*, AG 2015, 133, 136: charakteristische und kritische Punkte; *Schnorbus/Ganzer*, WM 2015, 1877, 1882: Sachverhalt, insbesondere anspruchsbegründendes Vorstandsverhalten, und Motivation, so dass *„zutreffendes Bild der wesentlichen und besonders kritischen Vertragselemente"* ermöglicht werde. Weitgehend *Semler*, AG 2005, 321, 322: alle zur Beurteilung des Vergleichs erforderlichen Informationen. Zurückhaltend *Dietz-Vellmer*, NZG 2011, 248, 250: Information über Hintergrund, Inhalt und Motivation lediglich *„zu empfehlen"*.

wesentliche Intermediärfunktion zukommt, abhängig.[892] Um der Intermediärfunktion gerecht zu werden, bedarf es einer sorgfältigen Entscheidungsvorbereitung durch den Aufsichtsrat.[893]

Nur über eine vollständige und korrekte Information der Hauptversammlung über die Umstände, auf deren Grundlage über den Vergleich der Gesellschaft mit dem Vorstandsmitglied über Organhaftungsansprüche entschieden werden kann, ist ein „*informed consent*" der Hauptversammlung, also ein Einverständnis auf wohlinformierter Grundlage, möglich. Lediglich dann ist gewährleistet, dass der Wille der Hauptversammlung letztverbindlich das Unternehmenswohl konkretisiert. Ein Beschluss der Hauptversammlung trägt die Richtigkeit nur in sich, wenn die Hauptversammlung ordnungsgemäß über die den Vergleich tragenden wesentlichen Gesichtspunkte informiert worden ist. Weiter vermag nur eine vollständige und richtige Information der Hauptversammlung über die Grundlagen des Vergleichs sicherzustellen, dass der Aufsichtsrat den Willen der Hauptversammlung korrekt antizipiert hat. Diskrepanzen zwischen antizipiertem und tatsächlichen Willen der Hauptversammlung können – im Wege von Aktionärsanträgen[894] – noch beseitigt werden.

3. *Fazit: Erweiterung der Entscheidungsspielräume des Aufsichtsrats beim Vergleich über Organhaftungsansprüche*

Bei der Entscheidung über den Vergleich ist der Aufsichtsrat ebenso wie bei der Entscheidung über die Nichtverfolgung an das Unternehmenswohl gebunden. Ihm kommen aber Spielräume zu, die gegenüber den Spielräumen im Rahmen der Verfolgungsentscheidung umfangreicher sind. Dies ergibt sich zunächst einmal aus den allgemeinen, für einen Vergleich konstitutiven Merkmalen, insbesondere dem Merkmal des gegenseitigen Nachgebens, das Zugeständnisse zu Gunsten der anderen Partei impliziert und erfordert. Weiter ist das Unternehmenswohl im Rahmen der Vergleichsentscheidung nicht typisiert mit dem Kompensationsinteresse der Gesellschaft gleichgesetzt, sondern dem Aufsichtsrat kommt die Befugnis zu, das Unternehmenswohl autonom

---

892 Vgl. ähnlich *Dietz-Vellmer*, NZG 2011, 248, 251; *Schnorbus/Ganzer*, WM 2015, 1877, 1883: „*Informationsvorsprung*" des Aufsichtsrats gegenüber Hauptversammlung und „*Schlüsselfunktion*" des Aufsichtsrats bei Ausarbeitung des Vergleichsvorschlags; *Wilsing*, in: FS Haarmann, 2015, S. 257, 281.

893 Vgl. auch *Dietz-Vellmer*, NZG 2011, 248, 251; *Fleischer*, ZIP 2014, 1305, 1308.

894 Auf diese Möglichkeit hinweisend, sollten Aktionäre Vergleichsbetrag als zu streng evaluieren, *Schnorbus/Ganzer*, WM 2015, 1877, 1883.

und unvoreingenommen zu bestimmen. Schließlich kann bzw. sollte der Aufsichtsrat einen antizipierten Willen der Hauptversammlung, der angesichts des Zustimmungserfordernisses gemäß § 93 Abs. 4 S. 3 AktG die Letztkonkretisierungsbefugnis im Hinblick auf das Unternehmenswohl zukommt, in seine Vergleichsentscheidung einbeziehen. Im Ergebnis ist es unter Zugrundelegung der erweiterten Spielräume des Aufsichtsrats als zulässig zu evaluieren, wenn der Aufsichtsrat bei der Vergleichsentscheidung die Aspekte eines geringen Verschuldens und einer begrenzten persönlichen Leistungsfähigkeit des Vorstandsmitglieds in den Blick nimmt.[895]

V. Enthaftung des Aufsichtsrats beim Vergleich

Die soeben aufgezeigten Entscheidungsspielräume des Aufsichtsrats bei der Entscheidung über den Vergleich zwischen Gesellschaft und Vorstandsmitglied über Organhaftungsansprüche sind auch für die Enthaftung des Aufsichtsrats beim Vergleich von Bedeutung. § 93 AktG enthält Enthaftungstatbestände, die eine Haftung des Vorstandsmitglieds unter bestimmten Voraussetzungen ausschließen. In Bezug auf die Sorgfaltspflicht und Verantwortlichkeit von Aufsichtsratsmitgliedern ist § 93 AktG über § 116 S. 1 AktG sinngemäß anzuwenden. Bei der Entscheidung des Aufsichtsrats über einen Vergleich der Gesellschaft mit dem Vorstandsmitglied über Organhaftungsansprüche kommen zwei Enthaftungstatbestände in Betracht: § 93 Abs. 2 S. 1 AktG, der bei unternehmerischen Entscheidungen eingreift, und § 93 Abs. 4 S. 1 AktG analog, der in direkter Anwendung eine Haftung ausschließt, wenn eine Handlung auf einem gesetzmäßigen Hauptversammlungsbeschluss beruht.

1. *Enthaftung bei unternehmerischer Entscheidung gemäß § 93 Abs. 1 S. 2 AktG*

In entsprechender Anwendung von § 93 Abs. 1 S. 2 AktG (vgl. § 116 S. 1 AktG) liegt keine Pflichtverletzung vor, wenn das Aufsichtsratsmitglied bei einer

895 Ähnlich *Bayer/P. Scholz*, ZIP 2015, 149, 152 f.: Vergleich zur Schonung verdienten Vorstandsmitglieds sowie unter Berücksichtigung einer Diskrepanz zwischen Verschulden und Haftungsumfang sowie unter Einbeziehung der Ansicht, dass de lege lata Regressreduzierungserfordernis bei drohender Existenzvernichtung bestehe; *U. Binder/Kraayvanger*, BB 2015, 1219, 1223: Belastung des Vorstandsmitglieds infolge Vergleichsbetrags in angemessenem Verhältnis zu Verschuldensgrad und finanziellen Mitteln des Vorstandsmitglieds; *Wilsing*, in: FS Haarmann, 2015, S. 257, 283 ff.: Vergleich unter Vermeidung einer Existenzvernichtung des Vorstandsmitglieds.

unternehmerischen Entscheidung vernünftigerweise annehmen durfte, auf der Grundlage angemessener Information zum Wohle der Gesellschaft zu handeln.

a) Handeln auf Grundlage angemessener Information

Der Aufsichtsrat muss die Entscheidung über einen Vergleich zwischen Gesellschaft und Vorstandsmitglied über Organhaftungsansprüche sorgfältig vorbereiten und eine angemessene Informationsbasis schaffen.[896] Er muss hierbei nicht alle verfügbaren Informationsquellen ausschöpfen[897], sondern er hat die im Einzelfall angemessene Informationsbasis zu ermitteln[898].

Die Aspekte, die der Aufsichtsrat bei der Entscheidung über den Vergleich zu berücksichtigen hat, sind vom Einzelfall abhängig.[899] Der Aufsichtsrat ist, wenn er für die Gesellschaft einen Vergleich über Organhaftungsansprüche gegen das Vorstandsmitglied abschließt, nicht von seiner nachträglichen Überwachungsaufgabe dispensiert[900], sondern er hat ernsthaften Indizien für ein schadensbegründendes organschaftliches Fehlverhalten des Vorstandsmitglieds

---

896 *Dauner-Lieb*, in: Henssler/Strohn, GesR, § 93 Rn. 22; *Fleischer*, in: Spindler/Stilz, AktG, § 93 Rn. 70; *Lutter*, ZIP 2007, 841, 844. Vgl. auch BGH, Urt. v. 21.04.1997 - II ZR 175/95, Rn. 22, BGHZ 135, 244, 153 = NJW 1997, 1926, 1928 - ARAG: *„sorgfältige[r] Ermittlung der Entscheidungsgrundlagen“*. Spezifisch in Bezug auf Vergleich *Fleischer*, AG 2015, 133, 136, 145 ff.

897 *Cahn*, WM 2013, 1293, 1298; *Fleischer*, in: Spindler/Stilz, AktG, § 93 Rn. 70; *ders.*, NJW 2009, 2337, 2339. Vgl. aber noch BGH, Beschl. v. 14.07.2008 - II ZR 202/07, LS 1, NJW 2008, 3361: erforderlich sei, dass Geschäftsleiter *„(...) in der konkreten Entscheidungssituation alle verfügbaren Informationsquellen tatsächlicher und rechtlicher Art ausschöpft und auf dieser Grundlage die Vor- und Nachteile der bestehenden Handlungsoptionen sorgfältig abschätzt und den erkennbaren Risiken Rechnung trägt.“* Kritisch insofern *Bunz*, Der Konzern 2012, 444 ff.; *Grundei/v. Werder*, AG 2005, 825, 830: *„unternehmenspraktisch uneinlösbare Anforderung“*; *Redeke*, NZG 2009, 496 ff.

898 Ohne Erfordernis der Ermittlung sämtlicher Informationen nunmehr BGH, Beschl. v. 03.11.2008 - II ZR 236/07, Rn. 3, NZG 2009, 117; BGH, Urt. v. 22.02.2011 - II ZR 146/09, Rn. 19 ff., ZIP 2011, 766, 767 f. Aus dem Schrifttum *J. Koch*, in: Hüffer/J. Koch, AktG, § 93 Rn. 20; *Spindler*, in: MüKo AktG, § 93 Rn. 48. Zu den im Einzelfall relevanten Kriterien vgl. etwa *Fleischer*, in: Spindler/Stilz, AktG, § 93 Rn. 70; *Lutter*, ZIP 2007, 841, 844; *Mertens/Cahn*, in: KöKo AktG, § 93 Rn. 33 f.

899 Zu den maßgebenden, im Einzelfall zu berücksichtigenden Kriterien im Rahmen der Aufsichtsratsentscheidung über einen Vergleich zwischen Gesellschaft und Vorstandsmitglied über Organhaftungsansprüche vgl. umfassend *Lange*, D&O-Versicherung, § 19 Rn. 40 f.; *Wilsing*, in: FS Haarmann, 2015, S. 258, 271 ff., 283 ff.

900 Ebenso *Bayer/P. Scholz*, ZIP 2015, 149, 152. Vgl. auch *Schnorbus/Ganzer*, WM 2015, 1877, 1882.

nachzugehen[901] und er hat das im ARAG-Urteil etablierte, den Erkenntnisbereich betreffende Prüfungsprogramm – Prüfung des Bestands von Schadensersatzansprüchen, Analyse von Prozessrisiko und Beitreibbarkeit – zu vollziehen[902]. Schließlich hat er zu untersuchen, ob aufgrund von Gründen, die im Unternehmenswohl liegen, zwingend eine Anspruchsverfolgung erforderlich ist[903] oder ob ihn besondere Gründe ausnahmsweise zum Absehen von Verfolgung berechtigen. Ein Vergleich kommt in Betracht, wenn sich weder eine Verfolgung noch eine Nichtverfolgung als zwingend erweist.

Die unternehmerische Entscheidung des Aufsichtsrats über den Vergleich bezieht sich zunächst auf das Ob des Vergleichs. Der Aufsichtsrat muss analysieren, wie sich Anspruchsverfolgung einerseits und Vergleich andererseits auf Unternehmenswohl und Gesellschaftsvermögen auswirken würden. Er hat die Alternative der Anspruchsverfolgung samt ihren Vorteilen (z.B. möglichst weitgehende Kompensation des geschädigten Gesellschaftsvermögens) und ihren Nachteilen (z.B. Prozessrisiko, negative Öffentlichkeitswirkung etc.) abzuschätzen. Sodann hat er die Alternative des Vergleichs einschließlich ihrer Vor- und Nachteile zu prognostizieren. Gelangt der Aufsichtsrat zu einem Ergebnis bezüglich der jeweiligen Vor- und Nachteile, so hat er beide Alternativen gegenüberzustellen und gegeneinander abzuwägen.[904] Auf Basis einer an unternehmerischen Kriterien ausgerichteten Entscheidung hat er zu einem Urteil darüber zu gelangen, ob Anspruchsverfolgung oder Vergleich das Unternehmenswohl besser realisieren würde.

Stellt der Aufsichtsrat fest, dass ein Vergleich an Stelle einer Anspruchsverfolgung das Unternehmenswohl besser verwirklichen würde, so hat er zu entscheiden, welcher konkrete Vergleichsinhalt das Unternehmenswohl bestmöglich realisieren würde.

b) Handeln zum Wohle der Gesellschaft

Der Aufsichtsrat muss zudem vernünftigerweise annehmen dürfen, zum Wohle der Gesellschaft zu handeln. Sowohl das Ob des Vergleichs als auch der konkrete Vergleichsinhalt müssen im Unternehmenswohl liegen. Das Unternehmensinteresse stellt eine verbindliche Richtlinie und nicht bloß einen unverbindlichen

---

901 *Bayer/P. Scholz*, ZIP 2015, 149, 152.

902 Vgl. auch *Fleischer*, AG 2015, 133, 146; *Schnorbus/Ganzer*, WM 2015, 1877, 1882.

903 *Schnorbus/Ganzer*, WM 2015, 1877, 1882.

904 Vgl. umfassend *Fleischer*, in: Spindler/Stilz, AktG, § 93 Rn. 91a; *ders.*, AG 2015, 133, 145 ff.

Leitgedanken dar.[905] Soll bestimmt werden, was im Unternehmenswohl liegt, so sind die verschiedenen Interessen, die das Unternehmenswohl konstituieren, im Wege praktischer Konkordanz in Ausgleich zu bringen.[906]

Die Forderung nach der Wahrung des Unternehmenswohls steht in engem Zusammenhang mit der Forderung, die Vermögensinteressen der Gesellschaft zu wahren. Allerdings ist der Aufsichtsrat bei der Vergleichsentscheidung nicht durch die restringierenden Vorgaben des ARAG-Urteils, das eine typisierende Gleichsetzung des Unternehmenswohls mit dem Kompensationsinteresse vorgibt, eingeengt. Wenn er bei seiner Vergleichsentscheidung bestimmt, was im Unternehmenswohl liegt, kommt ihm ein nicht vorgeprägter und in diesem Sinn weitergehender Entscheidungsspielraum zu als bei der Verfolgungsentscheidung. Dass der Aufsichtsrat in gewissem Umfang Kompromisse zu Gunsten des Vorstandsmitglieds muss eingehen können, ergibt sich zudem aus den allgemeinen Vergleichsmerkmalen, insbesondere dem des gegenseitigen Nachgebens. Schließlich versetzt der antizipierte (mutmaßliche) Wille der Hauptversammlung den Aufsichtsrat in die Lage, Aspekte bei der Vergleichsentscheidung zu berücksichtigen, die zwar die Hauptversammlung als wirtschaftliche Eigentümerin berücksichtigen dürfte, deren Berücksichtigung allein durch den als treuhänderischer Verwalter fremden Vermögens agierenden Aufsichtsrat problematisch wäre. Sollte antizipiert werden können, dass sich die Hauptversammlung einer Schonung des Vorstandsmitglieds nicht verschließen wird, so kann der Aspekt der Schonung nicht als unternehmenswohlfremder, mit der treuhänderischen Bindung des Aufsichtsrats inkompatibler Aspekt eingeordnet werden, sondern der maßgebende antizipierte Wille der Hauptversammlung vermittelt die Kongruenz mit dem Unternehmenswohl.

Im Rahmen der aufgezeigten Spielräume kann der Aufsichtsrat bei seiner Vergleichsentscheidung nicht dem Vorwurf einer Pflichtverletzung ausgesetzt sein. Handelt der Aufsichtsrat im Rahmen der dargelegten Spielräume in der vertretbaren Überzeugung, durch den Vergleich das Gesamtinteresse der Gesellschaft zu wahren, so handelt er nicht pflichtwidrig.[907]

---

905 BGH, Urt. v. 21.12.2005 – 3 StR 470/04, Rn. 21, BGHSt 50, 331, 338 = NZG 2006, 141, 143 – Mannesmann.

906 Zu dieser interessenpluralistischen Zielkonzeption des Unternehmensinteresses vgl. etwa *Hopt/M. Roth*, in: Großkomm. AktG, § 111 Rn. 103 ff; *Kunze*, ZHR 144 (1980). 100, 115 ff.; *Lutter/Krieger/Verse*, Rechte und Pflichten des AR, § 12 Rn. 893; *Mertens/Cahn*, in: KöKo AktG, § 76 Rn. 15 ff.; *Spindler*, in: MüKo AktG, Vorb. § 76 Rn. 51, § 76 Rn. 63 ff., § 93 Rn. 47.

907 Vgl. auch *Wilsing*, in: FS Haarmann, 2015, S. 257, 282, 292.

c) *Kein Handeln im Interessenkonflikt*

Schließlich muss der Aufsichtsrat bei der Vergleichsentscheidung ohne sachfremde Einflüsse und Eigeninteressen handeln und er darf sich bei seiner Entscheidung nicht in einem Interessenkonflikt befinden.[908] Diese nicht direkt aus dem Wortlaut von § 93 Abs. 1 S. 2 AktG hervorgehende, ungeschriebene Voraussetzung ist im Merkmal des *„Handelns zum Wohle der Gesellschaft"* mitenthalten.[909]

aa) Verfolgung unternehmenswohlfremder Interessen

An einer eindeutigen und abschließenden Definition des Interessenkonflikts mangelt es.[910] Charakteristikum des Interessenkonflikts ist, dass aufgrund eines Interessenwiderstreits in der Person des Organmitglieds die Gefahr besteht, das Organmitglied werde Interessen, die objektiv dem Unternehmensinteresse entgegenstehen, einseitig zu Lasten des Unternehmenswohls verfolgen und es werde nicht in der Lage sein, von sich aus einen Ausgleich des Interessengegensatzes zu vollbringen.[911]

bb) Interessenkonflikt wegen Überwachungspflichtverletzung

Im Rahmen des Vergleichs über Organhaftungsansprüche der Gesellschaft gegen das Vorstandsmitglied könnte ein Interessenkonflikt von Aufsichtsratsmitgliedern zu befürchten stehen, wenn sie dem Überwachungsauftrag nicht ordnungsgemäß nachgekommen sind und ihnen eine haftungsauslösende Überwachungspflichtverletzung in Bezug auf die haftungsauslösende Pflichtverletzung des Vorstandsmitglieds zur Last gelegt werden kann.[912] In der Literatur nimmt man im Rahmen der Vergleichsentscheidung des Aufsichtsrats im Fall einer Überwachungspflichtverletzung von Aufsichtsratsmitgliedern einen

---

908 Allgemein *Dauner-Lieb*, in: Henssler/Strohn, GesR, § 93 Rn. 24; *Fleischer*, in: Spindler/Stilz, AktG, § 93 Rn. 72 ff.; *Spindler*, in: MüKo AktG, § 93 Rn. 60 ff.

909 *Fleischer*, ZIP 2004, 685, 690 f.; *J. Koch*, ZGR 2006, 769, 790; *Lutter*, in: FS Canaris, 2007, S. 245, 246.

910 *Diekmann/Fleischmann*, AG 2013, 141, 142; *Fleischer*, in: Spindler/Stilz, AktG, § 93 Rn. 72.

911 Vgl. *Diekmann/Fleischmann*, AG 2013, 141, 142 f. Zur Definition des Interessenkonflikts vgl. umfassend *Harbarth*, in: FS Hommelhoff, 2012, S. 323, 329 ff.; *Lutter*, in: FS Priester, 2007, S. 417, 422 f.

912 Dies etwa annehmend OLG Frankfurt, Urt. v. 06.07.2010 – 5 U 205/07, Rn. 101, AG 2010, 793, 796.

Verlust des Schutzes der Business Judgment Rule an[913] bzw. man verweist auf eine mögliche Schadensersatzpflicht der Aufsichtsratsmitglieder in diesem Fall[914].

Die Überlegung, dass sich Aufsichtsratsmitglieder beim Abschluss des Vergleichs über Organhaftungsansprüche der Gesellschaft mit dem Vorstandsmitglied wegen einer eigenen Überwachungspflichtverletzung in einem Interessenkonflikt befinden können, ist zu hinterfragen. Fraglich ist, welches Interesse Aufsichtsratsmitglieder, die mit dem Vorwurf einer eigenen Überwachungspflichtverletzung konfrontiert sind, an einem Haftungsvergleich zwischen Gesellschaft und Vorstandsmitglied haben können. Angesichts der fehlenden Gesamtwirkung eines Haftungsvergleichs zwischen Gesellschaft und Vorstandsmitglied zu Gunsten der Aufsichtsratsmitglieder[915] kann ihnen nicht angelastet werden, sie suchten eine eigene Haftung zu verhindern.[916] Da der Vergleich überdies die Publizität des Haftungssachverhalts bewirkt[917] und der Aufsichtsrat bei einem Haftungsvergleich zwischen Gesellschaft und Vorstandsmitglied über Organhaftungsansprüche zudem zu einer vollständigen und korrekten Information gegenüber der Hauptversammlung verpflichtet ist, um diese in die Lage zu versetzen, ihre gemäß § 93 Abs. 4 S. 3 AktG erforderliche Zustimmung zu erteilen, kann ihm weiter nicht vorgeworfen werden, er suche das Publikwerden einer etwaigen Überwachungspflichtverletzung zu verhindern.[918]

Hierüber hinaus ist fraglich, ob dem Aufsichtsrat nach erfolgter Zustimmung durch die Hauptversammlung bezüglich des Vergleichs noch eine Pflichtverletzung im Zusammenhang mit dem Vergleich wegen eines etwaigen Interessenkonflikts aufgrund einer Überwachungspflichtverletzung vorgeworfen werden

---

913 So etwa *Fleischer*, AG 2015, 133, 135; *Lange*, D&O-Versicherung, § 19 Rn. 40 mit Fn. 53.

914 So etwa *Mertens/Cahn*, in: KöKo AktG, § 93 Rn. 163 – in Bezug auf Beschlussvorschlag des Aufsichtsrats gegenüber Hauptversammlung.

915 Zur grundsätzlich fehlenden Gesamtwirkung eines Vergleichs vgl. allgemein BGH, Urt. v. 22.12.2011 – VII ZR 7/11, Rn. 21, BGHZ 192, 182, 187 ff. = NJW 2012, 1071, 1073. Zur spezifisch aktienrechtlichen Problematik der Gesamtwirkung eines Vergleichs zu Gunsten mithaftender Organmitglieder angesichts § 93 Abs. 4 S. 3 AktG vgl. ausführlich *Bayer/P. Scholz*, ZGR 2016, 619, 632 ff. Demgegenüber im Grundsatz Möglichkeit der Gesamtwirkung eines Vergleichs zu Gunsten mithaftender Organmitglieder annehmend *Schnorbus/Ganzer*, WM 2015, 1832, 1884 f.

916 Hierauf verweisend *Bayer/P. Scholz*, ZIP 2015, 149, 153 f.

917 Ebenfalls auf Hauptversammlungsöffentlichkeit eines Vergleichs hinweisend *Bayer/P. Scholz*, ZIP 2015, 149, 154; *Schnorbus/Ganzer*, WM 2015, 1877, 1883; *Semler*, AG 2005, 321, 322.

918 Vgl. *Bayer/P. Scholz*, ZIP 2015, 149, 154.

kann. Beim Ausschluss eines Handelns im Interessenkonflikt handelt es sich um ein prozedurales Kriterium, das Gewähr für einen ordnungsgemäßen Entscheidungsprozess leisten soll.[919] Stellt aber bereits die Zustimmung der Hauptversammlung bezüglich des Vergleichs die materielle Richtigkeit des Vergleichs sicher und ist mit der vollständigen und korrekten Information der Hauptversammlung durch den Aufsichtsrat im Vorfeld der Zustimmung der innere Grund für die Richtigkeit der Hauptversammlungszustimmung gelegt, so ist in Frage zu stellen, ob für das prozedurale Kriterium des Handelns ohne Interessenkonflikt Raum verbleiben kann.[920]

Im Ergebnis ist es abzulehnen, dass dem Aufsichtsrat – insbesondere nach erfolgter Zustimmung durch die Hauptversammlung bezüglich des Vergleichs – eine Pflichtverletzung im Rahmen eines Haftungsvergleichs zwischen Gesellschaft und Vorstandsmitglied wegen eines etwaigen Interessenkonflikts aufgrund einer Überwachungspflichtverletzung soll vorgeworfen werden können.[921]

2. *Enthaftung infolge Zustimmung der Hauptversammlung analog § 93 Abs. 4 S. 1 AktG*

Angesichts des Zustimmungserfordernisses der Hauptversammlung gemäß § 93 Abs. 4 S. 3 AktG in Bezug auf den Haftungsvergleich zwischen Gesellschaft und Vorstandsmitglied über Organhaftungsansprüche kommt ein weiterer Enthaftungstatbestand zu Gunsten des Aufsichtsrats in Betracht. In entsprechender Anwendung von § 93 Abs. 4 S. 1 AktG (vgl. § 116 S. 1 AktG) könnte die Zustimmung der Hauptversammlung bezüglich des Vergleichs eine haftungsausschließende Wirkung zu Gunsten des Aufsichtsrats entfalten.

a) *Entsprechende Anwendung von § 93 Abs. 4 S. 1 AktG bei explizitem Vorbehalt der Zustimmung der Hauptversammlung*

Gemäß § 93 Abs. 4 S. 1 AktG tritt die Ersatzpflicht des Vorstandsmitglieds nicht ein, wenn die Handlung auf einem gesetzmäßigen Beschluss der Hauptversammlung beruht. Die haftungsausschließende Wirkung eines Hauptversammlungsbeschlusses in Bezug auf eine Handlung des Vorstands wird damit

---

919 Zum vielfach geforderten Erfordernis einer Offenlegung des Interessenkonflikts durch das Aufsichtsratsmitglied vgl. *Diekmann/Fleischmann*, AG 2013, 141, 144 f.; *Hoffmann-Becking*, NZG 2014, 801, 808; *Hopt*, ZGR 2004, 1, 24 ff.; *Kocher/v. Falkenhausen*, AG 2016, 848, 851.

920 Vgl. auch *Bayer/P. Scholz*, ZIP 2015, 149, 154.

921 Vgl. insofern umfassend *Bayer/P. Scholz*, ZIP 2015, 149, 153 f.

begründet, dass den Vorstand im Verhältnis zur Hauptversammlung eine Ausführungspflicht gemäß § 83 Abs. 2 AktG in Bezug auf Maßnahmen trifft, welche die Hauptversammlung im Rahmen ihrer Zuständigkeit beschlossen hat.[922]

Im Hinblick auf den Aufsichtsrat ist eine entsprechende Anwendung von § 93 Abs. 4 S. 1 AktG insofern problematisch, als es an einer dem § 83 Abs. 2 AktG entsprechenden Norm, aus der sich eine Folgepflicht im Verhältnis zu Beschlüssen der Hauptversammlung ergeben würde, fehlt. Das Schrifttum lehnt eine über § 116 S. 1 AktG vermittelte entsprechende Anwendung von § 93 Abs. 4 S. 1 AktG auf den Aufsichtsrat daher grundsätzlich ab, bejaht die Anwendung aber ausnahmsweise, wenn ein Beschluss der Hauptversammlung zur Geltendmachung von Schadensersatzansprüchen gemäß § 147 Abs. 1 AktG vorliegt.[923] In Fall von § 147 Abs. 1 AktG besteht eine Pflicht des zuständigen Organs zur Anspruchsgeltendmachung[924], die der Ausführungspflicht des Vorstands gemäß § 83 Abs. 2 AktG vergleichbar ist. Weiter befürwortet ein Teil des Schrifttums die entsprechende Anwendung von § 93 Abs. 4 S. 1 AktG, wenn eine Maßnahme der Verwaltung explizit unter den Vorbehalt der Zustimmung der Hauptversammlung gestellt worden ist.[925] Die Wirksamkeit von Verzicht und Vergleich über Organhaftungsansprüche der Gesellschaft ist schon von Gesetzes wegen,

922 Folgepflicht als maßgebenden Geltungsgrund von § 93 Abs. 4 S. 1 AktG evaluierend *Hopt/M. Roth*, in: Großkomm. AktG, § 93 Rn. 470; *J. Koch*, in: Hüffer/J. Koch, AktG, § 93 Rn. 72; *Krieger/Sailer-Coceani*, in: K. Schmidt/Lutter, AktG, § 93 Rn. 59; *Mertens/Cahn*, in: KöKo AktG, § 93 Rn. 149. Demgegenüber mit Verstoß gegen Treu und Glauben argumentierend *S. Binder*, Grenzen der Vorstandshaftung, 2016, S. 197 ff.; *Bürgers/Israel*, in: Bürgers/Körber, AktG, § 93 Rn. 32; *Canaris*, ZGR 1978, 207, 209. Skeptisch insofern *Mertens/Cahn*, in: KöKo AktG, § 93 Rn. 149.

923 *Grigoleit/Tomasic*, in: Grigoleit, AktG, § 116 Rn. 23; *Habersack*, in: MüKo AktG, § 116 Rn. 71; *Hambloch-Gesinn/Gesinn*, Hölters, AktG, § 116 Rn. 74; *Henssler*, in: Henssler/Strohn, GesR, § 116 Rn. 13; *J. Koch*, in: Hüffer/J. Koch, AktG, § 116 Rn. 14. Ebenso für Anwendung von § 93 Abs. 4 S. 1 AktG auf Aufsichtsrat *Drygala*, in: K. Schmidt/Lutter, AktG, § 116 Rn. 51; *v. Falkenhausen*, NZG 2016, 601, 604 f.

924 *Mock*, in: Spindler/Stilz, AktG, § 147 Rn. 28 ff.; *Schröer*, in: MüKo AktG, § 147 Rn. 32 ff.

925 In Bezug auf Maßnahme des Vorstands: *Fleischer*, in: Spindler/Stilz, AktG, § 93 Rn. 267; *Hopt/M. Roth*, in: Großkomm. AktG, § 93 Rn. 477; *J. Koch*, in: Hüffer/J. Koch, AktG, § 93 Rn. 73; *Krieger/Sailer-Coceani*, in: K. Schmidt/Lutter, AktG, § 93 Rn. 59. Spezifisch in Bezug auf Maßnahme des Vorstands im Zusammenhang mit M&A-Transaktionen und insofern differenzierend: *Kleinhenz/Leyendecker*, BB 2012, 861, 862 ff. In Bezug auf Maßnahme des Aufsichtsrats: *Dietz-Vellmer*, NZG 2011, 248, 252. Dagegen *Schnorbus/Ganzer*, WM 2015, 1877, 1882 f.: Enthaftung des Aufsichtsrats durch Hauptversammlungsbeschluss nur im Fall von § 147 Abs. 1 AktG.

nämlich gemäß § 93 Abs. 4 S. 3 AktG, unter den Vorbehalt der Zustimmung der Hauptversammlung gestellt.

Die Fälle des § 83 Abs. 2 AktG und des § 93 Abs. 4 S. 3 AktG unterscheiden sich jedoch hinsichtlich der zeitlichen Reihenfolge des Entschlusses der Hauptversammlung einerseits und des Entschlusses bzw. der Maßnahme der Verwaltung andererseits. Aus § 93 Abs. 4 S. 3 AktG ergibt sich keine Folgepflicht des Aufsichtsrats. Zudem ist bei § 83 Abs. 2 AktG, der im Rahmen der Zuständigkeit der Hauptversammlung beschlossene Maßnahmen betrifft, der Beschluss der Hauptversammlung dem Entschluss und dem Handeln der Verwaltung vorgelagert. Demgegenüber folgt im Fall von § 93 Abs. 4 S. 3 AktG die Zustimmung der Hauptversammlung dem bereits bestehenden Handlungsentschluss des Aufsichtsrats.

Zwar trifft den Aufsichtsrat im Fall von § 93 Abs. 4 S. 3 AktG keine Folgepflicht in dem Sinn, dass er den Vergleich, dem die Hauptversammlung zugestimmt hat, umsetzen muss. Indes kann der Aufsichtsrat den Vergleich auch nicht bindend abschließen, bevor die Hauptversammlung ihre Zustimmung erteilt hat.[926] Zudem verhielte sich der Aufsichtsrat widersprüchlich, machte er der Hauptversammlung einen bestimmten Beschlussvorschlag, dem diese sodann zustimmte, und setzte er die ursprünglich vorgeschlagene Maßnahme schließlich nicht um. Evaluiert man im Rahmen von § 93 Abs. 4 S. 1 AktG nicht die Anweisung durch die Hauptversammlung in Richtung einer bestimmten Maßnahme als maßgebend, sondern genereller die Kongruenz des Verwaltungshandelns mit dem Hauptversammlungswillen und die schlussendliche Verwirklichung des Hauptversammlungswillens[927], so trifft dieser Gedanke auch im Rahmen von § 93 Abs. 4 S. 3 AktG zu. Besteht eine solche Kongruenz, so muss es genügen, dass die Billigung der Hauptversammlung zwar nicht dem Handlungsentschluss des Aufsichtsrats, wohl aber dem Handlungserfolg vorausgeht.[928]

Im Ergebnis ist anzunehmen, dass im Hinblick auf die Entscheidung des Aufsichtsrats über einen Haftungsvergleich zwischen Gesellschaft und Vorstandsmitglied in entsprechender Anwendung von § 93 Abs. 4 S. 1 AktG die

926 Dies betonend *Wilsing*, in: FS Haarmann, 2015, S. 257, 289.

927 Für ein solch extensives Verständnis des Geltungsgrunds von § 93 Abs. 4 S. 3 AktG gleichsam *Dietz-Vellmer*, NZG 2014, 721, 726. Ähnlich *Wilsing*, in: FS Haarmann, 2015, S. 257, 289: maßgebend sei, dass ein auf spezifisches Handeln des Aufsichtsrats gerichteter Wille der Hauptversammlung hinreichend deutlich zum Ausdruck gelange.

928 *J. Koch*, in: Hüffer/J. Koch, AktG, § 93 Rn. 73.

Zustimmung der Hauptversammlung eine haftungsausschließende Wirkung zu Gunsten des Aufsichtsrats vermitteln kann.

b) Keine Enthaftung bei pflichtwidriger Herbeiführung des Hauptversammlungsbeschlusses und bei unvollständiger oder fehlerhafter Information

Einschränkend muss die haftungsausschließende Wirkung eines Hauptversammlungsbeschlusses zu Gunsten des Aufsichtsrats aber unabhängig von der Zustimmung der Hauptversammlung ausscheiden, wenn – die Problematik des Nachweises einer entsprechenden Kausalität zugegeben[929] – der Aufsichtsrat die Zustimmung pflichtwidrig herbeigeführt hat, indem er die Hauptversammlung unvollständig oder fehlerhaft informiert hat.[930] Der Grund für die Einschränkung der haftungsausschließenden Wirkung auf eine pflichtgemäße Herbeiführung des Hauptversammlungsbeschlusses liegt darin begründet, dass nur ein Beschluss, den eine korrekt und vollständig informierte Hauptversammlung gefasst hat, die inhaltliche Richtigkeit in sich selbst tragen kann.

3. Fazit zur Enthaftung

Eine Enthaftung des Aufsichtsrats bei der Entscheidung über einen Haftungsvergleich zwischen Gesellschaft und Vorstandsmitglied kommt sowohl über § 93 Abs. 1 S. 2 AktG als auch über § 93 Abs. 4 S. 1 AktG analog (jeweils i.V.m. § 116 S. 1 AktG) in Betracht. Bei der Frage nach der Enthaftung des Aufsichtsrats sind die Entscheidungsspielräume des Aufsichtsrats, die bei der Vergleichsentscheidung weniger restringiert sind als bei der Verfolgungsentscheidung, zu berücksichtigen. Zudem kommt dem Willen der Hauptversammlung bzw. ihrer Zustimmung ein Gewicht bei der Enthaftung des Aufsichtsrats dergestalt zu, dass bei einer Kongruenz zwischen Aufsichtsratshandeln im Rahmen des

---

929 Skeptisch bezüglich Nachweises der Kausalität der Pflichtwidrigkeit für Hauptversammlungszustimmung und Schaden *Dietz-Vellmer*, NZG 2014, 721, 726 f.

930 Dies etwa fordernd *Fleischer*, BB 2005, 2025, 2028 f.; *Hopt/M. Roth*, in: Großkomm. AktG, § 93 Rn. 324 ff.; *J. Koch*, in: Hüffer/J. Koch, AktG, § 93 Rn. 74; *Krieger*, in: Krieger/U.H. Schneider, Hdb. Managerhaftung, § 3 Rn. 43; *Mertens/Cahn*, in: KöKo AktG, § 93 Rn. 154; *Wilsing*, in: FS Haarmann, 2015, S. 257, 290. So zunächst auch noch *Dietz-Vellmer*, NZG 2011, 248, 252, später aber im Hinblick auf Kausalitätsnachweis skeptisch *ders.*, NZG 2014, 721, 726 f. Zum Anfechtungsrecht der Aktionäre bei unvollständiger oder fehlerhafter Information vgl. etwa *Hüffer/Schäfer*, in: MüKo AktG, § 243 Rn. 114 ff. Zur ohnehin bestehenden Verpflichtung des Aufsichtsrats zur Bekanntmachung des wesentlichen Inhalts des Vergleichs vgl. § 124 Abs. 2 S. 3 AktG.

Vergleichs und Hauptversammlungswillen eine Pflichtverletzung des Aufsichtsrats zu negieren ist.

E. Formale Vergleichsvoraussetzungen gemäß § 93 Abs. 4 S. 3 AktG

Für den Vergleich über Organhaftungsansprüche der Aktiengesellschaft sieht § 93 Abs. 4 S. 3 AktG aktienrechtsspezifische Besonderheiten in formaler Hinsicht vor. § 93 Abs. 4 S. 3 AktG statuiert kein generelles Verzichts- und Vergleichsverbot[931], sondern lediglich ein temporäres Verbot[932], eine Einschränkung der Vergleichsbefugnis der Gesellschaft[933] bzw. eine gesetzliche Beschränkung der Vertretungsmacht des Aufsichtsrats[934]. Die Norm stellt für den Verzicht auf und den Vergleich über Schadensersatzansprüche der Gesellschaft gegen ihre Verwaltungsmitglieder Kautelen auf, die Verzicht und Vergleich obstruieren. Verzicht auf und Vergleich über Organhaftungsansprüche der Gesellschaft sind nur wirksam, wenn drei Jahre ab Entstehung des Anspruchs vergangen sind, die Hauptversammlung zustimmt und nicht eine Minderheit, deren Anteile zehn Prozent des Grundkapitals erreichen, zur Niederschrift Widerspruch erhebt. § 93 Abs. 4 S. 3 AktG normiert nicht die Unzulässigkeit von Verzicht und Vergleich an sich, sondern begründet lediglich ein temporäres Verbot vermögensschmälernder Handlungen ohne Zustimmung der Hauptversammlung und entgegen dem Veto einer Minderheit.[935]

Um die Frage zu beantworten, welche Regelungen, die sich auf einen potenziellen künftigen Haftungsvergleich zwischen Gesellschaft und Vorstandsmitglied beziehen, zulässigerweise vor Eintritt des Haftungssachverhalts – und damit notwendigerweise zugleich vor Ablauf von drei Jahren nach Entstehung des Schadensersatzanspruchs – im Anstellungsvertrag getroffen werden dürfen, ist relevant, inwieweit die Dreijahresfrist verbindlichen Vereinbarungen mit Bezug zu einem Vergleich über Organhaftungsansprüche entgegensteht und

---

931 *Reichert*, in: FS Hommelhoff, 2012, S. 907, 917.

932 *Hirte/Stoll*, ZIP 2010, 253, 259.

933 *Habersack*, in: MüKo BGB, § 779 Rn. 9; *Paefgen*, AG 2014, 554, 573; *Reichert*, in: FS Hommelhoff, 2012, S. 907, 917. Eingehend *Cahn*, Vergleichsverbote, 1996, S. 5 ff.

934 *Hopt/Roth*, in: Großkomm. AktG, § 93 Rn. 533; *Spindler*, in: MüKo AktG, § 93 Rn. 254; *Wilsing*, in: FS Maier-Reimer, 2010, S. 889, 894.

935 *Seibt*, NZG 2016, 361, 363.

welche Vereinbarungsinhalte Verzichts- bzw. Vergleichsähnlichkeit aufweisen mit der Folge, dass der Schutzzweck von § 93 Abs. 4 S. 3 AktG berührt ist.

I. Dreijahresfrist: Ablauf von drei Jahren seit Entstehung des Anspruchs

Vor dem Hintergrund, dass die größten Restriktionen beim Abschluss eines Vergleichs zwischen Gesellschaft und Vorstandsmitglied über Organhaftungsansprüche mit der dreijährigen Frist, während derer Verzicht und Vergleich nicht möglich sind, zusammenhängen, ist die Dreijahresfrist in den Blick zu nehmen. Gemäß § 93 Abs. 4 S. 3 AktG kann die Gesellschaft erst drei Jahre nach der Entstehung des Anspruchs auf den Anspruch verzichten und sich über ihn vergleichen. Die Berechnung der Frist erfolgt gemäß §§ 187, 188 BGB.[936] Die Frist beginnt mit der Entstehung des Anspruchs[937] bzw. mit der objektiven Möglichkeit der klageweisen Durchsetzung[938].

1. Schutzzweck der Dreijahresfrist und fehlende Legitimationsbasis

Die Dreijahresfrist, die der einvernehmlichen Streitbeilegung für den beträchtlichen Zeitraum von drei Jahren ein Hindernis bereitet, sieht sich erheblicher Kritik ausgesetzt, die vor allem an den präsumierten Schutzzwecken der Dreijahresfrist ansetzt.

a) Überblickbarkeit von Pflichtverletzung und Schadensausmaß

Will man den Schutzzweck der Dreijahresfrist ermitteln[939], so kommt die wohl größte Bedeutung dem Gedanken zu, dass Verzicht auf und Vergleich über Organhaftungsansprüche der Gesellschaft erst möglich sein sollen, wenn das Ausmaß von Pflichtverletzung und Schaden abschätzbar ist.[940] Die Dreijahresfrist soll der

936 *Fleischer*, in: Spindler/Stilz, AktG, § 93 Rn. 282; *J. Koch*, in: Hüffer/J. Koch, AktG, § 93 Rn. 76.

937 *J. Koch*, in: Hüffer/J. Koch, AktG, § 93 Rn. 76; *Krieger/Sailer-Coceani*, in: K. Schmidt/Lutter, AktG, § 93 Rn. 65. Zum Fristbeginn bei nicht abgeschlossener Schadensentstehung vgl. *Harbarth/Höfer*, NZG 2016, 686 ff.

938 *Fleischer*, in: Spindler/Stilz, AktG, § 93 Rn. 282; *Spindler*, in: MüKo AktG, § 93 Rn. 251.

939 Problematik, Schutzzweck zu ermitteln, betonend *Casper*, ZHR 176 (2012), 617, 645. Zur historischen Entwicklung der Norm vgl. *Fleischer*, AG 2015, 133 ff.; *Harbarth*, in: Liber Amicorum M. Winter, 2011, S. 215, 225 ff.; *Mertens/Cahn*, in: KöKo AktG, § 93 Rn. 164; *Reichert*, in: FS Hommelhoff, 2012, S. 907, 917 ff.

940 Abschätzbarkeit des Schadens hervorhebend *Hölters*, in: Hölters, AktG, § 93 Rn 311; *Hopt/M. Roth*, in: Großkomm. AktG, § 93 Rn. 518; *J. Koch*, in: Hüffer/J. Koch, AktG,

abstrakt vermögensgefährdenden Wirkung, die einer tatsächlichen Ungewissheit beigemessen wird, begegnen.[941] Könnte in vermögensrelevanter Weise über Schadensersatzansprüche – § 93 Abs. 4 S. 3 AktG intendiert keinen generellen und abstrakten Schutz des Gesellschaftsvermögens, sondern nur den Schutz vor vermögensmindernden Dispositionen mit Bezug zur konkreten Forderung[942] – disponiert werden, bevor Sachverhalt und Schadensausmaß hinreichend überschaubar sind, so könnte dies die Gefahr einer Preisgabe von Vermögenswerten der Gesellschaft, die bei genügender Kenntnis des Sachverhalts nicht erfolgt wäre, begründen.[943]

Die Dreijahresfrist beansprucht strikte Geltung und sie greift ungeachtet der Gegebenheiten des konkreten Einzelfalls ein. Ist eine Sachverhaltsaufklärung bereits vor Ablauf von drei Jahren möglich, so führt dies nicht zu einer Verkürzung der Frist.[944] Auch mit einem Hauptversammlungsbeschluss kann – selbst unter der Voraussetzung, dass er ohne Widerspruch einer qualifizierten Minderheit[945] oder einstimmig[946] erfolgt – von der starren Frist nicht abgewichen werden.[947] Die Dreijahresfrist lässt sich insofern als problematisch evaluieren,

---

§ 93 Rn. 76; *Krieger/Sailer-Coceani*, in: K. Schmidt/Lutter, AktG, § 93 Rn. 65; *v. Schenck*, in: Semler/v. Schenck, Der AR, § 116 Rn. 612; *Thomas*, Die Haftungsfreistellung von Organmitgliedern, 2010, S. 148; *Thümmel*, Persönliche Haftung von Managern und Aufsichtsräten, Rn. 342; *K. Zimmermann*, in: FS Duden, 1977, S. 773, 774. Vgl. auch bereits Begr. RegE bei *Kropff*, AktG 1965, S. 123: *„abschließendes Bild über die Auswirkungen der schädigenden Handlung"*. Zugleich auf Abschätzbarkeit der Pflichtverletzung abhebend *Hasselbach/Seibel*, AG 2008, 770, 772; *Mertens*, in: FS Fleck, 1977, 209, 210; *ders./Cahn*, in: KöKo AktG, § 93 Rn. 164; *Wilsing*, in: FS Maier-Reimer, 2010, S. 889, 895; *M. Zimmermann*, DB 2008, 687, 688.

941 Ähnlich *Eßwein*, Privatautonome Gestaltung der Vorstandshaftung, 2015, S. 98: Sachverhaltsungewissheit sei *„Potenzial vermögensschädigender Wirkung"* beigemessen worden.

942 *Eßwein*, Privatautonome Gestaltung der Vorstandshaftung, 2015, S. 96: *„Sicherung des Gesellschaftsvermögens in Bezug auf den Schadensersatzanspruch"*.

943 Vgl. ähnlich *Eßwein*, Privatautonome Gestaltung der Vorstandshaftung, 2015, S. 98.

944 *Fleischer*, in: Spindler/Stilz, AktG, § 93 Rn. 282; *ders.*, AG 2015, 133, 138; *Harbarth/Höfer*, NZG 2016, 686, 687; *Hölters*, in: Hölters, AktG, § 93 Rn. 311; *Mertens*, in: FS Fleck, 1988, S. 209, 210; *v. Schenck*, in: Semler/v. Schenck, Der AR, § 116 Rn. 616; *Spindler*, in: MüKo AktG, § 93 Rn. 251.

945 *Mertens*, in: FS Fleck, 1977, S. 209, 211.

946 *Hasselbach*, DB 2010, 2037, 2039; *Mertens*, in: FS Fleck, 1977, S. 209, 211; *M. Zimmermann*, DB 2008, 687, 688.

947 Möglichkeit der Fristverkürzung mittels Hauptversammlungsbeschlusses allgemein negierend *Spindler*, in: MüKo AktG, § 93 Rn. 251.

als eine valide Aussage, das Ausmaß von Schaden und Pflichtverletzung sei regelmäßig oder typischerweise nach Ablauf von drei Jahren überblickbar, nicht getroffen werden kann.[948]

b) Sicherung der Sorgfalt bei Verzichts- und Vergleichsvereinbarungen

Weiter soll die Dreijahresfrist nach Ansicht einiger Autoren übereilte Verzichts- und Vergleichsvereinbarungen verhindern[949] und Nachlässigkeiten bei der Ausgestaltung von Verzichts- und Vergleichsvereinbarungen vorbeugen[950].

Ein solches Ziel ließe sich aber bereits über die allgemeinen Sorgfaltsanforderungen gemäß § 116 S. 1 i.V.m. § 93 Abs. 1 S. 1 AktG erreichen.[951] Der Aufsichtsrat muss bei seiner Entscheidung über Verzicht und Vergleich über Ansprüche der Gesellschaft die Sorgfalt eines ordentlichen und gewissenhaften *„Überwachers"* walten lassen.[952] Wegen § 116 S. 1 i.V.m. § 93 Abs. 1 S. 2 AktG muss er annehmen dürfen, auf der Grundlage angemessener Information zu handeln, was bereits der Gefahr von übereilten, nicht sorgfältig ausgestalteten Verzichten und Vergleichen begegnet.

c) Verhinderung von Rücksichtnahmen

Die Dreijahresfrist soll zudem kollegialen Rücksichtnahmen im Verhältnis zwischen Vorstand und Aufsichtsrat bei der wechselseitigen Anspruchsverfolgung[953] sowie einer Enthaftung durch den Allein- oder Großaktionär[954] vorbeugen.

---

948 In die Richtung auch *Harbarth*, in: Liber Amicorum M. Winter, 2011, S. 215, 227 ff.

949 *Haarmann/Weiß*, BB 2014, 2115, 2122; *Hölters*, in: Hölters, AktG, § 93 Rn 311; *Hopt/M. Roth*, in: Großkomm. AktG, § 93 Rn. 518; *Mack*, Die Regresshaftung von Vorstandsmitgliedern, 2015, S. 125. Tendenz der Praxis in Richtung Streitbeilegung ohne genügende Sachverhaltsaufklärung präsumierend *Fleischer*, WM 2005, 909, 919.

950 *Reichert*, in: FS Hommelhoff, 2012, S. 907, 918.

951 So auch *Paefgen*, AG 2014, 554, 573 f.

952 Allgemein *P. Doralt/W. Doralt*, in: Semler/v. Schenck, Arbeitshdb. für AR-Mitglieder, § 14 Rn. 70; *Kling*, DZWiR 2005, 45, 46; *E. Vetter*, in: *Marsch-Barner/Schäfer*, Hdb. börsennotierte AG, § 29 Rn. 55. Spezifisch in Bezug auf Vergleiche über Organhaftungsansprüche durch Aufsichtsrat *Wilsing*, in: FS Haarmann, 2015, S. 257, 281.

953 Vgl. *Hölters*, in: Hölters, AktG, § 93 Rn 311: kein Vergleich zu Zeiten personeller Gemengelage. Dagegen *K. Zimmermann*, in: FS Duden, 1977, S. 773, 775.

954 *Hopt/M. Roth*, in: Großkomm. AktG, § 93 Rn. 518; *Mertens/Cahn*, in: KöKo AktG, § 93 Rn. 164.

Einen Schutz vor kollegialer Enthaftung offeriert jedoch bereits das Zustimmungserfordernis der Hauptversammlung.[955] Die Letztentscheidungsbefugnis der Hauptversammlung gewährt – in Verbindung mit dem Vetorecht der Minderheit – eine genügende Absicherung vor einer wechselseitigen Enthaftung von Aufsichtsrat und Vorstand, was das Erfordernis eines zusätzlichen Schutzes vor einem kollusiven Zusammenwirken hauptversammlungsverschiedener Akteuren entfallen lässt.[956] Schließlich ist zu berücksichtigen, dass § 93 Abs. 4 S. 3 AktG keinen absoluten Schutz vor vermögensmindernden Dispositionen bezweckt, sondern lediglich einen entsprechenden Schutz ohne den Willen der Hauptversammlung.[957]

d) Präventive Verhaltenssteuerung

Vereinzelt wird auch im Aspekt der präventiven Verhaltenssteuerung ein von der Dreijahresfrist geschützter Belang erblickt.[958] Das Vorstandsmitglied solle sich während des Zeitraums von drei Jahren nicht einer letztverbindlichen Streitbeilegung sicher wähnen können.[959]

Allerdings verwirklicht bereits die Haftungsanordnung in § 93 Abs. 2 AktG an sich den Schutzzweck der Verhaltenssteuerung.[960] Dem temporären

955 Dem Zustimmungserfordernis solchen Schutzzweck beimessend BGH, Urt. v. 08.07.2014 – II ZR 174/13, Rn. 20, BGHZ 202, 26, 33 = NZG 2014, 1058, 1060 – Plambeck; *Fleischer*, in: Spindler/Stilz, AktG, § 93 Rn. 278; *Haas/Wigand*, in: Krieger/Schneider, Hdb. Managerhaftung, § 16 Rn. 70; *Harbarth*, in: Liber Amicorum M. Winter, 2011, S. 215, 227; *Hasselbach/Seibel*, AG 2008, 770, 772; *Hölters*, in: Hölters, AktG, § 93 Rn. 306; *Hopt/M. Roth*, in: Großkomm. AktG, § 93 Rn. 506; *J. Koch*, in: Hüffer/J. Koch, AktG, § 93 Rn. 78; *Mertens*, in: FS Fleck, 1988, S. 209, 210; *ders./Cahn*, in: KöKo AktG, § 93 Rn. 161; *Spindler*, in: MüKo AktG, § 93 Rn. 252; *Wigand*, Verzicht, Vergleich und sonstige Haftungsbeschränkungen, 2012, S. 338; *K. Zimmermann*, in: FS Duden, 1977, S. 773, 774.

956 So auch *Eßwein*, Privatautonome Gestaltung der Vorstandshaftung, 2015, S. 89, 111; *Mertens/Cahn*, in: KöKo AktG, § 93 Rn. 164.

957 *Seibt*, NZG 2016, 361, 363.

958 So von *Mertens*, in: FS Fleck, 1977, S. 209, 211; *v. Schenck*, in: Semler/v. Schenck, Der AR, § 116 Rn. 612.

959 So – und damit inzident Verhaltenssteuerung als Zweck der Dreijahresfrist anerkennend – *Hopt/Roth*, in: Großkomm. AktG, § 93 Rn. 518; *Mertens/Cahn*, in: KöKo AktG, § 93 Rn. 164.

960 Zu den Schutzzwecken der Vorstandsinnenhaftung – Kompensation und Prävention – vgl. *Bürgers*, in: Bürgers/Körber, AktG, § 93 Rn. 1; *Eckert/Grechenig/Stremitzer*, in: Kalss, Vorstandshaftung in 15 europäischen Ländern, 2005, S. 100; *Grigoleit/Tomasic*, in: Grigoleit, AktG, § 93 Rn. 1; *Hölters*, in: Hölters, AktG, § 93 Rn. 8; *Hopt/M. Roth*,

Verzichts- und Vergleichsverbot in § 93 Abs. 4 S. 3 AktG darüber hinaus eine verhaltenssteuernde Funktion beizumessen, ist nicht angezeigt.[961]

e) Minderheitenschutz und Gläubigerschutz

Auch im Schutz des Gesellschaftsvermögens zu Gunsten von Minderheiten und Gläubigern soll nach mancher Ansicht ein Schutzzweck der Dreijahresfrist liegen.[962]

Einen institutionalisierten Minderheitenschutz gewährt jedoch bereits das Vetorecht der Minderheit und ein über die Dreijahresfrist vermittelter, weitergehender Minderheitenschutz erscheint nicht geboten.[963] § 93 Abs. 5 S. 3 AktG, der die relative Unwirksamkeit von Verzicht und Vergleich gegenüber Gläubigern statuiert, hält zudem eine Regelung zum Schutz von Gläubigern bereit, die einen weitergehenden, über § 93 Abs. 4 S. 3 AktG vermittelten Gläubigerschutz entbehrlich macht.[964]

---

in: Großkomm. AktG, § 93 Rn. 28; *J. Koch*, in: Hüffer/J. Koch, AktG, § 93 Rn. 1; *Marsch-Barner*, ZHR 173 (2009), 723, 726 f.; *Mertens/Cahn*, in: KöKo AktG, § 93 Rn. 6; *Ulmer*, in: FS Canaris, 2007, S. 451, 463 f.

961 So auch *Eßwein*, Privatautonome Gestaltung der Vorstandshaftung, 2015, S. 112 f.; *Harbarth*, in: Liber Amicorum M. Winter, 2011, S. 215, 227 f.; *Thomas*, Die Haftungsfreistellung von Organmitgliedern, 2010, S. 148 – obgleich durchaus damit sympathisierend, § 93 Abs. 4 S. 3 AktG Präventionsfunktion beizumessen; jeweils zugleich unter Verweis auf fehlende Anhaltspunkte für entsprechenden gesetzgeberischen Willen.

962 So etwa *J. Koch*, in: Hüffer/J. Koch, AktG, § 93 Rn. 76.

963 Ebenso *Eßwein*, Privatautonome Gestaltung der Vorstandshaftung, 2015, S. 112; *Mertens/Cahn*, in: KöKo AktG, § 93 Rn. 164; DAV-Handelsrechtsausschuss, NZG 2010, 897, 899. Ähnlich – obgleich leicht abgeschwächt – *Harbarth/Höfer*, NZG 2016, 686, 690: „*kaum*" Beitrag zum Schutz von Minderheitsaktionären infolge Frist. Ebenso – indes in Bezug auf Frage materieller Beschlusskontrolle des Zustimmungsbeschlusses – abschließenden Minderheitenschutz über Widerspruchsrecht annehmend *Bayer/P. Scholz*, ZIP 2015, 149, 150; *Dietz-Vellmer*, NZG 2011, 248, 252; *Fleischer*, AG 2015, 133, 137.

964 Ebenso *Eßwein*, Privatautonome Gestaltung der Vorstandshaftung, 2015, S. 47 ff., 112. Ebenfalls ablehnend – obgleich leicht abgeschwächt – *Harbarth/Höfer*, NZG 2016, 686, 690: „*kaum*" Beitrag zum Schutz von Gläubigern infolge Frist. Über § 93 Abs. 4 S. 3 AktG vermittelten, eigenständigen Gläubigerschutz gleichsam negierend *Bayer/P. Scholz*, ZIP 2015, 149, 150; *P. Scholz*, Existenzvernichtende Haftung von Vorstandsmitgliedern, 2014, S. 283 f.

f) Fazit: Generelles Legitimationsdefizit

Im Ergebnis mangelt es der Dreijahresfrist an einem autonomen Schutzzweck, dem nicht bereits die übrigen Kautelen in § 93 Abs. 4 S. 3 AktG oder die allgemeinen Sorgfaltspflichten zur Durchsetzung verhelfen könnten, und sie leidet an einem Legitimationsdefizit.[965]

2. Unternehmensinteresse und entgegenstehende Wertungen der Rechtsordnung

Über ihr Legitimationsdefizit hinaus kann die Dreijahresfrist mit dem Unternehmensinteresse und mit Wertungen der Rechtsordnung konfligieren. Gegen die Dreijahresfrist werden prinzipiell Unternehmenswohlbelange ins Feld geführt. So verhindere sie etwa eine zügige einvernehmliche Streitbeilegung[966] sowie ein im Sinne der Vermeidung negativer Öffentlichkeit lautloses Ausscheiden des Vorstandsmitglieds[967]. Dass ein Zuwarten von drei Jahren dem Unternehmensinteresse entgegensteht, wird häufig in dem Fall, dass die Gesellschaft das kartellrechtliche Kronzeugenprivileg in Anspruch zu nehmen intendiert, ins Feld geführt. Will die Gesellschaft die Kooperation des Vorstandsmitglieds sichern, wird sie dies regelmäßig mittels einer Besserstellung hinsichtlich der ihm drohenden Haftung zu erreichen suchen.[968] Ein zügiges Handeln liegt im

---

965 Vgl. auch das Resümee von *Eßwein*, Privatautonome Gestaltung der Vorstandshaftung, 2015, S. 113: Dreijahresfrist sei *„überflüssig"*.

966 Kritisch daher *Dietz-Vellmer*, NZG 2011, 248, 249; *Fleischer*, in: Spindler/Stilz, AktG, § 93 Rn. 284a; *ders.*, WM 2005, 909, 919; *Hölters*, in: Hölters, AktG, § 93 Rn. 307; *Hopt/M. Roth*, in: Großkomm. AktG, § 93 Rn. 505; *Paefgen*, AG 2014, 554, 573; *Reichert*, AG 2016, 677, 684; *v. Schenck*, in: Semler/v. Schenck, Der AR, § 116 Rn. 613; *K. Zimmermann*, in: FS Duden, 1977, S. 773, 774; DAV-Handelsrechtsausschuss, NZG 2010, 897, 898. Erfordernis zügigen Agierens unter Aspekt alternierender Solvenz des Vorstandsmitglieds problematisierend *Eßwein*, Privatautonome Gestaltung der Vorstandshaftung, 2015, S. 114.

967 *Eßwein*, Privatautonome Gestaltung der Vorstandshaftung, 2015, S. 113 f.; *Hölters*, in: Hölters, AktG, § 93 Rn. 307; *Mertens/Cahn*, in: KöKo AktG, § 93 Rn. 164; DAV-Handelsrechtsausschuss, NZG 2010, 897, 898 f. Im Zusammenhang mit Ausscheiden eines Vorstandsmitglieds weniger Dreijahresfrist denn Hauptversammlungsbeteiligung problematisierend *K. Zimmermann*, in: FS Duden, 1977, S. 773, 774.

968 Vgl. *Fabisch*, ZWeR 2013, 91, 114: keine Kooperation ohne Haftungsfreistellung. Vgl. aber zur Kooperationspflicht des Vorstands aufgrund von Treuepflicht bzw. Anstellungsvertrag *Dreher*, ZWeR 2009, 397, 418; *Hack*, Vorstandsverantwortlichkeit bei Kartellverstößen, 2011, S. 60 ff.; *Konrads*, Entschärfung des Haftungsrisikos, 2012, S. 102 ff.; *Schmolke*, RIW 2008, 365, 371 ff. Anwendung des nemo tenetur-Grundsatzes

Unternehmenswohl.[969] Über das Unternehmensinteresse hinaus führt man zudem an, dass eine spezifische gesetzliche Wertung, nämlich ein dem Kartellrecht zu entnehmendes Gebot der Effektivität und Beschleunigung der Kartellverfolgung, der Dreijahresfrist entgegenstehe.[970]

3. *Nichtanwendung bzw. Annullierung der Dreijahresfrist*

Große Teile der Literatur sprechen sich gegen die Dreijahresfrist aus und plädieren für eine teleologische Reduktion der Dreijahresfrist de lege lata oder für eine gänzliche Annullierung de lege ferenda.

a) *Nichtanwendung der Dreijahresfrist in Einzelfällen de lege lata*

Nach einer Ansicht soll die Dreijahresfrist de lege lata auf Grundlage einer teleologischen Reduktion oder tatbestandlichen Einschränkung punktuell nicht zur Anwendung gebracht werden, wenn ihr präsumierter Schutzzweck nicht einschlägig ist oder wenn überwiegende Unternehmenswohlbelange oder gesetzliche Wertungen entgegenstehen.[971] Eine teleologische Reduktion der

---

zu Gunsten des Vorstandsmitglieds befürwortend *Harbarth*, in: Liber Amicorum M. Winter, 2011, S. 215, 221 f.; *Hasselbach*, AG 2008, 770, 774. Dagegen *Hack*, Vorstandsverantwortlichkeit bei Kartellverstößen, 2011, S. 64 f.; *Konrads*, Entschärfung des Haftungsrisikos, 2012, S. 104 ff.

969 Mit Unternehmenswohl argumentierend, aber für Lösung über Nichtverfolgung an Stelle von Verzicht *Hasselbach/Seibel*, AG 2008, 770, 773 ff.: Inanspruchnahme des Kronzeugenprivilegs als überwiegender, zur Nichtverfolgung berechtigender Unternehmenswohlbelang. Ähnlich *Konrads*, Entschärfung des Haftungsrisikos, 2012, S. 174 ff.; *ders.*, ZWeR 2016, 429, 435 ff.: Nichtverfolgungsbeschluss aufgrund überwiegender Unternehmenswohlbelange und Aufhebung des Nichtverfolgungsbeschlusses nur bei fehlender Kooperation des Vorstandsmitglieds. Einschränkend *Fabisch*, ZWeR 2013, 91, 114: Nichtverfolgung zur Sicherung von Kooperationsbereitschaft, sofern keine finanzielle Schieflage der Gesellschaft. Ablehnend bezüglich Nichtverfolgung allein wegen Informations- und Beweisbedürfnisses *Dreher*, ZWeR 2009, 397, 419 f. Ablehnend bezüglich Nichtverfolgung zwecks Koordinierung der Verteidigungsstrategie *M. Zimmermann*, DB 2008, 687, 689 f. Für Einzelfallbetrachtung *U. Binder/Kraayvanger*, BB 2015, 1219, 1223.

970 So namentlich *Harbarth*, in: Liber Amicorum M. Winter, 2011, S. 215, 233 ff.

971 Zum Anwendungsbereich einer teleologischen Reduktion vgl. umfassend *Harbarth*, in: Liber Amicorum M. Winter, 2011, S. 215, 231, 235: Fallgruppenbildung einerseits oder Abwägungsentscheidung im Einzelfall andererseits. Ablehnend bezüglich teleologischer Reduktion unter geltender Rechtslage *Fleischer*, in: Spindler/Stilz, AktG, § 93 Rn. 284a; *J. Koch*, in: Hüffer/J. Koch, AktG, § 93 Rn. 77; *ders.*, in: FS W.H. Roth, 2015, S. 279, 293; *M. Zimmermann*, DB 2008, 687, 688.

Dreijahresfrist erwägt man, wenn der präsumtive Schutzzweck, vermögensmindernde Dispositionen zu verhindern, bevor Schaden und Pflichtverletzung überblickbar sind, nicht zutrifft, etwa weil das Schadensausmaß hinreichend überschaubar ist und eine genügende tatsächliche Vergleichsbasis besteht.[972] Weiter erörtert man eine teleologische Reduktion, wenn ein Zuwarten von drei Jahren mit überwiegenden Unternehmensinteressen kollidiert.[973] Schließlich zieht man eine teleologische Reduktion in Fällen in Erwägung, in denen die Dreijahresfrist mit Wertungen der Rechtsordnung, etwa dem kartellrechtlichen Beschleunigungsgrundsatz, konfligiert.[974]

b) Generelle Annullierung der Dreijahresfrist de lege ferenda

Über eine punktuelle teleologische Reduktion hinaus plädieren nicht wenige Stimmen für die generelle Annullierung der Dreijahresfrist de lege ferenda.[975] Begründet wird dies – zusätzlich zu den bereits angeführten Argumenten, insbesondere dem Mangel an einer autonomen Legitimationsbasis – mit der Singularität einer entsprechenden Sperrfrist im internationalen Vergleich[976] und mit

---

972 Für Nichtanwendung der Dreijahresfrist bei genügender Vergleichsbasis *Eßwein*, Privatautonome Gestaltung der Vorstandshaftung, 2015, S. 115 f. Ablehnend *M. Zimmermann*, DB 2008, 687, 688.

973 Für Nichtanwendung der Dreijahresfrist bei überwiegendem Gesellschaftsinteresse *Eßwein*, Privatautonome Gestaltung der Vorstandshaftung, 2015, S. 115 f.. Ablehnend wegen Rechtsunsicherheit einer Abwägung *Harbarth*, in: Liber Amicorum M. Winter, 2011, S. 215, 231.

974 Für sektorale, kartellrechtsspezifische Bereichsausnahme *Harbarth*, in: Liber Amicorum M. Winter, 2011, S. 215, 229 ff. Ablehnend *Fleischer*, AG 2015, 133, 139; *J. Koch*, in: Hüffer/J. Koch, AktG, § 93 Rn. 77. Für Lösung über Freistellung des Vorstandsmitglieds durch Dritten, etwa Konzernmutter, *J. Koch*, in: Hüffer/J. Koch, AktG, § 93 Rn. 77; *ders.*, in: FS W.H. Roth, 2015, S. 279, 293 f. Zu Freistellungszusagen Dritter gegenüber Vorstandsmitglied im Zusammenhang mit kartellrechtlichem Kronzeugenprogramm vgl. *Dreher*, ZWeR 2009, 397, 423 f.

975 So etwa *Fleischer*, WM 2005, 909, 918 f. In späterem Beitrag aber zwingenden Charakter der Dreijahresfrist hervorhebend *ders.*, AG 2015, 133, 139. Zudem für Annullierung der Dreijahresfrist de lege ferenda *Bayer*, NJW 2014, 2546, 2548; *Habersack*, ZHR 177 (2013), 782, 804; *Hopt*, in: FS W.H. Roth, 2015, S. 225, 229; *ders./M. Roth*, in: Großkomm. AktG, § 93 Rn. 505; *Mertens/Cahn*, in: KöKo AktG, § 93 Rn. 164; *Paefgen*, AG 2014, 554, 573 f.; *Reichert*, AG 2016, 677, 683 f.; DAV-Handelsrechtsausschuss, NZG 2010, 897, 898 f.; NZG 2011, 217, 221; NZG 2012, 380, 383; Beschlüsse des 70. DJT 2014, ZIP 2014, 1902, Ziffer 7a.

976 *Fleischer*, WM 2005, 909, 919; *Hopt/M. Roth*, in: Großkomm. AktG, § 93 Rn. 505.

dem Hinweis auf die Praxis, welche die Dreijahresfrist mittels einer Abtretung der Organhaftungsansprüche an einen nicht den Kautelen des § 93 Abs. 4 S. 3 AktG unterliegenden Dritten umgehe[977].

c) Dreijahresfrist zwingendes Recht

Ungeachtet der berechtigten rechtspolitischen Kritik hat sich der Gesetzgeber einer Annullierung der Dreijahresfrist bislang verschlossen. Die Dreijahresfrist soll der Rechtssicherheit dienen und sie verfolgt eine Ordnungsfunktion.[978] Im Ergebnis stellt die Dreijahresfrist zwingendes Recht dar, das bei rechtlichen Gestaltungen, die sich auf einen Verzicht oder Vergleich der Gesellschaft über Organhaftungsansprüche beziehen, nicht unbeachtet bleiben kann und auch einer teleologischen Reduktion nicht zugänglich ist.[979]

II. Verbot von Verzicht, Vergleich und sonstigen gleichstehenden Rechtshandlungen vor Ablauf von drei Jahren

Die Restriktionen des § 93 Abs. 4 S. 3 AktG und insbesondere die Dreijahresfrist müssen jedoch nur Berücksichtigung finden, wenn Rechtshandlungen im Raum stehen, die entweder explizit vom Normtext umfasst sind – dies sind Verzicht und Vergleich – oder die zwar nicht vom Wortlaut erfasst sind, aber den ausdrücklich benannten Rechtshandlungen gleichzustellen sind mit der Folge, dass der Schutzzweck von § 93 Abs. 4 S. 3 AktG aktiviert wird.

1. Erfasste Rechtshandlungen: Verzicht, Vergleich und sonstige gleichstehende Rechtshandlungen

§ 93 Abs. 4 S. 3 AktG bezieht sich gemäß seinem Wortlaut auf Verzichte und Vergleiche. Unter bestimmten Voraussetzungen soll der Einzugsbereich von § 93

---

977 *Fleischer*, in: Spindler/Stilz, AktG, § 93 Rn. 284a; *ders.*, WM 2005, 909, 919; *J. Koch*, in: Hüffer/J. Koch, AktG, § 93 Rn. 77. Bestehen solcher Praxis – jedenfalls in Bezug auf Großunternehmen – anzweifelnd *Hasselbach/Seibel*, AG 2008, 770, 772.

978 *Harbarth*, in: Liber Amicorum M. Winter, 2011, S. 215, 228, 229 ff. Ähnlich bereits RG, Urt. v. 19.05.1931 – II 434/30, RGZ 133, 33, 38: *„im öffentlichen Interesse erlassenes gesetzliches Verbot"*.

979 Ebenso oder ähnlich *Hasselbach*, DB 2010, 2037, 2039; *Mertens*, in: FS Fleck, 1977, S. 209, 210; *v. Schenck*, in: Semler/v. Schenck, Der AR, § 116 Rn. 617; *M. Zimmermann*, DB 2008, 687, 688.

Abs. 4 S. 3 AktG – entweder aufgrund einer großzügigen Auslegung[980] oder im Wege einer Analogie[981] – für andere Rechtshandlungen eröffnet sein.

a) Verzicht und Vergleich

§ 93 Abs. 4 S. 3 AktG umfasst mit dem Verzicht sowohl Erlass als auch negatives Schuldanerkenntnis gemäß § 397 BGB.[982] Mit dem Vergleich erfasst die Norm hauptsächlich den – gerichtlichen wie außergerichtlichen – Vergleich im Sinne von § 779 Abs. 1 BGB.[983] Der Verzicht ist durch das Erlöschen der Forderung im Wege einer Verfügung gekennzeichnet[984] und der Vergleich, der sich auch als Teilverzicht qualifizieren lässt, durch eine höhenmäßige Reduzierung des Anspruchs[985]. Sowohl Verzicht als auch Vergleich implizieren ein Nachgeben in Bezug auf den Forderungsbetrag und führen zu einem (zumindest teilweisen) Aufgeben der Forderung.[986] Das Aufgeben der Forderung erfolgt beim Verzicht stets im Wege einer Verfügung[987] und auch ein Vergleich enthält zumindest regelmäßig verfügende Elemente[988].

b) Sonstige gleichstehende Rechtshandlungen

Darüber hinaus erweitern Literatur und Rechtsprechung den Anwendungsbereich von § 93 Abs. 4 S. 3 AktG auf Rechtshandlungen, bei denen der

---

980 Die wohl herrschende Auffassung, die auf wirtschaftliche Vergleichbarkeit einer Rechtshandlung abhebt, scheint bereits Einzugsbereich von § 93 Abs. 4 S. 3 AktG an sich für eröffnet zu halten. Siehe exemplarisch *Mertens/Cahn*, in: KöKo AktG, § 93 Rn. 171: *„Über den Wortlaut der Vorschrift hinaus erfasst Abs. 4 Satz 3 Rechtsgeschäfte betreffend Ersatzansprüche gegen Vorstandsmitglieder, die wirtschaftlich einem Verzicht oder Vergleich entsprechen."*

981 Sofern man mit *Eßwein*, Privatautonome Gestaltung der Vorstandshaftung, 2015, S. 100 ff. methodische Absicherung über Analogie fordert.

982 *Fleischer*, in: Spindler/Stilz, AktG, § 93 Rn. 286; *Harbarth*, in: Liber Amicorum M. Winter, 2011, S. 215, 224; *Hölters*, in: Hölters, AktG, § 93 Rn 308; *Hopt/M. Roth*, in: Großkomm. AktG, § 93 Rn. 527; *Krieger/Sailer-Coceani*, in: K. Schmidt/Lutter, AktG, § 93 Rn. 64; *Mertens/Cahn*, in: KöKo AktG, § 93 Rn. 170; *Spindler*, in: MüKo AktG, § 93 Rn. 250.

983 *Hölters*, in: Hölters, AktG, § 93 Rn. 308; *Hopt/M. Roth*, in: Großkomm. AktG, § 93 Rn. 527; *Mertens/Cahn*, in: KöKo AktG, § 93 Rn. 170; *Spindler*, in: MüKo AktG, § 93 Rn. 250.

984 *Hölters*, in: Hölters, AktG, § 93 Rn 308.

985 *Hölters*, in: Hölters, AktG, § 93 Rn 308.

986 *Eßwein*, Privatautonome Gestaltung der Vorstandshaftung, 2015, S. 97, 105, 106 f.

987 *Schlüter*, in: MüKo BGB, § 397 Rn. 6; *Schulze*, in: Schulze, BGB, § 397 Rn. 4.

988 Vgl. *Habersack*, in: MüKo BGB, § 779 Rn. 31 ff.; *Marburger*, in: Staudinger, BGB, § 779 Rn. 40 ff.; *Schulze*, in: Schulze, BGB, § 779 Rn. 1.

Schutzzweck – Schutz der Gesellschaft vor vermögensmäßigen Verlusten in Bezug auf den Organhaftungsanspruch – aktiviert wird. Die herrschende Auffassung hebt auf den Aspekt der wirtschaftlichen Vergleichbarkeit ab.[989] Maßgebend soll sein, ob die Rechtshandlung zu einem Ausschluss oder zu einer höhenmäßigen Minderung des Anspruchs führt und ob wenigstens die Verfolgung des Anspruchs ganz oder teilweise ausgeschlossen wird.[990] Es lässt sich insbesondere darauf abheben, ob dem Gläubiger, also der Aktiengesellschaft, die Möglichkeit der einseitigen Anspruchsgeltendmachung genommen wird.[991] Der Ausschluss der Möglichkeit, den Anspruch geltend zu machen, darf jedoch nicht auf den bloßen Verjährungseintritt infolge eines rein tatsächlichen Unterlassens der Geltendmachung zurückzuführen sein.[992]

Die Einordnung von Stundung[993] und pactum de non petendo[994] als verzichtsähnliche Rechtshandlungen verdeutlicht, dass es unter Zugrundelegung der

---

989 OLG München, Urt. v. 30.03.2017 – 23 U 3159/16, Rn. 38; *Fleischer*, in: Spindler/Stilz, AktG, § 93 Rn. 287; *ders.*, WM 2005, 909, 918; *Hasselbach/Seibel*, AG 2008, 770, 772; *Haßler*, AG 2016, 388, 391; *Hirte/Stoll*, ZIP 2010, 253, 254; *Hölters*, in: Hölters, AktG, § 93 Rn. 309; *J. Koch*, in: Hüffer/J. Koch, AktG, § 93 Rn. 77; *Krieger/Sailer-Coceani*, in: K. Schmidt/Lutter, AktG, § 93 Rn. 64; *Mertens/Cahn*, in: KöKo AktG, § 93 Rn. 171; *Rahlmeyer/Fassbach*, GWR 2015, 331, 335; *v. Schenck*, in: Semler/v. Schenck, Der AR, § 116 Rn. 618; *Schnorbus/Klormann*, NZG 2015, 938, 944; *Seyfarth*, VorstandsR, § 23 Rn. 129; *Spindler*, in: MüKo AktG, § 93 Rn. 261; *Wigand*, Verzicht, Vergleich und sonstige Haftungsbeschränkungen, 2012, S. 330.

990 *S. Binder*, Grenzen der Vorstandshaftung, 2016, S. 189; *Hopt/M. Roth*, in: Großkomm. AktG, § 93 Rn. 528; *v. Schenck*, in: Semler/v. Schenck, Der AR, § 116 Rn. 618.

991 Reversibilität der Entscheidung für Nichteinordnung als verzichtsähnlich betonend *S. Binder*, Grenzen der Vorstandshaftung, 2016, S. 180 f.; *Hasselbach/Seibel*, AG 2008, 770, 773; *Schnorbus/Klormann*, NZG 2015, 938, 944.

992 Zur fehlenden Gleichstellung von Anspruchsverzicht und rein tatsächlicher Nichtgeltendmachung vgl. *Reichert*, in: FS Hommelhoff, 2012, S. 907, 912 f., 917 ff.

993 OLG Düsseldorf, Urt. v. 17.11.1988 – 8 U 52/88, AG 1989, 361, 362; *Fleischer*, in: Spindler/Stilz, AktG, § 93 Rn. 287; *Hopt/M. Roth*, in: Großkomm. AktG, § 93 Rn. 528; *J. Koch*, in: Hüffer/J. Koch, AktG, § 93 Rn. 77; *Krieger/Sailer-Coceani*, in: K. Schmidt/Lutter, AktG, § 93 Rn. 64; *Mertens/Cahn*, in: KöKo AktG, § 93 Rn. 171; *Spindler*, in: MüKo AktG, § 93 Rn. 261. Skeptisch bezüglich genereller Einordnung der Stundung als verzichtsähnlich *Eßwein*, Privatautonome Gestaltung der Vorstandshaftung, 2015, S. 92, 93, 100 f. Insofern ebenfalls differenzierend *v. Schenck*, in: Semler/v. Schenck, Der AR, § 116 Rn. 624.

994 *Fleischer*, in: Spindler/Stilz, AktG, § 93 Rn. 287; *Hopt/M. Roth*, in: Großkomm. AktG, § 93 Rn. 528; *J. Koch*, in: Hüffer/J. Koch, AktG, § 93 Rn. 77; *Mertens/Cahn*, in: KöKo AktG, § 93 Rn. 171.

herrschenden Auffassung für die Gleichstellung einer Rechtshandlung mit Verzicht oder Vergleich nicht maßgebend sein soll, ob der Anspruch in seinem Bestand berührt wird oder ob lediglich die Anspruchsgeltendmachung betroffen ist.

Bei der Stundung wird die Fälligkeit der Forderung hinausgeschoben[995] mit der Folge, dass der Schuldner die Leistung verweigern kann, solange sie nicht fällig ist, und der Gläubiger die Leistung in dem Zeitraum, in dem sie nicht fällig ist, nicht durchsetzen kann. Beim pactum de non petendo wird vereinbart, den Anspruch zeitweise nicht geltend zu machen.[996] Der Schuldner wird berechtigt, die Leistung zu verweigern und ein Prozesshindernis geltend zu machen[997], während der Gläubiger gehindert wird, die Forderung jederzeit durchzusetzen[998]. In beiden Fällen verliert der Gläubiger die Möglichkeit, den Anspruch (jederzeit) geltend zu machen.[999]

Obgleich Stundung und pactum de non petendo die Forderung in ihrem Bestand unangetastet lassen[1000] und sie lediglich die Anspruchsdurchsetzung in der Weise betreffen, dass der Gläubiger den Anspruch nicht jederzeit geltend machen kann, ordnet man beide Rechtshandlungen wirtschaftlich betrachtet als Teilverzicht[1001] bzw. als befristeten Verzicht[1002] ein. Für die Gleichstellung

995 BGH, Urt. v. 24.10.1990 – VIII ZR 305/89, Rn. 12, NJW-RR 1991, 822; BGH, Beschl. v. 25.03.1998 – VIII ZR 298/97, Rn. 10, NJW 1998, 2060, 2061; BGH, Urt. v. 06.04.2000 – IX ZR 2/98, Rn. 23, NJW 2000, 2580, 2582; *Grothe*, in: MüKo BGB, § 205 Rn. 3.

996 Vgl. BGH, Urt. v. 29.01.2014 – XII ZB 303/13, Rn. 48, NJW 2014, 1101, 1106; *Grothe*, in: MüKo BGB, § 205 Rn. 5; *Krüger*, in: MüKo BGB, § 271 Rn. 18.

997 BGH, Urt. v. 28.11.1972 – VI ZR 126/71, Rn. 23, NJW 1973, 316, 317; BGH, Urt. v. 21.02.1983 – VIII ZR 4/82, Rn. 21, NJW 1983, 2496, 2497; BGH, Urt. v. 14.11.1991 – IX ZR 31/91, Rn. 14, NJW 1992, 836; BGH, Urt. v. 23.04.1998 – III ZR 7/97, Rn. 28, NJW 1998, 2274, 2277; BGH, Urt. v. 27.01.1999 – XII ZR 113/97, Rn. 21, NJW 1999, 1101, 1103; *Grothe*, in: MüKo BGB, § 205 Rn. 5.

998 *Grothe*, in: MüKo BGB, § 205 Rn. 5. Vgl. auch BGH, Urt. v. 23.04.1998 – III ZR 7/97, Rn. 28, NJW 1998, 2274, 2277.

999 Für das pactum de non petendo: *Grothe*, in: MüKo BGB, § 205 Rn. 5. Zur Bedeutsamkeit der Möglichkeit einseitiger Anspruchsgeltendmachung durch den Gläubiger vgl. *Schnorbus/Klormann*, NZG 2015, 938, 944.

1000 Dies ebenfalls in Bezug auf das pactum de non petendo betonend BGH, Urt. v. 29.01.2014 – XII ZB 303/13, Rn. 48, NJW 2014, 1101, 1106; BGH, Urt. v. 30.09.2015 – XII ZB 1/15, Rn. 13, NJW 2015, 3715, 3716.

1001 OLG München, Urt. v. 30.03.2017 – 23 U 3159/16, Rn. 38. Für die Stundung: *Fleischer*, in: Spindler/Stilz, AktG, § 93 Rn. 287; *Hölters*, in: Hölters, AktG, § 93 Rn 309; *Hopt/M. Roth*, in: Großkomm. AktG, § 93 Rn. 528.

1002 Für die Stundung: *Emmerich*, in: Emmerich/Habersack, Aktien- und GmbH-Konzernrecht, § 302 Rn. 40c: *„temporäre(r) Verzicht auf den Ausgleichsanspruch“*. Für das

einer Rechtshandlung mit den in § 93 Abs. 4 S. 3 AktG ausdrücklich benannten Rechtshandlungen soll es genügend und maßgebend sein, dass eine Einrede bzw. ein Leistungsverweigerungsrecht gegenüber dem Anspruch begründet wird.[1003] Hierbei wird regelmäßig nicht differenziert, ob die Einrede bzw. das Leistungsverweigerungsrecht dauerhafter oder vorübergehender Natur ist[1004].

2. Reichweite des Verbots von verzichts- und vergleichsbezogenen Handlungen vor Ablauf von drei Jahren

In Frage steht, ob bzw. welche Vereinbarungen, die sich auf einen späteren Vergleich der Gesellschaft mit dem Vorstandsmitglied über Organhaftungsansprüche beziehen und einen solchen einzuleiten suchen, in den Anstellungsvertrag

---

pactum de non petendo: BGH, Urt. v. 23.04.1998 – III ZR 7/97, Rn. 28, NJW 1998, 2274, 2277; BGH, Urt. v. 27.01.1991 – XII ZR 113/97, Rn. 21, NJW 1999, 1101, 1103.

1003 In Bezug auf einen Verzicht auf Trennungsunterhalt gemäß §§ 1361 Abs. 4 S. 4, 1360a Abs. 3 i.V.m. § 1614 BGB vgl. BGH, Urt. v. 29.01.2014 – XII ZB 303/13, Rn. 48, NJW 2014, 1101, 1106: *„Ein sogenanntes pactum de non petendo, d.h. die Verpflichtung oder das Versprechen, Trennungsunterhalt [einen Anspruch] nicht geltend zu machen, berührt zwar den Bestand des Unterhaltsanspruches [des Anspruches] nicht, doch begründet dieses eine Einrede gegen den Unterhaltsanspruch [gegen den Anspruch], die wirtschaftlich zu dem gleichen Ergebnis führt wie ein Unterhaltsverzicht [wie ein Verzicht auf den Anspruch]. Die ganz herrschende Meinung sieht daher in einem pactum de non petendo zu Recht ein unzulässiges und daher unwirksames Umgehungsgeschäft.“* Beinahe wortlautgetreu BGH, Urt. v. 30.09.2015 – XII ZB 1/15, Rn. 13, NJW 2015, 3715, 3716: *„Ein solches, nämlich die Verpflichtung oder das Versprechen des unterhaltsberechtigten Ehegatten, Trennungsunterhalt [einen Anspruch] nicht geltend zu machen, berührt zwar den Bestand des Unterhaltsanspruchs [des Anspruchs] nicht, begründet aber eine Einrede gegen den Unterhaltsanspruch [gegen den Anspruch], die wirtschaftlich zu dem gleichen Ergebnis führt wie ein Unterhaltsverzicht [wie ein Verzicht auf den Anspruch]. Deshalb ist in einem pactum de non petendo ein unzulässiges und daher unwirksames Umgehungsgeschäft zu sehen.“* Siehe auch – für Fall einer Schiedsgutachtervereinbarung – OLG München, Urt. v. 30.03.2017 – 23 U 3159/16, Rn. 39: *„(…) führt eine Schiedsgutachtervereinbarung dazu, dass eine vor Vorliegen des Gutachtens erhobene Klage als derzeit unbegründet abgewiesen würde.“*

1004 Vgl. etwa *Dachner*, Der Abwendungsvergleich, 2013, S. 96 f.; *Herrler*, in: MüKo GmbHG, § 9b Rn. 17; *Tebben*, in: Michalski, GmbHG, § 9b Rn. 3. Zudem RG, Urt. v. 19.05.1931 – II 434/30, RGZ 133, 33, 38, das auf Möglichkeit jederzeitiger Anspruchsgeltendmachung abhebt. Anderer Ansicht und zwischen kürzeren und längeren Hemmnissen für Anspruchsgeltendmachung differenzierend *Bärenz/Fragel*, in: FS Görg, 2010, S. 13, 19; *Veil*, in: Scholz, GmbHG, § 9b Rn. 6.

aufgenommen werden können. Um dies zu beantworten, ist relevant, welche vergleichsbezogenen Handlungen vor Ablauf von drei Jahren nach Anspruchsentstehung untersagt sind. Diese Problematik deckt sich zum Teil mit der Untersuchung, welche Rechtshandlungen – im Wege einer wirtschaftlichen Betrachtung oder einer Analogiebildung – den Voraussetzungen des § 93 Abs. 4 S. 3 AktG (gegebenenfalls analog) zu unterstellen sind. Hier soll ein Vergleich initiiert werden, der bereits vom Wortlaut des § 93 Abs. 4 S. 3 AktG umfasst ist. Aus diesem Grund liegt die potenzielle Verzichtsähnlichkeit einer entsprechenden anstellungsvertraglichen Regelung bereits nahe. Die Frage, ob bzw. welche anstellungsvertraglichen Regelungen mit Bezug zu einem Vergleich § 93 Abs. 4 S. 3 AktG unterfallen mit der Folge, dass sie vor Ablauf von drei Jahren nach Anspruchsentstehung unzulässig sind, wird isoliert an dieser Stelle und unter Rekurs auf ein Urteil des RG, das insofern nicht an Relevanz eingebüßt hat, behandelt. Die Einordnung einer Regelung, die sich auf einen Vergleich über Organhaftungsansprüche bezieht, als eine den ausdrücklich in § 93 Abs. 4 S. 3 AktG benannten Rechtshandlungen gleichstehende Rechtshandlung ist insofern relevant, als im dritten Kapitel gezeigt worden ist, dass vermögensrelevante Dispositionen mit Bezug zu Organhaftungsansprüchen vor deren Entstehung einer Zustimmung durch die Hauptversammlung nicht zugänglich sind und sich die Hauptversammlungszustimmung nicht auf die abstrakten Gefahren einer Vorabdisposition zu beziehen vermag.

a) Urteil des Reichsgerichts vom 19.05.1931

Als Interpretationshilfe für die Auslegung von § 93 Abs. 4 S. 3 AktG lässt sich ein Urteil des RG, das im Jahr 1931 in Bezug auf Vergleiche im Rahmen der Gründerhaftung ergangen ist, fruchtbar machen.[1005] Das RG hatte sich mit der in § 205 HGB a.F. statuierten Fünfjahresfrist auseinanderzusetzen. Ungeachtet seiner Betagtheit büßt das Urteil nicht an Relevanz für die Auslegung heutiger Normen, die ein temporäres Verzichts- und Vergleichsverbot beinhalten, ein.

In dem vom RG zu entscheidenden Fall stellte sich die Frage, ob vor Ablauf der fünfjährigen Sperrfrist gemäß § 205 HGB a.F. Vergleiche und Verzichtsleistungen zwischen Aktiengesellschaft und Gesellschafter im Zusammenhang mit der Gründerhaftung zulässig sind, wenn vorbehalten ist, nach Ablauf von fünf Jahren die Genehmigung der Generalversammlung einzuholen, und wenn eine solche Genehmigung auch erteilt wird.

1005 RG, Urt. v. 19.05.1931 – II 434/30, RGZ 133, 33.

Das RG urteilte, Vergleiche und Verzichtsleistungen vor Ablauf der Fünfjahresfrist seien unzulässig.[1006] Es sei *„(…) jede Bindung der Aktiengesellschaft, durch welche sie gehindert wird, die Ansprüche aus der Gründerhaftung jederzeit geltend zu machen, unzulässig (…).“*[1007] Selbst eine *„zwischenzeitliche, nur bedingte Bindung der Gesellschaft“* sei nicht zulässig.[1008]

Die Unzulässigkeit von Bindungen, die an der jederzeitigen Geltendmachung von Ansprüchen, die der Gesellschaft zustehen, hindern, begründete das RG mit dem Sinn und Zweck der Sperrfrist. Die Sperrfrist solle sicherstellen, dass Rechtshandlungen, die das Gesellschaftsvermögen mindern, durch die Gesellschaftsorgane erst wirksam vorgenommen werden können, *„(…) wenn seit der Entstehung der Aktiengesellschaft ein so großer Zeitraum verstrichen ist, daß (sic) einerseits das Vorhandensein von Haftungsansprüchen übersehen werden kann, andererseits zu vermuten ist, es habe der Einfluss der Gründer auf die Gesellschaft aufgehört oder er werde so geschwächt sein, daß (sic) bei einem Vergleich oder Verzicht die Wahrung der Interessen der Gesellschaft tunlichst gewährleistet sei.“*[1009] Es solle nicht die strenge Haftung der Gründer durch eine vorzeitige Enthaftung vereitelt werden.[1010] Die Gesellschaftsorgane treffe die Verpflichtung, Ansprüche der Gesellschaft gegen die Gründer zu verfolgen.[1011] Die Sperrfrist stelle *„ein im öffentlichen Interesse erlassenes gesetzliches Verbot“* dar.[1012]

Im Ergebnis schlussfolgerte das RG, es sei *„(…) höchstens ein Vertrag, durch den die Gesellschaft einen endgültigen Verzicht für den Fall der späteren Genehmigung durch die Generalversammlung nur ganz unverbindlich in Aussicht stellte und allein der Vertragsgegner die Gegenleistung bindend zusicherte (…)“* zulässig.[1013] In diesem Fall würde der Vertragsgegner allein eine Leistung vollbringen und ein für einen Vergleich charakteristisches gegenseitiges Nachgeben liege nicht vor, so dass in materieller Hinsicht nicht von einem Vergleich gesprochen werden könne. Das RG betonte dementsprechend: *„Ein solcher Vertrag, der im Verhältnis zwischen Gründer und Aktiengesellschaft nicht als Vergleich bezeichnet*

1006 RG, Urt. v. 19.05.1931 – II 434/30, RGZ 133, 33, 38.
1007 RG, Urt. v. 19.05.1931 – II 434/30, RGZ 133, 33, 38.
1008 RG, Urt. v. 19.05.1931 – II 434/30, RGZ 133, 33, 38.
1009 RG, Urt. v. 19.05.1931 – II 434/30, RGZ 133, 33, 38.
1010 RG, Urt. v. 19.05.1931 – II 434/30, RGZ 133, 33, 38.
1011 RG, Urt. v. 19.05.1931 – II 434/30, RGZ 133, 33, 39.
1012 RG, Urt. v. 19.05.1931 – II 434/30, RGZ 133, 33, 38.
1013 RG, Urt. v. 19.05.1931 – II 434/30, RGZ 133, 33, 39.

werden könnte, da er kein gegenseitiges Nachgeben enthielte, kommt aber im Geschäftsleben nicht vor (…).“[1014]

b) Bedeutung des Urteils für die Dreijahresfrist gemäß § 93 Abs. 4 S. 3 AktG

Das Urteil des RG ist nicht in Bezug auf die Dreijahresfrist in § 93 Abs. 4 S. 3 AktG, die Verzichte und Vergleiche über Organhaftungsansprüche der Gesellschaft vor Ablauf von drei Jahren verbietet, ergangen, sondern in Bezug auf die Fünfjahresfrist in § 205 HGB a.F., die sich auf Gründungsansprüche der Gesellschaft bezog. Die vom RG im Hinblick auf die Fünfjahresfrist entwickelte Argumentation kann jedoch für die Dreijahresfrist in § 93 Abs. 4 S. 3 AktG fruchtbar gemacht werden.

Nach der Ansicht des RG sichere die Sperrfrist die Ansprüche der Gesellschaft im Zusammenhang mit der streng ausgestalteten Gründungshaftung ab, die von den Gesellschaftsorganen zu verfolgen seien. Die Innenhaftung von Vorstandsmitgliedern gemäß § 93 Abs. 2 AktG ist – wie die Gründungshaftung – äußerst streng ausgestaltet und das Aktiengesetz trifft an vielfacher Stelle Vorkehrungen, welche die strenge Haftung abzusichern suchen.[1015] Auch die Anforderungen des § 93 Abs. 4 S. 3 AktG und insbesondere die Dreijahresfrist dienen der Absicherung der Vorstandshaftung. Zudem trifft den Aufsichtsrat – ebenso wie die Gesellschaftsorgane in Bezug auf Gründungsansprüche in dem vom RG zu entscheidenden Fall – eine Verfolgungspflicht im Hinblick auf Organhaftungsansprüche der Gesellschaft gegen das Vorstandsmitglied. Die im Hinblick auf die Sperrfrist gemäß § 205 HGB a.F. vom RG angeführten Erwägungen, die auf die Strenge der Haftung und die diesbezügliche Verfolgungspflicht abheben, treffen in ähnlicher Weise auf die Vorstandshaftung und auf die Dreijahresfrist gemäß § 93 Abs. 4 S. 3 AktG zu.

III. Vorwegregelung von vergleichsbezogenen Handlungen

Sowohl die Frage, wann eine verzichtsähnliche Rechtshandlung vorliegt – wovon im Fall von Stundung und pactum de non petendo ausgegangen wird –, als auch die Frage, welche vergleichsbezogenen Handlungen vor Ablauf der Dreijahresfrist unzulässig sind – diesbezüglich gibt das Urteil des RG Anhaltspunkte –, sind von Bedeutung, soll untersucht werden, welche Regelungen mit Bezug zu einem künftigen Vergleich der Gesellschaft mit dem Vorstandsmitglied über Organhaftungsansprüche zulässig sind.

1014 RG, Urt. v. 19.05.1931 – II 434/30, RGZ 133, 33, 39.
1015 Vgl. etwa §§ 142 ff. AktG, § 147 AktG und § 148 AktG.

1. *Verpflichtung zum Abschluss eines Vergleichs*

Erwägt man, in den Anstellungsvertrag eine Verpflichtung zum Abschluss eines Vergleichs aufzunehmen[1016], so erweist sich dies als sehr problematisch. In dem Zeitpunkt, in dem der Anstellungsvertrag geschlossen wird, ist der Haftungsfall noch nicht eingetreten. Ein diesbezüglicher Streit oder eine diesbezügliche Ungewissheit können noch nicht zu Tage getreten sein und ein gegenseitiges Nachgeben in Bezug auf den konkreten Einzelfall ist nicht möglich.

Entsteht der Gesellschaft im Zusammenhang mit der Vorstandstätigkeit ein Schaden, so lassen sich Streitigkeiten und Ungewissheiten regelmäßig antizipieren. Dementsprechend ließe sich ein auf typisierte Streitigkeiten und Ungewissheiten bezogenes gegenseitiges Nachgeben in Erwägung ziehen. Sowohl eine Regelung, die unter Zugrundelegung typisierter Erwägungen einen bestimmten Vergleichsinhalt vorgibt, als auch eine Regelung, die zum Abschluss eines Vergleichs verpflichtet, ohne diesbezüglich konkrete inhaltliche Vorgaben zu machen – eine Verpflichtung zu einem konkretisierungsbedürftigen, angemessenen Vergleich kommt gleichsam in Betracht –, wären denkbar.

Legt man § 93 Abs. 4 S. 3 AktG in dem Sinne aus, dass ein vermögensmäßiger Schutz in Bezug auf die konkrete Schadensersatzforderung erzielt werden soll, so könnte man insbesondere die Verpflichtung zu einem angemessenen Vergleich in Erwägung ziehen. Denn das konkretisierungsbedürftige Kriterium der Angemessenheit würde die Möglichkeit, eine das Gesellschaftsvermögen wahrende Disposition zu treffen, vermitteln.

Allerdings ist zu berücksichtigen, dass die Verpflichtung zum Abschluss eines Vergleichs sich in gewisser Weise als Vergleichsvereinbarung vor Ablauf der Dreijahresfrist darstellen würde. Dem Urteil des RG ist jedoch zu entnehmen, dass vor Ablauf der Dreijahresfrist keine vergleichsbezogenen Vereinbarungen materiellen Gehalts getroffen werden dürfen und dass insbesondere kein Nachgeben auf Seiten der Gesellschaft erfolgen darf.[1017] Auch das aktuelle Schrifttum, das sich insofern im Einklang mit dem Urteil des RG befindet, evaluiert verbindliche Vereinbarungen mit Bezug zum Vergleich vor Ablauf von drei Jahren als unzulässig[1018], während aber unverbindliche Vergleichsgespräche vor Ablauf der Dreijahresfrist geführt werden und unverbindliche Verständigungen erfolgen

1016 Vgl. die Formulierungen im vierten Kapitel unter B. II.

1017 Vgl. RG, Urt. v. 19.05.1931 – II 434/30, RGZ 133, 33, 39. Ebenso *K. Zimmermann*, in: FS Duden, 1977, S. 773, 780.

1018 *Fleischer*, AG 2015, 133, 139; *Krieger*, in: Krieger/U.H. Schneider, Hdb. Managerhaftung, § 3 Rn. 44.

dürften.[1019] Sowohl Bindungen, die das Ob eines Vergleichs überhaupt betreffen, als auch Bindungen, die einen inhaltlich konkretisierten Vergleich vorgeben, sind angesichts dessen vor Ablauf von drei Jahren unzulässig. Vorzeitiger Vergleich und vorzeitiger Verzicht vor Ablauf der Dreijahresfrist sind nichtig.[1020] Auch nach Ablauf von drei Jahren tritt keine Heilung ein.[1021] Dies gilt selbst dann, wenn die Wirksamkeit von Verzicht oder Vergleich unter den Vorbehalt der Zustimmung der Hauptversammlung nach Ablauf von drei Jahren gestellt worden ist.[1022] Ein vorzeitiger Verzicht oder Vergleich ist einer Umdeutung in eine Verpflichtung zur Nichtinanspruchnahme bis zum Fristablauf verbunden mit einem Hauptversammlungsbeschluss nach Fristablauf nicht zugänglich.[1023] Nach dem Ablauf der Dreijahresfrist bedarf es einer Neuvornahme, die auch im Wege der Bestätigung gemäß § 141 BGB erfolgen kann.[1024]

Daraus, dass vor Ablauf der Dreijahresfrist keine verbindlichen verzichts- oder vergleichsbezogenen Vereinbarungen abgeschlossen werden dürfen, ergibt sich, dass in den Anstellungsvertrag keine Regelung aufgenommen werden kann, nach welcher der Aufsichtsrat namens der Gesellschaft – unter zu konkretisierenden Voraussetzungen – einen Vergleich abschließen wird.[1025] Es darf weder eine Bindung im Hinblick auf den Inhalt eines zu schließenden Vergleichs noch im Hinblick auf das Ob eines Vergleichs erfolgen.

1019 *Fleischer*, AG 2015, 133, 139; *Krieger*, in: Krieger/U.H. Schneider, Hdb. Managerhaftung, § 3 Rn. 44; *ders./Sailer-Coceani*, in: K. Schmidt/Lutter, AktG, § 93 Rn. 65. Ähnlich, aber wohl weitergehend *Hopt/M. Roth*, in: Großkomm. AktG, § 93 Rn. 521: Vergleichsgespräche und Vereinbarung des Vergleichs in Einzelheiten vor Fristablauf.

1020 *Fleischer*, AG 2015, 133, 139; *Haas/Wigand*, in: Krieger/Schneider, Hdb. Managerhaftung, § 16 Rn. 67; *Hopt/M. Roth*, in: Großkomm. AktG, § 93 Rn. 533; *Lange*, D&O-Versicherung, § 19 Rn. 50; *Mertens/Cahn*, in: KöKo AktG, § 93 Rn. 174; *Wigand*, Verzicht, Vergleich und sonstige Haftungsbeschränkungen, 2012, S. 330.

1021 *Hopt/M. Roth*, in: Großkomm. AktG, § 93 Rn. 533; *Mertens/Cahn*, in: KöKo AktG, § 93 Rn. 174.

1022 *Hölters*, in: Hölters, AktG, § 93 Rn. 311; *Hopt/M. Roth*, in: Großkomm. AktG, § 93 Rn. 533; *Mertens*, in: FS Fleck, 1977, S. 209, 212; *K. Zimmermann*, in: FS Duden, 1977, S. 773, 780.

1023 *Hölters*, in: Hölters, AktG, § 93 Rn. 311; *Lange*, D&O-Versicherung, § 19 Rn. 50.

1024 *Mertens/Cahn*, in: KöKo AktG, § 93 Rn. 174; *Spindler*, in: MüKo AktG, § 93 Rn. 254; *Wigand*, Verzicht, Vergleich und sonstige Haftungsbeschränkungen, 2012, S. 330.

1025 Demnach sind die beiden ersten Formulierungen im vierten Kapitel unter B. II. unzulässig.

Aus den gleichen Gründen wie den soeben geschilderten muss man eine Verpflichtung des Aufsichtsrats, dem Vorstandsmitglied – unter zu konkretisierenden Voraussetzungen – einen verbindlichen Vorschlag bzw. ein Angebot zum Abschluss eines Vergleichs im Haftungsfall zu unterbreiten, als unzulässig evaluieren.[1026] Auch eine solche Regelung würde insofern, als das Vorstandsmitglied den Vorschlag des Aufsichtsrats nur noch annehmen müsste, um den Vergleich herbeizuführen, bereits ein Nachgeben seitens der Gesellschaft beinhalten.

2. *Verpflichtung zu Beschlussvorschlag gegenüber der Hauptversammlung*

Denkbar ist weiter eine Regelung, wonach der Aufsichtsrat verpflichtet sein soll, der Hauptversammlung nach Ablauf der Dreijahresfrist einen Beschlussvorschlag gemäß § 124 Abs. 3 S. 1 AktG im Hinblick auf ihre Zustimmung zu einem Haftungsvergleich zwischen Gesellschaft und Vorstandsmitglied zu unterbreiten.[1027] In der Literatur findet sich zumindest vereinzelt die explizite Aussage, eine Verpflichtung des Aufsichtsrats, der Hauptversammlung nach Ablauf von drei Jahren einen Vergleichsvorschlag zu unterbreiten, sei ebenso wenig zulässig sei wie die Verpflichtung zu einem Vergleich oder zu einem Verzicht.[1028]

Die Gleichsetzung des Beschlussvorschlags des Aufsichtsrats gegenüber der Hauptversammlung in Bezug auf einen Haftungsvergleich zwischen Gesellschaft und Vorstandsmitglied über Organhaftungsansprüche vor Ablauf von drei Jahren mit dem unzulässigen Abschluss eines Vergleichs vor Ablauf von drei Jahren ist sachgerecht. Zwar beinhaltet eine Verpflichtung des Aufsichtsrats, der Hauptversammlung einen bestimmten Beschlussvorschlag im Hinblick auf einen Vergleich zu unterbreiten, nicht direkt bereits ein Nachgeben seitens der Gesellschaft. Allerdings ist ein Nachgeben der Gesellschaft indirekt mitenthalten, da eine entsprechende Verpflichtung impliziert, dass ein Nachgeben im Wege eines Vergleichs erfolgen wird.

Bei der Beurteilung der Zulässigkeit vergleichsbezogener Verpflichtungen soll es nach der Ansicht des RG darauf ankommen, ob die (jederzeitige) Möglichkeit zur Anspruchsgeltendmachung behindert wird. Da den Aufsichtsrat angesichts des Fehlens einer dem § 83 Abs. 2 AktG entsprechenden Norm grundsätzlich keine Folgepflicht gegenüber der Hauptversammlung trifft[1029],

---

1026 Die beiden letzten Formulierungen im vierten Kapitel unter B. II. sind ebenfalls unzulässig.

1027 Vgl. die Formulierungen im vierten Kapitel unter B. III.

1028 *Weller/Rahlmeyer*, GWR 2014, 167, 168.

1029 Vgl. die Ausführungen im vierten Kapitel unter D. V. 2. a).

könnte man negieren, dass der Aufsichtsrat infolge einer Verpflichtung zu einem Beschlussvorschlag gegenüber der Hauptversammlung hinsichtlich eines Haftungsvergleichs bereits zu einem Vergleich verpflichtet und insofern an einer Anspruchsgeltendmachung gehindert wird. Allerdings ist zu berücksichtigen, dass sich der Aufsichtsrat widersprüchlich verhielte, unterbreitete er der Hauptversammlung zunächst einen Vorschlag und setzte er den Vergleich nach Zustimmung durch die Hauptversammlung nicht um. Die Verpflichtung des Aufsichtsrats zu einem (bestimmten) Beschlussvorschlag gegenüber der Hauptversammlung in Bezug auf einen Vergleich impliziert beinahe bereits ebenso ein gegenseitiges Nachgeben wie die Verpflichtung zum Abschluss eines Vergleichs.

Weiter ist der folgende, die Entscheidungsautonomie des Aufsichtsrats betreffende Gedanke zu berücksichtigen: Zwischen der Verpflichtung des Aufsichtsrats zum Abschluss eines Vergleichs und der Verpflichtung zu einem Beschlussvorschlag gegenüber der Hauptversammlung besteht insofern ein Unterschied, als es sich beim Vorschlag gegenüber der Hauptversammlung um eine einseitige Handlung des Organs Aufsichtsrat handelt, während der Vergleich ein zweiseitiges Rechtsgeschäft zwischen der durch den Aufsichtsrat vertretenen Gesellschaft und dem Vorstandsmitglied darstellt. Wollte man die im Rahmen der Frage von Vorwegbindungen des Vorstands anzutreffende Differenzierung zwischen Verpflichtungen, die sich auf spezifische Organpflichten beziehen, und Verpflichtungen, die zwar von einem Organ umzusetzen sind, die aber die Gesellschaft treffen[1030], berücksichtigen, so wäre eine Verpflichtung des Aufsichtsrats, der Hauptversammlung einen Vorschlag zu unterbreiten, als noch problematischer einzuordnen als eine Verpflichtung zu einem Vergleich.

Im Ergebnis kann in den Anstellungsvertrag keine Regelung aufgenommen werden, die den Aufsichtsrat verpflichtet, der Hauptversammlung einen Vorschlag zur Beschlussfassung im Hinblick auf einen Vergleich zwischen Gesellschaft und Vorstandsmitglied über Organhaftungsansprüche zu unterbreiten.[1031]

3. *Verpflichtung zu Vergleichsverhandlungen*

In Erwägung zu ziehen ist eine Regelung, wonach der Aufsichtsrat unter bestimmten tatbestandlichen Voraussetzungen – beispielsweise müsste sichergestellt sein, dass der Aufsichtsrat seinen Sorgfaltspflichten genügt und eine

1030 Vgl. *Heß*, Investorenvereinbarungen, 2014, S. 178 ff. Gleichsame Fundierung des Unzulässigkeitsverdikts bei *Schall*, in: Kämmerer/Veil, Übernahme- und Kapitalmarktrecht, 2013, S. 75, 90 f., 93 f., 103 f.

1031 Demnach sind die Formulierungen im vierten Kapitel unter B. III. unzulässig.

sorgfältige und genügende Sachverhaltsaufklärung erfolgt – für die Gesellschaft in Verhandlungen mit dem Vorstandsmitglied in Bezug auf eine vergleichsweise Einigung über Organhaftungsansprüche der Gesellschaft tritt.[1032] Über eine solche Regelung könnte in antizipierter Weise typisierten Konstellationen, in denen ein Vergleich zwischen Gesellschaft und Vorstandsmitglied über Organhaftungsansprüche im Unternehmenswohl liegt, begegnet werden. Es könnte dem Gedanken, dass keine bis zur Existenzvernichtung reichende Anspruchsverfolgung erfolgen soll, wenn dem Vorstandsmitglied nur ein leichtes Verschulden zur Last fällt, zur Durchsetzung verholfen werden.[1033]

a) Begriff der Verhandlungen

Der Begriff der Verhandlungen ist weit auszulegen.[1034] Es genügt, dass der Gläubiger deutlich macht, einen Anspruch geltend machen zu wollen, und es muss erkennbar sein, auf welcher Basis dies erfolgen soll.[1035] Genügend ist jeder ernsthafte Meinungsaustausch über den Anspruch oder dessen tatsächliche Grundlagen, sofern der Schuldner den Meinungsaustausch nicht sofort und erkennbar ablehnt.[1036]

Für die Zulässigkeit einer Regelung, die zu Vergleichsverhandlungen verpflichtet, könnte sprechen, dass unverbindliche Vergleichsgespräche vor Ablauf der Dreijahresfrist als zulässig evaluiert werden.[1037] Gemäß einem Urteil des BGH aus dem Bürgschaftsrecht stellen ernsthafte Verhandlungen über den

---

1032 Vgl. die Formulierung im vierten Kapitel unter B. IV.

1033 Ähnliche Überlegung – indes in Bezug auf konkret anstehenden Vergleich – bei *Bayer/P. Scholz*, ZIP 2015, 149, 153: Berücksichtigung, dass nach vielfacher Ansicht de lege lata Regressreduzierungserfordernis bei drohender Existenzvernichtung bestehe; zudem *Wilsing*, in: FS Haarmann, 2015, S. 257, 283 ff.

1034 BGH, Urt. v. 26.10.2006 – VII ZR 194/05, Rn. 10, NJW 2007, 587; BGH, Urt. v. 14.07.2009 – XI ZR 18/08, Rn. 16, BGHZ 182, 76, 80 = ZIP 2009, 1608, 1609; *Grothe*, in: MüKo BGB, § 203 Rn. 5; *Mansel*, in: Jauernig, BGB, § 203 Rn. 2.

1035 BGH, Urt. v. 14.07.2009 – XI ZR 18/08, Rn. 16, BGHZ 182, 76, 80 = ZIP 2009, 1608, 1609.

1036 BGH, Urt. v. 26.10.2006 – VII ZR 194/05, Rn. 10, NJW 2007, 587; BGH, Urt. v. 14.07.2009 – XI ZR 18/08, Rn. 16, BGHZ 182, 76, 80 = ZIP 2009, 1608, 1609; *Mansel*, in: Jauernig, BGB, § 203 Rn. 2.

1037 *Fleischer*, AG 2015, 133, 139; *Krieger*, in: Krieger/U.H. Schneider, Hdb. Managerhaftung, § 3 Rn. 44; *ders./Sailer-Coceani*, in: K. Schmidt/Lutter, AktG, § 93 Rn. 65. Ähnlich, aber wohl weitergehend *Hopt/M. Roth*, in: Großkomm. AktG, § 93 Rn. 521: Frist stehe Vergleichsgesprächen vor Fristablauf nicht entgegen und Vergleich könne bereits vor Fristablauf in Einzelheiten vereinbart werden.

Bestand der Hauptschuld keinen vor dem Hintergrund des § 768 Abs. 2 BGB problematischen Verzicht auf die Einrede der Verjährung dar.[1038] An sich sind (unverbindliche) Verhandlungen in Bezug auf einen Vergleich über Organhaftungsansprüche vor dem Ablauf von drei Jahren als aktienrechtlich unproblematisch zu evaluieren. Sie stellen noch keinen Verzicht als solchen dar. In Frage steht nunmehr, ob dies auch für eine Verpflichtung zu Verhandlungen gelten kann.

b) Kein Erfordernis von Vergleichsbereitschaft

An der Möglichkeit, in den Anstellungsvertrag eine Regelung aufzunehmen, die zu Verhandlungen verpflichtet, könnte man zweifeln, unterstellte man, Verhandlungen setzten stets die Bereitschaft zu Verhandlungen voraus. Eine entsprechende Bereitschaft könne – so ließe sich argumentieren – nur situativ in der konkreten Vergleichssituation festgestellt werden. Einem etwaigen dahingehenden Einwand ist zu entgegnen, dass Verhandlungen nicht zwingend die Bereitschaft zum Abschluss eines Vergleichs oder zu einem Entgegenkommen voraussetzen.[1039] Das Fehlen von Vergleichsbereitschaft ist unschädlich. Darüber hinaus könnte sich einer Verpflichtung zu Vergleichsverhandlungen, wenn bestimmte Voraussetzungen im Unternehmenswohl vorliegen, die typisierte Annahme zugrunde legen lassen, dass die Parteien unter bestimmten Voraussetzungen typischerweise zu einem Vergleich bereit sein werden.

c) Hemmung der Verjährung

Verhandlungen über den Anspruch wirken gemäß § 203 S. 1 BGB verjährungshemmend. Angesichts dieser verjährungshemmenden Wirkung könnte man – schließlich stünde kein dauerhafter Ausschluss der Anspruchsgeltendmachung infolge Verjährungseintritts zu befürchten – daran zweifeln, dass einer Verpflichtung zu Vergleichsverhandlungen verzichtsähnliche Wirkungen beizumessen sein können. Allerdings ist bereits in Bezug auf Stundung und pactum de non petendo, bei denen gemäß § 205 BGB eine Verjährungshemmung eintritt, gezeigt worden, dass die Hemmung der Verjährung einer Einordnung als verzichtsähnliche Rechtshandlung nicht entgegensteht.

1038 BGH, Urt. v. 14.07.2009 – XI ZR 18/08, Rn. 21 ff., BGHZ 182, 76, 82 f. = ZIP 2009, 1608, 1610. Ebenso *Habersack*, in: MüKo BGB, § 768 Rn. 8.

1039 BGH, Urt. v. 17.02.2004 – VI ZR 429/02, Rn. 14, NJW 2004, 1654; BGH, Urt. v. 26.10.2006 – VII ZR 194/05, Rn. 10, NJW 2007, 587; BGH, Urt. v. 14.07.2009 – XI ZR 18/08, Rn. 16, BGHZ 182, 76, 81 = ZIP 2009, 1608, 1609; *Grothe*, in: MüKo BGB, § 203 Rn. 5.

d) Bezug zur Geltendmachung des Anspruchs und nicht zu seinem Bestand

Eine Verpflichtung zu Verhandlungen bezüglich eines Haftungsvergleichs über Organhaftungsansprüche betrifft nicht die Forderung in ihrem Bestand. Allerdings können auch Vereinbarungen, die nicht den Bestand der Forderung an sich betreffen, sondern die sich lediglich auf die Geltendmachung des Anspruchs beziehen, von dem weit auszulegenden temporären Verbot gemäß § 93 Abs. 4 S. 3 AktG umfasst sein. Dies verdeutlicht die Einordnung von Stundung, mit der die Fälligkeit einer Forderung hinausgeschoben wird, und pactum de non petendo, bei dem vereinbart wird, eine Forderung zeitweise nicht geltend zu machen, als verzichtsähnliche Rechtshandlungen. Eine Regelung, die – unter zu konkretisierenden Voraussetzungen – zu Verhandlungen verpflichtet, zögert, solange die Verhandlungen andauern, die Möglichkeit der Anspruchsgeltendmachung gleichsam – wie Stundung und pactum de non petendo – hinaus. Angesichts dessen könnte auch eine Regelung, die zu Verhandlungen in Bezug auf einen Vergleich über Organhaftungsansprüche verpflichtet, als verzichtsähnlich einzuordnen sein.

e) Keine Betroffenheit des Anspruchs in vermögensgefährdender Weise

Es lässt sich in Erwägung ziehen, ob nicht eine Gleichstellung von Rechtshandlungen mit Verzicht und Vergleich nur in Betracht kommen kann, wenn von ihnen eine ähnliche vermögensmindernde oder wenigstens -gefährdende Wirkung wie von Verzicht und Vergleich ausgeht. Beim Verzicht ergeben sich die vermögensrelevanten Implikationen aus dem Erlöschen der Forderung und beim Vergleich aus dem gegenseitigen Nachgeben, das im Rahmen von § 93 Abs. 4 S. 3 AktG einen Bezug zum Organhaftungsanspruch haben muss.[1040]

Im Rahmen von Vergleichsverhandlungen erfolgt demgegenüber noch kein rechtsverbindliches gegenseitiges Nachgeben, sondern ein solches erfolgt erst im Zuge des Abschlusses des Vergleichs. Allerdings wird das gegenseitige Nachgeben im Zuge der Vergleichsverhandlungen vorbereitet und beim Abschluss des Vergleichs wird dasjenige, was im Rahmen der Verhandlungen ausgehandelt worden ist, formal festgesetzt.[1041] Insofern kommt Verhandlungen bezüglich eines Vergleichs ein erheblicher materieller Gehalt zu. Sie bilden typischerweise das materielle Schwergewicht des Vergleichs.[1042]

1040 Vgl. *Eßwein*, Privatautonome Gestaltung der Vorstandshaftung, 2015, S. 100 ff.

1041 Vgl. *Krieger*, Personalentscheidungen des Aufsichtsrats, 1981, S. 64 f.: untrennbare Verknüpfung zwischen Verhandlungen und Beschlussfassung.

1042 In die Richtung auch *Dose*, ZGR 1973, 300, 311: Beschlussfassung als *„der rein formelle Abschluß (sic) des geschilderten Verfahrens"*.

Indes münden Verhandlungen nicht per se in ein gegenseitiges Nachgeben bezüglich der Forderung. Verhandlungen sind offen. Eine Verpflichtung, Vergleichsverhandlungen zu führen, verpflichtet nicht zum Abschluss eines Vergleichs und sie präjudiziert einen solchen nicht. Dem Aufsichtsrat wird die Option, sich zu Gunsten einer Anspruchsverfolgung an Stelle eines Vergleichs zu entscheiden, nicht genommen. Eine Regelung, die zu Vergleichsverhandlungen verpflichtet, tangiert die Möglichkeit zur Anspruchsgeltendmachung nicht. Sie hat nicht unbedingt und zudem nicht unmittelbar den Verlust der Forderung zur Folge. Es wird nicht bereits über den Anspruch disponiert, sondern der Anspruch wird lediglich zur Disposition gestellt. Insofern unterscheidet sich die Konstellation grundlegend etwa von dem Fall, dass ein künftiger Schadensersatzanspruch gemäß § 93 Abs. 2 S. 1 AktG verbindlich vorab abgetreten wird.[1043] Infolge einer Verpflichtung zu Verhandlungen wird der Anspruch in materieller Hinsicht nicht in Frage gestellt und eine entsprechende Regelung ist nicht darauf gerichtet, die Anspruchsgeltendmachung im Endeffekt auszuschließen. Sie zielt insbesondere nicht darauf, den Anspruch – grundlos oder kompensationslos – aufzugeben. Einer entsprechenden Regelung können demnach keine vermögensgefährdenden Wirkungen beigemessen werden. Sie weist eher prozedurale denn materielle Implikationen auf.

f) Erschwerung der Möglichkeit jederzeitiger Geltendmachung

Indes nimmt die Rechtsprechung nicht erst eine konkrete vermögensmäßige Gefahr zum maßgebenden Orientierungspunkt für die Frage, wann eine verzichtsähnliche Rechtshandlung vorliegt, sondern sie schützt die Dispositionsbefugnis des Anspruchsinhabers im Hinblick auf die Geltendmachung des Anspruchs in sehr weitem Umfang.

Dies zeigt eindrücklich das bereits dargestellte Urteil des RG, nach dem die Gesellschaft die Möglichkeit haben müsse, einen ihr zustehenden Anspruch jederzeit geltend zu machen, und eine sie hieran hindernde Bindung unzulässig sei.[1044] In der gesellschaftsrechtlichen Literatur, welche die Reichweite des temporären Verzichts- und Vergleichsverbots behandelt, vertritt man, es seien sämtliche Rechtsgeschäfte, die dazu führen, dass der Ersatzanspruch *„dauerhaft oder*

1043 Zur Konstellation der Abtretung künftiger Ansprüche und zur entsprechenden Problematik vgl. *Habersack*, in: FS Hommelhoff, 2012, S. 303, 318.

1044 RG, Urt. v. 19.05.1931 – II 434/30, RGZ 133, 33, 38: Es sei *„(...) jede Bindung der Aktiengesellschaft, durch welche sie gehindert wird, die Ansprüche aus der Gründerhaftung jederzeit geltend zu machen, unzulässig (...).“*

vorübergehend nicht erfolgreich geltend gemacht werden kann", vom entsprechenden Verbot umfasst.[1045] Dem konkreten Zeitraum, während dessen der Anspruch nicht geltend gemacht werden kann, wird keine Bedeutung beigemessen, wie die Einordnung von sowohl längeren als auch kürzeren – beispielweise mit einer Stundung einhergehenden – Leistungshemmnissen als verzichtsähnlich[1046] zeigt.

Eine Verpflichtung zu Verhandlungen ist zwar nicht an einen konkreten Zeitraum, während dessen eine Bindung bestehen soll, geknüpft und es wird demnach keine Rechtssicherheit im Hinblick auf die Nichtinanspruchnahme für einen konkreten Zeitraum geschaffen. Die Verhandlungen können scheitern und der Aufsichtsrat ist nicht gehindert, das Vorstandsmitglied dann in Anspruch zu nehmen. Allerdings verhindert auch eine Regelung, die den Aufsichtsrat zu Verhandlungen namens der Gesellschaft verpflichtet, dass der Aufsichtsrat den Anspruch jederzeit geltend machen kann. Eine entsprechende Regelung führt dazu, dass der Aufsichtsrat den Anspruch wenigstens vorübergehend – nämlich solange die Verhandlungen andauern – nicht geltend machen kann.

Zwar ließe sich über eine Einschränkung dergestalt nachdenken, dass die Pflicht des Aufsichtsrats zu Verhandlungen nur eingreifen soll, wenn die Gesellschaft kein Interesse daran hat oder haben kann, den Anspruch sofort oder jederzeit geltend zu machen. Allerdings soll nach der Ansicht des RG bereits eine „*zwischenzeitliche, nur bedingte Bindung der Gesellschaft*" unzulässig sein.[1047]

Ebenfalls ließe sich erwägen, die Verpflichtung zu Vergleichsverhandlungen durch Feststellungen in tatsächlicher Hinsicht zu flankieren, um zu verdeutlichen, dass die Möglichkeit der jederzeitigen Anspruchsgeltendmachung für die Gesellschaft nicht von Interesse ist oder sein kann. Allerdings können auch ergänzende Feststellungen in tatsächlicher Hinsicht, die verdeutlichen, dass der Schutzzweck des (temporären) Verzichts und Vergleichsverbots nicht einschlägig ist, einem Verzicht auf die jederzeitige Möglichkeit zur Anspruchsgeltendmachung nicht zur Wirksamkeit verhelfen.[1048]

1045 So in Bezug auf § 9b Abs. 1 S. 1 GmbHG: *Herrler*, in: MüKo GmbHG, § 9b Rn. 17.

1046 Vgl. etwa *Dachner*, Der Abwendungsvergleich, 2013, S. 96 f.; *Herrler*, in: MüKo GmbHG, § 9b Rn. 17; *Tebben*, in: Michalski, GmbHG, § 9b Rn. 3. Anderer Ansicht und zwischen kürzeren und längeren Hemmnissen für Anspruchsgeltendmachung differenzierend *Bärenz/Fragel*, in: FS Görg, 2010, S. 13, 19; *Veil*, in: Scholz, GmbHG, § 9b Rn. 6.

1047 RG, Urt. v. 19.05.1931 – II 434/30, RGZ 133, 33, 38.

1048 Vgl. BGH, Urt. v. 29.01.2014 – XII ZB 303/13, Rn. 48, NJW 2014, 1101, 1106: „*Auch ergänzende ‚Feststellungen' der Ehegatten zum Nichtbestehen eines ungedeckten Unterhaltsbedarfs oder zum Vorliegen eines Verwirkungsgrundes können einem pactum de non petendo nicht zur Wirksamkeit verhelfen. Denn der Schutzzweck von § 1614 BGB*

Die Rechtsprechung evaluiert bereits Rechtshandlungen, die an der jederzeitigen Möglichkeit zur Anspruchsgeltendmachung hindern, als problematisch und unzulässig.[1049] Zwar ist in Frage zu stellen, ob die Dispositionsfreiheit des Anspruchsinhabers über den Anspruch als solche geschützt sein kann oder ob die Dispositionsfreiheit nicht vielmehr nur insofern Schutzzweck sein kann, als ihre Beeinträchtigung mit abstrakten Gefahren für das Gesellschaftsvermögen korrespondiert. Unabhängig von der Antwort auf diese Frage muss es bei einer Vereinbarung, die rechtssicher formuliert werden soll, Berücksichtigung finden, dass bereits die Begründung einer Einrede bzw. eines Leistungsverweigerungsrechts – ohne dass auf die Dauer des Durchsetzungshemmnisses abgehoben würde oder eine etwaige vermögensmäßige Rechtfertigung für die Begründung des Durchsetzungshemmnisses in den Blick genommen würde – gegenüber dem Anspruch für sich genommen als problematisch evaluiert wird.

An den vermögensgefährdenden Implikationen einer Regelung, die unter bestimmten, im Unternehmenswohl liegenden Voraussetzungen zu Vergleichsverhandlungen über Organhaftungsansprüche verpflichtet, ist zu zweifeln. Es wird weder der Inhalt noch das Ob des Vergleichs verbindlich vorgegeben, sondern es wird die vollkommene Entscheidungsfreiheit belassen, einen – schlussendlich im gesamtwirtschaftlichen Interesse der Gesellschaft liegenden – Vergleich zu initiieren oder dies zu unterlassen und sich schlussendlich für eine (vollumfängliche) Anspruchsverfolgung zu entscheiden.

Allerdings müssen für die Zwecke einer Dissertation, welche die bestehenden Möglichkeiten zur Rechtsgestaltung anhand der geltenden Rechtslage und Judikatur eruiert, herrschende Rechtsstandpunkte und restriktive Vorgaben der Rechtsprechung berücksichtigt werden, was zu dem Resümee veranlasst, dass eine Verpflichtung zu Vergleichsverhandlungen – da insofern eine Einrede und ein Hindernis für die jederzeitige Anspruchsgeltendmachung begründet würde – nicht rechtssicher in den Anstellungsvertrag aufgenommen werden kann.

---

verbietet es generell, der unterhaltsberechtigten Person unter Hinweis auf den Parteiwillen den Unterhaltsanspruch ganz zu versagen. Damit wäre es nicht in Einklang zu bringen, wenn die Ehegatten durch eine Parteivereinbarung, der im Übrigen das Risiko einer unrichtigen Tatsachenermittlung oder falschen Einschätzung der Rechtslage anhaftet, eine den Trennungsunterhaltsanspruch ausschließende Situation darstellen und diese anschließend durch ein pactum de non petendo unangreifbar machen könnten."

1049 RG, Urt. v. 19.05.1931 – II 434/30, RGZ 133, 33, 38.

g) Unverbindliches Inaussichtstellen eines Vergleichs

Eine andere Beurteilung könnte sich aus dem folgenden Gedanken ergeben: Das RG erachtet eine Vereinbarung als zulässig, durch welche die Gesellschaft einen endgültigen Verzicht ganz unverbindlich in Aussicht stellt und bei welcher lediglich der Vertragsgegner der Gesellschaft verbindlich eine Gegenleistung zusichert.[1050] Eine Verpflichtung, Vergleichsverhandlungen zu führen, stellt sich in gewisser Weise als unverbindliches Inaussichtstellen eines Vergleichs dar. Schließlich ist weder direkt noch indirekt eine Verpflichtung zum Abschluss eines Vergleichs enthalten. Eine Verpflichtung zu Verhandlungen enthält kein gegenseitiges Nachgeben.[1051]

Allerding ist zu entgegnen, dass zwar nicht der Abschluss eines Vergleichs als solcher verbindlich in Aussicht gestellt würde, aber Verhandlungen, die für sich genommen – anders als der Abschluss eines Vergleichs – rechtlich unverbindlich sind, rechtsverbindlich vorgegeben würden. Infolge der Bindung, Vergleichsverhandlungen – unter bestimmten Voraussetzungen – führen zu müssen, würde die jederzeitige Möglichkeit zur Anspruchsgeltendmachung gehemmt. Es ist gezeigt worden, dass bereits Bindungen, die ein Hemmnis für die Möglichkeit der jederzeitigen Anspruchsgeltendmachung bereiten, problematisch sind.

h) Fazit in Bezug auf eine Verpflichtung zu Vergleichsverhandlungen

Angesichts der sehr restriktiven Beurteilung der Zulässigkeit von Rechtshandlungen, die einen Bezug zu einem Verzicht oder Vergleich aufweisen, lässt sich – obgleich dieses Resümee nicht leichter Hand gezogen werden kann – nicht vermeiden, dass eine Regelung, die zu Vergleichsverhandlungen verpflichtet, nicht rechtssicher im Anstellungsvertrag des Vorstandsmitglieds installiert werden kann.

1050 RG, Urt. v. 19.05.1931 – II 434/30, RGZ 133, 33, 39.

1051 Aspekt, dass seitens Gesellschaft nicht bereits Nachgeben erfolgen dürfe, als maßgebend erachtend RG, Urt. v. 19.05.1931 – II 434/30, RGZ 133, 33, 39: *„Denkbar wäre hiernach höchstens ein Vertrag, durch den die Gesellschaft einen endgültigen Verzicht für den Fall der späteren Genehmigung durch die Generalversammlung nur ganz unverbindlich in Aussicht stellte und allein der Vertragsgegner die Gegenleistung bindend zusicherte. Ein solcher Vertrag, der im Verhältnis zwischen Gründer und Aktiengesellschaft nicht als Vertrag bezeichnet werden könnte, da er kein gegenseitiges Nachgeben enthielte, kommt aber im Geschäftsleben nicht vor (…).“*

4. *Deklaratorischer Hinweis auf Vergleichsbereitschaft*

Es verbleibt lediglich die Möglichkeit, die anstellungsvertragliche Regelung so auszugestalten, dass kein konstitutiver Anspruch auf ein bestimmtes vergleichsbezogenes Verhalten des Aufsichtsrats zugesprochen wird, sondern dass lediglich benannt wird, unter welchen tatbestandlichen Voraussetzungen der Aufsichtsrat prinzipiell einen Vergleich der Gesellschaft mit dem Vorstandsmitglied in Betracht ziehen und er zu einem Vergleich bereit sein wird.

An den Urteilen der Rechtsprechung wird deutlich, dass das Kriterium der rechtlichen Verbindlichkeit maßgebend ist, soll die Verzichtsähnlichkeit einer Rechtshandlung bestimmt werden. So evaluiert das RG eine Vereinbarung, durch die ein Vergleich unverbindlich in Aussicht gestellt wird, als zulässig.[1052] Auch der BGH betrachtet es erst als problematisch, wenn eine *„verbindliche Rechtsposition in Bezug auf die Abwehr einer künftigen gerichtlichen oder außergerichtlichen Geltendmachung des Anspruches“* eingeräumt wird.[1053] Die Einräumung einer Einrede bzw. eines Leistungsverweigerungsrechts gegenüber dem Anspruch zu Gunsten des Schuldners soll die Verzichtsähnlichkeit begründen.[1054]

Demgegenüber betrachtet der BGH Absichtserklärungen in Bezug auf die Anspruchsgeltendmachung und Mitteilungen über die Geschäftsgrundlage als zulässig.[1055] Hieraus ergibt sich, dass in den Anstellungsvertrag zumindest eine solche Regelung aufgenommen werden kann, die im Sinne einer Mitteilung der Geschäftsgrundlage wiedergibt, dass der Aufsichtsrat unter bestimmten Voraussetzungen – diese müssen angesichts der Pflichtenbindung des Aufsichtsrats im Unternehmenswohl liegen – bereit sein wird, namens der Gesellschaft einen Vergleich mit dem Vorstandsmitglied über Organhaftungsansprüche abzuschließen.[1056]

1052 RG, Urt. v. 19.05.1931 – II 434/30, RGZ 133, 33, 39.

1053 BGH, Urt. v. 29.01.2014 – XII ZB 303/13, Rn. 49, NJW 2014, 1101, 1106.

1054 Vgl. BGH, Urt. v. 29.01.2014 – XII ZB 303/13, Rn. 48, NJW 2014, 1101, 1106; BGH, Urt. v. 30.09.2015 – XII ZB 1/15, Rn. 13, NJW 2015, 3715, 3716.

1055 BGH, Urt. v. 29.01.2014 – XII ZB 303/13, Rn. 49, NJW 2014, 1101, 1106: *„Durch Auslegung (…) ist zu ermitteln, ob die Bestimmung (…) ein unzulässiges pactum de non petendo darstellt. Das wäre dann der Fall, wenn die Bestimmung über eine bloße Absichtserklärung oder die Mitteilung einer Geschäftsgrundlage hinaus eine verbindliche Rechtsposition in Bezug auf die Abwehr einer künftigen gerichtlichen oder außergerichtlichen Geltendmachung des Anspruches (…) begründen soll.“*

1056 Die Formulierung im vierten Kapitel unter B. V. ist demnach zulässig.

F. Entscheidungsautonomie des Aufsichtsrats

Problematisch an einer Regelung, die einen deklaratorischen Hinweis auf die prinzipielle Vergleichsbereitschaft des Aufsichtsrats in bestimmten typisierten Haftungskonstellationen enthält, könnten Aspekte der Entscheidungsautonomie des Aufsichtsrats sein.

Einer Regelung, die deklaratorisch auf eine grundsätzliche Bereitschaft des Aufsichtsrats zum Abschluss eines Vergleichs hinweist, könnte eine etwaige spezifische Situationsgebundenheit der Entscheidung über einen Vergleich zwischen Gesellschaft und Vorstandsmitglied über Organhaftungsansprüche entgegenstehen. Es ist im dritten Kapitel gezeigt worden, dass vorab erfolgende Bindungen im Hinblick auf künftige Entscheidungen umso eher als unzulässig evaluiert werden, je eher Entscheidungen vernünftigerweise nur in der konkreten, aktuellen Entscheidungssituation getroffen werden können. Steht ein Haftungssachverhalt im Zusammenhang mit der Vorstandshaftung im Raum, so erscheinen Typisierungen von Konstellationen, in denen es naheliegt, dass der Aufsichtsrat das Vorstandsmitglied nicht bzw. wenigstens nicht in voller Höhe des entstandenen Schadens haftbar machen wird, nicht im ersten Zugriff unvorstellbar. Vor allem in der Konstellation, dass dem Vorstandsmitglied lediglich ein leichtes Verschulden vorgeworfen werden kann und eine unbeschränkte Inanspruchnahme des Vorstandsmitglieds seine wirtschaftliche Existenz vernichten würde, diskutiert man ein Absehen von (vollumfänglicher) Anspruchsverfolgung bzw. eine Regressreduzierung.

In Bezug auf die Verfolgungsentscheidung des Aufsichtsrats hat der BGH im ARAG-Urteil, wie im dritten Kapitel aufgezeigt worden ist, eine normative Einschränkung dergestalt verankert, dass die Verfolgungsentscheidung nur im konkreten Einzelfall in der aktuellen Entscheidungssituation getroffen werden darf. An einer entsprechenden normativen Einschränkung, die dazu verpflichtet, die Entscheidung im konkreten Einzelfall in der jeweils aktuellen Situation zu treffen, mangelt es in Bezug auf die Entscheidung des Aufsichtsrats über einen Vergleich über Organhaftungsansprüche der Gesellschaft gegen das Vorstandsmitglied. Daher erscheint die Entscheidung des Aufsichtsrats über einen Haftungsvergleich zwischen Gesellschaft und Vorstandsmitglied vorab erfolgenden Bindungen eher zugänglich als die Verfolgungsentscheidung.

Zudem geht es bei einer Regelung, die lediglich einen deklaratorischen Hinweis auf die prinzipielle Vergleichsbereitschaft des Aufsichtsrats in bestimmten typisierten Haftungskonstellationen enthält, gerade nicht darum, die Entscheidung des Aufsichtsrats über einen Vergleich zu präjudizieren. Dementsprechend erscheint ein Konflikt einer solchen Regelung mit der Entscheidungsautonomie des Aufsichtsrats – sofern der deklaratorische Hinweis tatsächlich nur als solcher ausgelegt werden kann und eine unzulässige Einflussnahme auf den Motivationsprozess des über den Vergleich entscheidenden Aufsichtsrats ausgeschlossen ist – fernliegend.

Die prinzipielle Vergleichsbereitschaft in bestimmten typisierten Haftungskonstellationen, in denen ein Vergleich typischerweise im Unternehmenswohl liegt, könnte sich als objektivierbarer Umstand dergestalt darstellen, dass anzunehmen stehen könnte, dass ein jeder Aufsichtsrat unter den zu konkretisierenden, im Unternehmenswohl liegenden Voraussetzungen – wenigstens tendenziell – einen Vergleich in Erwägung ziehen wird. Die Entscheidung über den Abschluss eines Vergleichs dürfte zwar eher Typisierungen zugänglich sein als die Verfolgungsentscheidung, deren Generalisierung das ARAG-Urteil Grenzen setzt. Dennoch ist auch die Entscheidung des Aufsichtsrats über einen Vergleich stark einzelfallbezogen. Vor diesem Hintergrund sollte eine Regelung, auch wenn sie lediglich einen deklaratorischen Hinweis auf eine prinzipielle Vergleichsbereitschaft enthält, keinen Zweifel daran lassen, dass der Aufsichtsrat in der konkreten Entscheidungssituation, nachdem der Haftungsfall eingetreten ist, die Entscheidung über den Vergleich und dessen Inhalt treffen wird.

Ein entsprechender Formulierungsvorschlag könnte wie folgt lauten:

> *„Der Aufsichtsrat geht davon aus, dass der Abschluss eines Vergleichs über Organhaftungsansprüche der Gesellschaft gegen das Vorstandsmitglied im Unternehmenswohl liegt und in Betracht zu ziehen ist, wenn ein lediglich leichtes Verschulden des Vorstandsmitglieds vorliegt und eine unbeschränkte Inanspruchnahme die wirtschaftliche Existenz des Vorstandsmitglieds vernichten würde. Auch geht der Aufsichtsrat davon aus, dass es in dem benannten Fall im Unternehmenswohl liegt, einen Vergleichsbetrag zu verhandeln, der dem Vorstandsmitglied die Sicherung seiner wirtschaftlichen Existenz und die Wahrung einer angemessenen Lebensbasis ermöglicht. Darüber, ob ein Vergleich der Gesellschaft mit dem Vorstandsmitglied über Organhaftungsansprüche abzuschließen ist und welchen konkreten Inhalt ein entsprechender Vergleich hat, wird der Aufsichtsrat im aktuellen Zeitpunkt, insbesondere nachdem er den Sachverhalt so weit aufgeklärt hat, dass er auf sorgfältig ermittelter Informationsgrundlage über einen Vergleich entscheiden kann, in Einklang mit seinen gesetzlichen Pflichten entscheiden.“*

Fünftes Kapitel: Zusammenfassung in Thesen und Schlussfazit

Abschließend sollen die gewonnenen Erkenntnisse bezüglich der Thematik, ob und inwieweit vor dem Eintritt eines Sachverhalts, aus dem sich Organhaftungsansprüche der Gesellschaft gegen das Vorstandsmitglied gemäß § 93 Abs. 2 S. 1 AktG ergeben, Bindungen in Bezug auf Entscheidungen, die der Aufsichtsrat im Haftungsfall trifft, eingegangen werden können, in Thesen zusammengefasst werden und es soll ein Schlussfazit gezogen werden.

A. Die aktiengesetzliche Vorstandsinnenhaftung (zweites Kapitel)

I. Die gesetzliche Haftungsanordnung in § 93 Abs. 2 S. 1 AktG

1. Die Vorstandsinnenhaftung gemäß § 93 Abs. 2 S. 1 AktG ist äußerst streng ausgestaltet. Das Vorstandsmitglied haftet bei jeder Form von Verschulden (omnis culpa) in unbeschränkter Höhe des infolge seiner Pflichtverletzung entstandenen Schadens (Totalkompensation).
2. Im Unternehmenskontext herbeigeführte Schäden können exorbitante Ausmaße annehmen und die Haftung gemäß § 93 Abs. 2 S. 1 AktG droht dann die wirtschaftliche Existenz des Vorstandsmitglieds zu vernichten. Die Realisierung der Schutzzwecke der Vorstandsinnenhaftung – Kompensation und Prävention – erweist sich angesichts dessen als fraglich. Eine vollumfängliche Schadenskompensation steht bei Schäden exorbitanten Ausmaßes – über den von der D&O-Versicherung gedeckten und tatsächlich beglichenen Betrag hinaus – nicht zu erwarten. Im Angesicht einer drohenden existenzvernichtenden Haftung bei jeder Verschuldensform ist zudem die Präventions- und Verhaltenssteuerungsfunktion der Haftung gemindert. Daher mögen überzeugende Gründe für eine Neujustierung der Vorstandsinnenhaftung de lege ferenda sprechen.

II. Das ARAG-Urteil

3. Das ARAG-Urteil ist in Bezug auf die typisierende Gleichsetzung des Unternehmenswohls mit dem Kompensationsinteresse und in Bezug auf die hierauf basierende Regelverfolgungspflicht fraglich. Bei der Verfolgungsentscheidung

hat sich der Aufsichtsrat ausschließlich am Unternehmenswohl zu orientieren. Er ist verpflichtet, die Entscheidung über Verfolgung oder (teilweise) Nichtverfolgung zu treffen, die im Unternehmenswohl liegt. Bei der Bestimmung des Unternehmenswohls muss der Aufsichtsrat eigentlich frei und unvoreingenommen urteilen können, ohne durch typisierende Gleichsetzungen und regelhafte Handlungsanweisungen eingeschränkt zu sein.

4. Im ARAG-Urteil räumt der BGH dem Aufsichtsrat in engen Grenzen ein Ermessen ein, um von einer Anspruchsverfolgung abzusehen. Ein unternehmerisches Ermessen lehnt er ausdrücklich ab, während zahlreiche Autoren dem Aufsichtsrat unternehmerische Ermessensspielräume zugestehen wollen. Schlussendlich müssen dem Aufsichtsrat bei der Verfolgungsentscheidung die Spielräume zukommen, derer es bedarf, um eine am Unternehmenswohl ausgerichtete Entscheidung zu treffen. Ob man hierbei (unternehmerisches) Ermessen oder wenigstens Beurteilungsspielräume einräumt, ist eine eher akademische Streitfrage.
5. Die gerichtliche Nachprüfung der Verfolgungsentscheidung muss unter Berücksichtigung der Besonderheiten der Verfolgungsentscheidung, die durch Unsicherheiten bezüglich der Auswirkungen einer Verfolgung und das Erfordernis von Prognosen gekennzeichnet ist, erfolgen. Dem Aufsichtsrat darf jedenfalls keine Pflichtwidrigkeit anzulasten sein, wenn er die entscheidungsrelevanten Aspekte sorgfältig ermittelt, er auf dieser Grundlage allein nach Maßgabe des im Entscheidungszeitpunkt ex ante als solchen erkennbaren Unternehmenswohls handelt und er eine vertretbare Entscheidung über Verfolgung oder (teilweise) Nichtverfolgung trifft.
6. Nur im Unternehmenswohl liegende Interessen und Belange können zum Absehen von Verfolgung berechtigen. Ausschließlich individuelle bzw. persönliche Interessen und Belange des Vorstandsmitglieds können bei der Verfolgungsentscheidung nicht berücksichtigt werden, sondern individuelle bzw. persönliche Aspekte müssen eine Kongruenz zum Unternehmenswohl aufweisen. Geringes Verschulden des Vorstandsmitglieds und existenzvernichtendes Schadensausmaß berechtigen für sich genommen nicht zum Absehen von Verfolgung, sondern nur, wenn eine (teilweise) Nichtverfolgung unter Berücksichtigung dieser Aspekte zugleich im Unternehmenswohl liegt, zum Beispiel weil sich eine schonungslose Verfolgung abträglich auf das Ansehen des Unternehmens in der Öffentlichkeit auswirken würde.
7. Von einer Anspruchsverfolgung ist abzusehen, wenn die infolge einer Anspruchsgeltendmachung für das Gesellschaftsvermögen drohenden Nachteile die mit einer Anspruchsgeltendmachung einhergehenden, durch Wiederauffüllung des Gesellschaftsvermögens vermittelten Vorteile überwiegen.

Die Nachteile für das Gesellschaftsvermögen müssen konkret drohen und sie müssen hinreichend fassbar bzw. bezifferbar sein.

III. Fürsorgepflichtbasierte Regressreduzierung

8. Der zunächst in Bezug auf Unternehmens-Kartellbußgelder etablierte Ansatz einer fürsorgepflichtbasierten Regressreduzierung, wonach das Vorstandsmitglied aufgrund einer Fürsorgepflicht der Gesellschaft nicht in voller Schadenshöhe, sondern nur in angemessener – in Anlehnung an die Wertungen der privilegierten Arbeitnehmerhaftung zu konturierender – Höhe in Anspruch genommen werden soll, setzt sich in Konflikt zum ausdifferenzierten Haftungsgefüge in § 93 AktG und ist – im Angesicht der fehlenden systematischen und wertungsmäßigen Begründbarkeit – hiermit unvereinbar.
9. Eine direkte Anwendung der Grundsätze der privilegierten Arbeitnehmerhaftung scheitert an der fehlenden Arbeitnehmereigenschaft des Vorstandsmitglieds. Eine analoge Anwendung lässt sich angesichts der ausdifferenzierten Haftungsnorm § 93 AktG, die das Fehlen einer Regelungslücke nahelegt, und angesichts der fehlenden vergleichbaren Interessenlage nicht begründen. Die Erwägungen der arbeitsgerichtlichen Rechtsprechung in Bezug auf die Risikozurechnung und -verteilung im Verhältnis zwischen Arbeitnehmer und Arbeitgeber sind auf das Verhältnis zwischen Vorstandsmitglied und Aktiengesellschaft nicht übertragbar. Eine teleologische Reduktion von § 93 AktG scheitert angesichts des Fehlens zwingender gesetzlicher Wertungen. Exorbitantes Schadensausmaß und begrenzte persönliche Leistungsfähigkeit des Schädigers berechtigen für sich genommen nicht zu einer Haftungsreduzierung. Der haftungsrechtliche Schutz des Vorstandsmitglieds vermag sich auf Grundlage des geltenden Rechts nur nach den allgemeinen Schuldnerschutznormen zu richten.

B. Anstellungsvertragliche Verschonungsregelungen mit Bezug zur Verfolgungsentscheidung des Aufsichtsrats (drittes Kapitel)

I. Gestaltungsgrenze von schuldvertraglichen Vereinbarungen

10. Das zwingende Recht, insbesondere das zwingende Aktienrecht, stellt – wie auch im Rahmen von statutarischen Bestimmungen (vgl. § 23 Abs. 5 AktG) – die Gestaltungsgrenze schuldvertraglicher Vereinbarungen dar und ist als inhaltliche Grenze des Anstellungsvertrags zu berücksichtigen.

II. Der Aufsichtsrat und die Entscheidungsfindung im Aufsichtsrat

11. Der Aufsichtsrat ist das Überwachungsorgan in der Aktiengesellschaft. Er trifft Entscheidungen nach Maßgabe des Kollegialitätsprinzips und die Aufsichtsratsmitglieder entscheiden unter höchstpersönlicher und unabhängiger Wahrnehmung ihres Amts und unter ausschließlicher Orientierung am Unternehmenswohl.
12. Entscheidungen des Aufsichtsrats müssen frei von unzulässigem Entscheidungsdruck sein. Weder darf die Entscheidungsmacht des Aufsichtsrats – etwa infolge von Weisungsrechten, Zustimmungsvorbehalten oder verbindlichen Vorschlagsrechten – eingeengt werden, noch darf in unzulässiger Weise auf den Motivationsprozess im Aufsichtsrat eingewirkt werden.

III. Selbstbeschränkende Vereinbarungen des Aufsichtsrats

13. Selbstbeschränkende Vereinbarungen bzw. Vorwegbindungen des Vorstands – auch solche im Bereich der Leitung – sind mittlerweile in relativen Grenzen anerkannt. Die Zulässigkeit richtet sich nach den allgemeinen Sorgfaltspflichten gemäß § 93 Abs. 1 AktG. Der Vorstand hat die Entscheidung über die Beschränkung künftiger Entscheidungs- und Handlungsmöglichkeiten am Unternehmenswohl auszurichten. Die künftigen Entscheidungs- und Handlungsmöglichkeiten dürfen nicht in unvertretbarer bzw. unverhältnismäßiger Weise eingeschränkt werden. Zudem muss der Vorstand auf wohlinformierter Grundlage entscheiden.
14. In Bezug auf Entscheidungen des Aufsichtsrats vermag ein generelles und absolutes Verbot von Vorwegbindungen ebenfalls nicht Platz zu greifen. Insbesondere im Rahmen der präventiven Überwachung, bei welcher der Aufsichtsrat – in einer dem Vorstand vergleichbaren Weise – unternehmerische Entscheidungen trifft, müssen selbstbeschränkende Vereinbarungen, mit denen der Aufsichtsrat künftige Entscheidungs- und Handlungsoptionen im Rahmen künftig zu treffender Entscheidungen im Vorfeld einschränkt, in ähnlicher Weise zulässig sein wie beim Vorstand.
15. Vorwegbindungen im Rahmen der nachträglichen Überwachung sind hingegen problematischer als im Bereich der präventiven Überwachung. Die Entscheidung des Aufsichtsrats ist im Rahmen der nachträglichen Überwachung stark durch den bereits eingetretenen Bezugspunkt – die Pflichtverletzung des Vorstandsmitglieds –, an dem sich die Entscheidung zu orientieren hat, geprägt. Dem Aufsichtsrat kommen bei der nachträglichen

Überwachung – insbesondere vor dem Hintergrund, dass der BGH einen unternehmerischen Ermessensspielraum negiert – zudem weniger weite Entscheidungsspielräume zu. Die vorab erfolgende Einwirkung auf Spielräume im Rahmen der künftigen nachträglichen Überwachung erscheint insgesamt konzeptionell fragwürdig.

IV. Selbstbeschränkende Vereinbarungen des Aufsichtsrats mit Bezug zur Verfolgungsentscheidung

16. In Bezug auf die Verfolgungsentscheidung des Aufsichtsrats ist im ARAG-Urteil angesichts der Passage, das Ermessen des Aufsichtsrats sei erst eröffnet und könne erst einsetzen, wenn die gegeneinander abzuwägenden Umstände festgestellt worden seien, ein spezifisches Einzelfallerfordernis verankert. Der Aufsichtsrat darf die Verfolgungsentscheidung nur in der konkreten, aktuellen Entscheidungssituation treffen, wenn die Pflichtverletzung des Vorstandsmitglieds erfolgt ist und Sachverhalt, Schadensausmaß sowie Bestand von Schadensersatzansprüchen so weit aufgeklärt sind, dass die Auswirkungen von Verfolgung und Nichtverfolgung auf Unternehmenswohl und Gesellschaftsvermögen beurteilt werden können. Im Vorfeld der Verfolgungssituation und in Unkenntnis der konkreten Verfolgungssituation getroffene Vereinbarungen, welche verbindliche Implikationen für das Ergebnis der Verfolgungsentscheidung haben und welche die Entscheidungs- und Handlungsoptionen des Aufsichtsrats bei der Verfolgungsentscheidung einschränken, sind unzulässig.
17. Unter Zugrundelegung eines fürsorgepflichtbasierten Regressreduzierungsansatzes könnte sich der Existenzvernichtungsschutz des Vorstandsmitglieds – wenigstens bei einem lediglich leichten Verschulden – als verbindliche Grenze der Inanspruchnahme evaluieren lassen. Allerdings muss die verbindliche Begründung eines Anspruchs auf Regressreduzierung auf Basis einer Fürsorgepflicht der Gesellschaft gegenüber dem Vorstandsmitglied angesichts der fehlenden Anerkennung des fürsorgepflichtbasierten Regressreduzierungsansatzes ausscheiden.

V. Verzichtsähnlichkeit selbstbeschränkender Vereinbarungen des Aufsichtsrats mit Bezug zur Verfolgungsentscheidung

18. Über den Wortlaut von § 93 Abs. 4 S. 3 AktG hinaus sind neben Verzicht und Vergleich Rechtshandlungen, die mit Verzicht und Vergleich materiell

vergleichbar sind, den Restriktionen des § 93 Abs. 4 S. 3 AktG zu unterstellen. Vor dem Hintergrund, dass der Verzicht zu einem Erlöschen der Forderung führt und der Vergleich ein Nachgeben mit Bezug zur Forderung beinhaltet, dürften wertungsmäßig eigentlich nur solche Rechtshandlungen an den Restriktionen gemäß § 93 Abs. 4 S. 3 AktG zu messen sein, die vermögensmindernde oder wenigstens vermögensgefährdende Implikationen für das Gesellschaftsvermögen haben. Allerdings wollen Rechtsprechung und weite Teile der Literatur bereits den Umstand, dass eine Einrede bzw. ein Leistungsverweigerungsrecht gegenüber dem Schadensersatzanspruch aus § 93 Abs. 2 S. 1 AktG begründet wird, berücksichtigt wissen, regelmäßig ohne hierbei nach der Dauer des Leistungshemmnisses zu differenzieren. Ein jegliches Hindernis für die Möglichkeit, den Anspruch jederzeit geltend zu machen, soll unzulässig sein.

19. Die Verfolgungsentscheidung des Aufsichtsrats ist mit einem konkreten Einzelfallerfordernis behaftet und sie ist vorab erfolgenden Typisierungen, Generalisierungen und Vorabregelungen nicht zugänglich. Regelungen, die das Ergebnis der Verfolgungsentscheidung präjudizieren oder die auf den Motivationsprozess im Aufsichtsrat einwirken, indem für bestimmte tatbestandliche Konstellationen eine (teilweise) Nichtverfolgung vorgegeben wird, ist – selbst wenn eine Abweichungsmöglichkeit vorgesehen ist – eine das Gesellschaftsvermögen gefährdende Wirkung beizumessen und sie sind als verzichtsähnlich zu evaluieren.

VI. Keine Zustimmungsfähigkeit im Hinblick auf künftige Schadensersatzansprüche und abstrakte Vermögensgefahren

20. Verschonungsregelungen, die eine bestimmte Verfolgungsentscheidung in Unkenntnis der konkreten Gegebenheiten des Haftungsfalls vorgeben, sind vor dem Eintritt des Haftungsfalls und vor Ablauf von drei Jahren nach Entstehung des Schadensersatzanspruchs keiner Zustimmung durch die Hauptversammlung gemäß § 93 Abs. 4 S. 3 AktG zugänglich. Die Zustimmung der Hauptversammlung vermag sich nur auf einen konkreten, bereits entstandenen Schadensersatzanspruch und nicht auf die abstrakten Vermögensgefahren einer Verschonungsregelung, mit der in Unkenntnis des konkreten, künftigen Haftungssachverhalts Dispositionen in Bezug auf die Verfolgungsentscheidung getroffen werden, zu beziehen.

VII. Zulässige Regelung mit Bezug zur Verfolgungsentscheidung

21. Im Ergebnis erweisen sich nur solche Vereinbarungen mit Bezug zur Verfolgungsentscheidung als zulässig, die keinen verbindlichen Anspruch auf ein bestimmtes (Nicht-)Verfolgungsverhalten des Aufsichtsrats einräumen und die sich nicht auf das Ergebnis der Verfolgungsentscheidung auswirken. Ein deklaratorischer Hinweis auf die bestehende Rechtslage – etwa dergestalt, dass von einer Verfolgung abgesehen wird, soweit dies im Unternehmenswohl liegt – oder eine Enumeration der zu Gunsten einer Nichtverfolgung berücksichtigungsfähigen Interessen und Belange sind etwa zulässig.

C. Anstellungsvertragliche Verschonungsregelungen mit Bezug zum Vergleich (viertes Kapitel)

I. Interesse an Vergleich zwischen Gesellschaft und Vorstandsmitglied über Organhaftungsansprüche

22. Für einen Haftungsvergleich zwischen Gesellschaft und Vorstandsmitglied über Organhaftungsansprüche können erhebliche, im Unternehmenswohl liegende Interessen sprechen: etwa die Vermeidung langandauernder, streitiger Prozesse, die Schonung materieller und immaterieller Ressourcen oder die Wahrung der Unternehmensreputation.

II. Verhältnis zwischen Anspruchsverfolgung und Vergleich über Organhaftungsansprüche

23. Die Möglichkeit, einen Haftungsvergleich über Organhaftungsansprüche zwischen Gesellschaft und Vorstandsmitglied zu schließen, stellt eine gleichberechtigte Alternative neben Verfolgung und (teilweiser) Nichtverfolgung dar.

III. Pflichtenbindung des Aufsichtsrats beim Abschluss des Vergleichs zwischen Gesellschaft und Vorstandsmitglied

24. Beim Vergleich ist der Aufsichtsrat nicht an die Vorgaben des ARAG-Urteils gebunden. Die Vorgaben des ARAG-Urteils sind lediglich bei der Entscheidung des Aufsichtsrats über Verfolgung oder Nichtverfolgung von Organhaftungsansprüchen gegen das Vorstandsmitglied zu beachten. Die

Nichtverfolgung begründet eine faktische Gefahr für die Dispositionsbefugnis der Hauptversammlung über vermögensmindernde Dispositionen im Zusammenhang mit Organhaftungsansprüchen der Gesellschaft. Bei Verzichten und Vergleichen über Organhaftungsansprüche besteht aber ein Zustimmungserfordernis der Hauptversammlung gemäß § 93 Abs. 4 S. 3 AktG.

25. Die Entscheidung des Aufsichtsrats über einen Vergleich der Gesellschaft stellt eine unternehmerische Entscheidung dar. Den Aufsichtsrat treffen die allgemeinen Sorgfaltspflichten gemäß § 93 Abs. 1 S. 1 i.V.m. § 116 S. 1 AktG und er hat seine treuhänderische Pflichtenbindung zu beachten.

IV. Erweiterte Spielräume des Aufsichtsrats

26. Bei der Entscheidung über einen Haftungsvergleich zwischen Gesellschaft und Vorstandsmitglied über Organhaftungsansprüche stehen dem Aufsichtsrat größere Entscheidungsspielräume zu als bei der Verfolgungsentscheidung. Der Aufsichtsrat kann die Aspekte eines geringen Verschuldens des Vorstandsmitglieds und eines existenzvernichtenden Schadensausmaßes einfacher berücksichtigen. Die Erweiterung der Entscheidungsspielräume des Aufsichtsrats beim Vergleich über Organhaftungsansprüche gegen das Vorstandsmitglied ergibt sich unter mehreren Gesichtspunkten.

    a) Dass ein Vergleich naturgemäß mit weiten Spielräumen einhergeht, vermitteln bereits die konstitutiven Vergleichsmerkmale gemäß § 779 S. 1 BGB. Über das Merkmal der rechtlichen Ungewissheit vermag der Umstand, dass Erfordernis und Zulässigkeit einer fürsorgepflichtbasierten Regressreduzierung ernstlich streitig sind, berücksichtigt zu werden. Selbst wenn man von einer eindeutigen Rechtslage dergestalt ausgehen wollte, dass § 93 Abs. 2 S. 1 AktG ganz eindeutig eine Totalkompensation bei jeder Verschuldensform verlangt, bestehen in Organhaftungskonstellationen wenigstens in tatsächlicher Hinsicht regelmäßig Unsicherheiten und Streitigkeiten. Zudem korrespondiert das Merkmal des gegenseitigen Nachgebens mit Zugeständnissen im Verhältnis zwischen den Parteien – auch und gerade mit solchen, die einen Bezug zur Schadensersatzforderung haben.
    b) Die Entscheidung des Aufsichtsrats über einen Haftungsvergleich zwischen Gesellschaft und Vorstandsmitglied ist weiter nicht durch die typisierende Gleichsetzung des Unternehmenswohls mit dem Kompensationsinteresse und durch die regelhafte Handlungsanweisung

dergestalt, dass Ansprüche im Grundsatz zu verfolgen sind, vorgeprägt, sondern der Aufsichtsrat hat die Befugnis, das Unternehmenswohl im jeweiligen Haftungsfall unvoreingenommen zu definieren.

c) Zudem ergibt sich eine Erweiterung der Spielräume des Aufsichtsrats aus der freien Dispositionsbefugnis der Hauptversammlung, die als wirtschaftliche Eigentümerin der Gesellschaft sogar eine Selbstschädigung beschließen kann. Der Aufsichtsrat kann und sollte bei der Entscheidung über einen Haftungsvergleich einen (antizipierten) Willen der Hauptversammlung berücksichtigen und ihr einen Vergleich vorschlagen, von dem er in vertretbarer Weise überzeugt ist, er entspreche dem Willen der Hauptversammlung. Die Kongruenz der beim Haftungsvergleich berücksichtigten Aspekte mit dem Willen der Hauptversammlung gewährleistet die Verwirklichung des Unternehmenswohls. Über die für die Zustimmung der Hauptversammlung relevanten Umstände hat der Aufsichtsrat die Hauptversammlung vollständig und korrekt zu informieren.

V. Enthaftung des Aufsichtsrats bei der Entscheidung über den Vergleich

27. Eine Enthaftung des Aufsichtsrats kommt vor dem Hintergrund, dass die Entscheidung über einen Vergleich der Gesellschaft eine unternehmerische Entscheidung darstellt, über § 116 S. 1 i.V.m. § 93 Abs. 1 S. 2 AktG in Betracht. Wenigstens nach der Zustimmung durch die Hauptversammlung, welche – im Fall der vollständigen und korrekten Information der Hauptversammlung über die vergleichsbezogenen, zustimmungsrelevanten Faktoren – die materielle Richtigkeit des Vergleichs zwischen Gesellschaft und Vorstandsmitglied vermittelt, verbleibt kein Raum für den Vorwurf eines Interessenkonflikts bei der Vergleichsentscheidung wegen einer etwaigen Überwachungspflichtverletzung des Aufsichtsrats.
28. Zudem kommt eine Enthaftung des Aufsichtsrats über § 116 S. 1 i.V.m. § 93 Abs. 4 S. 1 AktG analog in Betracht. Maßgebend für eine Enthaftung auf dieser Grundlage muss die Kongruenz zwischen dem Handeln der Verwaltung und dem Willen der Hauptversammlung sein, die gegeben ist, wenn der Aufsichtsrat der Hauptversammlung einen Beschlussvorschlag hinsichtlich eines Vergleichs zwischen Gesellschaft und Vorstandsmitglied unterbreitet, dem sie zustimmt, und wenn der Aufsichtsrat den Vergleich sodann umsetzt. Der Aufsichtsrat muss die Hauptversammlung aber vollständig und korrekt über die zustimmungsrelevanten Umstände informieren.

VI. Dreijahresfrist gemäß § 93 Abs. 4 S. 3 AktG

29. Die Dreijahresfrist gemäß § 93 Abs. 4 S. 3 AktG, die Vergleiche über Organhaftungsansprüche für einen Zeitraum von drei Jahren verhindert, kann hinsichtlich ihrer Legitimation in Frage gestellt werden. Vor allem lässt sich eine typisierte Aussage dahingehend, das Ausmaß von Pflichtverletzung und Schaden sei typischerweise nach Ablauf von drei Jahren überblickbar und es könne daher erst nach Ablauf dieses Zeitraums über Organhaftungsansprüche disponiert werden, nicht treffen, und es können erhebliche im Unternehmenswohl liegende Belange für einen Vergleich vor Ablauf von drei Jahren sprechen. Ungeachtet dessen ist die Dreijahresfrist auf Basis der geltenden Rechtslage als zwingendes Recht, von dem nicht abgewichen werden kann, zu beachten.

VII. Verzichtsähnlichkeit von Vereinbarungen mit Bezug zu einem Vergleich

30. Betrachtet man es als Schutzzweck von § 93 Abs. 4 S. 3 AktG, das Gesellschaftsvermögen in Bezug auf die Schadensersatzforderung gemäß § 93 Abs. 2 S. 1 AktG zu schützen, dürften eigentlich nur solche nicht vom Wortlaut der Norm erfassten Rechtshandlungen den Restriktionen von § 93 Abs. 4 S. 3 AktG zu unterstellen sein, die ähnliche vermögensmindernde oder wenigstens vermögensgefährdende Wirkungen haben wie Verzicht und Vergleich. Dennoch betrachtet die Rechtsprechung bereits Vereinbarungen, welche die Möglichkeit der jederzeitigen Anspruchsgeltendmachung hindern, als unzulässig. Bereits die Begründung einer Einrede bzw. eines Leistungsverweigerungsrechts soll – unabhängig von der Dauer des Leistungshemmnisses – die Verzichtsähnlichkeit rechtfertigen.

VIII. Unzulässige Regelungen mit Bezug zur Entscheidung über den Vergleich

31. Die vor Ablauf von drei Jahren nach Anspruchsentstehung installierte Verpflichtung, einen Vergleich zwischen Gesellschaft und Vorstandsmitglied über Organhaftungsansprüche abzuschließen, ist wie die Verpflichtung des Aufsichtsrats, der Hauptversammlung vorzuschlagen, einem Vergleich zwischen Gesellschaft und Vorstandsmitglied zuzustimmen, als unzulässig zu evaluieren. Beide Vereinbarungen implizieren bereits ein Nachgeben seitens der Gesellschaft.

32. Auch eine Verpflichtung des Aufsichtsrats, Verhandlungen bezüglich eines Vergleichs zwischen Gesellschaft und Vorstandsmitglied über Organhaftungsansprüche zu führen, muss man – obgleich eine entsprechende Regelung keine vermögensgefährdenden Implikationen hätte, da der Schadensersatzanspruch lediglich zur Disposition gestellt und nicht bereits letztverbindlich über den Anspruch disponiert werden soll – nicht rechtssicher im Anstellungsvertrag installieren. Denn auch eine Verpflichtung zu Verhandlungen hindert die Möglichkeit, den Anspruch jederzeit geltend zu machen.

IX. Zulässige Regelung mit Bezug zur Vergleichsentscheidung

33. Lediglich ein deklaratorischer Hinweis auf die grundsätzliche Vergleichsbereitschaft in bestimmten tatbestandlichen Konstellationen – beispielsweise bei einem leichten Verschulden des Vorstandsmitglieds und einem existenzvernichtenden Schadensausmaß – erweist sich als zulässig. Hervorzuheben ist aber, dass die schlussendliche Entscheidung über einen Vergleich zwischen Gesellschaft und Vorstandsmitglied über Organhaftungsansprüche im jeweiligen Einzelfall zu treffen ist.

D. Schlussfazit

Es ist das Resümee zu ziehen, dass nur eine sehr begrenzte Möglichkeit besteht, vor dem Eintritt des Sachverhalts, aus dem sich Organhaftungsansprüche der Aktiengesellschaft gegen das Vorstandsmitglied ergeben, und vor der Entstehung von Organhaftungsansprüchen Dispositionen mit Bezug zu den Organhaftungsansprüchen zu treffen. Die Möglichkeit, bereits vorab auf Entscheidungen des Aufsichtsrats, die er im Fall der Vorstandsinnenhaftung trifft – nämlich die Entscheidung über Verfolgung oder Nichtverfolgung und die Entscheidung über einen Haftungsvergleich –, verbindlich Einfluss zu nehmen, ist beschränkt. Keinesfalls darf dem Vorstandsmitglied bereits ein verbindlicher Anspruch auf eine bestimmte Entscheidung des Aufsichtsrats über die Nichtverfolgung oder einen Vergleich eingeräumt werden. Zulässig sind vielmehr allein deklaratorische Vereinbarungen, mit denen wiedergegeben wird, was der geltenden Rechtslage entspricht, oder Regelungen, die bloße prozedurale an Stelle von materiellen Implikationen beinhalten, indem sie sich etwa auf den Weg der Entscheidungsfindung beziehen und beispielsweise die entscheidungsrelevanten, berücksichtigungsfähigen Aspekte benennen.

Literaturverzeichnis

Arens, Tobias: Vertragliche Einflussrechte auf die Geschäftsführung des Vorstandes durch ein Business Combination Agreement: eine aktienrechtliche Untersuchung am Beispiel eines Unternehmenszusammenschlusses im Wege eines öffentlichen Übernahmeverfahrens, Köln 2014; zit.: *Arens*, Vertragliche Einflussrechte, 2014.

Arnold, Arnd: Die Steuerung des Vorstandshandelns – Eine rechtsökonomische Untersuchung der Principal-Agent-Problematik in Publikumskapitalgesellschaften, München 2007; zit. *A. Arnold*, Die Steuerung des Vorstandshandelns, 2007.

Bachmann, Gregor: Das „vernünftige" Vorstandsmitglied – Zum richtigen Verständnis der deutschen Business Judgment Rule (§ 93 Abs. 1 Satz 2 AktG), in: Habersack, Matthias/Huber, Karl/Spindler, Gerald (Hrsg.), Festschrift für Eberhard Stilz zum 65. Geburtstag, München 2014, S. 25–44; zit.: *Bachmann*, in: FS Stilz, 2014, S. 25.

Bachmann, Gregor: Gutachten, in: Ständige Deputation des Deutschen Juristentages (Hrsg.), Verhandlungen des 70. Deutschen Juristentages Hannover 2014, Band I: Gutachten/Teil E, München 2014, E 21; zit. *Bachmann*, Verhandlungen des 70. DJT, Gutachten, E 21.

Bachmann, Gregor: Die Geschäftsleiterhaftung im Fokus von Rechtsprechung und Rechtspolitik, BB 2015, 771–777; zit.: *Bachmann*, BB 2015, 771.

Banerjea, Nirmal Robert: Der Schutz von Übernahme- und Fusionsplänen, DB 2003, 1489–1498; zit.: *Banerjea*, DB 2003, 1489.

Bärenz, Christian/*Fragel*, Tom: Der Abwendungsvergleich gemäß § 302 Absatz 3 Satz 2 AktG als Sanierungsinstrument in der Krise der herrschenden Gesellschaft, in: Dahl, Michael/Jauch, Hans-Gerd H./Wolf, Christian (Hrsg.), Festschrift für Klaus Hubert Görg zum 70. Geburtstag, München 2010, S. 13–27; zit.: *Bärenz/Fragel*, in: FS Görg, 2010, S. 13.

Bauer, Jobst-Hubertus/*Arnold*, Christian/*Kramer*, Nadine: Schiedsvereinbarungen mit Geschäftsführern und Vorstandsmitgliedern, AG 2014, 677–685; zit.: *Bauer/C. Arnold/Kramer*, AG 2014, 677.

Bauer, Ulrich: Organklagen zwischen Vorstand und Aufsichtsrat der Aktiengesellschaft: Ein Beitrag zu den Grundlagen des aktienrechtlichen Organstreits, Köln/Berlin/Bonn/München 1986; zit.: *Bauer*, Organklagen, 1986.

Baumbach, Adolf/*Hueck*, Alfred: Gesetz betreffend die Gesellschaften mit beschränkter Haftung – Kommentar, 21. Aufl., München 2017; zit.: *Bearbeiter*, in: Baumbach/Hueck, GmbHG.

Baums, Theodor: Unabhängige Aufsichtsratsmitglieder, ZHR 180 (2016), 697–706; zit.: *Baums*, ZHR 180 (2016), 697.

Bayer, Walter: Legalitätspflicht der Unternehmensleitung, nützliche Gesetzesverstöße und Regress bei verhängten Sanktionen – dargestellt am Beispiel von Kartellrechtsverstößen, in: Bitter, Georg/Lutter, Marcus/Priester, Hans-Joachim/Schön, Wolfgang/Ulmer, Peter (Hrsg.), Festschrift für Karsten Schmidt zum 70. Geburtstag, Köln 2009, S. 85–103; zit.: *Bayer*, in: FS K. Schmidt, 2009, S. 85.

Bayer, Walter: Vorstandshaftung in der AG de lege lata und de lege ferenda, NJW 2014, 2546–2550; zit.: *Bayer*, NJW 2014, 2546.

Bayer, Walter/*Scholz*, Philipp: Haftungsbegrenzung und D&O-Versicherung im Recht der aktienrechtlichen Organhaftung, NZG 2014, 926–934; zit.: *Bayer/P. Scholz*, NZG 2014, 926.

Bayer, Walter/*Scholz*, Philipp: Zulässigkeit und Grenzen des Kartellbußgeldregresses – Zugleich Kommentar zu LAG Düsseldorf vom 20.1.2015 – 16 Sa 459/14, GmbHR 2015, 449–456; zit.: *Bayer/P. Scholz*, GmbHR 2015, 449.

Bayer, Walter/*Scholz*, Philipp: Die Pflichten von Aufsichtsrat und Hauptversammlung beim Vergleich über Haftungsansprüche gegen Vorstandsmitglieder – Überlegungen anlässlich des Siemens/Neubürger-Vergleichs, ZIP 2015, 149–154; zit.: *Bayer/P. Scholz*, ZIP 2015, 149.

Behme, Caspar/*Zickgraf*, Peter: Rechtspflichten des Aufsichtsrats bei der Auswahl geeigneter Mitglieder von Vorstand und Aufsichtsrat, AG 2015, 841–857; zit.: *Behme/Zickgraf*, AG 2015, 841.

Berle, Adolf A./*Means*, Gardiner C.: The Modern Corporation and Private Property, New York 1932; zit.: *Berle/Means*, The Modern Corporation and Private Property, 1932.

Bieder, Marcus: Grund und Grenzen der Verfolgungspflicht des Aufsichtsrats bei pflichtwidrigem Vorstandshandeln, NZG 2015, 1178–1186; zit.: *Bieder*, NZG 2015, 1178.

Binder, Sabrina: Grenzen der Vorstandshaftung: eine Untersuchung der vorhandenen Beschränkungen der Haftung der Vorstandsmitglieder gegenüber der Aktiengesellschaft und der Möglichkeiten und Notwendigkeiten der Schaffung von Haftungserleichterung de lege lata und de lege ferenda, Berlin 2016; zit.: *S. Binder*, Grenzen der Vorstandshaftung, 2016.

Binder, Ulrike/*Kraayvanger*, Jan: Regress der Kapitalgesellschaft bei der Geschäftsleitung für gegen das Unternehmen verhängte Geldbußen, BB 2015, 1219–1230; zit.: *U. Binder/Kraayvanger*, BB 2015, 1219.

Brock, Karl: Regressreduzierung im Vorstandsrecht in der prozessualen Umsetzung, WM 2016, 2209–2215; zit.: *Brock*, WM 2016, 2209.

Brommer, Andreas: Folgen einer reformierten Aktionärsklage für die Vorstandsinnenhaftung, AG 2013, 121–130; zit.: *Brommer*, AG 2013, 121.

Brommer, Andreas: Die Beschränkung der Rechtsfolgen der Vorstandsinnenhaftung, Berlin 2015; zit.: *Brommer*, Beschränkung der Vorstandsinnenhaftung, 2015.

Buck-Heeb, Petra: Die Haftung von Mitgliedern des Leitungsorgans bei unklarer Rechtslage – Notwendigkeit einer Legal Judgment Rule?, BB 2013, 2247–2257; zit.: *Buck-Heeb*, BB 2013, 2247.

Buck-Heeb, Petra: Die Plausibilitätsprüfung bei Vorliegen eines Rechtsrats – zur Enthaftung von Vorstand, Geschäftsführer und Aufsichtsrat, BB 2016, 1347–1355; zit.: *Buck-Heeb*, BB 2016, 1347.

Bungert, Hartwin/*Wansleben*, Till: Vertragliche Verpflichtung einer Aktiengesellschaft zur Nichtdurchführung von Kapitalerhöhungen – Zugleich Besprechung LG München I v. 5.4.2012 – 5 HK O 20488/11, ZIP 2012, 2445 (Ls) und OLG München v. 14.11.2012 – 7 AktG 2/12, ZIP 2012, 2439, ZIP 2013, 1841–1845; zit.: *Bungert/Wansleben*, ZIP 2013, 1841.

Bunz, Thomas: Der Schutz unternehmerischer Entscheidungen durch das Geschäftsleiterermessen: ein Beitrag zu mehr Rechtssicherheit im Umgang mit der Business Judgment Rule, Köln/Berlin/Bonn/München 2011; zit.: *Bunz*, Geschäftsleiterermessen, 2011.

Bunz, Thomas: Ist nur vollständige Information „angemessen"? Anforderungen an den Grad der Informiertheit bei unternehmerischen Entscheidungen, Der Konzern 2012, 444–449; zit.: *Bunz*, Der Konzern 2012, 444.

Bürgers, Tobias/Körber, Torsten (Hrsg.): Aktiengesetz – Kommentar, 4. Aufl., Heidelberg/München/Landsberg/Frechen/Hamburg 2017; zit.: *Bearbeiter*, in: Bürgers/Körber, AktG.

Cahn, Andreas: Vergleichsverbote im Gesellschaftsrecht, Köln/Berlin/Bonn/München 1996; zit.: *Cahn*, Vergleichsverbote, 1996.

Cahn, Andreas: Aufsichtsrat und Business Judgment Rule, WM 2013, 1293–1305; zit.: *Cahn*, WM 2013, 1293.

Cahn, Andreas: Die Vertretung der Aktiengesellschaft durch den Aufsichtsrat, in: Krieger, Gerd/Lutter, Marcus/Schmidt, Karsten (Hrsg.), Festschrift für Michael Hoffmann-Becking zum 70. Geburtstag, München 2013, S. 247–281; zit.: *Cahn*, in: FS Hoffmann-Becking, 2013, S. 247.

Canaris, Claus-Wilhelm: Hauptversammlungsbeschlüsse und Haftung der Verwaltungsmitglieder im Vertragskonzern, ZGR 1978, 207–218; zit.: *Canaris*, ZGR 1978, 207.

Casper, Matthias: Hat die grundsätzliche Verfolgungspflicht des Aufsichtsrats im Sinne des ARAG/Garmenbeck-Urteils ausgedient?, ZHR 176 (2012), 617–651; zit.: *Casper*, ZHR 176 (2012), 617.

Dachner, Christoph: Der Abwendungsvergleich in § 302 Abs. 3 S. 2 AktG an der Schnittstelle von Gesellschafts-, Steuer- und Insolvenzrecht, München 2013; zit.: *Dachner*, Der Abwendungsvergleich, 2013.

Dauner-Lieb, Barbara/Langen, Werner (Hrsg.): BGB-Schuldrecht, Band 2/2: §§ 611–853 BGB, 3. Aufl., Baden-Baden 2016; zit.: *Bearbeiter*, in: Dauner-Lieb/Langen, BGB-Schuldrecht.

DAV-Handelsrechtsausschuss: Stellungnahme zur Verlängerung der Verjährungsfrist der aktienrechtlichen Organhaftung nach Art. 5 und 6 des Referentenentwurfs für ein Restrukturierungsgesetz, NZG 2010, 897–899; zit.: DAV-Handelsrechtsausschuss, NZG 2010, 897.

DAV-Handelsrechtsausschuss: Stellungnahme zum Referentenentwurf eines Gesetzes zur Änderung des Aktiengesetzes (Aktienrechtsnovelle 2011), NZG 2011, 217–223; zit.: DAV-Handelsrechtsausschuss, NZG 2011, 217.

DAV-Handelsrechtsausschuss: Stellungnahme zum Regierungsentwurf der Aktienrechtsnovelle 2012, NZG 2012, 380–384; zit.: DAV-Handelsrechtsausschuss, NZG 2012, 380.

Decher, Christian E.: Das Business Combination Agreement – ein verdeckter Beherrschungsvertrag oder sonstiger strukturändernder Vertrag?, in: Kindler, Peter/Koch, Jens/Ulmer, Peter/Winter, Martin (Hrsg.), Festschrift für Uwe Hüffer zum 70. Geburtstag, München 2010, S. 145–160; zit.: *Decher*, in: FS Hüffer, 2010, S. 145.

Deckert, Martina R.: Klagemöglichkeiten einzelner Aufsichtsratsmitglieder, AG 1994, 457–465; zit.: *Deckert*, AG 1994, 457.

Diekmann, Hans/*Fleischmann*, Dermot: Umgang mit Interessenkonflikten in Aufsichtsrat und Vorstand der Aktiengesellschaft, AG 2013, 141–150; zit.: *Diekmann/Fleischmann*, AG 2013, 141.

Dietz-Vellmer, Fabian: Organhaftungsansprüche in der Aktiengesellschaft – Anforderungen an Verzicht oder Vergleich durch die Gesellschaft, NZG 2011, 248–254; zit.: *Dietz-Vellmer*, NZG 2011, 248.

Dietz-Vellmer, Fabian: Hauptversammlungsbeschlüsse nach § 119 II AktG – geeignetes Mittel zur Haftungsvermeidung für Organe?, NZG 2014, 721–729; zit.: *Dietz-Vellmer*, NZG 2014, 721.

Dose, Stefan: Zivilrechtliche Haftung und Aufgabendelegation auf Ausschüsse im Aufsichtsrat der AG, ZGR 1973, 300–316; zit.: *Dose*, ZGR 1973, 300.

Dreher, Meinrad: Das Ermessen des Aufsichtsrats – Der Aufsichtsrat in der Aktiengesellschaft zwischen Verbandsautonomie und Richterkontrolle, ZHR 158 (1994), 614–645; zit.: *Dreher*, ZHR 158 (1994), 614.

Dreher, Meinrad: Die kartellrechtliche Bußgeldverantwortlichkeit von Vorstandsmitgliedern – Vorstandshandeln zwischen aktienrechtlichem Legalitätsprinzip und kartellrechtlicher Unsicherheit, in: Dauner-Lieb, Barbara/Hommelhoff, Peter/Jacobs, Matthias/Kaiser, Dagmar/Weber, Christoph (Hrsg.), Festschrift für Horst Konzen zum 70. Geburtstag, Tübingen 2006, S. 85–107; zit.: *Dreher*, in: FS Konzen, 2006, S. 85.

Dreher, Meinrad: Kartellrechtliche Kronzeugenprogramme und Gesellschaftsrecht, ZWeR 2009, 397–426; zit.: *Dreher*, ZWeR 2009, 397.

Dreher, Meinrad: Nicht delegierbare Geschäftsleiterpflichten, in: Grundmann, Stefan/Haar, Brigitte/Merkt, Hanno u.a. (Hrsg.), Festschrift für Klaus J. Hopt zum 70. Geburtstag, Berlin 2010, S. 517–540; zit.: *Dreher*, in: FS Hopt, 2010, S. 517.

Dreher, Meinrad: Versicherungsschutz für die Verletzung von Kartellrecht oder von Unternehmensinnenrecht in der D&O-Versicherung und Ausschluss vorsätzlicher oder wissentlicher Pflichtverletzungen, VersR 2015, 781–794; zit.: *Dreher*, VersR 2015, 781.

Dreier, Horst (Hrsg.): Grundgesetz – Kommentar, Band I: Präambel, Artikel 1–19, 3. Aufl., Tübingen 2013; zit.: *Bearbeiter*, in: Dreier, GG.

Drygala, Tim: Deal Protection in Verschmelzungs- und Unternehmenskaufverträgen – eine amerikanische Vertragsgestaltung auf dem Weg ins deutsche Recht – Teil II, WM 2004, 1457–1469; zit.: *Drygala*, WM 2004, 1457.

Eckert, Georg/*Grechenig*, Kristoffel/*Stremitzer*, Alexander: Ökonomische Analyse der Organhaftung, in: Kalss, Susanne (Hrsg.), Vorstandshaftung in 15 europäischen Ländern, Wien 2005, S. 95–164; zit.: *Eckert/Grechenig/Stremitzer*, in: Kalss, Vorstandshaftung in 15 europäischen Ländern, 2005, S. 97.

Ederle, Anton: Verdeckte Beherrschungsverträge, Tübingen 2010; zit.: *Ederle*, Verdeckte Beherrschungsverträge, 2010.

Ehlers, Dirk/Pünder, Hermann (Hrsg.): Allgemeines Verwaltungsrecht, 15. Aufl., Berlin 2015; zit.: *Bearbeiter*, in: Ehlers/Pünder, Allg. VerwR.

Eichner, Christian/*Höller*, Timo: Anforderungen an das Tätigwerden des Aufsichtsrats bei Verdacht einer Sorgfaltspflichtverletzung des Vorstands, AG 2011, 885–894; zit.: *Eichner/Höller*, AG 2011, 885.

Emmerich, Volker/Habersack, Mathias (Hrsg.): Aktien- und GmbH-Konzernrecht, 8. Aufl., München 2016; zit.: *Bearbeiter*, in: Emmerich/Habersack, Aktien- und GmbH-Konzernrecht.

Erman: Westermann, Harm Peter/Grunewald, Barbara/Maier-Reimer, Georg (Hrsg.), Bürgerliches Gesetzbuch – Kommentar, 15. Aufl., Köln 2017; zit.: *Bearbeiter*, in: Erman, BGB.

Ernst, Werner/*Zinkahn*, Willy/*Bielenberg*, Walter/*Krautzberger*, Michael: Baugesetzbuch, 123. Aufl., München 2017; zit.: *Bearbeiter*, in: Ernst/Zinkahn/Bielenberg/Krautzberger, BauGB.

Eßwein, Kilian Konstantin: Privatautonome Gestaltung der Vorstandshaftung, Frankfurt a.M. u.a. 2015; zit.: *Eßwein*, Privatautonome Gestaltung der Vorstandshaftung, 2015.

Eufinger, Alexander: Die Regresshaftung von Vorstand und Geschäftsführer für Kartellverstöße der Gesellschaft, WM 2015, 1265–1271; zit.: *Eufinger*, WM 2015, 1265.

Fabisch, Artur Robert: Managerhaftung für Kartellrechtsverstöße, ZWeR 2013, 91–119; zit.: *Fabisch*, ZWeR 2013, 91.

von Falkenhausen, Joachim: Die Haftung außerhalb der Business Judgment Rule – Ist die Business Judgment Rule ein Haftungsprivileg für Vorstände?, NZG 2012, 644–651; zit.: *v. Falkenhausen*, NZG 2012, 644.

von Falkenhausen, Joachim: Der Aufsichtsrat der Aktiengesellschaft als Geschäftsführungs- und Vertretungsorgan, ZIP 2015, 956–961; zit.: *v. Falkenhausen*, ZIP 2015, 956.

von Falkenhausen, Joachim: Enthaftung durch Hauptversammlungsbeschluss – Kann § 93 IV 1 AktG den Vorstand vor Haftung schützen?, NZG 2016, 601–605; zit.: *v. Falkenhausen*, NZG 2016, 601.

Faßbender, Paul-Otto: 18 Jahre ARAG Garmenbeck – und alle Fragen offen?, NZG 2015, 501–508; zit.: *Faßbender*, NZG 2015, 501.

Fehrenbach, Markus: Beschränkte Vorstandshaftung? Zur Frage, ob sich aus dem geltenden Recht Regeln zur Haftungsverschonung oder Haftungsbegrenzung zugunsten von Vorstandsmitgliedern ableiten lassen, AG 2015, 761–775; zit.: *Fehrenbach*, AG 2015, 761.

Fischbach, Jonas: Hauptversammlungsvorlagen des Aufsichtsrats, ZIP 2013, 1153–1160; zit.: *Fischbach*, ZIP 2013, 1153.

Fischer, Michael: Der Entscheidungsspielraum des Aufsichtsrats bei der Geltendmachung von Regreßansprüchen gegen Vorstandsmitglieder, BB 2016, 225–230; zit.: *Fischer*, BB 2016, 225.

Fleischer, Holger (Hrsg.): Handbuch des Vorstandsrechts, München 2006; zit.: *Bearbeiter*, in: Fleischer, Hdb. VorstandsR.

Fleischer, Holger: Zur Leitungsaufgabe des Vorstands im Aktienrecht, ZIP 2003, 1–11; zit.: *Fleischer*, ZIP 2003, 1.

Fleischer, Holger: Vorstandspflichten bei rechtswidrigen Hauptversammlungsbeschlüssen, BB 2005, 2025–2030; zit.: *Fleischer*, BB 2005, 2025.

Fleischer, Holger: Haftungsfreistellung, Prozesskostenersatz und Versicherung für Vorstandsmitglieder – eine rechtsvergleichende Bestandsaufnahme zur Enthaftung des Managements, WM 2005, 909–920; zit.: *Fleischer*, WM 2005, 909.

Fleischer, Holger: Zur Unveräußerlichkeit der Leitungsmacht im deutschen, englischen und US-amerikanischen Aktienrecht, in: Grundmann, Stefan/Kirchner, Christian/Raiser, Thomas/Schwintowski, Hans-Peter/Weber, Martin/Windbichler, Christine (Hrsg.), Festschrift für Eberhard Schwark zum 70. Geburtstag, München 2009, S. 137–155; zit.: *Fleischer*, in: FS Schwark, 2009, S. 137.

Fleischer, Holger: Vorstandshaftung und Vertrauen auf anwaltlichen Rat, NZG 2010, 121–125; zit.: *Fleischer*, NZG 2010, 121.

Fleischer, Holger: Rechtsrat und Organwalterhaftung im Gesellschafts- und Kapitalmarktrecht, in: Kindler, Peter/Koch, Jens/Ulmer, Peter/Winter, Martin (Hrsg.), Festschrift für Uwe Hüffer zum 70. Geburtstag, München 2010, S. 187–203; zit.: *Fleischer*, in: FS Hüffer, 2010, S. 187.

Fleischer, Holger: Zur Einschränkbarkeit der Geschäftsführerhaftung in der GmbH, BB 2011, 2435–2440; zit.: *Fleischer*, BB 2011, 2435.

Fleischer, Holger: Verjährung von Organhaftungsansprüchen: Rechtspraxis – Rechtsvergleichung – Rechtspolitik, AG 2014, 457–472; zit.: *Fleischer*, AG 2014, 457.

Fleischer, Holger: Regresshaftung von Geschäftsleitern wegen Verbandsgeldbußen, DB 2014, 345–352; zit.: *Fleischer*, DB 2014, 345.

Fleischer, Holger: Ruinöse Managerhaftung: Reaktionsmöglichkeiten de lege lata und de lege ferenda, ZIP 2014, 1305–1316; zit.: *Fleischer*, ZIP 2014, 1305.

Fleischer, Holger: Vergleiche über Organhaftungs-, Einlage- und Drittansprüche der Aktiengesellschaft, AG 2015, 133–150; zit.: *Fleischer*, AG 2015, 133.

Fleischer, Holger: Gesellschaftsrechts-Geschichten: Annäherungen an die narrative Seite des Gesellschaftsrechts, NZG 2015, 769–778; zit.: *Fleischer*, NZG 2015, 769.

Foerster, Max: Beweislastverteilung und Einsichtsrecht bei Inanspruchnahme ausgeschiedener Organmitglieder, ZHR 176 (2012), 221–249; zit.: *Foerster*, ZHR 176 (2012), 221.

Friedl, Markus J./*Titze*, Laura A.: Der Sanktionszweck heiligt den Regressausschluss – Zur Haftung von Vorstandsmitgliedern für Verbandsgeldbußen – Besprechung LAG Düsseldorf v. 20.1.2015 – 16 Sa 459/14, ZWeR 2015, 318–332; zit.: *Friedl/Tietze*, ZWeR 2015, 318.

Fuchs, Andreas/*Zimmermann*, Martin: Reform der Organhaftung? – Materielles Haftungsrecht und seine Durchsetzung in privaten und öffentlichen Unternehmen, JZ 2014, 838–846; zit.: *Fuchs/Zimmermann*, JZ 2014, 838.

Gaul, Felix: Regressansprüche bei Kartellbußen im Lichte der Rechtsprechung und der aktuellen Debatte über die Reform der Organhaftung, AG 2015, 109–118; zit.: *Gaul*, AG 2015, 109.

Gawrisch, Volker: Ermessensentscheidungen des Aufsichtsrates und ihre gerichtliche Kontrolle, Frankfurt a.M. u.a. 2000; zit.: *Gawrisch*, Ermessensentscheidungen des Aufsichtsrates, 2000.

Goette, Wulf: „Zur ARAG/GARMENBECK-Doktrin", in: Hoffmann-Becking, Michael/Hüffer, Uwe/Reichert, Jochem (Hrsg.), Liber Amicorum für Martin Winter, Köln 2011, S. 153–166; zit.: *Goette*, in: Liber Amicorum M. Winter, 2011, S. 153.

Goette, Wulf: Grundsätzliche Verfolgungspflicht des Aufsichtsrats bei sorgfaltswidrig schädigendem Verhalten im AG-Vorstand, ZHR 176 (2012), 588–616; zit.: *Goette*, ZHR 176 (2012), 588.

Goette, Wulf: „Zu den vom Aufsichtsrat zu beachtenden Abwägungskriterien im Rahmen seiner Entscheidung nach den ARAG/GARMENBECK-Kriterien – dargestellt am Beispiel des Kartellrechts", in: Krieger, Gerd/Lutter, Marcus/Schmidt, Karsten (Hrsg.), Festschrift für Michael Hoffmann-Becking zum 70. Geburtstag, München 2013, S. 377–394; zit.: *Goette*, in: FS Hoffmann-Becking, 2013, S. 377.

Goslar, Sebastian: Kurzkommentar zu LG München I, Urt. v. 5.4.2012 – 5 HK O 20488/11, ZIP 2012, 2445 (LS) = NZG 2012, 1152, EWiR 2013, 193–194; zit.: *Goslar*, EWiR 2013, 193.

Gottschalk, Eckart/*Weng*, Andreas: Was ist bei der Inanspruchnahme rechtlicher Beratung zu beachten? Ein Leitfaden für Geschäftsleiter, GWR 2013, 243–247; zit.: *Gottschalk/Weng*, GWR 2013, 243.

Götz, Heinrich: Die Pflicht des Aufsichtsrats zur Haftbarmachung von Vorstandsmitgliedern – Besprechung des ARAG-Urteils des BGH, NJW 1997, 3275–3278; zit.: *Götz*, NJW 1997, 3275.

Grigoleit, Hans Christoph (Hrsg.): Aktiengesetz – Kommentar, 2. Aufl., München 2017; zit.: *Bearbeiter*, in: Grigoleit, AktG.

Großkommentar zum AktG: Hirte, Heribert/Mülbert, Peter O./Roth, Markus (Hrsg.), Aktiengesetz-Großkommentar, Berlin.

- Band 2/1: §§ 23–40, 5. Aufl. 2016.
- Band 4/1: §§ 76–91, 5. Aufl. 2015.
- Band 4/2: §§ 92–94, 5. Aufl. 2015.

– Band 5: §§ 95–116, 5. Aufl. 2017.
Zit.: *Bearbeiter*, in: Großkomm. AktG.

Grundei, Jens/*v. Werder*, Axel: Die Angemessenheit der Informationsgrundlage als Anwendungsvoraussetzung der Business Judgment Rule – Anforderungen an die Fundierung strategischer Entscheidungen aus betriebswirtschaftlicher Sicht, AG 2005, 825–834; zit.: *Grundei/v. Werder*, AG 2005, 825.

Grunewald, Barbara: Haftungsvereinbarungen zwischen Aktiengesellschaft und Vorstandsmitgliedern, AG 2013, 813–818; zit.: *Grunewald*, AG 2013, 813.

Haarmann, Wilhelm/*Weiß*, Michael: Reformbedarf bei der aktienrechtlichen Organhaftung, BB 2014, 2115–2125; zit.: *Haarmann/Weiß*, BB 2014, 2115.

Habersack, Mathias: Die Freistellung des Organwalters von seiner Haftung gegenüber der Gesellschaft, in: Habersack, Mathias/Hommelhoff, Peter/Hüffer, Uwe/Schmidt, Karsten (Hrsg.), Festschrift für Peter Ulmer zum 70. Geburtstag, Berlin 2003, S. 151–173; zit.: *Habersack*, in: FS Ulmer, 2003, S. 151.

Habersack, Mathias: zitiert in: *Schneider*, Mark C.: Investorenvereinbarung als Rettungsanker, in: Handelsblatt online vom 07.08.2009 (http://www.handelsblatt.com/unternehmen/industrie/schaeffler-conti-investorenvereinbarung-als-rettungsanker/v_detail_tab_print/3234446.html; zuletzt abgerufen am 11.01.2017); zit.: *Habersack*, in: Handelsblatt online vom 07.08.2009 (http://www.handelsblatt.com/unternehmen/industrie/schaeffler-conti-investorenvereinbarung-als-rettungsanker/v_detail_tab_print/3234446.html; zuletzt abgerufen am 11.01.2017).

Habersack, Mathias: Die Umplatzierung von Aktien und das Verbot der Einlagenrückgewähr – Folgerungen aus der „DTAG"-Entscheidung des BGH, insbesondere hinsichtlich des Regresses des Aktionärs, in: Erle, Bernd/Goette, Wulf/Kleindiek, Detlef/Krieger, Gerd/Priester, Hans-Joachim/Schubel, Christian/Schwab, Martin/Teichmann, Christoph/Witt, Carl-Heinz (Hrsg.), Festschrift für Peter Hommelhoff zum 70. Geburtstag, Köln 2012, S. 303–321; zit.: *Habersack*, in: FS Hommelhoff, 2012, S. 303.

Habersack, Mathias: Perspektiven der aktienrechtlichen Organhaftung, ZHR 177 (2013), 782–806; zit.: *Habersack*, ZHR 177 (2013), 782.

Habersack, Mathias: Enthaftung des Vorstandsmitglieds qua Anstellungsvertrag? Kritische Bemerkung zu Seibt, NZG 2015, 1097, NZG 2015, 1297–1300; zit.: *Habersack*, NZG 2015, 1297.

Habersack, Mathias: 19 Jahre „ARAG/Garmenbeck" – und viele Fragen offen, NZG 2016, 321–327; zit.: *Habersack*, NZG 2016, 321.

Habersack, Mathias/*Wasserbäch*, Elena: Organhandeln vor Schiedsgerichten, AG 2016, 2–15; zit.: *Habersack*, AG 2016, 2.

Hack, Frank Sebastian: Vorstandsverantwortlichkeit bei Kartellrechtsverstößen, Frankfurt a.M. u.a. 2011; zit.: *Hack*, Vorstandsverantwortlichkeit bei Kartellrechtsverstößen, 2011.

Harbarth, Stephan: Unternehmerisches Ermessen des Vorstands im Interessenkonflikt, in: Erle, Bernd/Goette, Wulf/Kleindiek, Detlef/Krieger, Gerd/Priester, Hans-Joachim/Schubel, Christian/Schwab, Martin/Teichmann, Christoph/Witt, Carl-Heinz (Hrsg.), Festschrift für Peter Hommelhoff zum 70. Geburtstag, Köln 2012, S. 323–342; zit.: *Harbarth*, in: FS Hommelhoff, 2012, S. 323.

Harbarth, Stephan: § 93 Abs. 4 Satz 3 AktG und kartellrechtliche Kronzeugenregelungen, in: Hoffmann-Becking, Michael/Hüffer, Uwe/Reichert, Jochem (Hrsg.), Liber Amicorum für Martin Winter, Köln 2011, S. 215–236; zit.: *Harbarth*, in: Liber Amicorum M. Winter, 2011, S. 215.

Harbarth, Stephan/*Höfer*, Carl: Beginn der Dreijahresfrist des § 93 IV 3 AktG bei nicht abgeschlossener Schadensentstehung, NZG 2016, 686–690; zit.: *Harbarth/Höfer*, NZG 2016, 686.

Harnos, Rafael: Geschäftsleiterhaftung bei unklarer Rechtslage – Eine Untersuchung am Beispiel des Kartellrechts, Berlin 2013; zit.: *Harnos*, Geschäftsleiterhaftung bei unklarer Rechtslage, 2013.

Haßler, Thyl N.: Anwendbarkeit von § 93 Abs. 4 Satz 3 AktG im Rahmen der Verschmelzung zweier Aktiengesellschaften, AG 2016, 388–393; zit.: *Haßler*, AG 2016, 388.

Hasselbach, Kai: Der Verzicht auf Schadensersatzansprüche gegen Organmitglieder, DB 2010, 2037–2044; zit.: *Hasselbach*, DB 2010, 2037.

Hasselbach, Kai: Haftungsfreistellung für Organmitglieder, NZG 2016, 890–896; zit.: *Hasselbach*, NZG 2016, 890.

Hasselbach, Kai/*Seibel*, Markus: Die Freistellung von Vorstandsmitgliedern und leitenden Angestellten von der Haftung für Kartellrechtsverstöße, AG 2008, 770–778; zit.: *Hasselbach/Seibel*, AG 2008, 770.

Hauger, Nils F. W./*Palzer*, Christoph: Kartellbußen und gesellschaftsrechtlicher Innenregress, ZGR 2015, 33–83; zit.: *Hauger/Palzer*, ZGR 2015, 33.

Heermann, Peter W.: Wie weit reicht die Pflicht des Aufsichtsrats zur Geltendmachung von Schadensersatzansprüchen gegen Mitglieder des Vorstands?, AG 1998, 201–211; zit.: *Heermann*, AG 1998, 201.

Hemeling, Peter: Reform der Organhaftung? Erwartungen an den 70. Deutschen Juristentag, ZHR 178 (2014), 221–226; zit.: *Hemeling*, ZHR 178 (2014), 221.

Henssler, Martin/Strohn, Lutz (Hrsg.): Gesellschaftsrecht, 3. Aufl., München 2016; zit.: *Bearbeiter*, in: Henssler/Strohn, GesR.

Henze, Hartwig: Prüfungs- und Kontrollaufgaben des Aufsichtsrates in der Aktiengesellschaft – Die Entscheidungspraxis des Bundesgerichtshofes, NJW 1998, 3309–3312; zit.: *Henze*, NJW 1998, 3309.

Heptner, Marcel: Einschränkungen der Leitungsmacht des Vorstands der Aktiengesellschaft durch Vertrag: Grenzen und Rechtsfolgen ihres Überschreitens, Frankfurt a.M. u.a. 2013; zit.: *Heptner*, Einschränkungen der Leitungsmacht, 2013.

Herwig, Michael: Leitungsautonomie und Fremdeinfluss: Zulässigkeit und Grenzen vertraglicher Einflussnahmemöglichkeiten auf Leitungsentscheidungen des Vorstands einer Aktiengesellschaft, Berlin 2014; zit.: *Herwig*, Leitungsautonomie und Fremdeinfluss, 2014.

Heß, Dominik: Investorenvereinbarungen: eine Untersuchung der aktien- und übernahmerechtlichen Zulässigkeit und Schranken von Vereinbarungen zwischen Investor und Aktiengesellschaft, Köln/Berlin/Bonn/München 2014; zit.: *Heß*, Investorenvereinbarungen, 2014.

Hey, Felix Christopher: Freie Gestaltung in Gesellschaftsverträgen und ihre Schranken, München 2004; zit.: *Hey*, Freie Gestaltung in Gesellschaftsverträgen, 2004.

Heyers, Johannes: Gestaltungsperspektiven aktienrechtlicher Organhaftung am Beispiel der Regressansprüche der Gesellschaft infolge von Kartellordnungswidrigkeiten – eine rechtsökonomische und wertungsjuristische Analyse, WM 2016, 581–589; zit.: *Heyers*, WM 2016, 581.

Hippeli, Michael/*Diesing*, Marco: Business Combination Agreements bei M&A-Transaktionen, AG 2015, 185–195; zit.: *Hippeli/Diesing*, AG 2015, 185.

Hirte, Heribert/*Stoll*, Andreas: Die Enthaftung insolventer Geschäftsleiter und Aufsichtsratsmitglieder durch Abwendungsvergleich, ZIP 2010, 253–259; zit.: *Hirte/Stoll*, ZIP 2010, 253.

Hölters, Wolfgang (Hrsg.): Aktiengesetz – Kommentar, 2. Aufl., München 2014; zit.: *Bearbeiter*, in: Hölters, AktG.

Hoffmann, Gunter M.: Existenzvernichtende Haftung von Vorständen und Aufsichtsräten, NJW 2012, 1393–1399; zit.: *Hoffmann*, NJW 2012, 1393.

Hoffmann, Andreas C./*Schieffer*, Anita: Pflichten des Vorstands bei der Ausgestaltung einer ordnungsgemäßen Compliance-Organisation, NZG 2017, 401–407; zit.: *Hoffmann/Schieffer*, NZG 2017, 401.

Hoffmann-Becking, Michael: Unabhängigkeit im Aufsichtsrat, NZG 2014, 801–809; zit.: *Hoffmann-Becking*, NZG 2014, 801.

Hoffmann-Riem, Wolfgang/Schmidt-Aßmann, Eberhard/Voßkuhle, Andreas (Hrsg.): Grundlagen des Verwaltungsrechts, Band II: Informationsordnung, Verwaltungsverfahren, Handlungsformen, 2. Aufl., München 2012;

zit.: *Bearbeiter*, in: Hoffmann-Riem/Schmidt-Aßmann/Voßkuhle, Grundlagen des VerwR.

Holle, Philipp Maximilian: Rechtsbindung und Business Judgment Rule, AG 2011, 778–786; zit.: *Holle*, AG 2011, 778.

Holle, Philipp Maximilian: Die Binnenhaftung des Vorstandes bei unklarer Rechtslage, AG 2016, 270–280; zit.: *Holle*, AG 2016, 270.

Hommelhoff, Peter: Satzungsmäßige Eignungsvoraussetzungen für Vorstandsmitglieder einer Aktiengesellschaft, BB 1977, 322–326; zit.: *Hommelhoff*, BB 1977, 322.

Hommelhoff, Peter: Der aktienrechtliche Organstreit – Vorüberlegungen zu den Organkompetenzen und ihrer gerichtlichen Durchsetzbarkeit, ZHR 143 (1979), 288–316; zit.: *Hommelhoff*, ZHR 143 (1979), 288.

Hopt, Klaus J.: ECLR Interessenwahrung und Interessenkonflikte im Aktien-, Bank- und Berufsrecht – Zur Dogmatik des modernden Geschäftsbesorgungsrechts, ZGR 2004, 1–52; zit.: *Hopt*, ZGR 2004, 1.

Hopt, Klaus J.: Die Reform der Organhaftung nach § 93 AktG – Bemerkungen zu den Beschlüssen des 70. Deutschen Juristentages 2014, in: Ackermann, Thomas/Köndgen, Johannes (Hrsg.), Festschrift für Wulf-Henning Roth zum 70. Geburtstag, 2015, S. 225–240; zit.: *Hopt*, in: FS W. H. Roth, 2015, S. 225.

Horn, Norbert: Die Haftung des Vorstands der AG nach § 93 AktG und die Pflichten des Aufsichtsrats – Zugleich Besprechung der Urteile des Bundesgerichtshofs vom 21. April 1997, ZIP 1997, 883, und des OLG Düsseldorf vom 28. November 1996, ZIP 1997, 27, im Fall ARAG/ Garmenbeck, ZIP 1997, 1129–1139; zit.: *Horn*, ZIP 1997, 1129.

Horn, Norbert: Unternehmerisches Ermessen und Vorstandshaftung nach § 93 AktG, in: Aderhold, Lutz/Grunewald, Barbara/Klingberg, Dietgard/Paefgen, Walter G. (Hrsg.), Festschrift Harm Peter Westermann, Köln 2008, S. 1053–1065; zit.: *Horn*, in: FS H. P. Westermann, 2008, S. 1053.

Hübsch, Michael: Arbeitnehmerhaftung bei Versicherbarkeit des Schadensrisikos und bei grober Fahrlässigkeit, BB 1998, 690–696; zit.: *Hübsch*, BB 1998, 690.

Hübsch, Michael: Die neueste Rechtsprechung des BAG zur Fahrlässigkeit bei der Arbeitnehmerhaftung, NZA-RR, 1999, 393–397; zit.: *Hübsch*, NZA-RR, 1999, 393.

Hüffer, Uwe: Das Leitungsermessen des Vorstands in der Aktiengesellschaft, in: Damm, Reinhard/Heermann, Peter W./Veil, Rüdiger (Hrsg.), Festschrift für Thomas Raiser zum 70. Geburtstag, Berlin 2005, S. 163–180; zit.: *Hüffer*, in: FS Raiser, 2005, S. 163.

Hüffer, Uwe: Die leitungsbezogene Verantwortung des Aufsichtsrats, NZG 2007, 47–54; zit.: *Hüffer*, NZG 2007, 47.

Hüffer, Uwe: Informationen zwischen Tochtergesellschaft und herrschendem Unternehmen im vertragslosen Konzern, in: Grundmann, Stefan/Kirchner, Christian/Raiser, Thomas/Schwintowski, Hans-Peter/Weber, Martin/Windbichler, Christine (Hrsg.), Festschrift für Eberhard Schwark zum 70. Geburtstag, München 2009, S. 185–198; zit.: *Hüffer*, in: FS Schwark, 2009, S. 185.

Hüffer, Uwe/Koch, Jens (Hrsg): Aktiengesetz – Kommentar, 12. Aufl., München 2016; zit.: *J. Koch*, in: Hüffer/J. Koch, AktG.

Huthmacher, David: Pflichten und Haftung der Aufsichtsratsmitglieder – Zugleich eine Untersuchung zur kollegialorganschaftlichen Innenhaftung des Aufsichtsrats, Berlin 2014; zit.: *Huthmacher*, Pflichten und Haftung der Aufsichtsratsmitglieder, 2014.

Jaeger, Carsten/*Trölitzsch*, Thomas: Unternehmerisches Ermessen des Aufsichtsrats bei der Geltendmachung von Schadensersatzansprüchen gegenüber Vorstandsmitgliedern – Zugleich Besprechung des Urteils des OLG Düsseldorf vom 22. Juni 1995, ZIP 1995, 1183 – ARAG/Garmenbeck, ZIP 1995, 1157–1163; zit.: *Jaeger/Trölitzsch*, ZIP 1995, 1157.

Jauernig: Stürner, Rolf (Hrsg.), Jauernig, Bürgerliches Gesetzbuch – Kommentar, 16. Aufl. 2015, München; zit.: *Bearbeiter*, in: Jauernig, BGB.

Joussen, Jacob: Der Sorgfaltsmaßstab des § 43 Abs. 1 GmbHG, GmbHR 2005, 441–447; zit.: *Joussen*, GmbHR 2005, 441.

Kehler, Camilla: Die Unabhängigkeit des Aufsichtsrats als aktienrechtliches Erfordernis (AktG und DCGK), Frankfurt a.M. u.a. 2008; zit.: *Kehler*, Die Unabhängigkeit des Aufsichtsrats, 2008.

Kersting, Christian: Organhaftung für Kartellbußgelder, ZIP 2016, 1266–1275; zit.: *Kersting*, ZIP 2016, 1266.

Kiefner, Alexander: Investorenvereinbarungen zwischen Aktien- und Vertragsrecht – Zur Stellung des Eigenkapitalinvestors als hybridem Wesen, ZHR 178 (2014), 547–602; zit.: *Kiefner*, ZHR 178 (2014), 547.

Kiem, Roger: Investorenvereinbarung im Lichte des Aktien- und Übernahmerechts, AG 2009, 301–312; zit.: *Kiem*, AG 2009, 301.

Kindler, Peter: Unternehmerisches Ermessen und Pflichtenbindung – Voraussetzungen und Geltendmachung der Vorstandshaftung in der Aktiengesellschaft, ZHR 162 (1998), 101–119; zit.: *Kindler*, ZHR 162 (1998), 101.

Kleinhenz, Holger M./*Leyendecker*, Benjamin: Voraussetzungen und Reichweite der Haftungsbefreiung nach § 93 Abs. 4 S. 1 AktG bei M&A-Transaktionen, BB 2012, 861–864; zit.: *Kleinhenz/Leyendecker*, BB 2012, 861.

Kling, Michael: Die Innenhaftung des Aufsichtsratsmitglieds in der Aktiengesellschaft, DZWiR 2005, 45–56; zit.: *Kling*, DZWiR 2005, 45.

Klöhn, Lars/*Schmolke*, Klaus Ulrich: Der Aufschub der Ad-hoc-Publizität nach Art. 17 Abs. 4 MAR zum Schutz der Unternehmensreputation, ZGR 2016, 866–896.

Koch, Jens: Das Gesetz zur Unternehmensintegrität und Modernisierung des Anfechtungsrechts (UMAG), ZGR 2006, 769–804; zit.: *J. Koch*, ZGR 2006, 769.

Koch, Jens: Keine Ermessensspielräume bei der Entscheidung über die Inanspruchnahme von Vorstandsmitgliedern, AG 2009, 93–102; zit.: *J. Koch*, AG 2009, 93.

Koch, Jens: Beschränkungen des gesellschaftsrechtlichen Innenregresses bei Bußgeldzahlungen, in: Hoffmann-Becking, Michael/Hüffer, Uwe/Reichert, Jochem (Hrsg.), Liber Amicorum für Martin Winter, Köln 2011, S. 327–350; zit.: *J. Koch*, in: Liber Amicorum Winter, Martin, 2011, S. 327.

Koch, Jens: Beschränkung der Regressfolgen im Kapitalgesellschaftsrecht, AG 2012, 429–440; zit.: *J. Koch*, AG 2012, 429.

Koch, Jens: Regressreduzierung im Kapitalgesellschaftsrecht – eine Sammelreplik, AG 2014, 513–525; zit.: *J. Koch*, AG 2014, 513.

Koch, Jens: Die schleichende Erosion der Verfolgungspflicht nach ARAG/Garmenbeck, NZG 2014, 934–942; zit.: *J. Koch*, NZG 2014, 934.

Koch, Jens: Höherrangiges Satzungsrecht vs. schuldrechtliche Satzungsüberlagerung – am Beispiel eines vertraglichen Gewinnauszahlungsschlüssels, AG 2015, 213–222; zit.: *J. Koch*, AG 2015, 213.

Koch, Jens: Der kartellrechtliche Kronzeugenantrag im Konzern, in: Ackermann, Thomas/Köndgen, Johannes (Hrsg.), Festschrift für Wulf-Henning Roth zum 70. Geburtstag, 2015, S. 279–297; zit.: *J. Koch*, in: FS W. H. Roth, 2015, S. 279.

Koch, Jens: Der Vorstand im Kompetenzgefüge der Aktiengesellschaft, in: Fleischer, Holger/Koch, Jens/Kropff, Bruno/Lutter, Marcus (Hrsg.), 50 Jahre Aktiengesetz, ZGR Sonderheft 19, Berlin 2016, S. 65–102; zit.: *J. Koch*, in: Fleischer/Koch/Kropff/Lutter, 50 Jahre AktG, ZGR Sonderheft 19, 2016, S. 65.

Koch, Jens: Die Überwachung des Aufsichtsrats durch den Vorstand, ZHR 180 (2016), 578–612; zit.: *J. Koch*, ZHR 180 (2016), 578.

Koch, Jens: in: Kalss, Susanne/Fleischer, Holger/Vogt, Hans-Ueli (Hrsg.), Bahnbrechende Entscheidungen – Gesellschafts- und Kapitalmarktrechtsgeschichten, Tübingen 2016, S. 91–114; zit.: *J. Koch*, in: Kalss/Fleischer/Vogt, Bahnbrechende Entscheidungen, 2016, S. 91.

Kocher, Dirk/*von Falkenhausen*, Joachim: Streitverkündung und Interessenkonflikte im Organhaftungsprozess, AG 2016, 848–853; zit.: *Kocher/v. Falkenhausen*, AG 2016, 848.

Kölner Kommentar zum Aktiengesetz: Zöllner, Wolfgang/Noack, Ulrich (Hrsg.), Köln.

- Band 1: §§ 1–75 AktG, 3. Aufl. 2012.
- Band 2 Teil 1: §§ 76–94 AktG, 3. Aufl. 2009.
- Band 2 Teil 2: §§ 95–117 AktG, 3. Aufl. 2012.

Zit.: *Bearbeiter*, in: KöKo AktG.

König, Ute: Business Combination Agreements in der Rechtsprechung im Fall W.E.T., NZG 2013, 452–454; zit.: *König*, NZG 2013, 452.

Konrads, Sebastian: Entschärfung des Haftungsrisikos des verantwortlichen Vorstands einer Aktiengesellschaft zum Zwecke der Inanspruchnahme einer kartellrechtlichen Kronzeugenregelung, München 2012; zit.: *Konrads*, Entschärfung des Haftungsrisikos, 2012.

Konrads, Sebastian: Entschärfung der Vorstandshaftung im Kontext kartellrechtlicher Kronzeugenregelungen, ZWeR 2016, 429–445; zit.: *Konrads*, ZWeR 2016, 429.

Kopp/Ramsauer: Ramsauer, Ulrich/Tegethoff, Carsten/Wysk, Peter (Hrsg.), Verwaltungsverfahrensgesetz, 17. Aufl. 2016; zit.: Kopp/Ramsauer, VwVfG.

Kort, Michael: Rechtsfragen der Höhe und Zusammensetzung der Vergütung von Mitgliedern des Aufsichtsrats einer AG, in: Kindler, Peter/Koch, Jens/Ulmer, Peter/Winter, Martin (Hrsg.), Festschrift für Uwe Hüffer zum 70. Geburtstag, München 2010, S. 483–500; zit.: *Kort*, in: FS Hüffer, 2010, S. 483.

Kort, Michael: Vorstandshandeln im Spannungsverhältnis zwischen Unternehmensinteresse und Aktionärsinteressen, AG 2012, 605–610; zit.: *Kort*, AG 2012, 605.

Krause, Hartmut: Business Combination Agreements im Spiegel der Rechtsprechung – Selbstbindungen der Zielgesellschaft und Organkompetenzen, CFL 2013, 192–201; zit.: *H. Krause*, CFL 2013, 192.

Krause, Rüdiger: „Nützliche“ Rechtsverstöße im Unternehmen – Verteilung finanzieller Lasten und Sanktionen – Die Verteilung von Verfahrenskosten, Geldstrafen und Geldbußen zwischen Gesellschaft, (ehemaligen) Vorstandsmitgliedern und Mitarbeitern sowie die Möglichkeit von Sanktionen bei Pflichtverletzungen, BB-Special 8/2007, 2–16; zit.: *R. Krause*, BB-Special 8/2007, 2.

Kremer, Thomas/*von Werder*, Axel: Unabhängigkeit von Aufsichtsratsmitgliedern: Konzept, Kriterien und Kandidateninformation, AG 2013, 340–348; zit.: *Kremer/v. Werder*, AG 2013, 340.

Krieger, Gerd: Personalentscheidungen des Aufsichtsrats, Köln/Berlin/Bonn/München 1981; zit.: *Krieger*, Personalentscheidungen des Aufsichtsrats, 1981.

Krieger, Gerd: Zahlungen der Aktiengesellschaft im Strafverfahren gegen Vorstandsmitglieder, in: Westermann, Harm Peter/Mock, Klaus (Hrsg.), Festschrift für Gerold Bezzenberger zum 70. Geburtstag, Berlin 2000, S. 211–231; zit.: *Krieger*, in: FS Bezzenberger, 2000, S. 211.

Krieger, Gerd: Beweislastumkehr und Informationsanspruch des Vorstandsmitglieds bei Schadensersatzforderungen nach § 93 Abs. 2 AktG, in: Burgard, Ulrich/Hadding, Walther/Mülbert, Peter O./Nietsch, Michael/Welter, Reinhard (Hrsg.), Festschrift Uwe H. Schneider zum 70. Geburtstag, Köln 2011, S. 717–735; zit.: *Krieger*, in: FS U. H. Schneider, 2011, S. 717.

Krieger, Gerd: Wie viele Rechtsberater braucht ein Geschäftsleiter? Ein kritischer Zwischenruf zu Strohn, ZHR 176 (2012), 137, ZGR 2012, 496–504; zit.: *Krieger*, ZGR 2012, 496.

Krieger, Gerd/Schneider, Uwe H. (Hrsg.): Handbuch Managerhaftung – Vorstand, Geschäftsführer, Aufsichtsrat, Pflichten und Haftungsfolgen, Typische Risikobereiche, 2. Aufl., Köln 2010; zit.: *Bearbeiter*, in: *Krieger/Schneider*, Hdb. Managerhaftung.

Kropff, Bruno: Aufsichtsratsmitglied „im Auftrag", in: Baums, Theodor/Wertenbruch, Johannes/Lutter, Marcus/Schmidt, Karsten (Hrsg.), Festschrift für Ulrich Huber zum 70. Geburtstag, Tübingen 2006, S. 841–860; zit.: *Kropff*, in: FS Huber, 2006, S. 841.

Kuhner, Christoph: Unternehmensinteresse vs. Shareholder Value als Leitmaxime kapitalmarktorientierter Aktiengesellschaften, ZGR 2004, 244–279; zit.: *Kuhner*, ZGR 2004, 244.

Kuntz, Thilo: Grundlagen und Grenzen der aktienrechtlichen Leitungsautonomie – Zugleich ein Beitrag zur Möglichkeit schuldrechtlicher Bindung des Vorstands, AG 2016, 101–116; zit.: *Kuntz*, AG 2016, 101.

Kunze, Otto: Zum Stand der Entwicklung des Unternehmensrechts, ZHR 144 (1980), 100–135; zit.: *Kunze*, ZHR 144 (1980), 100.

Lange, Oliver (Hrsg.): D&O-Versicherung und Managerhaftung, 2014; zit.: *Lange*, D&O-Versicherung, 2014.

Leitzen, Mario: Neues zu Satzungsdurchbrechungen und schuldrechtlichen Nebenabreden – zugleich Anmerkung zu BGH RNotZ 2010, 589 (in diesem Heft), RNotZ 2010, 566–573; zit.: *Leitzen*, RNotZ 2010, 566.

Leyens, Patrick: Information des Aufsichtsrats: Ökonomisch-funktionale Analyse und Rechtsvergleich zum englischen Board, Tübingen 2006; zit.: *Leyens*, Information des Aufsichtsrats, 2006.

Lohse, Andrea: Unternehmerisches Ermessen: zu den Aufgaben und Pflichten von Vorstand und Aufsichtsrat, Tübingen 2005; zit.: *Lohse*, Unternehmerisches Ermessen, 2005.

Lutter, Marcus: Zur Vorbereitung und Durchführung von Grundlagenbeschlüssen in Aktiengesellschaften, in: Goerdeler, Reinhard/Hommelhoff, Peter/Lutter, Marcus/Wiedemann, Herbert (Hrsg.), Festschrift für Hans-Joachim-Fleck zum 70. Geburtstag, Berlin 1988, S. 169–190; zit.: *Lutter*, in: FS Fleck, 1988, S. 169.

Lutter, Marcus: Die Business Judgment Rule und ihre praktische Anwendung, ZIP 2007, 841–848; zit.: *Lutter*, ZIP 2007, 841.

Lutter, Marcus: Interessenkonflikte und Business Judgment Rule, in: Heldrich, Andreas/Prölss, Jürgen/Koller, Ingo/Langenbucher, Katja/Grigoleit, Hans Christoph/Hager, Johannes/Hey, Felix Christopher/Neuner, Jörg/Petersen, Jens/Singer, Reinhard (Hrsg.), Festschrift für Claus-Wilhelm Canaris zum 70. Geburtstag, München 2007, Bd. II, S. 245–256; zit.: *Lutter*, in: FS Canaris, 2007, S. 245.

Lutter, Marcus: Verhaltenspflichten von Organmitgliedern bei Interessenkonflikten, in: Hommelhoff, Peter/Rawert, Peter/Schmidt, Karsten (Hrsg.), Festschrift für Hans-Joachim Priester zum 70. Geburtstag, Köln 2007, S. 417–427; zit.: *Lutter*, in: FS Priester, 2007, S. 417.

Lutter, Marcus: Zum Beschluss des Aufsichtsrats über den Verzicht auf eine Haftungsklage gegen den Vorstand, in: Krieger, Gerd/Lutter, Marcus/Schmidt, Karsten (Hrsg.), Festschrift für Michael Hoffmann-Becking zum 70. Geburtstag, München 2013, S. 747–754; zit.: *Lutter*, in: FS Hoffmann-Becking, 2013, S. 747.

Lutter, Marcus/*Hommelhoff*, Peter: GmbH-Gesetz – Kommentar, 19. Aufl., Köln 2016; zit.: *Bearbeiter*, in: Lutter/Hommelhoff, GmbHG.

Lutter, Marcus/*Krieger*, Gerd/*Verse*, Dirk A.: Rechte und Pflichten des Aufsichtsrats, 6. Aufl., Köln 2014; zit.: Lutter/Krieger/Verse, Rechte und Pflichten des AR.

Mack, Kristina: Die Regresshaftung von Vorstandsmitgliedern einer Aktiengesellschaft: Voraussetzungen und Möglichkeiten ihrer Begrenzung, Frankfurt a.M. u.a. 2015; zit.: *Mack*, Die Regresshaftung von Vorstandsmitgliedern, 2015.

Makatsch, Tilman: Kartellschadensersatz – Vergleichen oder Prozessieren?, CCZ 2015, 127–132; zit.: *Makatsch*, CCZ 2015, 127.

Mann, Thomas/Sennekamp, Christoph/Uechtritz, Michael (Hrsg.): Verwaltungsverfahrensgesetz – Großkommentar, Baden-Baden 2014; zit.: *Bearbeiter*, in: Mann/Sennekamp/Uechtritz, VwVfG.

Marsch-Barner, Reinhard: Vorteilsausgleich bei der Schadensersatzhaftung nach § 93 AktG, ZHR 173 (2009), 723–734; zit.: *Marsch-Barner*, ZHR 173 (2009), 723.

Marsch-Barner, Reinhard/Schäfer, Frank A. (Hrsg.): Handbuch börsennotierte AG – Aktien- und Kapitalmarktrecht, 3. Aufl., Köln 2014; zit.: *Bearbeiter*, in: Marsch-Barner/Schäfer, Hdb. börsennotierte AG.

Martin, Markus: Der konkurrierende Bieter bei öffentlichen Übernahmeangeboten, Tübingen 2015; zit.: *Markus*, Der konkurrierende Bieter, 2015.

Maunz, Theodor/Dürig, Günter: Grundgesetz – Kommentar, 79. Aufl., München 2017; zit.: *Bearbeiter*, in: Maunz/Dürig, GG.

Maurer, Hartmut (Hrsg.): Allgemeines Verwaltungsrecht, 18. Aufl., München 2011; zit.: *Maurer*, Allg. VerwR.

Mayer, Bernd: Die aktienrechtliche Organhaftung – Reform durch juristische Methodik oder gesetzgeberisches Handeln?, NZG 2014, 1208–1211; zit.: *Mayer*, NZG 2014, 1208.

Mertens, Hans-Joachim: Korreferat (Zuständigkeiten des mitbestimmten Aufsichtsrats), ZGR 1977, S. 270–289; zit.: *Mertens*, ZGR 1977, S. 270.

Mertens, Hans-Joachim: Die gesetzlichen Einschränkungen der Disposition über Ersatzansprüche der Gesellschaft durch Verzicht und Vergleich in der aktien- und konzernrechtlichen Organhaftung, in: Goerdeler, Reinhard/Hommelhoff, Peter/Lutter, Marcus/Wiedemann, Herbert (Hrsg.), Festschrift für Hans-Joachim-Fleck zum 70. Geburtstag, Berlin 1988, S. 209–219; zit.: *Mertens*, in: FS Fleck, 1988, S. 209, 219.

Mertens, Hans-Joachim: Bedarf der Abschluß einer D&O-Versicherung durch die Aktiengesellschaft der Zustimmung der Hauptversammlung?, AG 2000, 447–452; zit.: *Mertens*, AG 2000, 447.

Mertens, Hans-Joachim: Schadensersatzhaftung des Aufsichtsrats bei Nichtbeachtung der Regeln des ARAG-Urteils über die Inanspruchnahme von Vorstandsmitgliedern?, in: Bitter, Georg/Lutter, Marcus/Priester, Hans-Joachim/Schön, Wolfgang/Ulmer, Peter (Hrsg.), Festschrift für Karsten Schmidt zum 70. Geburtstag, Köln 2009, S. 1183–1195; zit.: *Mertens*, in: FS K. Schmidt, 2009, S. 1183.

Michalski, Lutz (Hrsg.): Kommentar zum Gesetz betreffend die Gesellschaften mit beschränkter Haftung (GmbH-Gesetz), München.

- Band 1: Systematische Darstellungen, §§ 1–34 GmbHG, 2. Aufl. 2010.
- Band 2: §§ 35–88 GmbHG, §§ 1–7 EGGmbHG, 2. Aufl. 2010.

Zit.: *Bearbeiter*, in: Michaelski, GmbHG.

Münchener Handbuch des Gesellschaftsrechts: Gummert, Hans/Weipert, Lutz/Hoffmann-Becking, Michael (Hrsg.), Band 4 – Aktiengesellschaft, 4. Aufl., München 2015; zit.: *Bearbeiter*, in: MüHdbGesR AG.

Münchener Kommentar zum Aktiengesetz: Goette, Wulf/Habersack, Mathias (Hrsg.), München.
- Band 1: §§ 1–75 AktG, 4. Aufl. 2016.
- Band 2: §§ 76–117 AktG, MitbestG, DrittelbG, 4. Aufl. 2014.
- Band 3: §§ 118–178 AktG, 4. Aufl. 2017.
- Band 4: §§ 179–277 AktG, 4. Aufl. 2016.
- Band 5: §§ 278–328 AktG, SpruchG, ÖGesAusG, Österreichisches Konzernrecht, 4. Aufl. 2015.

Zit.: *Bearbeiter*, in: MüKo AktG.

Münchener Kommentar zum GmbHG: Fleischer, Holger/Goette, Wulf (Hrsg.), München.
- Band 1: §§ 1–34 GmbHG, 2. Aufl. 2015.
- Band 2: §§ 35–52 GmbHG, 2. Aufl. 2016.

Zit.: *Bearbeiter*, in: MüKo GmbHG.

Münchener Kommentar zum Bürgerlichen Gesetzbuch: Säcker, Franz Jürgen/Rixecker, Roland (Hrsg.), München.
- Band 1: Allgemeiner Teil, §§ 1–240 BGB, ProstG, AGG, 7. Aufl. 2015.
- Band 2: Schuldrecht, Allgemeiner Teil, 7. Aufl. 2016.
- Band 6: Schuldrecht, Besonderer Teil IV, §§ 705–853 BGB, Partnerschaftsgesellschaftsgesetz, Produkthaftungsgesetz, 7. Aufl. 2017.

Zit.: *Bearbeiter*, in: MüKo BGB.

Obermayer, Klaus/*Funke-Kaiser*, Michael: Verwaltungsverfahrensgesetz, 4. Aufl., München 2014; zit.: *Bearbeiter*, in: Obermayer/Funke-Kaiser, VwVfG.

Oltmanns, Martin, Geschäftsleiterhaftung und unternehmerisches Ermessen, Frankfurt a.M. u.a. 2001; zit.: *Oltmanns*, Geschäftsleiterhaftung und unternehmerisches Ermessen, 2001.

Otto, Hans-Jochen: Obligatorische Bindungsverträge zwischen Aktionär und AG-Vorstand über die Ausübung von Mitgliedschaftsrechten und Organkompetenzen, NZG 2013, 930–937; zit.: *Otto*, NZG 2013, 930.

Paefgen, Walter G.: Die Inanspruchnahme pflichtvergessener Vorstandsmitglieder als unternehmerische Ermessensentscheidung des Aufsichtsrats, AG 2008, 761–769; zit.: *Paefgen*, AG 2008, 761.

Paefgen, Walter G.: Organhaftung: Bestandsaufnahme und Zukunftsperspektiven – Ein kritischer Werkstattbericht vor dem Hintergrund der Beratungen des 70. Deutschen Juristentages 2014, AG 2014, 554–584; zit.: *Paefgen*, AG 2014, 554.

Paschos, Nikolaos: Die Zulässigkeit von Vereinbarungen über künftige Leitungsmaßnahmen des Vorstands, NZG 2012, 1142–1144; zit.: *Paschos*, NZG 2012, 1142.

Paschos, Nikolaos/*Goslar*, Sebastian: Unabhängigkeit von Aufsichtsratsmitgliedern nach den neuesten Änderungen des Deutschen Corporate Governance Kodex, NZG 2012, 1361–1366; zit.: *Paschos/Goslar*, NZG 2012, 1361.

Peltzer, Martin: Mehr Ausgewogenheit bei der Vorstandshaftung, in: Krieger, Gerd/Lutter, Marcus/Schmidt, Karsten (Hrsg.), Festschrift für Michael Hoffmann-Becking zum 70. Geburtstag, München 2013, S. 861–870; zit.: *Peltzer*, in: FS Hoffmann-Becking, 2013, S. 861.

Priester, Hans-Joachim: Vergleich über Einlageforderungen – Zustimmungserfordernisse der Hauptversammlung, AG 2012, 525–529; zit.: *Priester*, AG 2012, 525.

Rahlmeyer, Niklas/*Fassbach*, Burkhard: Vorstandshaftung und Prozessfinanzierung, GWR 2015, 331–336; zit.: *Rahlmeyer/Fassbach*, GWR 2015, 331.

Raisch, Peter: Zum Begriff und zur Bedeutung des Unternehmensinteresses als Verhaltensmaxime von Vorstands- und Aufsichtsratsmitgliedern, in: Fischer, Robert/Gessler, Ernst/Schilling, Wolfgang/Serick, Rolf/Ulmer, Peter (Hrsg.), Festschrift für Wolfgang Hefermehl zum 70. Geburtstag, München 1976, S. 347–364; zit.: *Raisch*, in: FS Hefermehl, 1976, S. 347.

Raiser, Thomas: Das Unternehmensinteresse, in: Reichert-Facilides, Fritz/Rittner, Fritz/Sasse, Jürgen (Hrsg.), Festschrift für Reimer Schmidt, Karlsruhe 1976, S. 101–119; zit.: *Raiser*, in: FS R. Schmidt, 1976, S. 101.

Raiser, Thomas: Weisungen an Aufsichtsratsmitglieder?, ZGR 1978, 391–404; zit.: *Raiser*, ZGR 1978, 391.

Raiser, Thomas: Pflicht und Ermessen von Aufsichtsratsmitgliedern – Zum Urteil des OLG Düsseldorf im Fall ARAG/Garmenbeck, NJW 1996, 552–554; zit.: *Raiser*, NJW 1996, 552.

Redeke, Julian: Auswirkungen des UMAG auf die Verfolgung von Organhaftungsansprüchen seitens des Aufsichtsrats, ZIP 2008, 1549–1557; zit.: *Redeke*, ZIP 2008, 1549.

Redeke, Julian: Zu den Voraussetzungen unternehmerischer Ermessensentscheidungen, NZG 2009, 496–498; zit.: *Redeke*, NZG 2009, 496.

Redeke, Julian: Zur gerichtlichen Kontrolle der Angemessenheit der Informationsgrundlage im Rahmen der Business Judgment Rule nach § 93 Abs. 1 S. 2 AktG, ZIP 2011, 59–64; zit.: *Redeke*, ZIP 2011, 59.

Reichert, Jochem: Das Prinzip der Regelverfolgung von Schadensersatzansprüchen nach „ARAG/Garmenbeck“ – Eine kritische Würdigung, in: Erle, Bernd/Goette, Wulf/Kleindiek, Detlef/Krieger, Gerd/Priester,

Hans-Joachim/Schubel, Christian/Schwab, Martin/Teichmann, Christoph/Witt, Carl-Heinz (Hrsg.), Festschrift für Peter Hommelhoff zum 70. Geburtstag, Köln 2012, S. 907–926; zit.: *Reichert*, in: FS Hommelhoff, 2012, S. 907.

Reichert, Jochem: Existenzgefährdung bei der Durchsetzung von Organhaftungsansprüchen, ZHR 177 (2013), 756–781; zit.: *Reichert*, ZHR 177 (2013), 756.

Reichert, Jochem: Business Combination Agreements – Fallgruppen und Problemkreise, ZGR 2015, 1–32; zit.: *Reichert*, ZGR 2015, 1.

Reichert, Jochem: Reformbedarf im Aktienrecht, AG 2016, 677–684; zit.: *Reichert*, AG 2016, 677.

Reichert, Jochem: „ARAG/Garmenbeck" im Praxistest – Entscheidungsgrundlagen über die Verfolgung von Organhaftungsansprüchen, ZIP 2016, 1189–1198; zit.: *Reichert*, ZIP 2016, 1189.

Reichert, Jochem/*Ott*, Nicolas: Investorenvereinbarung mit der Zielgesellschaft – Möglichkeiten und Grenzen der Einflussnahme auf Gesellschaftsorgane, in: Habersack, Mathias/Hommelhoff (Hrsg.), Festschrift für Wulf Goette zum 65. Geburtstag, München 2011, S. 397–412; zit.: *Reichert/Ott*, in: FS Goette, 2011, S. 397.

Rieger, Harald: Gesetzeswortlaut und Rechtswirklichkeit im Aktiengesetz, in: Lutter, Marcus/Scholz, Manfred (Hrsg.), Festschrift für Martin Peltzer zum 70. Geburtstag, 2001, S. 339–357; zit.: *Rieger*, in: FS Peltzer, 2001, S. 339.

Riegger, Hans-Georg: Unternehmenskontrolle, Aufsichtsratshaftung und ihre effektive Durchsetzung, Baden-Baden 2002; zit.: *Riegger*, Unternehmenskontrolle, 2002.

Roth, Günther H./*Wörle*, Ulrike: Die Unabhängigkeit des Aufsichtsrats – Recht und Wirklichkeit, ZGR 2004, 565–630; zit.: G. H. *Roth/Wörle*, ZGR 2004, 565.

Roth, Markus: Unternehmerisches Ermessen und Haftung des Vorstands – Handlungsspielräume und Haftungsrisiken insbesondere in der wirtschaftlichen Krise, München 2001; zit.: *M. Roth*, Unternehmerisches Ermessen, 2001.

Rowedder/Schmidt-Leithoff: Schmidt-Leithoff, Christian (Hrsg.): Gesetz betreffend die Gesellschaften mit beschränkter Haftung – Kommentar, 5. Aufl., München 2013; zit.: *Bearbeiter*, in: Rowedder/Schmidt-Leithoff, GmbHG.

Rubner, Daniel: Der Vorstand der Zielgesellschaft bei M&A-Transaktionen, KSzW 2011, 412–417; zit.: *Rubner*, KSzW 2011, 412.

Rust, Ulrich: Innenregress und Haftung der Unternehmensleitung bei Kartellverstößen – Zugleich Besprechung LAG Düsseldorf v. 20.1.2015 – 16 Sa 459/14, ZWeR 2015, 299–317; zit.: *Rust*, ZWeR 2015, 299.

Sailer-Coceani, Viola: Referat, in: Ständige Deputation des Deutschen Juristentages (Hrsg.), Verhandlungen des 70. Deutschen Juristentages

Hannover 2014, Sitzungsbericht, Band II/1: Sitzungsberichte – Referate und Beschlüsse, München 2014, N 11–N 27; zit.: *Sailer-Coceani*, in: Verhandlungen des 70. DJT, Sitzungsbericht, 2014, N 11.

Schäfer, Carsten: Die Binnenhaftung von Vorstand und Aufsichtsrat nach der Renovierung durch das UMAG, ZIP 2005, 1253–1259; zit.: *Schäfer*, ZIP 2005, 1253.

Schall, Alexander: Business Combination Agreements und Investorenvereinbarungen, in: Kämmerer, Jörn A./Veil, Rüdiger (Hrsg.), Übernahme- und Kapitalmarktrecht in der Reformdiskussion, Tübingen 2013, S. 75–104; zit.: *Schall*, in: Kämmerer/Veil, Übernahme- und Kapitalmarktrecht, 2013, S. 75.

Schall, Alexander: Organhaftung und Freistellungsanspruch, JZ 2015, 455–459; zit.: *Schall*, JZ 2015, 455.

Schmidt, Karsten/Lutter, Marcus (Hrsg.): Aktiengesetz – Kommentar, Band I: §§ 1–149 AktG, 3. Aufl., Köln 2015; zit.: *Bearbeiter*, in: K. Schmidt/Lutter, AktG.

Schmolke, Klaus Ulrich: Geschäftsleiterpflicht zur Offenlegung begangenen Fehlverhaltens?, RIW 2008, 365–373; zit.: *Schmolke*, RIW 2008, 365.

Schneider, Uwe H.: Korreferat (GmbH und GmbH & Co. KG), ZGR 1977, S. 335–351; zit.: *U. H. Schneider*, ZGR 1977, S. 335.

Schneider, Uwe H.: Haftungsmilderung für Vorstandsmitglieder und Geschäftsführer bei fehlerhafter Unternehmensleitung, in: Hadding, Walther/Immenga, Ulrich/Mertens, Hans-Joachim/Pleyer, Klemens/Schneider, Uwe H. (Hrsg.), Festschrift für Winfried Werner zum 65. Geburtstag, 1984, S. 795–815; zit.: *U. H. Schneider*, in: FS W. Werner, 1984, S. 795.

Schnorbus, York/*Ganzer*, Felix: Recht und Praxis der Prüfung und Verfolgung von Vorstandsfehlverhalten durch den Aufsichtsrat – Teil I, WM 2015, 1832–1844; zit.: *Schnorbus/Ganzer*, WM 2015, 1832.

Schnorbus, York/*Ganzer*, Felix: Recht und Praxis der Prüfung und Verfolgung von Vorstandsfehlverhalten durch den Aufsichtsrat – Teil II, WM 2015, 1877–1886; zit.: *Schnorbus/Ganzer*, WM 2015, 1877.

Schnorbus, York/*Klormann*, Peter: Verzicht des Vorstands auf die Einrede der Verjährung nach § 93 VI AktG und die Verfolgungspflicht des Aufsichtsrats nach ARAG/Garmenbeck, NZG 2015, 938–945; zit.: *Schnorbus/Klormann*, NZG 2015, 938.

Schoch, Friedrich/Schneider, Jens-Peter/Bier, Wolfgang (Hrsg.): Verwaltungsgerichtsordnung – Kommentar, München, 32. Aufl. 2017; zit.: *Bearbeiter*, in: Schoch/Schneider/Bier, VwGO.

Schöne, Torsten/*Petersen*, Sabine: Regressansprüche gegen (ehemalige) Vorstandsmitglieder – quo vadis?, AG 2012, 700–706; zit.: *Schöne/Petersen*, AG 2012, 700.

Scholz, Franz (Hrsg.): Kommentar zum GmbH-Gesetz mit Anhang Konzernrecht, Köln.

- Band 1: §§ 1–34, 11. Aufl. 2012.
- Band 2: §§ 35–52, 11. Aufl. 2013.

Zit.: *Bearbeiter*, in: Scholz, GmbHG.

Scholz, Philipp: Die existenzvernichtende Haftung von Vorstandsmitgliedern in der Aktiengesellschaft: eine Untersuchung der Notwendigkeit und Möglichkeiten einer Beschränkung der Vorstandshaftung im geltenden und künftigen Recht, 2014; zit.: *P. Scholz*, Existenzvernichtende Haftung, Jena 2014; zit.: *P. Scholz*, Existenzvernichtende Haftung von Vorstandsmitgliedern, 2014.

Scholz, Philipp/*Weiß*, Christian: Schiedsverfahren zur Vermeidung der Vorstandshaftung?, AG 2015, 523–529; zit.: *P. Scholz/Weiß*, AG 2015, 523.

Schröder, Meinhard: Genehmigungsverwaltungsrecht, Tübingen 2016; zit.: *Schröder*, Genehmigungsverwaltungsrecht, 2016.

Schug, Christoph: Risikoeinschränkung und -transfer in der Vorstandshaftung, Baden-Baden 2010; zit.: *Schug*, Risikoeinschränkung und -transfer in der Vorstandshaftung, 2010.

Schulze, Reiner/Dörner, Heinrich/Ebert, Ina/Hoeren, Thomas/Kemper, Rainer/Saenger, Ingo/Schreiber, Klaus/Schulte-Nölke, Hans/Staudinger, Ansgar/Wiese, Volker (Hrsg.), Bürgerliches Gesetzbuch – Kommentar, 9. Aufl., Baden-Baden 2017; zit.: *Bearbeiter*, in: Schulze, BGB.

Schüppen, Matthias: Vorstandsvergütung – (K)ein Thema für die Hauptversammlung?, ZIP 2010, 905–913; zit.: *Schüppen*, ZIP 2010, 905.

Schürnbrand, Jan: „Verdeckte" und „atypische" Beherrschungsverträge im Aktien- und GmbH-Recht, ZHR 169 (2005), 35–60; zit.: *Schürnbrand*, ZHR 169 (2005), 35.

Schürnbrand, Jan: Organschaft im Recht der privaten Verbände, Tübingen 2007; zit.: *Schürnbrand*, Organschaft im Recht der privaten Verbände, 2007.

Schwab, Martin, Vorstandsregress und Streitverkündung, NZG 2013, 521–527; zit.: *Schwab*, NZG 2013, 521.

Seibt, Christoph. H.: Dekonstruktion des Delegationsverbots bei der Unternehmensleitung, in: Bitter, Georg/Lutter, Marcus/Priester, Hans-Joachim/Schön, Wolfgang/Ulmer, Peter (Hrsg.), Festschrift für Karsten Schmidt zum 70. Geburtstag, Köln 2009, S. 1463–1487; zit.: *Seibt*, in: FS K. Schmidt, 2009, S. 1463.

Seibt, Christoph. H.: Pflichten der Geschäftsleitung bei Eingehung von Finanzierungsgeschäften – in Normal- und Krisenzeiten des Unternehmens, ZIP 2013, 1597–1607; zit.: *Seibt*, ZIP 2013, 1597.

Seibt, Christoph. H.: Investoren- und Zusammenschlussvereinbarungen im Zusammenhang mit öffentlichen Kaufangeboten, in: Kämmerer, Jörn A./Veil, Rüdiger (Hrsg.), Übernahme- und Kapitalmarktrecht in der Reformdiskussion, Tübingen 2013, S. 105–133; zit.: *Seibt*, in: Kämmerer/Veil, Übernahme- und Kapitalmarktrecht, 2013, S. 105.

Seibt, Christoph. H.: Verhaltenspflichten und Handlungsoptionen des Aufsichtsrats der Zielgesellschaft in Übernahmesituationen, in: Krieger, Gerd/Lutter, Marcus/Schmidt, Karsten (Hrsg.), Festschrift für Michael Hoffmann-Becking zum 70. Geburtstag, München 2013, S. 1119–1145; zit.: *Seibt*, in: FS Hoffmann-Becking, 2013, S. 1119.

Seibt, Christoph. H.: in: Börsen-Zeitung v. 12.09.2015, S. 13; zit.: *Seibt*, in: Börsen-Zeitung v. 12.09.2015, S. 13.

Seibt, Christoph. H.: 20 Thesen zur Binnenverantwortung im Unternehmen im Lichte des reformierten Kapitalmarktsanktionsrechts, NZG 2015, 1097–1103; zit.: *Seibt*, NZG 2015, 1097.

Seibt, Christoph. H.: „Halbvermögensschutzklausel" als Instrument zur Vermeidung existenzgefährdender Binnenregressansprüche in Fällen grober Disproportionalität – Duplik auf die Erwiderung von Habersack, NZG 2015, 1297, NZG 2016, 361–367; zit.: *Seibt*, NZG 2016, 361.

Seibt, Christoph. H. (Hrsg.): Beck´sches Formularbuch Mergers & Acquisitions, 2. Aufl., München 2011; zit.: *Bearbeiter*, in: Seibt Beck´sches Formularbuch M&A.

Seibt, Christoph. H./*Cziupka*, Johannes: 20 Thesen zur Compliance-Verantwortung im System der Organhaftung aus Anlass des Siemens/Neubürger-Urteils – LG München I vom 10.12.2013 – 5 HK O 1387/10, DB 2014 S. 766, DB 2014, 1598–1602; zit.: *Seibt/Cziupka*, DB 2014, 1598.

Seibt, Christoph. H./*Cziupka*, Johannes: Rechtspflichten und Best Practices für Vorstands- und Aufsichtsratshandeln bei der Kapitalmarktrecht-Compliance, AG 2015, 93–109; zit.: *Seibt/Cziupka*, AG 2015, 93.

Seibt, Christoph. H./*Wunsch*, Oliver: Investorenvereinbarungen bei öffentlichen Übernahmen, Der Konzern 2009, 195–214; zit.: *Seibt/Wunsch*, Der Konzern 2009, 195.

Semler, Johannes: Leitung und Überwachung der Aktiengesellschaft – Die Leitungsaufgabe des Vorstands und die Überwachungsaufgabe des Aufsichtsrats, 2. Aufl., Köln/Berlin/Bonn/München 1996; zit.: *Semler*, Leitung und Überwachung, 1996.

Semler, Johannes: Entscheidungen und Ermessen im Aktienrecht, in: Habersack, Mathias/Hommelhoff, Peter/Hüffer, Uwe/Schmidt, Karsten (Hrsg.),

Festschrift für Peter Ulmer zum 70. Geburtstag, Berlin 2003, S. 627–642; zit.: *Semler*, in: FS Ulmer, 2003, S. 627.

Semler, Johannes: Zur aktienrechtlichen Haftung der Organmitglieder einer Aktiengesellschaft, AG 2005, 321–336; zit.: *Semler*, AG 2005, 321.

Semler, Johannes: Der Aufsichtsrat – Die Karriere einer Einrichtung, NZG 2013, 771–778; zit.: *Semler*, NZG 2013, 771.

Semler, Johannes/von Schenck, Kersten (Hrsg.): Der Aufsichtsrat, München 2015; zit.: *Bearbeiter*, in: Semler/v. Schenck, Der AR.

Semler, Johannes/von Schenck, Kersten (Hrsg.): Arbeitshandbuch für Aufsichtsratsmitglieder, 4. Aufl., München 2013; zit.: *Bearbeiter*, in: Semler/v. Schenck, Arbeitshdb. für AR-Mitglieder.

Seyfarth, Georg: Vorstandsrecht, Köln/Berlin/Bonn/München 2015; zit.: *Seyfarth*, VorstandsR.

Söntgerath, Björn: Vermittelte Mehrheit: eine systematische Untersuchung des Rechts der satzungsergänzenden Nebenverträge, Beteiligungsgesellschaften und Vertreterklauseln, Berlin 2010; zit.: *Söntgerath*, Vermittelte Mehrheit, 2010.

Spindler, Gerald: Haftung und Aktionärsklagen nach dem neuen UMAG, NZG 2005, 865–872; zit.: *Spindler*, NZG 2005, 865.

Spindler, Gerald: Organhaftung in der AG – Reformbedarf aus wissenschaftlicher Perspektive, AG 2013, 889–904; zit.: *Spindler*, AG 2013, 889.

Spindler, Gerald/Stilz, Eberhard (Hrsg.): Kommentar zum Aktiengesetz, Band 1: §§ 1–149 AktG, 3. Aufl., München 2015; zit.: *Bearbeiter*, in: Spindler/Stilz AktG.

Stancke, Fabian: Zu den Pflichten und Abwägungskriterien hinsichtlich der Durchsetzung kartellrechtlicher Schadensersatzansprüche, WuW 2015, 822–833; zit.: *Stancke*, WuW 2015, 822.

Staudinger: J. von Staudingers Kommentar zum Bürgerlichen Gesetzbuch mit Einführungsgesetz und Nebengesetzen, Berlin.

- §§ 255–304 BGB (Leistungsstörungsrecht 1), Neubearbeitung 2014.
- §§ 779–811 BGB (Vergleich, Schuldversprechen, Anweisung, Schuldverschreibung), Neubearbeitung 2015.

Zit.: *Bearbeiter*, in: Staundiger, BGB.

Steinbeck, Claudia: Überwachungspflicht und Einwirkungsmöglichkeiten des Aufsichtsrats in der Aktiengesellschaft, Berlin 1992; zit.: *Steinbeck*, Überwachungspflicht und Einwirkungsmöglichkeiten des Aufsichtsrats, 1992.

Steinert, Tilman L. P.: Sicherung der Interessen der Zielgesellschaft mittels einer Investorenvereinbarung, Berlin 2013; zit.: *Steinert*, Investorenvereinbarung, 2013.

Stelkens, Paul/Bonk, Heinz Joachim/Sachs, Michael (Hrsg.): Verwaltungsverfahrensgesetz – Kommentar, 8. Aufl., München 2014; zit.: *Bearbeiter*, in: Stelkens/Bonk/Sachs, VwVfG.

Strohn, Lutz: Pflichtenmaßstab und Verschulden bei der Haftung von Organen einer Kapitalgesellschaft, CCZ 2013, 177–184; zit.: *Strohn*, CCZ 2013, 177.

Thole, Christoph: Managerhaftung für Gesetzesverstöße – Die Legalitätspflicht des Vorstands gegenüber seiner Aktiengesellschaft, ZHR 173 (2009), 504–535; zit.: *Thole*, ZHR 173 (2009), 504.

Thomas, Stefan: Die Haftungsfreistellung von Organmitgliedern: Bürgerlichrechtliche, gesellschaftsrechtliche und versicherungsrechtliche Grundlagen der Freistellung und der Versicherung von organschaftlichen Haftungsrisiken im Kapitalgesellschaftsrecht, Tübingen 2010; zit.: *Thomas*, Die Haftungsfreistellung von Organmitgliedern, 2010.

Thümmel, Roderich C.: Zu den Pflichten des Aufsichtsrats bei der Verfolgung von Haftungsansprüchen gegenüber dem Vorstand der AG – Zugleich Besprechung der Entscheidung des BGH vom 21.04.1997 – III ZR 175/95, DB 1997 S. 1068 ff. „ARAG/Garmenbeck“, DB 1997, 1117–1120; zit.: *Thümmel*, DB 1997, 1117.

Thümmel, Roderich C.: Persönliche Haftung von Managern und Aufsichtsräten, Stuttgart/München/Hannover/Berlin/Weimar/Dresden, 4. Aufl., 2008; zit.: *Thümmel*, Persönliche Haftung von Managern und Aufsichtsräten.

Tröger, Tobias: Durchsetzung der Vorstandshaftung, ZHR 179 (2015), 453–489; zit.: *Tröger*, ZHR 179 (2015), 453.

Ulmer, Peter: Die Aktionärsklage als Instrument zur Kontrolle des Vorstands- und Aufsichtsratshandelns – Vor dem Hintergrund der US-Erfahrungen mit der shareholders' derivative action, ZHR 163 (1999), 290–342; zit.: *Ulmer*, ZHR 163 (1999), 290.

Ulmer, Peter/Habersack, Mathias/Löbbe, Marc (Hrsg.): Gesetz betreffend die Gesellschaften mit beschränkter Haftung – Großkommentar, Band 1: Einleitung, §§ 1–28, 2. Aufl., Tübingen 2013; zit: *Bearbeiter*, in: Ulmer/Habersack/Löbbe, GmbHG.

Wagner, Gerhard: Organhaftung im Interesse der Verhaltenssteuerung – Skizze eines Haftungsregimes, ZHR 178 (2014), 227–281; zit.: *Wagner*, ZHR 178 (2014), 227.

Weber-Rey, Daniela/*Reps*, Markus: Ankerbeteiligungen: Chancen für die Corporate Governance, Rechtsrahmen und Investorenvereinbarungen – Ein Beitrag zu der rechtspolitischen Debatte um verantwortungsbewusste Aktionäre, ZGR 2013, 597–646; zit.: *Weber-Rey/Reps*, ZGR 2013, 597.

Weller, Sebastian/*Rahlmeyer*, Niklas: Ausgleichsklauseln in Aufhebungsvereinbarungen mit Vorstandsmitgliedern – Steine statt Brot?!, GWR 2014, 167–170; zit.: *Weller/Rahlmeyer*, GWR 2014, 167.

Wellhöfer, Werner/Peltzer, Martin/Müller, Welf (Hrsg.): Die Haftung von Vorstand, Aufsichtsrat und Wirtschaftsprüfer – mit GmbH-Geschäftsführer, München 2008; zit.: *Bearbeiter*, in: Wellhöfer/Peltzer/Müller, Haftung.

von Werder, Axel/*Wieczorek*, Bernd J.: Anforderungen an Aufsichtsratsmitglieder und ihre Normierung, DB 2007, 297–303; zit.: *v. Werder/Wieczorek*, DB 2007, 297.

Werner, Rüdiger: Möglichkeiten einer privatautonomen Beschränkung der Geschäftsführerhaftung, GmbHR 2014, 792–798; zit.: *R. Werner*, GmbHR 2014, 792.

Westermann, Harm Peter: Eigenständige Wahrnehmung der Aufsichtsratspflichten – eine Selbstverständlichkeit?, in: Erle, Bernd/Goette, Wulf/Kleindiek, Detlef/Krieger, Gerd/Priester, Hans-Joachim/Schubel, Christian/Schwab, Martin/Teichmann, Christoph/Witt, Carl-Heinz (Hrsg.), Festschrift für Peter Hommelhoff zum 70. Geburtstag, Köln 2012, S. 1319–1335; zit.: *H. P. Westermann*, in: FS Hommelhoff, 2012, S. 1319.

Westermann, Harm Peter: Schiedsgerichte in kapitalgesellschaftsrechtlichen Streitigkeiten, ZGR 2017, 38–60; zit.: *H. P. Westermann*, ZGR 2017, 38.

Wettich, Carsten: Aktuelle Entwicklungen und Trends in der Hauptversammlungssaison 2016 und Ausblick auf 2017, AG 2017, 60–69; zit.: *Wettich*, AG 2017, 60.

Wieneke, Laurenz/*Schulz*, Stephan: Durchführung eines Delistings – Gesellschafts- und kapitalmarktrechtliche Pflichten von Vorstand und Aufsichtsrat der Gesellschaft, AG 2016, 809–819; zit.: *Wieneke/Schulz*, AG 2016, 809.

Wigand, Martin: Verzicht, Vergleich und sonstige Haftungsbeschränkungen im Gesellschaftsrecht, Frankfurt a.M. u.a. 2012; zit.: *Wigand*, Verzicht, Vergleich und sonstige Haftungsbeschränkungen, 2012.

Wilsing, Hans-Ulrich: Voraussetzungen und Folgen der Nichtgeltendmachung von Haftungsansprüchen gegen Vorstandsmitglieder aus übergeordneten Gründen des Unternehmenswohls, in: Grunewald, Barbara/Westermann, Harm Peter (Hrsg.), Festschrift für Georg Maier-Reimer zum 70. Geburtstag, München 2010, S. 889–918; zit.: *Wilsing*, in: FS Maier-Reimer, 2010, S. 889.

Wilsing, Hans-Ulrich: Der Vergleich über Organhaftungsansprüche – Überlegungen zum materiellen Prüfungsmaßstab des § 93 Abs. 4 Satz 3 AktG, in: Schüppen, Matthias/Blumenberg, Jens/Crezelius, Georg/Gosch, Dietmar (Hrsg.), Festschrift für Wilhelm Haarmann zum 65. Geburtstag, Düsseldorf 2015, S. 257–295; zit.: *Wilsing*, in: FS Haarmann, 2015, S. 257.

Zimmermann, Klaus: Vereinbarungen über die Erledigung von Ersatzansprüchen gegen Vorstandsmitglieder von Aktiengesellschaften, in: Pawlowski, H.-M./Wiese, Günther/Wüst, Günther (Hrsg.), Festschrift für Konrad Duden zum 70. Geburtstag, München 1977, S. 773–789; zit.: *K. Zimmermann*, in: FS Duden, 1977, S. 773.

Zimmermann, Martin: Aktienrechtliche Grenzen der Freistellung des Vorstands von kartellrechtlichen Bußgeldern, DB 2008, 687–691; zit.: *M. Zimmermann*, DB 2008, 687.

Zöllner, Wolfgang: Zur Problematik der Auswahl und Bestellung des Arbeitsdirektors nach dem Mitbestimmungsgesetz, DB 1976, 1766–1771; zit.: *Zöllner*, DB 1976, 1766.

www.ingramcontent.com/pod-product-compliance
Ingram Content Group UK Ltd.
Pitfield, Milton Keynes, MK11 3LW, UK
UKHW041826290926
8980IPUK00002B/88

9 783631 794289